115

ÒMÌNIRA

Mulheres e homens libertos da Costa d'África no Recife (c. 1846 – c. 1890)

VALÉRIA GOMES COSTA

ÒMÌNIRA

Mulheres e homens libertos da Costa d'África no Recife (c. 1846 – c. 1890)

alameda

Grafia atualizada segundo o Acordo Ortográfico da Língua Portuguesa de 1990, que entrou em vigor no Brasil em 2009.

Edição: Haroldo Ceravolo Sereza / Joana Monteleone
Editora assistente: Danielly de Jesus Teles
Projeto gráfico, diagramação e capa: Danielly de Jesus Teles
Assistente acadêmica: Tamara Santos
Revisão: Paulo Frederico Telles Ferreira Guilbaud
Imagem da capa e contracapa: *Retrato de casal sem identificação,* Militão Augusto de Azevedo (SP), carte-de-visite, c. 1879. In: KOSSOY, B.& Carneiro, M.I. *O olhar europeu: o negro na iconografia brasileira do século XIX*. São Paulo: Edusp, 1994, estampa 65. *Venda em Recife, Pernambuco, 1835*. Ilustração de Johann Moritz Rugendas.

CIP-BRASIL. CATALOGAÇÃO NA PUBLICAÇÃO
SINDICATO NACIONAL DOS EDITORES DE LIVROS, RJ

C876o

Costa, Valéria Gomes
Òmìnira : mulheres e homens libertos da Costa d'África no Recife (c. 1846 – c. 1890) / Valéria Gomes. Costa. - 1. ed. - São Paulo : Alameda, 2021.

348 p. ; 23 cm.

Inclui bibliografia
ISBN 978-65-5966-040-7

1. Escravidão - História - Séc. XIX - Recife (PE). 2. Negros - História - Séc. XIX - Recife (PE). 3. Escravos libertos - História - Séc. XIX - Recife (PE). I. Título.

21-72522 CDD: 306.362098134
CDU: 326(813.4)

ALAMEDA CASA EDITORIAL
Rua 13 de Maio, 353 – Bela Vista
CEP 01327-000 – São Paulo, SP
Tel. (11) 3012-2403
www.alamedaeditorial.com.br

A seu Costa (*in memorian*), meu idolatrado e venerável pai!
Comigo sonhou e festejou todas as minhas/nossas conquistas,
e hoje vibra por mim do outro lado do caminho.
A d. Joven, minha amada mãe e companheira de jornadas!
Às mulheres e aos homens negros que persistem na construção
de uma sociedade mais digna e equitativa e livre do racismo.

Morte à morte! Guerra à guerra!
Viva a vida! Ódio ao ódio.
A liberdade é uma cidade imensa
da qual todos somos concidadãos.

(Victor Hugo)

Sumário

Lista de Ilustrações 11

Lista de Tabelas e Quadros 13

Lista de Siglas e Abreviaturas 15

Prefácio – Mares, ondas e Recife atlânticos: cartografias da liberdade 17

Introdução 23

1. Recife, a terceira *Babel africana* 45

Jogando com os dados censitários 46

Pernambuco e os cálculos do *infame comércio* 59

Procedências e nações: criando e ressignificando identidades 74

Africanos libertos no Recife: em torno de uma identidade *mina* 88

2. Como e onde moram os africanos? Arranjos de moradia no Recife 99

A cidade negra do Recife: desenhando territórios 102

Teto próprio: um projeto de liberdade na escravidão 116

Alguns arranjos de moradia entre condições de liberdade 124

"A plebe africanoide" do Recife 137

O domicílio e o *status* 144

3. Vida íntima: laços de família e parentesco 155

Casamento de preto no (papel) branco: significados das uniões conjugais para os africanos 159

Casamento, família e alforria 172

Famílias ampliadas: dos laços de sangue ao parentesco espiritual 182

Uma família *africanamente* organizada 195

Patrícios e camaradas: laços de amizade 208

4. Estigmas da escravidão nos caminhos da liberdade: trabalho, negócios e patrimônio **215**

Mundos do trabalho urbano 219

Os trabalhadores africanos nas fontes da Casa de Detenção do Recife 231

Em que se ocupam as negras e os negros da Costa d'África afluentes? 246

Mundos dos negócios 254

Patrimônio e *status* 261

Ex-escravizados proprietários de escravos: a posse cativa entre os africanos 267

5. Fé em que vivo e pretendo morrer: redes entre religiosos e religiões **275**

Práticas religiosas dos africanos nas Américas 276

Irmandades negras: espaços de sociabilidades e conflitos 283

O Rosário dos Pretos de Santo Antônio: uma endogamia africana 294

Negros islamizados no Recife: reelaborando práticas e saberes 301

Os últimos africanos do Recife e o legado diaspórico (Considerações finais) **313**

Fontes e referências **319**

Agradecimentos **343**

Lista de ilustrações

Fig. 1 - Croqui do "Portão 11" 129

Fig. 2 - Habitação de negros (escravos), Rugendas, c. 1825 130

Fig. 3 - Casa africana "con paja", Djembe, 2009 131

Fig. 4 - Sobrado patriarcal do século XIX, Lula Cardoso Ayres 133

Fig. 5 - Croqui da casa de Alexandre e Thereza antes da reforma 148

Fig. 6 - Croqui da casa de Alexandre e Thereza depois da reforma 149

Fig. 7 - Mapa do Recife com demarcação das ruas que o grupo de libertos africanos habitava 154

Fig. 8 - Diagrama da família do calabar João Antônio Lopes, 1832-1849 172

Fig. 9 - Diagrama da família da mina Mônica da Costa Ferreira e do cassange João Joaquim José de Sant'Anna, 1851-1868 195

Fig. 10 - Diagrama da família do casal mina Thereza de Jesus de Souza e Alexandre Rodrigues D'Almeida, 1852-1913 208

Fig. 11 - Diagrama da família do africano Sírio Manoel Ribeiro Taques, 1869-1873 212

Fig. 12 - Diagrama da rede entre os irmãos do Rosário e os muçulmanos, 1846-1890 311

Lista de tabelas, gráficos e quadros

Tabela 1 - População liberta da cidade do Recife em 1838 50

Gráfico 1 - População africana do centro urbano do Recife, 1872 58

Tabela 2 - Participação do Brasil no Tráfico Atlântico 61

Tabela 3 - Participação de Pernambuco no tráfico para o Brasil 62

Tabela 4 - Importações de africanos em Pernambuco, 1561-1856 64

Tabela 5 - Importações de africanos em Pernambuco, 1831-1856 70

Tabela 6 - Áreas fornecedoras de cativos para Pernambuco, século XIX 75

Tabela 7 - *Nações* registradas nos assentos de batismos no Recife, 1846-1890 80

Tabela 8 - *Nações* dos africanos declaradas nos testamentos, 1846-1890 90

Tabela 9 - Entradas de *pretos minas* em Pernambuco, século XIX 93

Tabela 10 - Estado civil dos africanos no centro da cidade do Recife, 1872 167

Tabela 11 - Estado civil dos libertos africanos no ato do testamento, 1846-1890 169

Tabela 12 - Origem dos cônjuges, 1846-1890 171

Tabela 13 - Quantidade de filhos dos testadores, 1846-1890 191

Quadro 1 - Ocupações dos escravizados no mercado de trabalho urbano, séc. XIX 227

Tabela 14 - Ocupações dos africanos registrados na Casa de Detenção do Recife, 1862-1863 232

Quadro 2 - A fortuna dos africanos, Recife, 1861-1890 262

Tabela 15 - Bens arrolados nos inventários, 1846-1890 263

Tabela 16 - Procedência e Nação dos cativos dos africanos libertos, 1846-1890 271

Tabela 17 - Irmandades citadas pelos testadores, 1846-1890 287

Lista de siglas e abreviaturas

ACMRO – Arquivo da Cúria Metropolitana do Recife e Olinda

AHI – Arquivo Histórico do Itamaraty

AMSSBV – Arquivo da Matriz do Santíssimo Sacramento da Boa Vista

AMSJ – Arquivo da Matriz de São José

AMSSSAR – Arquivo da Matriz do Santíssimo Sacramento de Santo Antônio do Recife

ACBJR – Arquivo do Cemitério do Bom Jesus da Redenção, Santo Amaro

APEJE – Arquivo Público Estadual Jordão Emerenciano

CDR – Casa de Detenção do Recife

IAHGP – Instituto Arqueológico, Histórico e Geográfico Pernambucano

IPHAN-PE – Instituto do Patrimônio Histórico e Artístico Nacional - PE

MJPE – Memorial de Justiça de Pernambuco

LB – Livro de Batismo

LC – Livro de Casamento

LO – Livro de Óbito

LRT – Livro de Registro de Testamentos

TSTD – The Trans-Atlantic Slave Trade Database

Prefácio

Mares, ondas e Recife atlânticos: cartografias da liberdade

Flávio Gomes (UFRJ)

Em sua obra *Òmìnira: Mulheres e homens libertos da Costa d'África no Recife (c. 1846 – c. 1890)*, Valéria Costa oferece um consistente estudo sobre trajetórias africanas no século XIX. Quem eram os africanos libertos de Pernambuco ? Quais suas origens? Como viveram e organizaram moradias, bens, famílias, religiões e culturas materiais? Este estudo enfrenta tais desafios nos colocando diante de uma cartografia africana oitocentista.

O leitor será convidado a invadir Recife, Olinda e seus arredores para encontrar espaços urbanos pavimentados por vidas, trajetórias e biografias – imagens nítidas, sombras e vultos – africanas, entremeados de escravidão e de liberdade. Como construir universos de prosperidades, levando em conta família, fé, negócios, crenças e "patrícios"? A partir da ligação nominal em variadas fontes documentais vamos conhecer personagens entre finas estruturas materiais, simbólicas, espirituais de universos africanizados.

Uma história atlântica no Brasil fez percursos que desdobraram os legados do fim do século XIX até a década de 1970, passando por estudos de Nina Rodrigues, Manoel Querino, Artur Ramos, Roger Bastide, Pierre Verger, Alberto da Costa e Silva, Maria Inês Cortes de Oliveira, João José Reis, para mencionar os mais importantes.

Não há mais espaço para se falar de uma única África, quase a-histórica ou de "africanos" generalizantes. Investigações recentes não mais tiveram portos e navios como pontos de partida. Ao contrário, tem analiticamente adentrado sertões, savanas e planaltos de um vasto continente para localizar populações diversas de sociedades e microssociedades que reinventaram vida social e culturas, que incluíam guerra, comércio e escravização antes do século XV.

Se a chamada África pré-colonial (antes do comércio atlântico) foi muitas vezes banida da escravidão atlântica, outros silêncios foram notados. Quais? A presença da população africana de libertos em cidades oitocentistas. Abordagens que tão somente enquadraram o fim do tráfico – 1831 e 1850 – fizeram também desaparecer milhares e milhares de mulheres e homens africanos vivendo em liberdade em cidades e vilas do interior até os últimos anos do século XIX.

Considerando as faixas etárias daqueles que desembarcaram ilegalmente no Brasil de 1831 a 1859 (registros das últimas notícias sobre apresamento ilegal de navios), é possível encontrar gerações de africanos libertos entre 1840 e 1890 na faixa dos 30 a 70 anos. Situando camadas geracionais do tráfico e do cativeiro, Valéria partiu de meados da década de 1840, em pleno comércio ilegal, quando se despejou ainda milhares de africanos em Pernambuco e seus espaços urbanos. Foi uma escolha espacial importante e necessária. O sudeste escravista e as cidades de Salvador e o Rio de Janeiro foram cenários privilegiados pela historiografia. O nordeste açucareiro e a força da escravidão africana ficaram associados exclusivamente às eras quinhentistas e seiscentistas da colonização. Diante do ouro de Minas Gerais do século XVIII, cenários africanos nordestinos ficaram invisíveis.

Através de censos, mapas, diagramas e croquis somos conduzidos aos territórios africanos crioulizados do Recife. Adentramos lares de Alexandres, Therezas, Joãos, Mônicas, Joaquins e outros: surgem moradas e sonhos. Aparecem projetos conjugais, arranjos ocupacionais e expectativas de patrimônios. Em percursos recheados de detalhes, aventuras, impasses, confrontos, negociações, dilemas, surpresas e conflitos, a historiadora nos guia por becos, vielas e ruas improvisadas de uma "cidade negra". Nela africanos precisaram de muita sorte, fé e projetos para se manter afastados da "força da escravidão". Cotidianos politizados de vida e morte, sem esquecer ancestrais e futuro. Garantir rituais fúnebres era fundamental. Conseguir libertar parentes era outra. Adquirir cativos, montar empreendimentos, comprar joias e investir em imóveis também foram importantes.

Organizar, planejar e manter tudo isso não foi fácil para mulheres e homens que estiveram no fio da navalha ao tomar decisões, fazer negócios e escolher alianças, em mundos semiurbanos cercados de gente que sempre se fazia senhor, mesmo para aqueles que não eram mais cativos.

A pesquisa de Valéria Costa reconstitui mosaicos das coletividades africanas – estruturas de quase 100 famílias estendidas – que conformariam as periferias do Recife. Abordou mulheres quitandeiras, amealhando recursos para comprar alforria. E lidando com senhores mesquinhos, fregueses intolerantes e fiscalização municipal truculenta. Contatos com pessoas livres de prestígio e poder econômico, além de estratégias de parentesco que envolveram genros, afilhados e sobrinhos eram igualmente escolhas possíveis para gente empobrecida, mas cheia de recordações e esperanças. De mobilidade social na compra de bens, nos encaminhamentos para empreendimentos e na disponibilização de heranças. Isso explica a quantidade de ações judiciais que envolveram muitos africanos, entre revisão de testamentos e opção de novos testamenteiros, procuradores e fiadores para os seus bens. Alianças com outros libertos, famílias estendidas, viuvez e novos casamentos eram faces e fases de complexas estruturas de parentesco: amor, compadrio, traição, apoio, medos e proteção.

Este estudo descortinou redes de "Áfricas", desatando nós "africanos" no Recife. Foi demonstrado como as teias da escravidão, os laços da segregação, as amarras da pobreza e os rosários das dificuldades que cercavam a população negra eram longos, fortes e firmes. São análises que traduziram experiências – vidas de altos e baixos – transcrevendo riscos e sucessos sociais a partir de inventários e sobretudo testamentos: documentos ditados pelos próprios africanos e seus descendentes. Ficamos a indagar como diversas gerações se comunicaram ali. Certamente falavam línguas e dialetos de origens africanas inventados naquela diáspora recifense.

Valéria Costa vai ouvir os sons ecoados dos tambores de Recife e Olinda para mergulhar na "babel africana" que detalhadamente organizou para o leitor. Com uma narrativa de fôlego, a historiadora nos leva para conhecer irmandades e depois para entrar em outros espaços sagrados e profanos, fossem católicos, islamizados e aqueles de matrizes africanas. Do esquadrinhamento de confrarias, terreiros e mesquitas, somos apresentados a um original mercado étnico religioso. Aproximações, distanciamentos, justaposições e fronteiras religiosas, identitárias e ocupacionais serão alinhadas. Personagens e trajetórias mediadas por compromissos, crenças e visões de mundo aparecem.

A partir de uma prosopografia, a historiadora nos introduz ao universo das mesquitas para nos surpreender com atmosferas islâmicas cruzadas, entre personagens como Anacleto, Jovino e outros. Investigações que se tornam referências para Pernambuco. Os africanos muçulmanos de Recife não foram os malês rebeldes de Salvador, Bahia, nem por isso se sentiram menos poderosos para afastar males e expulsar infiéis.

Ao perscrutar vivências africanas, ela junta pedaços de biografias e negócios de "patrícios" espalhados em margens atlânticas. Encontramos marinheiros atuando numa extensa teia negreira que articulava inúmeros africanos – cozinheiros, grumetes, intérpretes, capitães de navios, sobas, pequenos mercadores, negociantes e proprietários de escravizados – em cidades atlânticas. Gente africana presa em redes transétnicas, muitas das quais tecidas por pequenos negociantes nas costas africana e brasileira, em torno de um comércio miúdo intra-atlântico. Dominava aí um comércio de panos da Costa, missangas, búzios e aparatos litúrgicos religiosos.

Com as marcas da escravidão e vivendo numa diáspora urbana excludente, os libertos africanos do Recife nunca desistiram de criar espaços materiais e imateriais, na verdade, recriar suas próprias vidas. Descobriram que podiam existir milagres além das dores, mas também logo perceberam que os estigmas de racismo e intolerância religiosa marcavam tanto eles e suas comunidades como os açoites fizeram com seus corpos durante a escravidão.

Ponto alto foi mostrar que estes personagens nunca foram "africanos" – homogêneos – nem nos sertões de Áfricas, nem quando desembarcaram escravizados nas Américas. Mas paradoxalmente, com as suas alforrias, viveram o resto das suas vidas transformados novamente em "africanos" e também negros numa sociedade que estava saindo da escravidão, sem nunca deixar de reproduzir desigualdades e assimetrias. Agora com outras justificativas, sociais, científicas, econômicas e jurídicas.

Enfim, Valéria Costa faz emergir vidas, sonhos, pesadelos, mortes, alegrias e sofrimentos da população africana de um Pernambuco urbano oitocentista. Conhecendo tais horizontes analíticos os leitores vão poder ver, ouvir e sentir ondas atlânticas arrebentando em Recifes solidamente negros.

Introdução

Em 21 de abril de 1866, Benedicta da Costa Pereira, moradora da rua Imperial, no bairro de São José, elaborou seu testamento. Declarou que era preta africana, liberta, solteira, 40 anos de idade e tinha – por "fraqueza humana" – concebido um filho ainda quando era escrava de Manoel Gonçalves Pereira, então falecido. Relatou que libertara a si e ao seu rebento e que as cartas de alforria estavam nos livros de notas dos tabeliães Sá e Porto Carreiro, respectivamente. Seu filho, Manoel da Costa Pereira, encontrava-se, naquele período, ausente do Recife; segundo ela, talvez na Corte (Rio de Janeiro). A respeito de suas relações de parentesco, declarou também que tinha uma afilhada de nome Martinha, filha de Benvinda da Costa. Quanto ao seu patrimônio, resumia-se a uma escrava (de nome Rachel), preta d'Angola, 503$400 réis – quantia que teria emprestado a uma certa Benedicta da Costa Amorim e cujo prazo estava para vencer por aqueles dias – e mais poucos objetos, os quais chamava de "trastes" e nem mencionava em detalhes por serem insignificantes. Deixou estabelecido que, ao morrer, deveria seu testamenteiro vender a cativa para custear as despesas do seu funeral. Seu filho, como herdeiro universal, receberia o valor restante da venda e a letra de 503$400 réis. Os "poucos objetos" ficariam para Paulo Baltar de Oliveira, seu testamenteiro. Recomendou ainda que, caso seu filho não fosse mais vivo por ocasião do seu falecimento, seriam seus legatários a comadre Benvinda, a afilhada Martinha e o próprio Paulo Baltar. Por fim, não menos importante, declarou que era membro da Irmandade de São Benedito do Convento de São Francisco do Recife, que deixava que seu enterro fosse realizado à vontade de seu testamenteiro e pediu missas pela sua alma. Em 21 de maio de 1866, precisamente um mês depois de testar, Benedicta da Costa Pereira faleceu.[1]

Mais do que um relato testamentário – semelhante a dezenas lavrados em cartórios ou livros paroquiais no Brasil oitocentista –, as palavras da africana Benedicta da Costa Pereira expressam trajetórias de escravidão e de liberdade, nos termos das suas próprias experiências e expectativas. Pedaços de vidas, sonhos, esperanças, recordações, dores e alegrias vivenciados por muitas mulheres e homens africanos, principalmente aqueles que após a alforria decidiram reorganizar suas vidas num mundo ainda cercado de escravidão, e para o qual contribuíram tornando-se também donos de escravizados.[2] Assim como Benedicta, milhares de indivíduos precisaram refazer antigos laços familiares e de parentesco; construíram novas relações de amizade, afetos, redes de sociabilidades; emaranharam-se em conflitos e tensões na luta por seus espaços (sociais, políticos, culturais, entre outros) no campo, nas cidades e em seus arrabaldes. Reconstituir, a partir das trajetórias de vida, essas experiências dos libertos que conseguiram algum prestígio no Recife é o objetivo principal deste trabalho. Embora fosse Pernambuco, depois do Rio de Janeiro, o principal porto de destino de pessoas originárias do *hinterland* de Angola, interesso-me, em particular, pelas perspectivas e expectativas dos africanos da África Ocidental, ou seja, os chamados "pretos minas". Os fragmentos de suas experiências individuais e coletivas revelaram a formação de grupos afluentes dentro de *comunidades negras* (africanos e crioulos) no Recife. Portanto, é a história social desses grupos que analiso ao longo dos capítulos que compõem este

1 Cf. Memorial de Justiça de Pernambuco (doravante MJPE), gaveta F, Livro de Registro de Testamento (doravante LRT) 19/07/1865 a 28/11/1866, Registro de Testamento de Benedicta da Costa Pereira, fl. 46v-48.

2 Utilizo o termo "escravizado", ao longo desta narrativa, para tratar dos sujeitos que passaram pela experiência de escravização (africanos e crioulos), visto que não considero a escravidão como um lugar de origem dessas pessoas. Os termos "escravo" e "cativo", por serem nomenclaturas do período em tela, serão utilizados em consonância com as fontes documentais.

estudo. Busco entender as estratégias que diversos homens e mulheres elaboraram para sobreviver aos estigmas impostos pela sociedade escravista.

O cenário no qual se passam as trajetórias de Benedicta e dos demais africanos que formam grupos sociais pertencentes às comunidades negras é o Recife da segunda metade do século XIX, mais precisamente entre os anos de 1846 e 1890, período em que a maior parte dos personagens que acompanho preparou seus testamentos. O estudo está circunscrito à área urbana da capital de Pernambuco – centro econômico, político e social da província –, em especial aos quatro bairros centrais, onde se concentrava o maior número de africanos da cidade.[3]

Vale ressaltar que o período focalizado significou, para todo o Império do Brasil, um tempo de transformações políticas, sociais e econômicas, que desaguariam no fim da escravidão (1888) e no golpe militar republicano (1889). Entre o fim da década de 1840 e o início da década de 1870, a indústria açucareira assistia a uma oscilação do valor de seu produto no mercado internacional, devido à concorrência do açúcar antilhano e daquele produzido a partir da beterraba. Os conflitos políticos se faziam presentes no período, marcado pelas insurreições liberais, com destaque para a chamada Praieira, em 1848. As pressões inglesas para o fim do tráfico também não deram tréguas. Não só isso, a crise algodoeira atingia as áreas rurais, gerando grande fluxo migratório – pessoas e mais pessoas que ansiavam por melhores condições de vida nos centros urbanos. O êxodo rural provocava o inchaço urbano e o crescimento da população livre e liberta. A paisagem urbana e a vida social na capital da província de Pernambuco foram atingidas em cheio por tais mudanças.

3 Os dados demográficos serão parte do assunto do primeiro capítulo, porém, de acordo com o Censo de 1872, a população africana era de 1.867 indivíduos, distribuídos da seguinte forma: bairro do Recife: 128; Santo Antônio: 297; São José: 245; Boa Vista: 526; Afogados: 90; Várzea: 134; Graças: 54; Poço da Panela: 111; São Lourenço da Mata: 158; Muribeca: 124. O censo não computou africanos na freguesia de Jaboatão. Embora as freguesias da Várzea e de São Lourenço da Mata apresentassem supremacia numérica de africanos em relação ao bairro do Recife, o número de libertos neste último era de 103 indivíduos, enquanto na Várzea e em São Lourenço da Mata totalizava apenas 25 e 10 pessoas, respectivamente.

A cidade que assistira ao "progresso", fruto do governo do Barão da Boa Vista (1837-1844), passava pela modernização com o advento dos anos 1850: alargamentos de ruas, construção de novas pontes e prédios públicos, políticas de controle e vigilância policiais sobre a população. Algumas construções marcaram a época: o Teatro de Santa Isabel, no bairro de Santo Antônio, centro do comércio de fino trato e dos passeios públicos, habitado pelas pessoas das elites socioeconômicas; a Casa de Detenção, no bairro mais popular, de São José, onde morava a maioria dos libertos e toda sorte de pessoas desafortunadas; o Cemitério Público, em decorrência da proibição dos sepultamentos nas igrejas, concretizando as políticas higienistas de combate aos miasmas. A cidade do Recife, assim como várias outras no Império, aderia aos projetos civilizatórios europeus, esforçando-se para combater os costumes africanos e de uma sociedade escravista, considerados exemplos de não civilização.

Mas a macropolítica e o elenco das suas transformações tinham uma contrapartida no cotidiano das ruas, dos trabalhadores e das trabalhadoras, milhares de homens e mulheres, com as suas formas próprias de viver, comer, morar, divertir-se, constituir famílias, fazer festas e sepultar seus mortos, entre outras coisas. Dentro desse contexto, a população liberta crescia, emergindo das lutas pela liberdade dos próprios escravizados (já anteriores ao período estudado) aliadas à política governamental de abolição gradual da escravatura e aos movimentos abolicionistas. O contingente de forros vinha aumentando consideravelmente já a partir da terceira década do século XIX e diversos eram os caminhos da liberdade. Além da fuga e do aquilombamento, temas bem discutidos pela historiografia contemporânea, havia as emancipações via alforria. Embora a maioria das alforrias fosse paga pelo próprio libertando, o escravizado podia obter a alforria por doação, dependendo da relação que ele tivesse com seu senhor. Quando em vida, o senhor passava-lhe a carta de liberdade em cartório; ou então manifestava em testamento o desejo de que o cativo fosse alforriado após o seu falecimento. Por outro lado, em ocasiões especiais, o Imperador podia intervir no domínio senhorial e conceder a manumissão ao escravizado. A exemplo, o decreto de 11 de agosto de 1837, por meio do qual o tutor de D. Pedro II alforriou todos os cativos que carregavam o príncipe regente; e a lei de 30 de outubro de 1872, que libertou escravizados condenados à galé perpétua.[4]

Para os africanos, particularmente, algumas leis foram bastante significativas. A lei de 7 de novembro de 1831 – embora não fosse seguida à risca – considerava livres os africanos escravizados ilegalmente desembarcados no país, cabendo a estas pessoas provar na justiça a condição de cativeiro ilegal à qual estavam submetidas. Depois de 1831, centenas de africanos foram beneficiados pela legislação. Na década de 1870, o aumento do número de alforriados deveu-se também às novas possibilidades de manumissão. Os filhos de mães escravizadas, os chamados "ingênuos", nascidos a partir da promulgação da lei de 28 de setembro de 1871, iniciaram um longo e árduo percurso na senda da liberdade. As cláusulas restritivas desta lei – visando dificultar a libertação dos "menores" – incorria em dificuldades para as mulheres assegurarem a emancipação de seus rebentos, uma vez que a criança embora perdesse seu valor como "mercadoria", ganhava habilmente sua valia como trabalho.[5] Esta lei, também, reafirmou o direito costumeiro da concessão de alforria mediante a apresentação de pecúlio, abrindo caminhos importantes para a afirmação da construção de autonomia dos sujeitos sociais. Vale salientar que a partir da década de 1870 os tribunais se tornaram um importante palco na luta pela liberdade. A opinião pública e os movimentos abolicionistas, destacadamente nos anos 1880, também fortaleceram a luta de mulheres e homens escravizados contra o cativeiro, produzindo impactos.[6]

---

4 Cf. FREIRE, Regina Célia Lima Xavier. *Histórias e vidas de libertos em Campinas na segunda metade do século XIX*. Dissertação (Mestrado em História) – IFCH, UNICAMP, Campinas, 1993, p. 256-257. Sobre os processos de libertação via fugas e quilombos, consultar: GOMES, Flávio dos S. *História de quilombolas: mocambos e comunidades de senzalas no Rio de Janeiro, século XIX*. Ed. rev. e ampl. São Paulo: Companhia das Letras, 2006. No terceiro capítulo discuto em maiores detalhes o tema da alforria entre os africanos.

5 Cf. ZERO, Arethuza H. "Ingênuos, libertos, órfãos e a lei do ventre livre". *Revista da ABPN*, http://www.abphe.org.br/arquivos/2003_arethuza_helena_zero_ingenuos-libertos-orfaos-e-a-lei-do-ventre-livre.pdf. Acesso: 26 fev. 2020. Disponível em: http://www.apbn.

6 A década de 1870 é relevante, sobretudo, por ser o momento em que as discussões acerca do trabalho livre tornaram-se mais acirradas. Além do mais, as lutas de conquista da

Embora fossem variados (e intermináveis) os caminhos até a liberdade, os africanos que dão vida à trama social tecida neste estudo conquistaram suas manumissões através dos acordos com seus senhores e suas senhoras, amiúde por meio da compra da alforria. Por outro lado, diversificada também era a população liberta, não só em termos étnicos, mas especialmente em seus interesses individuais e/ou coletivos. No caso das pessoas nascidas na África, afora as disputas nas quais estiveram enredadas na população – seja livre, escravizada ou liberta –, havia ainda as contradições no seio da própria comunidade, em decorrência das peculiaridades quanto às origens, nações/procedências, etnias e *status* jurídico.

A passagem da escravidão para a liberdade foi lenta e complexa, nunca nada radical ou algo destituído de símbolos e rituais. A carta de alforria tão almejada nem sempre assegurava melhoria na vida das mulheres e homens libertos. Não raras vezes continuavam a exercer as mesmas ocupações da época do cativeiro; muitos permaneciam quase presos às amarras senhoriais, enquanto outros se arriscavam um pouco mais em busca de autonomia. Os libertos tinham seus movimentos limitados, não podiam circular fora da cidade, a não ser que possuíssem salvo-conduto. Eram preteridos em relação aos livres quando o assunto era trabalho, tendo ainda que disputar com os escravizados, livres pobres, imigrantes do interior da província e – depois de 1850 – europeus. Para os africanos, as dificuldades eram ainda maiores. Por não gozarem da prerrogativa da cidadania, não podiam ocupar cargos públicos ou ser eleitores. Mesmo o Brasil Imperial não tendo leis como as adotadas na província da Bahia em 1835, por causa dos insurgentes malês, uma estratégia do governo imperial era facilitar a

liberdade a partir das ações cotidianas dos próprios escravizados vêm sendo largamente discutidas pela historiografia. Consultar, entre os principais trabalhos: FREIRE, Regina Célia Lima Xavier. *A conquista da liberdade: libertos em Campinas na segunda metade do século XIX*. Campinas: CMU; Editora da Unicamp, 1996; MAMIGONIAN, Beatriz G. *To be a liberated African in Brazil: labour and citizenship in the nineteenth century*. Ph.D. thesis (History) - University of Waterloo, Waterloo (Canada), 2002; LARA, Silva H.; MENDONÇA, Joseli N. (orgs.). *Direitos e justiças no Brasil: ensaios de história social*. Campinas: Editora da Unicamp, 2006; CHALHOUB, Sidney. *Visões da liberdade: as últimas décadas da escravidão na Corte*. São Paulo: Companhia das Letras, 1990.

vida dos europeus e impor restrições aos africanos no que diz respeito à compra de terras. As políticas de naturalização também favoreceram mais os europeus do que os africanos. Sobre a questão, Kátia Mattoso mencionou a existência de raros documentos de pedidos de naturalização por parte dos indivíduos de origem africana, sugerindo que a escassez dessa documentação deve-se possivelmente ao fato de que os africanos tinham mais do que os europeus seus pedidos negados.[7] Havia ainda os preconceitos em relação ao passado cativo dos libertos, especialmente os oriundos do continente africano, ou seja, restrições adicionais a sociedade lhes impunha. Para as pessoas da África foram mais complexos os percursos para se afirmar na sociedade dos juridicamente livres.

Neste estudo, a escolha pelos africanos alforriados na cidade do Recife justifica-se pelo fato de ter sido Pernambuco a terceira maior região brasileira participante do tráfico atlântico, ficando atrás da Bahia e do Rio de Janeiro. Dos mais de cinco milhões de pessoas embarcadas para serem escravizadas no Brasil,[8] Pernambuco recebeu em torno de novecentas mil. Embora fosse essa população escravizada tão expressiva, parecem ter minguado na documentação suas histórias depois da liberdade. Isto se explica por serem as fontes sobre estas pessoas produzidas, em boa parte, por grupos de poder: polícia, proprietários de cativo, patrões, autoridades, negociantes de escravizados. Assim, torna-se necessário emaranhar-se também nos meandros desses grupos para descortinar as trajetórias dos libertos africanos, alargando o campo de visão das experiências negras em Pernambuco.

Desde as décadas de 1970 e 1980 as pesquisas sobre os libertos vêm fazendo parte das inquietações dos estudiosos. A historiografia é vasta sobre

7 Cf. NASCIMENTO E SILVA, Manoel Joaquim do. *Sinopse da legislação brasileira – Ministério da Guerra (Brasil e Portugal)*. Rio de Janeiro: Typographia J. D. Oliveira, 1879, v. 2, p. 135; MATTOSO, Kátia. *Ser escravo no Brasil*. 3. ed. São Paulo: Brasiliense, 2003.

8 Ao longo de toda a história do tráfico atlântico (1810-1850) de escravizados, foram embarcados na África em direção ao Brasil uma média de 5.532.126 pessoas. Porém, devido aos infortúnios das viagens, o número de indivíduos desembarcados foi de 4.864.375, ou seja, 12,1% foi o percentual de mortes. Cf. The Trans-Atlantic Slave Trade Database (TSTD). Disponível em: <http://www.slavevoyages.org/tast/ assessment/estimates.faces>. Acesso em 30 nov. 2011.

as estratégias e expectativas das pessoas que se libertaram e o papel que elas desempenharam em suas próprias alforrias.[9] Kátia Mattoso (1972) e Stuart Schwartz (1974) dedicaram-se às análises de cartas de alforria e ao grupo social que surgia do ato da manumissão. Peter Eisenberg estudou os libertos em Campinas ao longo do século XIX, utilizando como fontes cerca de 2.300 cartas de liberdade registradas em cartórios no período de 1798-1888. Porém, foi a partir das pesquisas de Manuela Carneiro da Cunha (1985) e Maria Inês Côrtes de Oliveira (1988) que o universo dos africanos depois da manumissão, em seus cotidianos, foi explorado nas trajetórias individuais e coletivas. Cunha enfatizou as lutas dos libertos no Brasil em seu retorno à África, tentando se estabelecer de volta em suas regiões de origem. João Reis contribuiu com as investigações sobre as condições sociais dos libertos, inaugurando o conceito de "parentes de nação", ao evidenciar os esforços dos indivíduos na reconstrução de seus laços de parentescos (de base étnica, familiar e de trabalho) esgarçados pelo tráfico atlântico e escravização nas Américas.[10]

Outros estudos igualmente significativos privilegiaram as experiências de mulheres e homens africanos e brasileiros. Regina Célia Xavier Freire (1996) e Roberto Guedes (2008) acompanharam o cotidiano de vários indivíduos desde o cativeiro até a nova condição jurídica – passando

9 Entre os principais trabalhos, consultar: OLIVEIRA. Maria Inês Côrtes de. *O liberto: seu mundo e os outros (1790-1890)*. São Paulo: Corrupio, 1988; FREIRE, A *conquista da liberdade*, op. cit.; CUNHA, Manuela Carneiro da. *Negros estrangeiros: os escravos libertos e sua volta à África*. São Paulo: Brasiliense, 1985; GUEDES, Roberto. *Egressos do cativeiro: trabalho, família, aliança e mobilidade social (Porto Feliz, São Paulo, c. 1798-c.1850)*. Rio de Janeiro: Mauad, 2008.

10 Cf. MATTOSO, Kátia. "A propósito das cartas de alforria – Bahia, 1779-1850". *Anais de História*, Assis, n. 4, p. 23-52, 1972; SCHWARTZ, Stuart. "A manumissão de escravos no Brasil colonial – Bahia, 1684-1745". *Anais de História*, Assis, n. 6, 1974, p. 71-114; EINSENBERG, Peter. "Ficando livre: as alforrias em Campinas no século XIX". *Estudos Econômicos*, São Paulo, v. 17, n. 2, p. 175-216, maio/ago. 1987; CUNHA, *Negros estrangeiros*, op. cit.; OLIVEIRA. M. I. *O liberto*, op. cit.; Idem. "Viver e morrer no meio dos seus: nações e comunidades africanas na Bahia do século XIX". *Revista da USP*, São Paulo, n. 28, p. 174-193, dez./fev., 1996; REIS, João José dos. *Rebelião escrava no Brasil: a história do levante dos malês em 1835*. Ed. rev. e ampl. São Paulo: Companhia das Letras, 2003.

por suas lutas pela liberdade –, construindo assim biografias coletivas que possibilitam a reflexão sobre os contextos políticos, econômicos e sociais das suas vivências no século XIX. Freire deteve-se no papel que escravizados desempenharam em sua alforria e nos passos que deram na direção da liberdade em Campinas, nas décadas de 1870-1880. Procurou, sobremaneira, desviar-se dos debates mais amplos da abolição e dos movimentos republicanos na experiência da liberdade das pessoas. Guedes, por sua vez, também se baseando em metodologias da micro-história, construiu biografias de grupos familiares libertos de cor parda. O autor utiliza o conceito de *mobilidade social geracional* para articular suas hipóteses sobre a ascensão das cinco famílias de forros que acompanhou entre o fim do século XVIII e o início do XIX em Porto Feliz, São Paulo.[11]

Foram várias e importantes as contribuições, tanto as pioneiras quanto as mais recentes, notadamente em termos de método, todavia, ainda pouco se conhece sobre os universos rurais e urbanos da vida em liberdade para milhares de libertos no Brasil, especialmente os africanos. De qualquer modo, como afirmo, o tema é vasto, ainda mais considerando contextos e regiões diversificadas. Por exemplo, pouco se sabe sobre as perspectivas e expectativas dos egressos do cativeiro depois de suas alforrias em Pernambuco. Para o século XIX, alguns pesquisadores – como Marcus Carvalho, Maciel Silva, Clarissa Nunes Maia, Robson Costa e Grasiela Morais – ofereceram importantes discussões envolvendo escravizados, livres e libertos, brasileiros, africanos e mestiços, em suas agências cotidianas para assegurar seus espaços, inclusive de trabalho.[12] Tatiana Lima debru-

---

11 Cf. FREIRE, *A conquista da liberdade*, op. cit.; GUEDES, *Egressos do cativeiro*, op. cit.

12 Cf. CARVALHO, Marcus J. M. de. *Liberdade: rotinas e rupturas do escravismo (1822-1850)*. Recife: Editora Universitária UFPE, 1998; SILVA, Maciel Henrique C. da. *Pretas de honra: vida e trabalho de domésticas e vendedoras no Recife do século XIX (1840-1870)*. Recife: Editora Universitária UFPE, 2011; MAIA, Clarissa N. *Sambas, batuques, vozerias e farsas públicas: o controle social sobre os escravos em Pernambuco no século XIX (1850-1888)*. São Paulo: Annablume, 2008; COSTA, Robson Pedrosa da. *Vozes na senzala: cotidiano e resistência nas últimas décadas da escravidão, Olinda, 1871-1888*. Recife: Editora Universitária UFPE, 2008; MORAIS, Grasiela Florêncio. *O "belo sexo" sob vigilância: controle social das práticas cotidianas e formas de resistência das mulheres pobres livres, libertas e escravas no Recife oitocentista (1830-1850)*. Dissertação (Mestrado

çou-se nas modalidades de alforria oitocentistas, embora com pouca atenção aos africanos. Por sua vez, Cyra Fernandes estudou as práticas de resistência dos "africanos livres", ou seja, daqueles indivíduos desembarcados na província no período da ilegalidade do tráfico. A situação desses indivíduos era semelhante à de escravizados, obrigados ao trabalho compulsório em instituições públicas ou lotados a particulares.[13] Em vários sentidos, foram estudos importantes na construção do caminho proposto para o presente trabalho. Aproximo-me mais das preocupações de Fernandes, devido ao seu foco nos africanos, mas distancio-me por voltar-me para as pessoas que já tinham rompido com o cativeiro e estavam vivendo em condições de liberdade; ou seja, os sujeitos que depois da carta de alforria reestruturaram suas vidas na sociedade escravista recifense.

Visando reconstruir as trajetórias e a história dos africanos libertos em Pernambuco, circunscrevo esses indivíduos como uma categoria analítica, qual seja, a de *africanos em liberdade*. Neste caso, apreendo os africanos forros como grupo social dotado de características próprias, percebidas nos seus arranjos de moradia, na estruturação de suas famílias, nas estratégias de trabalho, nos seus negócios, nas suas experiências religiosas, nas suas lutas cotidianas para garantia de espaços políticos, sociais e culturais, etc. Enquanto grupo social com características próprias, foi preciso delimitar seus territórios, redesenhar através de suas ações a cidade do Recife. Como ferramenta de análise, construo uma categoria para dar conta das estratégias de sociabilidades e dimensões espaciais das vivências desses libertos. Considero, assim, a ideia de uma *cartografia negra* no Recife oitocentista. Este conceito decorre do fato de que os libertos africanos estavam envol-

---

em História Social da Cultura Regional) – Departamento de História, UFRPE, Recife, 2011. Estes foram os trabalhos contemporâneos ao período de elaboração da tese, ora publicada, que considero mais pertinentes para o diálogo com o meu sujeito de pesquisa. Há ainda o estudo de Cyra Fernandes sobre os "africanos livres": FERNANDES, Cyra Luciana Ribeiro de Oliveira. *Os africanos livres em Pernambuco, 1831-1864*. Dissertação (Mestrado em História) – CFCH, UFPE, Recife, 2010.

13 Cf. LIMA, Tatiana Silva de. *Os nós que alforriam: relações sociais na construção da liberdade, Recife, décadas de 1840 e 1850*. Dissertação (Mestrado em História) – CFCH, UFPE, Recife, 2004; FERNANDES, op. cit., p. 13.

vidos numa complexa teia social, na qual são evidenciados não só as sociabilidades, mas também os conflitos e tensões entre o grupo protagonista e os demais setores urbanos. Ressalto que tal conceito difere do de "cidade negra", desenvolvido por Sidney Chalhoub,[14] porque articulo a política cotidiana de luta pela afirmação da liberdade aos vínculos familiares geracionais. Isto significa que as estratégias políticas dos africanos eram desenvolvidas no contexto de seus grupos familiares, entendendo-se família numa visão mais ampla, que aglutina as relações interpessoais.

Revisitar um tema já deveras trabalhado pela historiografia, no entanto, tornou-se uma tarefa bastante difícil. Que questões inovadoras – além de inserir Pernambuco nas discussões – posso trazer? Esta era uma das indagações que me perseguiam durante todo o percurso de construção deste trabalho. Busquei, então, as peculiaridades dos indivíduos que formaram os grupos sociais que evidencio. Eis que surgiu (ou ressurgiu) o tema dos africanos islamizados, cujo grande referencial é o estudo de João Reis, *Rebelião escrava no Brasil* (2003). Todavia, meu foco, diferente do de Reis, esteve nas redes políticas significativamente amistosas entre muçulmanos e católicos; inclusive de muçulmanos que se tornaram membros da mesa diretora da Irmandade do Rosário dos Pretos de Santo Antônio. A propósito, Pierre Verger mencionou, em *Os libertos* (1992), descendentes de africanos que transitavam ao mesmo tempo entre a fé católica e a islâmica e participaram da Irmandade do Rosário do Pelourinho. Ele foi o primeiro a discutir possibilidades de harmonização entre o catolicismo e o islamismo – enfatizando as devidas distinções –, e chegou a afirmar ser tal fenômeno uma exclusividade da Bahia.[15]

---

14 Cf. CHALHOUB. *Visões da liberdade*, op. cit., p. 186.

15 Cf. REIS. *Rebelião escrava no Brasil*, op. cit.; VERGER, Pierre. *Os libertos: sete caminhos na liberdade de escravos da Bahia, no século XIX*. São Paulo: Corrupio, 1992. Outros autores dedicaram-se a pesquisas sobre os trânsitos entre o islamismo e o culto de orixás no meio dos africanos no século XIX. RODRIGUES, Raymundo Nina. *Os africanos no Brasil*. (1933). Disponível na Biblioteca Virtual de Ciências Humanas do Centro Edelstein de Pesquisas Sociais: <http://www.bvce.org/LivrosBrasileirosDetalhes.asp?IdRegistro=77>; CUNHA. *Negros estrangeiros*, op. cit.

Minha pesquisa, por ser mais ampla do ponto de vista do cruzamento de fontes, não se limitando apenas às narrativas testamentárias, conseguiu ir além de Verger. Destrincho não só sociabilidades, mas também as disputas políticas e os conflitos de poder nos espaços da igreja católica e do islã frequentados pelos africanos, além de revisitar o debate sobre a cidade do Recife como território dos muçulmanos de origem africana no século XIX. A originalidade do presente estudo, porém, incide em provocar a discussão mais sistemática sobre as experiências dos africanos, sejam escravizados ou libertos, na província pernambucana.[16]

Para a construção da tese utilizo uma gama de registros documentais de natureza serial, qualitativa e quantitativa, que coletei em diversas instituições de pesquisas. Esses documentos foram aqui trabalhados como produto de instituições públicas, mas também como fruto das redes de sociabilidades, conflitos e tensões entre os atores sociais num determinado contexto socioeconômico, político, cultural. É preciso lembrar que essas fontes podem ser interpretadas e reinterpretadas diversas vezes, por inúmeras pessoas, em suas diferentes áreas de saber. Como bem colocou Michel de Certeau, para se transformar em "documentos" as fontes são deslocadas de antigos para novos corpos documentais, ganhando assim *status* de documento – neste caso específico, histórico. Por esta razão, concebo as fontes documentais como fragmentos que dão possibilidades de aproximação das experiências sociais dos indivíduos.[17]

No Instituto Arqueológico, Histórico e Geográfico Pernambucano (IAHGP) e no Memorial de Justiça de Pernambuco (MJPE), foram localizadas uma série de quinze livros de registros de testamentos e mais de

---

16 José Antônio Gonsalves de Mello compilou uma série de artigos publicados no Diário de Pernambuco na década de 1870 acerca dos embates entre dois grupos de africanos libertos em torno do direito da prática de suas religiões, um dos quais era muçulmano. Cf. MELLO, J. A. G. *Diário de Pernambuco: economia e sociedade no II Reinado*. Recife: Editora Universitária UFPE, 1996, p. 93-102; referências largamente utilizadas em REIS, João J.; GOMES, Flávio dos Santos; CARVALHO, Marcus J. M. de. *O alufá Rufino: escravidão, tráfico e liberdade no atlântico negro (1822 a 1853)*. São Paulo: Companhia das Letras, 2010.

17 Cf. CERTEAU, Michel de. *A escrita da história*. 2. ed. Rio de Janeiro: Forense Universitária, 2002, p. 81-85.

duzentas caixas de inventários *post-mortem*, nos quais garimpei os poucos deixados por africanos. Dentro do período em tela foram encontrados apenas 31 registros de testamentos e treze inventários *post-mortem*. Esses testamentos e inventários tornaram-se a principal fonte de pesquisa, orientando toda a estruturação documental da tese. Kátia Mattoso e Maria Inês de Oliveira foram pioneiras na utilização de testamentos como fonte de pesquisa sobre a condição social de mulheres e homens libertos na sociedade escravista. Mattoso considerou esses documentos quase como "autobiografias". Apesar de produzidos por terceiros – pois eram escritos por tabeliães ou por outra pessoa da inteira confiança do sujeito –, estão contidos nesses escritos não apenas as últimas vontades dos testadores, mas também seus segredos, medos, anseios. Ou seja, os testamentos são relevantes não só para explorar a vida material, mas, sobretudo, para trazer à luz a complexidade das escolhas e negociações feitas por homens e mulheres cativos, libertos e livres negros nas sociedades escravista e pós-emancipacionista. Ressalto, contudo, que tais fontes foram tratadas como ferramentas de indagação para cotejar as agências cotidianas dos libertos, visto que ali era reunida uma espécie de memória das experiências desses sujeitos.[18]

É relevante dizer ainda sobre os testamentos e inventários que, ao serem confrontados com outros universos documentais (registros paroquiais, processos-crimes, cartas de alforria, jornais, notas de tabelião, entre outros), eles oferecem possibilidades ao historiador para seguir nominalmente pessoas e remontar suas experiências individuais e coletivas. A documentação de natureza eclesiástica (registro paroquial), por exemplo, possui uma forte tradição em pesquisas de demografia e família na Europa e vem sendo constantemente utilizada pelos historiadores sociais da escravidão e da liberdade no Brasil. Utilizo, portanto, os livros de batismos, casamentos e óbitos dos acervos da Cúria Metropolitana do Recife e Olinda (CMRO) e das igrejas matrizes do Santíssimo Sacramento de

18 Cf. MATTOSO, Kátia. *Testamentos de escravos libertos na Bahia no século XIX: uma fonte para o estudo de mentalidades*. Salvador: UFBA, 1979, p. 11; OLIVEIRA. M. I. *O liberto*, op. cit. Outro trabalho que utilizou testamentos como memória das pessoas foi *Os libertos*, de Pierre Verger (op. cit.).

Santo Antônio, Santíssimo Sacramento da Boa Vista e de São José, para remontar as ligações familiares e de parentesco (consanguíneo e espiritual) dos indivíduos envolvidos na trama social aqui arquitetada.[19]

As pesquisas foram complementadas com fontes de outros arquivos. No Arquivo Público Estadual Jordão Emerenciano (APEJE), foi manuseada a documentação produzida pela polícia da época, guardada nos fundos da Secretaria de Segurança Pública (SSP): os códices referentes às Delegacias da Capital e os registros de entrada/saída da Casa de Detenção do Recife (CDR). O fundo Arquivo Eclesiástico (AE) e as plantas da cidade do Recife no século XIX contidas na Mapoteca foram as fontes qualitativas por mim manipuladas. Foram consultados também documentos impressos, como as *Folhinhas de Algibeira*, os livros de *Sinopse da legislação brasileira* e os jornais depositados na hemeroteca da instituição. No IAHGP ainda foram analisados os livros de notas de tabelião e o censo populacional de 1872. Nos arquivos do Cemitério do Bom Jesus da Redenção (Cemitério Público de Santo Amaro) foram consultados os livros de óbito. Por fim, no Arquivo Histórico Franciscano localizado no Convento de Santo Antônio do Recife, os livros da Irmandade de São Benedito.

Para construir o sujeito de pesquisa, enfim, lanço mão de recuperar os fragmentos do vivido pelos indivíduos em seus cotidianos, dando atenção, sobretudo, às suas estratégias de reinvenção de identidades individuais e coletivas. Como se relacionavam com seus senhores e suas senhoras, com a comunidade negra envolvente e a sociedade de modo geral? Como reorganizavam suas vidas? Como reconstruíam suas redes de sociabilidades depois de alforriados? Estas foram algumas das perguntas que orientaram todo o trabalho.

Em termos teóricos e metodológicos também foram várias as escolhas, parte das quais já utilizadas na bibliografia temática que menciono. Destaco aqui a *micro-história* como uma ferramenta metodológica para

19 Cf. FRAGOSO, João. “Efigênia Angola, Francisca Muniz forra parda, seus parceiros e senhores: freguesias rurais do Rio de Janeiro, século XVIII. Uma contribuição metodológica para a história colonial”. *Topoi*, Rio de Janeiro, v. 11, n. 21, p. 74-106, jul./dez. 2010.

analisar os personagens africanos e crioulos e as redes de sociabilidades que eles construíram, partindo do arcabouço documental manipulado e refletindo sobre a construção do sujeito de pesquisa. Cabe ressaltar que tal escolha deve-se ao fato de que as regras da microanálise permitem circunscrever o sujeito social e acompanhar de perto o desenrolar dos processos históricos, devolvendo o protagonismo aos indivíduos e aos seus grupos, chamados de "anônimos", silenciados pela história. Como frisou Jacques Revel, é uma perspectiva da história social "vista de baixo", que, ao jogar com as escalas de observação, permite reconstruir o vivido inacessível às outras abordagens historiográficas. Ao mesmo tempo, propõe a identificação das estruturas invisíveis pelas quais esse vivido se articula.[20]

A ligação nominativa é uma das ferramentas utilizadas pela microanálise por vários historiadores, sendo Carlo Ginzburg uma das grandes referências. O nome traduz mais do que indicação de lugares, objetos e pessoas; ele também enuncia as ações dos sujeitos, servindo de significante e significado. Pode, além disso, dar pistas de caminhos a se percorrer na vastidão das fontes a serviço da recuperação de histórias. Para Ginzburg, buscar nas fontes o *nome* de alguém possibilita a reconstrução das teias sociais em que os indivíduos estiveram inseridos. Os nomes das pessoas que faziam parte dos grupos negros em evidência neste estudo foi o "fio de Neith"[21] guiando-me no labirinto dos acervos documentais pesquisados. No Brasil, vários historiadores construíram seus sujeitos sociais com base, entre outros suportes teóricos, no método da ligação nominativa. Robert Slenes acompanhou pessoas que deixaram no tempo, entre séries documentais diferentes (inventários *post-mortem*, processos-crimes, cartas

---

20 Cf. REVEL, Jacques. "A história ao rés-do-chão" (prefácio). In: LEVI, Giovanni. *A herança imaterial: trajetória de um exorcista no Piemonte do século XVII*. Rio de Janeiro: Civilização Brasileira, 2000, p. 17. Os principais autores da microanálise que serviram-me de inspiração foram: LEVI, op. cit.; GINZBURG, Carlo (org.). *A micro-história e outros ensaios*. São Paulo: Difel, 1991; REVEL, Jacques (org.). *Jogos de escalas: a experiência da microanálise*. Rio de Janeiro: Editora FGV, 1998.

21 Neith era uma deusa do Ta-Meri (Egito Antigo) que cuidava dos caminhos. Usei "fio de Neith" como alegoria para dizer que os nomes das pessoas pesquisadas em vários jogos documentais é o condutor da construção dessa tese.

de alforrias, assentos de batismos e casamentos, etc.) rastros e pistas de suas experiências. Procuro, então, perspectivas semelhantes, mas construo meu próprio percurso no trato da documentação para responder meus questionamentos.[22]

Sigo também as perspectivas do método biográfico, que descortina o cotidiano econômico, político, social e cultural vivido pelos sujeitos em seus contextos históricos. Embora valorizando as experiências individuais, costuma evidenciar mais as coletivas. São vários os estudos que privilegiam este tipo de análise. *O queijo e os vermes*, *Guilherme Marechal*, *Nas margens: três mulheres do século XVII* e *A herança imaterial* são alguns dos textos inspiradores da construção deste estudo; particularmente, *A herança imaterial*, devido ao seu método prosopográfico, qual seja, o rastreamento e recuperação dos fragmentos que compuseram as experiências coletivas de famílias rurais na região do Piemonte do século XVI.[23] O volume de estudos que utilizam o método biográfico vem crescendo consideravelmente, inclusive no Brasil, porém, poucos focalizaram os africanos, a exemplo de *Religiosidade e escravidão, século XIX: mestre Tito* (2008); *Domingos Sodré, um sacerdote africano: escravidão, liberdade e candomblé na Bahia do século XIX* (2008); *Chica da Silva e o contratador de diamantes: o outro lado do mito* (2003).[24] Trabalho, contemporâneo a produção dessa tese,

---

22 Cf. GINZBURG, Carlo. *Mitos, emblemas e sinais: morfologia e história*. São Paulo: Companhia das Letras, 1989; idem. *O fio e os rastros: verdadeiro, falso, fictício*. São Paulo: Companhia das Letras, 2007; SLENES, Robert. *Na senzala uma flor: esperanças e recordações na formação da família escrava – Brasil, Sudeste, século XIX*. Rio de Janeiro: Nova Fronteira, 1999, p. 13-21.

23 Cf. GINZURB, Carlo. *O queijo e os vermes: o cotidiano e as ideias de um moleiro perseguido pela Inquisição*. São Paulo: Companhia das Letras, 1987; DUBBY, Georges. *Guilherme Marechal ou o melhor cavaleiro do mundo*. Rio de Janeiro: Graal, 1987; DAVIS, Natali Z. *Nas margens: três mulheres do século XVII*. São Paulo: Companhia das Letras, 1997. LEVI. *A herança imaterial*, op.cit.

24 Cf. XAVIER, Regina Célia. *Religiosidade e escravidão, século XIX: mestre Tito*. Porto Alegre: Editora da UFRGS, 2008; REIS, João J. *Domingos Sodré, um sacerdote africano: escravidão, liberdade e candomblé na Bahia do século XIX*. São Paulo: Companhia das Letras, 2008; FURTADO, Júnia. *Chica da Silva e o contratador de diamantes: o outro lado do mito*. São Paulo: Companhia das Letras, 2003.

instrumentalizado pelos métodos biográficos e preocupado com as experiências dos africanos libertos foi *O alufá Rufino* (2010), no qual Reis, Gomes e Carvalho reconstituíram a história de escravidão e liberdade do africano de nação nagô Rufino José Maria. Tendo em mãos apenas o depoimento que o referido africano concedeu à polícia no Recife em 1853 e poucos documentos sobre os rastros que deixou quando foi escravizado (testamento de seu ex-senhor, carta de liberdade, jornais), os autores remontaram a trajetória deste personagem. Tendo sido escravizado na Bahia, Rufino foi vendido pelo seu senhor no Rio Grande do Sul, onde conseguiu comprar sua alforria, envolveu-se no tráfico atlântico no Rio de Janeiro e depois escolheu viver no Recife. A narrativa de sua trajetória, a bem da verdade, é uma recuperação da história do tráfico de escravizados: sua economia, organização e estratégias empresariais, entrepostos, navios, diferentes personagens, atrocidades e a repressão contra ele desencadeada na época em que este africano viveu. Ou seja, por meio da trajetória de Rufino, os autores reconstroem a história social do tráfico e da escravidão na perspectiva do Atlântico.[25]

Há, no entanto, um grande desafio a ser enfrentado pelos historiadores que ousam trabalhar com o método biográfico: os hiatos que emergem nas trajetórias dos indivíduos devido à ausência de documentação. Nos estudos que cito como referenciais, os autores, através de uma densa bibliografia, trouxeram para seus leitores, com veemência, os contextos da época – passos que também procuro seguir.

Embora esse seja um estudo sobre perspectivas e expectativas de pessoas de origem africana que viveram no Brasil, não busco continuidades e descontinuidades sociais ou culturais destes indivíduos. Pondero as considerações de Sidney Mintz e Richard Price e avalio as experiências dos africanos como reconstruções socioculturais habilitadas no cotidiano desses indivíduos na diáspora. A memória de suas vidas antes do tráfico e

---

25 Cf. REIS; Gomes; Carvalho. *O alufá Rufino*, op. cit., p. 9-12.

escravidão lhes serviu, contudo, de guia para a reestruturação de suas vidas sociais no Continente Americano.[26]

Além disso, o presente estudo também busca o diálogo com outros referenciais teóricos, no caso as concepções de E. P. Thompson sobre experiências dos sujeitos históricos, cabendo ressaltar que a experiência em Thompson é uma construção teórica, na relação existente entre teoria e empiria. Assim, procuram-se, na documentação, as construções sociais de homens e mulheres tecidas por meio de suas ações, lutas, conflitos e sociabilidades, resistências e acomodações, ambiguidades. As vozes dos sujeitos históricos ecoam a partir dos universos da cultura, das práticas sociais, das instituições, das relações de trabalho; de seus modos de pensar e agir, de suas expectativas.[27] Enfim, ao assumir semelhante perspectiva, preocupo-me com as vivências dos africanos, percepções e estratégias em torno do que concebiam como *liberdade*, ainda numa sociedade escravista.

A presente obra está organizada em cinco capítulos. No primeiro, 'Recife, a terceira *babel africana*', apresento o perfil da população africana e sua diversidade cultural na cidade. Confronto os censos populacionais com estatísticas do tráfico atlântico e registros paroquiais com o intuito de mapear as identificações étnicas e os grupos de procedência dos africanos no centro urbano da capital de Pernambuco. Foi possível reconstituir o perfil étnico africano que compunha o grupo de pessoas da rede social que investigo. Já no segundo capítulo, 'Como e onde moram os africanos? Arranjos de moradia no Recife', focalizo as disposições domiciliares dos indivíduos, avaliando os símbolos de mobilidade e distinção social. Aqui a residência foi tomada como espaço social, parte que integrava as estratégias dos libertos para se afastar dos estigmas do cativeiro ou mesmo rompê-

---

26 Cf. MINTZ, Sidney; PRICE, Richard. *O nascimento da cultura afro-americana: uma experiência antropológica.* Rio de Janeiro: Pallas, 2003.

27 Cf. LARA, Silvia Hunold. " 'Blowin' in The Wind: Thompson e a experiência negra no Brasil". *Projeto História*, São Paulo, n. 12, p. 43-56, 1995. Um trabalho que considero referência no diálogo com a postura thompsoniana de experiência é: SILVA, Maciel H. C. da. *Nem mãe preta, nem negra fulô: histórias de trabalhadoras domésticas em Recife e Salvador, 1870-1910.* Jundiaí: Paço Editorial, 2016.

-los. Considero, assim, como homens e mulheres engendravam caminhos para construir lugares próprios, de pertencimento e identidade, na cidade. Neste ponto faço uma descrição densa daquilo que formulo como uma *cartografia*, na qual a liberdade da população negra foi redesenhada no Recife – por meio das malhas de sociabilidades, conflitos e tensões – através das habitações e seus personagens africanos.

No terceiro capítulo, 'Vida íntima: laços, famílias e parentescos', descrevo a composição familiar e de parentesco da comunidade africana analisada. Trago, a partir dele, outras perspectivas metodológicas e passo a utilizar as ferramentas da microanálise, em particular da prosopografia, para tecer analiticamente as redes sociais e as conexões entre as famílias e os indivíduos que estabeleceram algum tipo de vínculo. Assim, analiso a vida familiar e as trajetórias individuais que revelam ligações entre grupos, não só assegurando aos seus membros a transmissão de bens patrimoniais e culturais, mas também lhes possibilitando acesso a alguns espaços sociais privilegiados. A principal preocupação, aqui, foi compreender os sentidos e significados das alianças formadas entre famílias e indivíduos.

A discussão principal acerca dos meios de sobrevivência dos libertos e das estratégias por eles alavancadas para garantir seus espaços nos mundos do trabalho urbano encontra-se em 'Estigmas da escravidão nos caminhos da liberdade: trabalho, negócios e patrimônio', o penúltimo capítulo. Nele as principais fontes utilizadas foram os inventários *post-mortem*, em especial dos africanos do grupo analisado que cruzo com as informações sobre ocupação/profissão de mulheres e homens escravizados registradas nos livros de entrada/saída da Casa de Detenção do Recife. No universo destas fontes, traço o perfil econômico dos libertos em geral, mas reputo apenas os africanos, em contraste com a parcela daqueles que deixaram testamentos. A abordagem foi centrada nos indivíduos da comunidade negra que viviam de seus negócios. Conecto assim as redes entre negociantes africanos e brancos, trabalhadores negros detentores de algum ofício especializado. Foi possível identificar dois perfis de trabalhadores, que denomino de pequenos e médios comerciantes. Os primeiros, que viviam de aluguéis de poucos imóveis ou tinham cativos ao ganho (dois no máximo), passavam por dificuldades financeiras ao ponto de penhorar seus poucos bens. Os segundos tinham suas rendas provenientes de vários prédios de aluguel (mais de seis) e desfrutavam não só de escravizados ao ganho, mas também dos domésticos.

No último capítulo, 'Fé em que vivo e pretendo viver: redes entre religiosos e religiões', analiso as redes de sociabilidade tecidas pelos africanos em termos religiosos. Através da ideia de *cartografia negra* compreendo as escolhas individuais e coletivas dos africanos e suas religiões. O objetivo central, porém, não é avaliar as práticas religiosas em si ou por si, mas as articulações sociopolíticas e culturais dos africanos para assegurar seus espaços religiosos na cidade; enfim, a malha entre os religiosos e suas negociações para conviver com a religião vigente e com as práticas cultural--religiosas que trouxeram para o Brasil. Discuto as conexões entre práticas e saberes de religiões africanas em meio ao catolicismo, mas eximo-me do debate em torno das hibridizações afrocristãs, optando por abordar os trânsitos dos africanos entre o Islã e a Igreja Católica.

Quero enfatizar, por fim, que esse livro é uma versão revisada – com acréscimos documentais e modificações em algumas análises – de minha tese de doutorado *Trajetória negras: os libertos da Costa d'África no Recife (1846-1890)*, defendida no dia 10 de maio de 2013, no Programa de Pós-graduação em História da Universidade Federal da Bahia, sob a orientação do Prof. Dr. Flávio dos Santos Gomes. Ou seja, trata-se de uma obra datada, e como tal, é constituída de alguns marcos, já elencados ao longo desse texto introdutório. O mais singular, todavia, é o fato de à época as experiências da população africana em Pernambuco, em particular, egressa do cativeiro, não fazerem parte, de forma sistematizada, das preocupações dos pesquisadores e das pesquisadoras. Portanto, o leitor e a leitora encontrarão um primeiro resultado de investigação documental empírica que iluminou aspectos da vida das mulheres e dos homens da Costa da África que foram escravizados e reuniram esforços para reconquistarem o seu lugar de origem: a liberdade. Isto é, inventarei um material que possibilitou-me narrar as ações político-sociais e culturais de africanos libertos na cidade do Recife no século XIX. Ao longo desses oito anos, fragmentos de textos da tese foram publicados em periódicos e coletâneas organizados por historiadores e historiadoras especialistas e dedicados aos estudos sobre África e Diáspora africana.

1. Recife, a terceira *Babel africana*

> *Aqui, ficavam os nagôs; ali, os jejes; lá, os cabindas; acolá, os angolas; mais adiante, os moçambiques – identidades que os africanos criaram no Brasil. E entre os seus aparentados e semelhantes ajustavam fidelidades e renovavam os contatos com a África de cada um.*[1]

Mais de cinco milhões de seres humanos foram traficados para o Brasil.[2] Pernambuco recebeu em torno de novecentos mil indivíduos, ficando atrás do Rio de Janeiro, onde estava localizada a Corte; e da Bahia, antiga sede do governo colonial. O Recife tornou-se, assim, a terceira capital do Império onde as diferentes *marcas* e *falas* de mulheres e homens africanos eram preponderantes. Até a primeira metade do século XIX, as pessoas da África eram maioria entre os escravizados na cidade e a manutenção do sistema escravista se dava pelas constantes importações, sobretudo entre as décadas de 1830-40.

Ao longo do século, contudo, a escravidão foi transformando em *africano* as pessoas embarcadas em diferentes partes daquele continente. Porém, os indivíduos resistiam, reelaborando suas particularidades culturais e étnicas, ao mesmo tempo em que elas eram constantemente reinventadas. No

1 COSTA E SILVA, Alberto da. *Um rio chamado Atlântico: a África no Brasil e o Brasil na África*. Rio de Janeiro: Nova Fronteira, 2003, p. 158.

2 Trabalho aqui com a estimativa do número de embarques que foram realizados ao longo de toda a história do tráfico atlântico da África para o Brasil. Consultar nota 8 da Introdução.

Recife, habitou gente do reino de Cassange, em Angola; indivíduos embarcados no golfo do Benin, como os nagôs e savalus; provenientes da área Angola/Congo, como os ambundos, ovimbundos e bacongos. Todos trouxeram na memória suas experiências anteriores à travessia atlântica.

O presente capítulo aborda o perfil desse contingente *africano* e sua diversidade cultural no Recife. Analiso os principais censos populacionais realizados na província ao longo do século XIX, cujas informações intersecciono com os números (estimativas) do tráfico atlântico e os registros de batismos na cidade, visando mapear os indivíduos no centro urbano. Aprecio, assim, a composição étnica e as identidades dos homens e das mulheres que faziam parte das redes de sociabilidade que investigo neste trabalho.

Jogando com os dados censitários

É difícil dizer com exatidão quantas pessoas habitavam a cidade do Recife no século XIX, pois os dados eram imprecisos. Dependia-se dos párocos, que omitiam informações sobre a quantidade real de moradores, receosos de que suas paróquias fossem subdivididas. Proprietários de escravizados se negavam a dizer o número exato de seus cativos para não arcar com impostos, sobretudo depois da lei nº 59, de 8 de outubro de 1833.[3] Famílias não revelavam quantos membros havia em casa, especialmente aquelas cujos rebentos masculinos teriam que prestar serviços militares ou recrutamento na Guarda Nacional. Além disso, as mudanças políticas, favorecendo este ou aquele partido no poder, incidiam sobre os tentáculos urbanos, provocando o surgimento ou a incorporação de novas freguesias. Por essas e outras razões, as fontes estatísticas são frágeis para se conhecer a cidade e seus habitantes. Os censos da época servem apenas para dar uma ideia geral da quantidade e da distribuição das pessoas na capital de Pernambuco.[4]

---

3 A lei nº 59, de 8 de outubro de 1833, alterou o imposto do selo e criou a taxa anual de escravos. Cf. <http://www.camara.gov.br/Internet/InfDoc/conteudo/colecoes/Legislacao/Legimp-17/Legimp-17>. Acesso em: 20 de maio de 2013.

4 Cf. Mello, José Antônio Gonsalves de. *O Diário de Pernambuco e a história social do Nordeste (1840-1889)*. Rio de Janeiro: Gráfica O Cruzeiro, 1975, v. 2, p. 435-448; CARVALHO, Marcus J. M. de. *Liberdade: rotinas e rupturas do escravismo no Recife (1822-1850)*. Recife: Editora Universitária UFPE, 1998, p. 41.

Reduzindo as lentes de observação nos mapas estatísticos, maiores obstáculos são encontrados para precisar a população africana. Os dados comumente incluíam na categoria "preto" os pretos africanos e seus descendentes nascidos no Brasil. O número de indivíduos desembarcados na província não era informado com exatidão pelos traficantes ou pelas autoridades locais, sobretudo depois que o comércio negreiro caiu na ilegalidade – no Brasil – em 1831. Sobre essas pessoas, quando mencionadas, informava-se apenas o sexo, não havia indicações sobre seus grupos de procedência ou ainda suas etnias.[5]

Entre as contagens populacionais que ocorreram no século XIX, interesso-me por aquelas realizadas em 1842, 1856 e 1872. Conforme o levantamento de 1842, as pessoas da África constituíam maioria entre a população cativa da cidade do Recife, somando 9.625 indivíduos (51%), dos quais 5.864 (61%) eram do sexo masculino.[6] A participação das primeiras gerações de filhos e filhas de africanos atingia 39%, sendo 4.015 pessoas do sexo masculino (55%) e 3.279 do feminino (45%). Os de cor parda representavam apenas 10% dos escravizados, distribuídos em 973 mulheres e 951 homens. A renovação da mão de obra escravizada, não só nos engenhos, mas também no centro urbano, dava-se mais pelas constantes importações do que pela reprodução natural.

Segundo o mapa estatístico populacional de 1856, havia 40.977 habitantes no centro urbano do Recife, dos quais 33.270 eram livres (incluindo os libertos) e 7.707 escravizados. Em 1828, quando foi realizada a primeira contagem na província após a Independência, o total de habitantes da capital era de 25.678, sendo 17.743 livres e 7.935 cativos. Observa-se que,

5 Os censos da primeira metade do século XIX eram parciais. As províncias realizavam suas contagens em momentos que acreditavam ser oportunos e só enviavam os mapas estatísticos à Corte quando solicitados. Em 1872, finalmente, foi realizado o primeiro censo oficial do Império, ou seja, do Brasil enquanto Estado-Nação. Sobre a ideia e construção de "nação", "nacionalismo", "Estado-Nação", consultar: HOBSBAWM, Eric. J. *Nações e nacionalismos desde 1780: programa, mito e realidade*. Rio de Janeiro: Paz e Terra, 1990.

6 Peter Eisenberg estimou um percentual semelhante para a população cativa de origem africana: 54%. Cf. EISENBERG, Peter. *Modernização sem mudança: a indústria açucareira em Pernambuco, 1840-1910*. Rio de Janeiro: Paz e Terra; Campinas: Editora da Unicamp, 1977, p. 169.

enquanto a população escravizada permaneceu em aproximadamente oito mil indivíduos, o número de livres aumentou 87,5%, resultando num crescimento populacional de 59,6% em pouco menos de trinta anos.[7] Para efeito de comparação, a cidade do Rio de Janeiro, capital do Império, dobrou sua população em período semelhantemente curto (1821-1849). Por outro lado, em Salvador, cuja economia era mais desenvolvida, o número de habitantes passou de quarenta para noventa mil pessoas entre 1780 e 1860.[8]

Entretanto, a respeito das pessoas escravizadas, se eram africanas ou nascidas no Brasil, ou ainda sobre os livres, quantos eram naturais da África, não há nenhuma pista. Estatísticas anteriores à periodização do presente trabalho, também margeadas por erros, revelaram com mais detalhe a presença africana. Na contagem de 1828, cujos dados referem-se ao município do Recife como um todo, havia entre os cativos 11.034 crioulos (29%), com participações praticamente iguais de homens e mulheres. Os pardos somavam 3.657 pessoas (10%), verificando-se também uma divisão equilibrada entre os dois sexos. Por sua vez, no grupo dos africanos, que representava 61% da população cativa total, a presença masculina era bem mais expressiva: 14.482 homens (64%), comparativamente a 8.229 mulheres (36%).[9]

Outra contagem populacional ainda mais incompleta foi a de 1838, duramente criticada pelo organizador dos mapas estatísticos da década de 1840 na província, Jeronymo Martiniano Figueira de Mello. Esta contagem dividiu a população em livres, libertos, escravos e estrangeiros, computando 289.602 habitantes em toda a província. À comarca do Recife – que abrangia os municípios do Recife, Olinda, Igarassu e Itamaracá – foi atribuída uma população de 91.056 pessoas, quando no mapa de 1828 estes municípios já somavam 108.895 habitantes. Os livres totalizavam 62.691 pessoas, distribuídas da seguinte forma: 25.214 brancos (40%), dos quais 13.033 eram mulheres; 28.215 pardos(as) (45%), 15.247 do sexo fe-

7 Cf. MELLO, J. A. G. de. *O Diário de Pernambuco e a história social do Nordeste*, op. cit., p. 441; CARVALHO, *Liberdade*, op. cit., p. 72.

8 Cf. CARVALHO, *Liberdade*, op. cit., p. 74-75.

9 Cf. Ibidem, p. 89-91.

minio; 8.815 pretos(as) (14%), com as mulheres somando 4.717; e 447 indígenas (1%), sendo 239 o número de indivíduos do sexo feminino. Mesmo com todas as falhas, tal contagem indicava que a população livre negra, sobretudo de descendência africana, já predominava na comarca do Recife na primeira metade do século.[10] As pessoas do Continente Africano, contudo, estão mais visíveis nas categorias "escravo" e "liberto". Os cativos provenientes da África representavam 46,9% do total de escravizados da comarca, somando 11.076 pessoas, das quais 6.900 (62%) eram do sexo masculino.[11] Na cidade do Recife, os libertos representavam 21,8% da população e estavam distribuídos conforme a tabela 1.

10 Cf. Mappa Statistico da Populaçam da província de Pernambuco no anno de 1838. Relatórios dos Presidentes da província. Disponível em: <http://www.crl.edu/brazil/provincial>. Acesso em 25 out. 2011. Confirmo o total de habitantes da província e da comarca do Recife a partir da soma dos valores parciais por sexo e cor da pele e noto pequena diferença (1 pessoa) entre um dado e outro. Deixo de lado a população estrangeira, estimada em 1.561 indivíduos. Este mapa populacional foi considerado desastroso, não só pelos erros de cálculos das comarcas, mas também por terem sido esquecidos alguns municípios como Panelas de Miranda, São Bento e Capoeiras, que pertenciam à comarca de Garanhuns. Ou seja, cerca de 10.000 pessoas ficaram fora deste censo. O município de Itamaracá foi notificado com 3.636 habitantes, quando no ano de 1835 o juiz municipal Eduardo Soares de Albergaria tinha informado 7.777; a comarca de Goiana, somente com 10.415 habitantes, quando o mapa remetido pelo prefeito Francisco Domingos da Silva elevava esse número para 28.261. Todos os cálculos foram refeitos e apresentados em um novo mapa, no ano de 1842. Cf. Mello, J. A. G. de. *O Diário de Pernambuco e a história social do Nordeste*, op. cit., p. 442.

11 Conforme os dados de David Eltis, 46.858 africanos desembarcaram em Pernambuco entre 1836-1850. Cf. The Trans-Atlantic Slave Trade Database (TSTD). Disponível em: <http://www.slavevoyages.org/tast/ assessment/estimates.faces>. Acesso em: 30 nov. 2011.

Tabela 1 - População liberta da cidade do Recife em 1838

"Cor"/ "Qualidade"	Total		Homens		Mulheres	
	Nº	%	Nº	%	Nº	%
Total	3.222	100,0	1.546	48,0	1.676	52,0
Africana	702	21,8	261	8,1	441	13,7
Crioula	1.033	32,1	525	16,3	508	15,8
Parda	1.487	46,1	760	23,6	727	22,5

Fonte: Mappa Statistico da Populaçam da província de Pernambuco no anno de 1838.

Os números acima suscitam questões acerca da população liberta, até então difícil de estimar, uma vez que imbricada entre os livres. Os indivíduos de origem africana eram os que menos conquistavam a manumissão, embora fossem maioria entre os escravizados(as). Os dados também sugerem que, na ascensão pela liberdade, homens e mulheres tinham praticamente as mesmas chances, se fossem pardos ou crioulos. Entretanto, no grupo dos africanos, as chances das mulheres eram significativamente maiores do que as dos homens. Assim, mesmo sendo o número de escravizados do sexo masculino sempre superior, sua presença dentro da população liberta africana era de apenas 37%. Tatiana Lima, que analisou as cartas de alforria no Recife nas décadas de 1840-50, destacou que 63% das manumissões de mulheres foram onerosas, percentual idêntico ao observado para os homens. Assim, embora houvesse vantagem para as mulheres no momento da alforria, isto não significava que elas tivessem maiores chances para se manumitir sem ônus. Este fato é confirmado pela historiografia para outras regiões do Brasil.[12]

12 Cf. LIMA, Tatiana. *Os nós que alforriam*, op. cit., p. 73-75. Para outras regiões, no Brasil, ver os trabalhos de: FARIA, Sheila de C. *Sinhas pretas damas mercadoras: as pretas minas nas cidades do Rio de Janeiro e de São João Del Rey (1700-1850)*. Tese (Professor Titular em História do Brasil) - Departamento de História, UFF, Niterói, 2004; MATTOSO, Kátia M. de Q. "A propósito das cartas de alforria – Bahia, 1779-1850". *Anais de História*, Assis, n. 4, p. 23-52, 1972.

Argumento, em outro momento, acerca das conquistas de liberdade entre os africanos e o lugar social deles. Aqui quero salientar que, com todas as imperfeições, a contagem da primeira metade do século XIX aponta para uma presença marcante da população africana na cidade do Recife. O mapa de 1838, ainda que incompleto e com erros, traz informações interessantes, como a presença indígena e os africanos libertos. Entre os estrangeiros, todavia, foi registrada uma mulher preta. Evidentemente, tratava-se de uma africana moradora do centro urbano. Isto significa que, no período escravista, nem todas as pessoas da África que habitavam a cidade carregavam em suas experiências as marcas da escravidão. Desde o período colonial, existia uma pequena parcela de africanos provida de algum prestígio socioeconômico, que criava várias estratégias para se distinguir da massa cativa nas grandes cidades escravistas como o Rio de Janeiro, Salvador e Recife.[13]

A diversidade dos africanos que viviam na cidade não só era étnica, mas também de estatuto jurídico – cativos, liberto, "livres"[14] e "emancipados(as)".[15] A segunda metade do século XIX, contudo, foi marcada profundamente pela busca de explicações sobre a construção da identidade nacional, para justificar a ação do Estado com base na compreensão da dinâmica populacional. Ao contrário das contagens populacionais da primeira metade do século, preocupadas em medir a força das províncias e elevar seu prestígio na Corte, o censo de 1872 refletiu o ideário de construção da *nação*.[16]

Essa ideia de *nação*, mobilizada pelas elites política e intelectual no Brasil, aproximava-se do conceito de Estado que se articulava ao debate de cidadania. Esta, por sua vez, atrelava-se à concepção de povo e de cultura. Portanto, o pertencimento à comunidade nacional, os critérios de definição de nacionalidade ou os padrões de relacionamento entre o Estado e a

---

13 Cf. Mappa Statistico da Populaçam da província de Pernambuco no anno de 1838, doc. cit.; COSTA E SILVA. *Um rio chamado Atlântico*, op. cit., p. 75.

14 Aqueles que foram apreendidos pela marinha inglesa no período da ilegalidade do tráfico, sobretudo depois de 1831.

15 Os africanos livres que em 1864 foram considerados emancipados.

16 Cf. HOBSBAWN, E. *Nação e nacionalismos dedes de 1780*, op. cit.

sociedade permearam o recenseamento de 1872. Assim, categorias como cor da pele, condição jurídica, estado civil, faixa etária, instrução, profissão, religião e nacionalidade foram selecionadas, na tentativa de apresentar o mapa de um Brasil homogêneo quanto aos aspectos culturais, mas hierarquizado quanto à condição social e racial.[17]

Segundo Tarcisio Botelho, os censos oitocentistas estavam ainda pautados pela herança colonial. Definir a condição social (livre e escravizada) era mais uma necessidade ante a divisão básica da sociedade imperial. Conhecer essas categorias era um dado importante para a implementação de políticas públicas, como, por exemplo: a Lei de Terras de 1850 (quem seria considerado cidadão para ser agraciado pela lei?); a Lei do Ventre Livre (saber quem eram as mães escravizadas para ter o controle das manumissões); distribuição dos eleitores por paróquias; o debate da instrução pública; os desafios do saneamento nas grandes cidades. Para Isabel Marson, a Lei de Terras e a Lei Anti-Tráfico, ambas de 1850, ainda significavam parte do conjunto de políticas para fazer do Brasil um império forte e respeitado no exterior diante das mudanças internacionais, inclusive do mercado de trabalho. Essas eram algumas das preocupações das elites políticas do Império. O critério cor da pele, como herança ibérica, também era relevante para explicar a composição racial do Brasil. Que rosto assumiria o povo brasileiro, em um território amalgamado racialmente? Apareciam nos discursos políticos as preocupações da elite brasileira quanto às questões raciais. Era mais significativo explicar o Brasil por uma dada composição racial do que pela sua diversidade cultural.[18]

O censo de 1872 contabilizou a população do município do Recife em 116.667 habitantes, sendo 87% livres. As freguesias mais povoadas eram as da Boa Vista (20.888 hab.), de São José (17.297 hab.), Santo Antônio (15.910 hab.), Jaboatão (12.007 hab.) e Afogados (11.755 hab.). No nú-

17 Cf. BOTELHO, Tarcisio R. "Censos e construção nacional no Brasil Imperial". *Tempo Social*, São Paulo, v. 17, n. 1, p. 321-341, 2005.

18 Cf. Ibidem, p. 325-336; MARSON, Isabel apud RODRIGUES, Jaime. *O infame comércio: propostas e experiências no final do tráfico de africanos para o Brasil (1800-1850)*. Dissertação (Mestrado em História) – FFCH, UNICAMP, Campinas, 1994, p. 178.

cleo urbano central residiam 63.084 pessoas, das quais 89% eram livres.[19] Comparando com os dados da primeira contagem populacional, realizada 44 anos antes, verifica-se que o centro urbano cresceu cerca de 150%, observando-se uma aceleração nas duas últimas décadas – a taxa média anual de crescimento da população passou de 1,68% (entre 1828 e 1856) para 2,73 (entre 1856 e 1872). Este crescimento esteve imbricado ao aumento da população livre (incluindo os libertos), uma vez que o número de pessoas escravizadas diminuiu.

Vários fatores concorreram para o adensamento populacional ao longo do século XIX, sobremaneira nos bairros centrais. Um deles foi a emigração rural. As crises econômicas que atingiram as produções de açúcar e algodão empurraram muita gente das áreas rurais para a capital, principalmente da zona da Mata. Os períodos de estiagens, sobretudo as secas que assolaram o Nordeste entre 1825 e 1828 (a "Grande Seca") e de 1844 a 1846, não deixaram alternativa para as pessoas que rumavam para a "cidade grande". A seca da década de 1840 levou os habitantes das áreas rurais a migrarem em busca de água e de comida no Recife. Por outro lado, a falência dos lavradores, os assassinatos, as partilhas de terra mal feitas, as tensões nos engenhos e toda forma de violência política que tomava conta

19 Até a década de 1840 a cidade do Recife era formada por quatro bairros centrais: Recife, Santo Antônio, São José e Boa Vista. Mais sete freguesias: São Frei Pedro Gonçalves do Recife, Santo Antônio, São José, Boa Vista, Afogados, Santo Amaro de Jaboatão, Poço da Panela e parte de São Lourenço da Mata. Além da demarcação citadina, havia as povoações do Poço da Panela, Afogados, Jaboatão, Várzea, Boa Viagem e Loureto. Cf. MELLO, Jeronymo Martiniano Figueira de. *Ensaio sobre a estatística civil e política da província de Pernambuco*. Recife: Conselho Estadual de Cultura, 1979, p. 81-83. Na segunda metade do século, a configuração urbana sofreu transformações. O censo de 1872 informa tais transformações. A cidade passou a ser formada por quatro freguesias centrais: São Frei Pedro Gonçalves (Recife), Santíssimo Sacramento de Santo Antônio, São José do Recife e Santíssimo Sacramento da Boa Vista. O município, por sua vez, aglutinava mais sete freguesias: N. Sra. da Graça da Capunga (5.324 hab.), N. Sra. da Paz dos Afogados e N. Sra. da Saúde do Poço da Panela (5.577 hab.), arrabaldes com ocupação mais rarefeita; N. Sra. do Rosário da Várzea (6.313 hab.), considerada uma freguesia semirrural; São Lourenço da Mata (5.402 hab.), Santo Amaro de Jaboatão e N. Sra. do Rosário de Muribeca (7.210 hab.), freguesias rurais. Cf. Censo de 1872 – província de Pernambuco.

do interior lançavam mais gente nas estradas rumo à cidade, notadamente depois de 1850.[20]

Para Marcus Carvalho, a cidade tinha um magnetismo quase sempre intenso. A dinâmica da vida urbana era atrativa para homens e mulheres do campo, especialmente para o sexo feminino, que buscava não só melhores condições de vida, mas também liberdade: movimentação, trabalho, relações afetivas. Por outro lado, os chamados "ciclos de Insurreições Pernambucanas" – Revolução de 1817, Confederação do Equador (1824), Revolução Praieira (1848) – concorreram para os desentendimentos entre as elites socioeconômicas urbanas, favorecendo, em certo sentido, os *projetos de liberdade* dos escravizados, que aproveitavam os momentos de crise política para barganhar suas alforrias.[21]

Todavia, mesmo tendo o Recife chegado à década de 1870 com seus limites geopolíticos bem mais extensos do que na primeira metade do Oitocentos e com grande densidade populacional, meu interesse continua sendo o antigo centro urbano, ou seja, os bairros do Recife, Santo Antônio, São José e Boa Vista. Esta área foi onde os africanos que observo e sigo conquistaram suas manumissões, nas décadas de 1830-40, e organizaram suas vidas. Esperava-se que naquele período já estivessem estabilizados na cidade, sendo incluídos nas políticas públicas discutidas pelas elites intelectual e política articuladoras daquele Censo (1872). Evito, porém, o debate sobre a inclusão dos africanos nas políticas públicas da década de 1870, para não sair do foco de análise do capítulo.

Presumo ser mais importante saber como apareciam ou qual o lugar social que os africanos ocupavam na cidade segundo os levantamentos de 1872. Havia em todo o município do Recife 21.359 pessoas de cor preta, sendo 1.859 de origem africana. Estes indivíduos estavam divididos entre livres (946) e escravizados (913) e representavam o segundo maior grupo na população estrangeira, ficando atrás dos portugueses. Estabelecendo comparações com a primeira metade do século, esta contagem sugere

20 Cf. CARVALHO. *Liberdade*, op. cit., p. 73-84.

21 Cf. Ibidem.

uma mudança significativa na população africana, que passou a ser predominantemente de livres (e libertos). Isto se devia mais às estratégias agenciadas pelas comunidades africanas para a conquista da manumissão do que às políticas de abolição gradual da escravidão, fato que conferencio no decorrer desse trabalho. Quase 80% desses africanos libertos (747 pessoas) residiam nos quatro bairros centrais (Recife, Santo Antônio, São José e Boa Vista), onde se concentrava também quase metade dos que estavam ainda na condição de escravizados (446 pessoas). Os indivíduos do sexo masculino eram a maioria em ambos os grupos, representando 57% dos livres e 52% dos cativos.

Essa diminuição da população escravizada africana estava também vinculada ao fim do tráfico em 1850, quando as importações foram ficando cada vez mais difíceis, como será visto adiante. Além do mais, desde 1841, uma parcela de africanos egressos do cativeiro que mantivera suas ligações com parentes na África optava por reorganizar suas vidas na terra natal. O *Diário de Pernambuco* informou vários embarques de indivíduos com destino aos portos de Luanda, Benguela e principalmente Onin (Lagos) entre as décadas de 1840-70.[22]

Observando cada um dos quatro bairros que compunham o núcleo urbano central, tem-se, em 1872, o cenário estatístico que descrevo a seguir.

---

22 Cf. MELLO, J. A. G. de. *Diário de Pernambuco*, op. cit., p. 51, 70, 73, 89, 93 e 103. Os africanos que regressaram à África ficaram conhecidos na historiografia como "retornados". Devido às constantes reinvenções de identidades, esses sujeitos foram percebidos como "brasileiros" e não como "africanos" pelos seus compatriotas. Aqueles que voltaram para a área do golfo do Benin formaram bairros na cidade de Uidá e se tornaram uma espécie de elite que manteve negócios com o Brasil, sobretudo na ilegalidade do tráfico. Manuela Carneiro da Cunha e Milton Guran são referências nos estudos sobre africanos repatriados. Cf. CUNHA. *Negros, estrangeiros*, op. cit.; GURAN, Milton. *Agudás: os "brasileiros" do Benin*. Rio de Janeiro: Nova Fronteira, 2000. Outro trabalho, mais recente, é SOUZA, Mônica Lima e. *Entre margens: o retorno à África de libertos no Brasil, 1830-1870*. Tese (Doutorado em História) – Departamento de História – UFF, Rio de Janeiro, 2008. Para Beatriz Mamigonian, a proporção de africanos que retornaram à África foi bem menor que a daqueles que preferiram continuar no Brasil. Cf. MAMIGONIAN, Beatriz G. "Do que o preto mina é capaz: etnia e resistência entre africanos livres". *Afro-Ásia*, Salvador, n. 24, p. 89, 2000.

No bairro do Recife havia 125 africanos, predominando os de condição liberta (103 pessoas). Os homens constituíam a maioria, representando 93% dos libertos e 64% da pequena parcela de cativos. Estabelecendo paralelos com a primeira metade do século, parece que não ocorreram muitas modificações no bairro, que ainda era o centro da vida econômica da capital da província, lugar do comércio de exportação e importação, onde muitas das atividades estavam ligadas ao porto, como carga e descarga de balsas e navios. Nos primeiros anos do século XIX, era área de concentração dos negros canoeiros, sobretudo na localidade de Fora de Portas. Ou seja, existia muito serviço braçal na freguesia, daí a predominância de escravizados homens, que representavam 60% do total de cativos registrado (962 pessoas). É possível que, após a alforria, os africanos que conquistaram algum prestígio socioeconômico tenham continuado morando nesse bairro, envolvidos com atividades econômicas portuárias.

Em Santo Antônio, o segundo bairro mais populoso, residiam 297 africanos, observando-se uma ligeira predominância dos libertos (153 indivíduos). Entre os africanos que viviam em liberdade, existia certo equilíbrio entre os sexos, porém, no grupo dos escravizados, 65% eram do sexo masculino. Esta proporção não ocorria entre os demais escravizados, onde havia uma ligeira predominância do sexo feminino. Uma característica de Santo Antônio era a presença marcante de mulheres negras. Em 1872 elas representavam 8% da população do bairro, somando 1.297 pessoas, das quais 584 eram livres. As posturas municipais do período, porém, buscaram restringir a movimentação feminina, como exponho no próximo capítulo. Embora apresentasse um número expressivo de pessoas negras de condição livre, Santo Antônio continuava sendo lugar de muitos cativos e de difícil afirmação da liberdade pelos forros. Assim, ao conquistar a manumissão, muitos iam residir em outros bairros da cidade.

O bairro de São José – nascido do desmembramento de Santo Antônio – era o mais pobre dos quatro centrais e o terceiro mais populoso. Nele residiam 2.157 pessoas de cor preta, das quais 245 eram africanas. Verificando a proporção de pessoas livres na população de cor preta como um todo, São José aparece com o maior percentual – 70%, comparativamente a uma média de 45% nos outros três bairros centrais. Dentro do grupo africano, a participação dos libertos era ainda mais significativa, com uma proporção de 86% entre os homens (praticamente igual à encontrada no bairro do Recife) e de 94% entre as mulheres (muito superior à observada nos demais bairros centrais). A historiografia já apontou que entre os africanos ocorria o mesmo que nos demais grupos de escravizados, as mulheres conseguiam mais do que os homens custear suas manumissões.[23] As pretas africanas do São José decerto se destacaram na compra de suas alforrias, e permaneceram no bairro, desempenhando talvez as mesmas funções de quando trabalhavam como cativas de ganho. O bairro foi considerado reduto da gente negra sem posses. Marcus Carvalho classificou essa parte da cidade como o "local de batuques e terreiros onde os negros do Recife reconstruíam os laços culturais e religiosos esgarçados pelo desenraizamento violento que foi o tráfico atlântico de escravos".[24] Porém, a (re)construção dos laços culturais e comunitários dos africanos no Recife ultrapassaram os limites desse bairro. Maracatus, terreiros de culto aos orixás entre outras expressões culturais reinventadas pelos africanos e seus descendentes se organizaram também em outras áreas da cidade.

De acordo com o censo de 1872, a Boa Vista era o bairro mais populoso do centro urbano, concentrando 33% dos habitantes da área. Era também aquele onde havia a participação mais significativa de pessoas de cor preta, que representavam 18% da população total, observando-se um domínio feminino. As mulheres constituíam 60% da população negra, predominando tanto entre os escravizados como entre os livres, uma situação bem distinta da observada nos bairros do Recife e de São José, onde a presença masculina era mais expressiva. Comparativamente a Santo Antônio, a participação de mulheres negras na população total era ainda mais elevada, alcançando 11%. No que se refere especificamente à população africana, constituída por 526 pessoas, o número de mulheres também superava

23 Entre os trabalhos que tratam da manumissão dos africanos, consultar: FARIA, Sheila Siqueira de Castro. *Sinhás pretas, damas mercadoras.* op.cit.; OLIVEIRA. *O liberto*, op.cit.

24 Cf. CARVALHO. *Liberdade*, op. cit., p. 87.

o de homens, tanto entre os cativos como entre os libertos, atingindo a proporção de 58% em ambos os grupos. Os dados censitários apontaram Boa Vista como o bairro de maior concentração populacional africana do centro urbano, como mostra o gráfico 1.

Gráfico1 - População africana do centro urbano do Recife, 1872

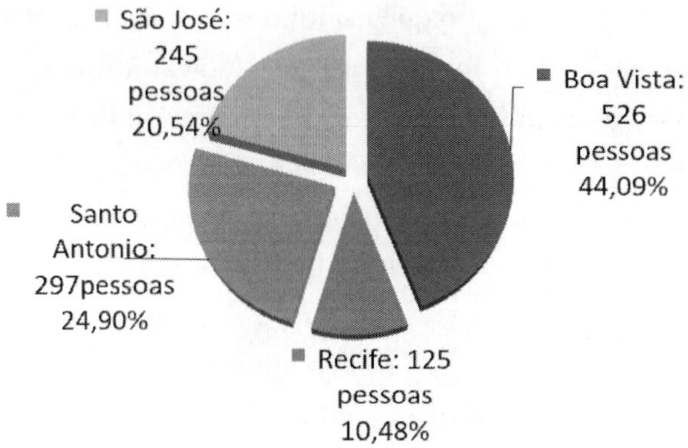

Fonte: Censo de 1872 – província de Pernambuco: População considerada em relação à nacionalidade estrangeira, fls. 2, 5, 8 e 11

O censo de 1872 traz ainda informações acerca do estado civil dos africanos. Mesmo sendo esses dados perigosos, pois não levavam em consideração os casamentos consensuais, dar possibilidades de jogar com outras representações das experiências dessas pessoas do lado de cá do Atlântico. Percebo, contudo, nesses recenseamentos do século XIX, uma tendência a subestimar a presença dos africanos. A cada nova contagem o número deles era reduzido, seguindo a queda no ritmo do comércio negreiro para a província. Porém, analisando outras fontes, como os dados do volume do tráfico para Pernambuco, é possível considerar que a população africana no Recife era bem mais numerosa do que indicam os censos.

A análise do tráfico atlântico de escravizados vai além da história econômica e demográfica, segundo Carvalho, "ajuda a explicar as formas de resistência ao cativeiro, e ainda serve de prisma através do qual se pode ver com mais clareza alguns dos nexos sociais entre as várias camadas que compunham a sociedade pernambucana".[25] Reputo como valiosas as estimativas do infame comércio para avaliar o contingente populacional de africanos na cidade e, sobretudo, trazer informações acerca dos grupos de procedência ou das *nações* dos que foram desembarcados na província, possibilitando, assim, enveredar pela composição étnica e cultural desses indivíduos no Recife.

Pernambuco e os cálculos do infame comércio

Os números do comércio atlântico são terreno mais arenoso que os censos populacionais, pois nunca será possível saber a quantidade precisa de pessoas traficadas na Costa da África que chegaram ao Brasil. Isto por vários motivos: número de indivíduos que morriam antes do embarque, a quantidade exata daqueles transportados, os sobreviventes durante a travessia, as rebeliões dentro dos tumbeiros e os que continuavam vivos depois dos primeiros dias de desembarque.

A partir da lei de 7 de novembro de 1831, quando o comércio caiu na ilegalidade, aumentaram ainda mais as dificuldades, porque os traficantes, cuidadosos para não deixar rastros, produziram poucos documentos que os incriminassem. No caso particular de Pernambuco, Marcus Carvalho alertou que as disputas partidárias na década de 1840 incidiram diretamente na eficácia da vigilância e do apresamento de negreiros na província, fato que afetou também as informações sobre o volume de desembarques no litoral pernambucano. Entre 1845-48, período no qual o partido liberal Praieiro esteve no poder, foram aprendidos somente os desembarques de africanos de seus adversários políticos.[26]

Por outro lado, a geografia da província, com sua infinita linha de arrecifes, transformava cada corte em um porto natural, facilitando a clandestinidade. Seguindo pela costa do norte ao sul, as praias de Barra de Catuama,

---

25 Cf. CARVALHO. *Liberdade*, op. cit., p. 91.

26 Cf. CARVALHO. Marcus. J. M. de. "A repressão do tráfico atlântico de escravos e a disputa partidária nas províncias: os ataques aos desembarques em Pernambuco durante o governo praieiro, 1845-1848". *Tempo*, Niterói,v. 14, n. 27, p. 133-149, 2009.

Itamaracá, Pau Amarelo, Cabo de Santo Agostinho, Porto de Galinhas, Barra de Sirinhaém, a foz do Rio Formoso, Tamandaré e Una serviram de ancoradouro para navios de pequeno e médio portes descarregarem seus contrabandos, seja de pessoas ou mercadorias. Além disso, os africanos traficados podiam fugir e se embrenhar nas matas dos engenhos mais próximos sem que as autoridades provinciais tomassem conhecimento.[27]

Cientes desses percalços, contudo, é possível ter ideia do volume e do que significou para os dois lados do Atlântico este comércio. Vários estudiosos realizaram estimativas do volume do tráfico para o Brasil: Afonso Taunay calculou que 3.600.000 africanos entraram no país; Roberto Simonsen considerou em torno de 3.300.000; Maurício Goulart sugeriu 3.500.000; Philip Curtin computou 3.646.800; Robert Conrad, Caio Prado Jr. e Roberto Mendonça estimaram volumes bem mais elevados – entre seis e cem milhões de indivíduos.[28]

27 Cf. CARVALHO. *Liberdade*, op. cit., p. 102-103. Este fenômeno natural de praias discretas ao longo de toda a costa não é uma exclusividade pernambucana. Bahia e Rio de Janeiro também utilizaram suas praias costeiras no período da clandestinidade do tráfico para realizar desembarques de escravizados. Kátia Mattoso chega a se referir a uma praia em Salvador que foi batizada de "praia do chega-negro", frequentemente utilizada para desembarques de africanos após 1831. Cf. MATTOSO. *Ser escravo no Brasil*, op. cit., p. 62.

28 Cf. FARIA. *Sinhás pretas, damas mercadoras*, op. cit., p. 14-15; GOULART, Maurício apud SOARES, Mariza de Carvalho. "Descobrindo a Guiné no Brasil colonial". *Revista do Instituto Histórico Geográfico Brasileiro*, Rio de Janeiro, ano 161, n. 407, p. 71-94, abr./jun., 2000.

Tabela 2 - Participação do Brasil no tráfico atlântico

Destinos	Embarques		Desembarques		Perdas	
	Número	%	Número	%	Número	%
Total	**12.300.904**	**100,0**	**10.528.442**	**100,0**	**1.772.462**	**14,4**
África	159.333	1,3	138.216	1,3	21.117	13,3
Brasil	5.532.126	45,0	4.864.375	46,2	667.751	12,1
Caribe Britânico	2.763.411	22,5	2.318.252	22,0	445.159	16,1
Índias Ocidentais Dinamarquesas	129.866	1,1	108.998	1,0	20.868	16,1
América Holandesa	514.192	4,2	444.727	4,2	69.465	13,5
Europa	10.160	0,1	8.408	0,1	1.752	17,2
Caribe Francês	1.328.423	10,8	1.120.216	10,6	208.207	15,7
América do Norte	471.905	3,8	388.334	3,7	83.571	17,7
América Espanhola	1.391.488	11,3	1.136.916	10,8	254.572	18,3

Fonte: The Trans-Atlantic Slave Trade Database (TSTD).[29]

29 Disponível em: <http://www.slavevoyages.org/tastsessment/estimates.faces>. Acesso em: 30 nov. 2011. Todas as tabelas de estimativas do tráfico que utilizo nesse capítulo estão baseadas nos números fornecidos pelo banco de dados do *Slaves Voyages*. A literatura sobre o tráfico atlântico é vasta. Consultar entre alguns títulos: ALENCASTRO, Luiz Felipe de. *O trato dos viventes: formação do Brasil no Atlântico Sul*. São Paulo: Companhia das Letras, 2000; BETHELL, Leslie. *A abolição do tráfico de escravos para o Brasil: a Grã-Bretanha, o Brasil e a questão do comércio de escravos, 1807-1869*. São Paulo: Edusp, 1976; CONRAD, Robert. *Tumbeiros: o tráfico escravista para o Brasil*. São Paulo: Brasiliense, 1985; ELTIS, David. *Economic growth and the ending of the transatlantic slave trade*. Nova York: Oxford University Press, 1987; FLORENTINO, Manolo G. *Em costas negras: histórias do tráfico atlântico de escravos entre a África e o Rio de Janeiro, séculos XVIII e XIX*. Rio de Janeiro: Arquivo Nacional, 1995; RODRIGUES, Jaime. *O infame comércio: propostas e experiências no final do tráfico de africanos para o Brasil (1800-1850)*. Campinas: Editora da Unicamp, 2000; Idem. *De costa a costa: escravos, marinheiros e intermediários do tráfico negreiro de Angola ao Rio de Janeiro (1780-1860)*. São Paulo: Companhia da Letras, 2005; VERGER, Pierre. *Fluxo e refluxo: do tráfico de escravos entre o golfo do Benin e a Bahia de Todos os Santos, dos séculos XVII a XIX*. 4. ed. rev. Salvador: Corrupio, 2002. LOPES, Gustavo A. *Negócio da Costa da Mina e comércio atlântico: tabaco, açúcar, ouro e tráfico de escravos – Capitania de Pernambuco (1645-1760)*. Tese (Doutorado em História Econômica) – FFLCH, USP, São Paulo, 2008.

Posteriormente, os historiadores David Eltis, Stephen Behrendt e David Richardson, cruzando fontes portuguesas, inglesas, holandesas e brasileiras, chegaram à conclusão de que do total de 12,3 milhões de humanos violentamente arrancados de suas comunidades de origem para ser escravizados, 46,2% (4.864.375) desembarcaram em terras brasileiras, como indica a tabela 2.[30]

O Brasil, na segunda metade do século XIX, foi o maior traficante de africanos nas Américas. A mortalidade na viagem era elevada, assim, o número de pessoas embarcadas na África era bem maior do que aquele que chegava ao seu destino. No caso dos embarques destinados ao Brasil, foi estimada uma perda de 12,1% ao longo de toda a história do tráfico. Na perspectiva dos traficantes, os danos e/ou os lucros com a carga se davam por um conjunto de fatores, que envolviam desde as técnicas de navegação, a demanda por pessoas na Costa da África, as relações políticas estabelecidas entre traficantes e reis ou chefes políticos africanos até a economia local. Para Pernambuco foram enviadas 960 mil pessoas, conforme o exposto na tabela 3.

Tabela 3 - Participação de Pernambuco no tráfico para o Brasil

Destino	Embarques		Desembarques	
	Número	%	Número	%
Total	5.532.126	100,0	4.864.375	100,0
Amazônia	162.702	2,9	142.231	2,9
Bahia	1.736.308	31,4	1.550.354	31,9
Pernambuco	960.478	17,4	853.833	17,6
Sudeste	2.608.574	47,1	2.263.916	46,5
Indeterminado	64.064	1,2	54.041	1,1

Fonte: TSTD.

30 Na conferência de encerramento do IV Encontro de Escravidão e Invenção da Liberdade no Brasil Meridional (Curitiba, 13 a 15 de maio de 2009), David Eltis arredondou este volume para 12,5 milhões de africanos, tendo sobrevivido à travessia cerca de 10,7 milhões.

Os dados reverberam a afirmação de abertura do presente capítulo: Pernambuco, de fato, foi a terceira capital africana do Império. Ao longo da história do *infame comércio*, os traficantes da província, comparados com os de outras regiões, tiveram um prejuízo de 11,1% decorrente das mortes e conflitos nos navios. A dinâmica econômica local era inferior à da Bahia, que chegou a ser centro de distribuição de cativos para outras localidades, inclusive Pernambuco, entre 1831 e 1838. Comparações com o Rio de Janeiro (que centralizava o tráfico no Sudeste) se fazem desnecessárias, pois o centro econômico e político do Brasil estava localizado ali. Desde o século XVIII, o Rio liderava as importações da África Centro-Ocidental. Por outro lado, a instabilidade política na primeira metade do século XIX afetou a entrada de africanos em Pernambuco. O governo foi obrigado a demandar grandes somas dos cofres públicos para conter as agitações na província e parte dos capitais pernambucanos foi canalizada para manter a ordem interna.[31]

As efervescências políticas na primeira metade do século também impactaram o setor de exportações, provocando redução das importações de pessoas da África. Entre 1811 e 1815, as guerras napoleônicas restringiram o volume – e possivelmente o valor – das vendas dos produtos da cana-de-açúcar, que caíram 27% em relação à média do quinquênio anterior. A Confederação do Equador (1824) provocou perturbações que reduziram a produção de açúcar no biênio 1825-26 para a metade do nível de 1824. O longo período da Cabanada (1832-36), por sua vez, desestruturou tanto o comércio açucareiro, que a produção média anual sofreu uma redução de 25%, pelo fato desta insurreição ter ocorrido nas regiões fronteiriças de grande parte dos engenhos pernambucanos, cujos donos eram também envolvidos com o comércio negreiro.[32]

O auge da província de Pernambuco no comércio atlântico se deu nas duas primeiras décadas do século XIX. Peter Eisenberg calculou uma entrada média anual de 3.846 africanos na província entre 1801 e 1823, perfazendo um total de 150.000 pessoas. No período 1831-43, teriam sido

31 Cf. CARVALHO. *Liberdade*, op. cit., 96.

32 Cf. Einseberg. *Modernização sem mudança*, op. cit., p. 172-173.

traficados anualmente 1.539 indivíduos, o que corresponde a uma estimativa de 20.000 pessoas. Entre 1839 e 1850, ao menos 12.512 pessoas foram desembarcadas em Pernambuco.[33]

Por outro lado, os dados coletados por Eltis, Behrendt e Richardson apontaram números mais elevados do que os de Eisenberg. As estimativas recentes sugerem 76.891 indivíduos aprrendidos na Costa da África a mais do que calculou aquele historiador, conforme pode ser observado na tabela 4.

Tabela 4 - Importações de africanos em Pernambuco, 1561-1856

Períodos	Embarques (nº)	Desembarques (nº)	Perdas (%)
Total	**960.478**	**853.833**	**11,1**
1561-1575	2.928	2.461	15,9
1576-1600	19.180	16.110	16,0
1601-1625	90.694	77.060	15,0
1626-1650	53.505	44.978	15,9
1651-1675	45.776	41.263	9,9
1676-1700	92.327	83.222	9,9
1701-1725	121.302	110.748	8,7
1726-1750	80.993	73.430	9,3
1751-1775	76.923	70.653	8,2
1776-1800	79.835	74.505	6,7
1801-1825	191.530	170.015	11,2
1826-1850	105.047	89.038	15,2
1851-1856	438	350	20,1

Fonte: TSTD.

As estimativas organizadas em períodos de 25 anos servem para dar uma ideia da movimentação de desembarques dos africanos em Pernambuco. No século XVI, a organização do comércio português na costa da África já estava consolidada. As experiências nos trópicos com a indústria açucareira, sobremaneira na Bahia, Rio de Janeiro e Pernambuco,

33 Cf. Ibidem, p. 171.

fomentaram os negócios com aquele continente na busca por mão de obra escravizada. Em 1575 foi fundada a cidade de São Paulo de Loanda em Angola, marco do comércio cativo entre Portugal e a África, que foi se avolumando no decorrer dos séculos. Pernambuco recebeu, entre 1576 e 1600, 16.110 pessoas vindas do porto de Luanda.

A partir da terceira década do século XVI, ingleses, franceses e holandeses começaram suas investidas na costa africana. As disputas entre as nações europeias foram desorganizando o poderio lusitano. Em 1621, foi criada a Companhia Holandesa das Índias Ocidentais, que conseguiu o monopólio sobre o comércio e a navegação na Costa Ocidental africana, entre as rotas do Trópico de Câncer e o Cabo da Boa Esperança, antes ocupada pelos portugueses. Em 1637, os holandeses tomaram o Castelo de São Jorge e controlaram o comércio de cativos na Costa da Mina, expulsando os lusos também de Angola e das ilhas de São Tomé e Príncipe. Do outro lado do Atlântico, as possessões portuguesas foram atacadas pelos flamengos, que dominaram a capitania de Pernambuco durante 24 anos.[34]

Os conflitos entre lusos e batavos, nesse período, refletem o crescimento da economia açucareira nas Antilhas, que se tornaram um importante mercado de importação de escravizados. Esta demanda de cativos para as Antilhas acarretou elevação dos preços dos escravizados africanos para os compradores brasileiros.[35]

Na virada do século XVII para o XVIII, houve uma recuperação das importações brasileiras de africanos. Uma das razões dessa retomada foi o desenvolvimento da economia mineradora, notadamente em Minas Gerais, que provocou um aumento na demanda por mão de obra cativa. Por outro lado, as exportações de açúcar – atividade quase ininterrupta –, mesmo declinando por essa época, superaram o valor gerado pela extração do ouro e de diamantes no intervalo de 1700 a 1760.[36]

---

34 Cf. MATTOSO. *Ser escravo no Brasil*, op. cit., p. 20-21; SOARES, Marisa de C. *Devotos da cor: identidade étnica, religiosidade e escravidão no Rio de Janeiro, século XVIII*. Rio de Janeiro: Civilização Brasileira, 2000, p. 65-67.

35 Cf. SOARES. *Devotos da cor*, op. cit., p. 67.

36 Cf. EISENBERG. *Modernização sem mudança*, op. cit., p. 30.

No período setecentista, o Brasil já negociava diretamente com Benguela e Luanda, sem as interferências lusas, utilizando como moeda de comercialização a aguardente e o fumo. A Bahia se destacou como negociante com a Costa Ocidental africana devido à sua larga produção de tabaco de terceira categoria, bastante apreciado pelos africanos na Costa da Mina.[37] O porto do Recife recebeu, entre 1701 e 1725, 110.748 africanos na condição de escravizados, dos quais 37% foram embarcados no golfo do Benin. Portanto, desde o início do século XVIII Pernambuco participava do comércio cativo com a Costa da Mina, junto com o Rio de Janeiro e a Bahia.

Todavia, foi no século XIX que a província se consagrou como grande centro importador de pessoas das mais diversas etnias do Continente africano. Dos 170.015 indivíduos que foram desembarcados em Pernambuco entre 1801 e 1825 (tabela 4), 130.866 (76,9%) vieram da região Centro-Ocidental, principalmente de Luanda. Saliento, contudo, que para tratar da quantidade de africanos desembarcados nos portos do Recife depois de 1831 é necessário abordar de antemão algumas questões. A primeira é a conjuntura política imperial nesse período. Os anos 1830-40 foram marcados pelos debates parlamentares para conter o crescimento da população africana no país. Para deputados e senadores, as importações ilimitadas de cativos da África podiam trazer problemas para o Brasil. As revoltas escravas, o crescimento da população livre negra, sobretudo dos libertos africanos, passavam a ser ameaças para as elites políticas e sociais. As pessoas dos grupos sociais mais abastados se preocupavam com a "civilização dos costumes", vendo no africano um mal para a sociedade. As teses médicas passaram a condenar o aleitamento materno pelas amas africanas, pois viam neste ato a corrupção dos filhos e das filhas das famílias brancas. A prostituição, por sua vez, era vista como um mal da escravidão africana. Por esses motivos, tornava-se necessário o fim das importações, mas não o fim do sistema escravista.[38]

37 Cf. VERGER. *Fluxo e refluxo*, op. cit., capítulo introdutório.

38 Cf. RODRIGUES. J. *O infame comércio*, op. cit., p. 01-38.

Em segundo lugar, cabe examinar as articulações entre os traficantes brasileiros e os negociantes africanos, que se tornaram ainda mais importantes nesse período. Jaime Rodrigues denominou estas conexões de "rede miúda do tráfico", na qual esteve envolvida uma complexidade de interesses entre agentes sociais diversos: traficantes brasileiros, portugueses, africanos, agenciadores de diversas procedências na África, que se movimentavam anteriormente aos embarques nos portos nesse Continente. A quantidade de pessoas para embarque e as rotas marítimas dependiam dessa rede, na qual as partes do lado de lá do Atlântico tinham maior poder de decisão. Mesmo tendo sido elástica, por longo prazo, a oferta de cativos, não significa que ela correspondesse às necessidades americanas ou europeias. A escravidão na África movimentava o tráfico interno e tinha suas próprias regras.[39]

É importante frisar também que a presença dos africanos no tráfico era fundamental. Conheciam melhor as regiões para onde os navios negreiros rumavam e capitaneavam pessoas no interior da África para serem negociadas como escravizadas nos entrepostos da costa, a exemplo dos *pombeiros*. Esses sujeitos exerciam o papel de intérpretes entre a tripulação e os escravizados embarcados, para conter murmúrios e tramas dos encarcerados no porão. São parcas, no entanto, as informações sobre o fato deles cumprirem essa tarefa, porém, na travessia eles foram imprescindíveis nas reconstruções de laços de solidariedade entre os cativos recém-embarcados e os demais tripulantes sob as mesmas condições de subordinação.[40]

Nas sociedades escravistas mercantilizadas, a exemplo do Brasil e da própria África, sempre houve traficantes de pequeno e médio portes que alimentavam o comércio miúdo de cativos. Vendiam seus escravizados pelas ruas como qualquer outro tipo de mercadoria ou diretamente as pessoas que lhes solicitavam tal encomenda. Essa intensa agência de venda de cativos é outro empecilho para computar o fluxo de africanos na província, sobretudo depois de 1831. Contudo, os indivíduos que exerceram esse papel de peque-

39 Cf. Idem, *De costa a costa*, op. cit., capítulo 3.

40 Cf. Ibidem, p. 191.

nos negociantes foram fundamentais na manutenção do tráfico atlântico. Um dos libertos da comunidade que cotejo participou do comércio clandestino de escravizados entre Luanda e Pernambuco, atuando na informalidade do comércio negreiro no centro urbano.

A terceira questão que cabe avaliar são os óbitos nas viagens, em função do tempo e das condições da travessia. Os traficantes pernambucanos levavam certa vantagem, pelo fato da província situar-se relativamente próximo a Angola, daí ser esta região sua maior fornecedora de cativos. A travessia do sudeste da África para a província era feita em menos de trinta dias entre o final da década de 1820 e início da de 1830. Segundo José Honório Rodrigues, para a Bahia o trajeto durava quarenta dias e para o Rio de Janeiro cerca de cinquenta. As embarcações vindas de Angola e do Congo, em geral, levavam 35 dias para atracar nos portos da comarca do Recife, fator que explica a baixa taxa de mortalidade e o sucesso que Pernambuco teve com o tráfico, mesmo depois da ilegalidade.[41]

Um último fator, não menos relevante, eram as ramificações das rotas para despistar a vigilância inglesa. Os navios eram armados tanto dentro como fora da província e até do Império. As redes entre os traficantes facilitavam preparar, em um porto brasileiro, uma embarcação que iria até a África e de lá tomaria destino diferente do porto de origem. Nessas conexões, navios carregavam produtos que tinham aceitação no mercado africano – como a aguardente, o fumo, o mel e alguns itens de reexportação, a exemplo dos tecidos ingleses – para serem negociados por cativos. Em 1841, a barca *Ermelinda* levou para Luanda aguardente, açúcar, doce, rolos de fumo e fazendas de reexportação. Por outro lado, mercadorias africanas como óleo de dendê, "mandubim", cera, esteiras, goma, couros – gêneros que praticamente desapareceram da praça recifense depois de 1850 – também foram empregadas como disfarces do infame comércio. Os navios *Experiência*, *Josefa*, *Conceição de Maria*, *Bom Sucesso*, *Luendal*

41 Cf. RODRIGUES, José Honório apud CARVALHO. *Liberdade*, op.cit., p. 117-118.

e *Onze de Março* trouxeram produtos como esses – além de escravizados – para Pernambuco, entre 1836 e 1840.[42]

Porém, nem sempre essas estratégias de mudança de rotas ou retirada de documentação como navio mercante davam certo para os traficantes. Em 1846, o navio *Bom Jesus dos Navegantes* foi apreendido em Porto de Galinhas (Litoral Sul) com 72 africanos da Costa a bordo. No ano de 1847, a escuna *Bonfim*, com passaporte para ir de Pernambuco para o Rio de Janeiro, foi apreendida em alto mar por um cruzeiro inglês, pois sua rota foi considerada muito diversa daquela registrada em documento. Outro exemplo foi o *Leão*, que em 1849 saiu da cidade do Porto, em Portugal, para ir ao Rio de Janeiro, realizando uma escala em Pernambuco, mas foi apreendido pela marinha inglesa rumando para a África.[43]

Além de todos esses fatores, os ingleses concentraram esforços na região Sudeste (Rio de Janeiro), ignorando as rotas para Pernambuco. Portanto, torna-se quase impraticável estimar o volume do tráfico após 1831. Os registros são escassos sobre a quantidade de pessoas que eram embarcadas em cada navio para a província. Marcus Carvalho sugeriu uma média de 350 indivíduos por barco, uma vez que antes de 1831 as maiores embarcações traziam até 527 e as menores 102 pessoas.[44] Portanto, com base na proposta desse historiador e nos dados disponíveis no The Trans-Atlantic Slave Trade Database, conclui-se que cerca de 55 mil africanos entraram em Pernambuco entre 1831 e 1856,[45] chegando-se a uma esti-

42 Resumo da lista de produtos da Barca Ermelinda e seus respectivos carregadores. Comissão Mista, Arquivo Histórico do Itamaraty (AHI), lata 13, maço 3, pasta 1. Agradeço ao Prof. Dr. João José Reis pela indicação da fonte e demais documentos sobre a Barca Ermelinda: Procuração de 1846, Lista de carregadores, Lista de produtos e carregadores. Sobre os demais navios apreendidos, cf. CARVALHO. *Liberdade,* op. cit., p. 114, 121-123.

43 Cf. CARVALHO. *Liberdade*, op. cit., p. 128-129. Sobre a apreensão do *Bom Jesus dos Navegantes* e outros negreiros no período da ilegalidade, consultar FERNANDES, *Os africanos livres em Pernambuco*, op.cit., p. 38 e seg.

44 Cf. CARVALHO, *Liberdade*, op. cit., p. 134.

45 Em estudo publicado em 2008, Daniel Domingues da Silva e David Eltis estimaram um total de 55.394 africanos desembarcados na província para o mesmo período. Cf. DOMINGUES DA SILVA. Daniel Barros; ELTIS. David. The slave trade to

mativa de 259.404 ao longo de todo o século XIX. A tabela 5 apresenta os números dos embarques e desembarques de africanos por quinquênios, durante o período da ilegalidade do tráfico.

Tabela 5 - Importações de africanos em Pernambuco, 1831-1856

Períodos	Embarques (nº)	Desembarques (nº)	Perdas (%)
Total	**68.127**	**54.983**	**19,3**
1831-1835	9.551	8.125	14,9
1836-1840	33.793	27.033	20,0
1841-1845	15.253	12.202	20,0
1846-1850	9.092	7.273	20,0
1851-1856	438	350	20,1

Fonte: TSTD.[46]

No primeiro momento (1831-35), as importações foram tímidas, induzindo a pensar na "pressão inglesa" para o término do comércio de humanos como possível causa. Mas esse declínio corresponde à conjuntura desfavorável à economia do Império no período. O fim das agitações populares, como o término da Cabanada e a derrocada do Quilombo do Malunguinho,[47] possibilitou a recuperação econômica de Pernambuco. A

Pernambuco, 1561-1851. In: ELTIS, David; RICHARDSON, David (eds.). *Extending the frontiers: essays on the new transatlantic slave trade database.* New Haven: Yale University Press, 2008, p. 95-129.

46 Disponível em: <www.slavesvoyages.org>. Acesso em: 22 mar. 2012.

47 O Quilombo do Malunguinho, situado nas terras do Catucá – zona da mata norte, onde hoje se localizam as cidades de Olinda, Paulista, Abreu e Lima (antiga Maricota), Igarassu e Goiana –, foi considerado pelas autoridades locais uma grande ameaça à ordem entre as décadas de 1820 e 1830. Em 1827, seus membros ameaçaram invadir o centro urbano. Os "malunguinhos" tinham intensas relações com mulheres e homens negros do centro urbano, sobretudo com os canoeiros. Negociavam armas e até excedentes de sua produção de subsistência com a cidade. Havia no quilombo muitos africanos, sobretudo entre suas lideranças, a exemplo de Manuel Gabão, subordinado a João Batista (o Malunguinho), líder mais famoso desse quilombo. Cf. CARVALHO. *Liberdade*, op.cit. p. 181-191.

produção açucareira chegou ao dobro da fabricação do período anterior. Como consequência, entre 1836-40, o volume de africanos importados pela província triplicou em relação ao quinquênio precedente, como mostra a tabela 5.

A partir de 1841, as importações ilegais tiveram relativo crescimento tanto na Bahia como no Rio de Janeiro,[48] entretanto, Pernambuco voltou a apresentar declínio, em uma época de expansão da indústria açucareira. As explicações para esta queda estão mais na dinâmica interna da própria província do que em questões externas. O primeiro fator, talvez o mais singular, encontra-se na formação de um contingente de livres e libertos despossuídos. Em meados do século XIX, embora os cativos superassem numericamente os trabalhadores livres e libertos, na proporção de 3:1, as distâncias que separavam um e outro grupo eram cada vez mais tênues. Ambos passaram a lutar por melhores condições sociais e econômicas.

A massa de livres pobres, contudo, era formada por egressos do cativeiro que continuaram nas áreas de plantações sem muita alternativa de vida. Para Peter Eisenberg, as pessoas negras migraram em proporções bem menores que as brancas, porque a população preta cresceu muito rápido na zona canavieira, enquanto a percentagem da gente negra do Recife permanecia quase uma constante. Por outro lado, os sintomas da pressão demográfica sobre o agreste e os sertões impunham barreiras na mobilidade da massa de libertos. Arriscar ir para outras províncias, a exemplo do sudeste cafeeiro, não era uma boa opção devido ao custo do deslocamento. Portanto, restava aos egressos do cativeiro ficar nas áreas de plantações, onde a atividade canavieira desde o século XVI costumava mesclar uma e outra mão de obra.[49]

48 Para a Bahia, temos as seguintes estimativas para o período pós 1831 (o primeiro número é referente aos embarques e o segundo aos desembarques): 1831-35 – 19.753/16.700; 1836-40 – 20.143/17.433; 1841-45 – 21.367/19.296; 1846-51 – 1.146/981. Para o Rio de Janeiro: 1831-35 – 72.522/57.800; 1836-40 – 257.315/208.109; 1841-45 – 120.279/99.215; 1846-50 – 262.108/208.899; 1851-56 – 6.708/5.248. Fonte: Estimativas de Embarques e Desembarques por intervalos de cinco anos. províncias da Bahia e Rio de Janeiro. TSTD. Disponível em: <www.slavesvoyages.org>. Acesso em: 23 mar. 2012.

49 Cf. EINSENBERG. *Modernização sem mudanças*, op. cit., p. 201-202.

No ano de 1842, em Pernambuco, 498.526 habitantes eram livres e libertos, enquanto 146.398 eram escravizados. A maioria desses cativos estava nas áreas de grandes plantações. Eisenberg observou que, nos primeiros anos da década de 1840, a quantidade média de cativos utilizada em 331 plantações era de 55 indivíduos. Após dez anos, um levantamento em 532 propriedades registrava a utilização média de 20 escravizados e seis livres como força de trabalho.[50]

O trabalho *livre* era empregado pelos senhores de engenho de diversas maneiras, em relações pautadas por constante dependência. Agregados, lavradores, assalariados – qualificados e sem qualificação – avolumavam-se nos arrabaldes dos engenhos à espera de oportunidades de trabalho. Os diaristas e assalariados eram os mais numerosos entre os trabalhadores não qualificados e sazonais. Essa mão de obra se tornou mais barata que a cativa, pois os proprietários não tinham nenhuma responsabilidade com moradia, alimentação ou vestuário. Após o período da colheita e do beneficiamento da produção, eram despedidos e expulsos das plantações sem qualquer obrigação por parte do produtor. A maioria dos diaristas ganhava a vida entre os meses de setembro a março. Ao longo do ano, ficava à espera de novas oportunidades para o plantio ou a colheita de cana, algodão ou para a manutenção dos equipamentos dos engenhos.[51]

Assim, em meados do século XIX, Pernambuco – na perspectiva senhorial – estava bem servido de cativos, sobretudo nas áreas de plantação. Havia também um contingente de trabalhadores livres pobres, sobretudo pessoas negras, cuja mão de obra era mais em conta que o custo de manutenção com o contingente de escravizados.

Outro fator que explica a diminuição das importações de africanos para Pernambuco na década de 1840 é a crise no setor algodoeiro. O algodão, junto com o açúcar, era um dos principais produtos de exportação de Pernambuco. Entre 1817 e 1824, era o maior item de exportação da província, mantendo-se nessa posição ao longo do período das agitações

50 Cf. EINSENBERG. *Modernização sem mudanças*, op. cit., p. 169-170.

51 Cf. Ibidem, cap. 8.

de independência. O preço do algodão dobrou seu valor e permaneceu alto até 1831, porém, a província não se beneficiou, devido aos conflitos políticos durante a Confederação do Equador (1824) e à Grande Seca de 1825-28, que atingiu o agreste algodoeiro.[52]

Além do mais, o algodão dos Estados Unidos, mais próximo da Europa e produzido em terras mais férteis, conquistava o mercado internacional a preços mais baixos. A tecnologia industrial favorecia o beneficiamento do algodão estadunidense, de fibra curta, enquanto o brasileiro, de fio mais longo, já não era tão importante. No decênio de 1840, as vendas voltaram a cair e as taxas tributárias passaram a ser mais dispendiosas, provocando redução nos lucros. A seca de 1844-47 consolidou a quase escassez do produto, deslocando a mão de obra para os setores canavieiros. Na segunda metade da década de 1860, a Guerra Civil nos Estados Unidos favoreceu o crescimento do volume das exportações, que voltou a atingir patamares semelhantes aos do período colonial, porém, por pouco tempo.[53]

O deslocamento da mão de obra cativa, contudo, seguia o fluxo do comércio negreiro intra e interprovincial, que se engrenava ao tráfico atlântico. Pernambuco negociava cativos com outras províncias ao mesmo tempo em que importava africanos da costa. Esta dinâmica passou a ser essencial, sobretudo no período da ilegalidade. Entretanto, da mesma forma que exportava seus escravizados para outras regiões do Império, Pernambuco também recebia levas de cativos de outras províncias. Segundo Marcus Carvalho, as exportações de pessoas escravizadas não ocorreram em toda a província, limitando-se às regiões rurais e urbanas decadentes. Os setores mais rentáveis da economia continuaram importando mão de obra cativa, tanto das regiões africanas como de outras províncias. Ou seja, escravizados crioulos e africanos que entraram em Pernambuco depois de 1831 poderiam vir também do tráfico interno. Em 1849, 23 escravizados africanos vindos da Bahia foram apreendidos em local não informado; e no ano de

52 Cf. Ibidem, cap. 2; CARVALHO. *Liberdade*, op. cit., p.147-148.

53 Cf. EINSENBERG. *Modernização sem mudanças*, op. cit.

1851, uma leva de 60 a 70 pessoas negras da costa africana foi confiscada na cidade de Garanhuns.[54]

Os traficantes de Pernambuco, contudo, persistiram no abastecimento da província com escravizados da África. No mesmo ano da apreensão ocorrida em Garanhuns, na África foram embarcados 438 indivíduos, tendo desembarcado apenas 350 no litoral pernambucano.[55] Ou seja, o prejuízo que os traficantes tiveram com essa viagem atlântica foi de 20%, percentual de danos mais acentuado do que os do início da organização desse comércio no século XVI. Não foi possível saber, contudo, o nome do navio (ou dos navios) que realizou esta empreitada, a travessia da derrocada dos negócios do tráfico entre essas duas margens do Atlântico. No ano de 1855, o último desembarque ocorreu na praia de Sirinhaém (Litoral Sul), porém, não obtive notícias do volume nem da origem dos africanos que foram aprisionados, embora tenha sido o navio apresado.[56]

As 438 pessoas embarcadas na Costa da África em 1851, apontadas na tabela 5, eram da região Ocidental, inclusive do golfo do Benin, e não da área Congo-Angola, maior fornecedora de cativos para a província. Quais eram, então, as origens das mulheres e dos homens traficados para Pernambuco no século XIX?

Procedências e nações: criando e ressignificando identidades

Os recentes dados sobre o volume do tráfico atlântico, sobretudo os estimados por David Eltis, são também uma possibilidade para avaliar as *origens* das pessoas africanas desembarcadas na província de Pernambuco. Eltis classificou por áreas de embarques os cativos enviados para a Europa e as Américas. As áreas de embarques se referem à extensão geográfica que abrange o litoral africano do atual Senegal até Angola, incluindo a região Sudeste (Moçambique). Eram lugares de entrepostos do comércio

54 Cf. CARVALHO. *Liberdade*, op. cit., p. 149-50; FERNANDES, *Os africanos livres em Pernambuco*, op. cit., p. 32.

55 Cf. TSTD. Disponível em: <www.slavesvoyages.org>. Acesso em: 23 mar. 2012.

56 Cf. CARVALHO. op. cit., p. 125.

negreiro, onde havia intensos fluxos migratórios, em especial ocasionados pelo tráfico de escravizados.[57] A tabela 6 indica as áreas de embarque dos africanos que entraram em Pernambuco no século XIX de acordo com esse sistema classificatório.

Tabela 6 - Áreas de embarque de cativos para Pernambuco, século XIX

Áreas de Embarque	Embarques		Desembarques	
	Nº	%	Nº	%
Total	**297.015**	**100,0**	**259.403**	**100,0**
Baía do Benin	7.629	2,6	6.777	2,6
Baía de Biafra	22.908	7,7	19.584	7,5
Costa do Ouro	1.668	0,6	1.445	0,6
Senegâmbia e Costa Atlântica	2.912	1,0	2.593	1,00
Sudeste da África e ilhas do Oceano Índico	17.447	5,9	15.105	5,8
África Centro-Ocidental e Santa Helena*	244.451	82,3	213.899	82,5

Fonte: TSTD.

* Não fiz aqui nenhuma menção sobre essa área de embarque, visto que trato do assunto, anteriormente, ao examinar as estimativas do tráfico do eixo Angola-Congo para Pernambuco.

Para além dos números, os dados aqui registrados oferecem possibilidades de entender a cartografia cultural que contribuiu em parte com as reinvenções de identidades dos africanos na área urbana do Recife. O *Golfo do Benin* – antiga Costa da Mina – abrange atualmente o leste de Gana, Togo, as cidades de Porto Novo e Uidá no Benin e a parte ocidental da Nigéria. Constituiu importante área no fornecimento de cativos no século XVIII, depois de Angola/Congo, de onde foram embarcados grupos

57 O conceito "áreas de embarques" difere da denominação "procedência" utilizada por Mariza Soares, pois não se incluem nomes de "nações africanas", etnias, cidades ou reinos.

humanos que em Pernambuco foram identificados como *nagô*, *savalu*, *calabar*. Para Artur Ramos e Waldemar Valente, as trocas culturais entre os povos desse território influenciaram de forma decisiva o complexo religioso dos xangôs no Recife.[58]

O *golfo de Biafra*, ou golfo da Guiné, estende-se do rio Níger até o Cabo Lopez, ilhas de São Tomé e Príncipe – hoje Camarões, Guiné Equatorial, oeste da Nigéria e norte do Gabão. Nos assentos de batismos das paróquias recifenses, mulheres e homens africanos desembarcados foram identificados como de "nação gabão", de São Tomé e Príncipe, como mostro adiante.

As áreas da *Costa do Ouro* (atual país de Gana) e da *Senegâmbia* (onde estão situados Guiné, Guiné-Bissau, Gâmbia e Senegal) foram pouco representativas em termos numéricos para o comércio negreiro pernambucano. Forneceram menos de 2% do contingente populacional de cativos desembarcados na província. Do século XV ao XVII, os portugueses construíram diversas fortalezas na costa da África. A primeira foi fundada em 1482 na Costa do Ouro e ficou conhecida como castelo de São Jorge de El-Mina. Nesse local negociavam-se escravizados vindos de várias partes da costa. No século XV, as pessoas da área do Congo foram comercializados nessa costa, tendo como principal moeda de troca o ouro que vinha do Brasil, como destacou Luís Felipe de Alencastro.[59]

No século XIX, todavia, além das áreas que compreendem o Benin, o Gabão e Angola/Congo, o *Sudeste da África*, principalmente Moçambique, foi outra região importante no fornecimento de cativos para Pernambuco. A maior entrada na província de escravizados dessa área ocorreu em 1816, quando foram embarcados 3.106 indivíduos, tendo sobrevivido à travessia

58 Pierre Verger classificou os portos de Porto Novo, Badagri e Onim (Lagos), localizados na baía do Benin, como a área propriamente dita da "Costa da Mina" no século XIX. Cf. VERGER. *Fluxo e refluxo*, op. cit., p. 30-31. Sobre os cultos africanos no Recife, consultar RAMOS, Arthur. *O negro brasileiro*. 5. ed. Rio de Janeiro: Graphia, 2001, v. 1; VALENTE, Waldemar. *Sincretismo religioso afro-brasileiro*. 2. ed. São Paulo: Brasiliense, 1976.

59 Cf. ALENCASTRO. *O trato dos viventes*, op. cit., p. 65.

2.804. Em 1842, último ano de busca por cativos em Moçambique, vieram apenas 198 pessoas.[60]

Nas estimativas de David Eltis não houve, no século XIX, embarques para Pernambuco na *Costa de Sotavento* (costa do leste do Castelo de São Jorge de El-Mina). Eltis identifica, como o único momento em que a região esteve na rota do tráfico pernambucano, o intervalo entre 1696 e 1720, quando 3.449 indivíduos teriam sido desembarcados na província. Segundo Eltis, fazem parte da geografia da Costa de Sotavento os atuais países da Libéria e da Costa do Marfim. As mulheres e os homens embarcados nessa costa e na baía do Benin, no século XVIII, ficaram conhecidos no Brasil por "pretos minas".[61]

As áreas de embarque apontam não só para regiões que se abrem ou se fecham para o tráfico pernambucano, mas, sobretudo, para impactos demográficos e de identidades étnicas que se redefiniram na diáspora. Contudo, os indivíduos que sofreram a imigração forçada foram agrupados pelos europeus em *nações*. O termo "nação africana" poderia se referir a grupos étnicos, como o *nagô* ou *anganô (anagonu)*; a cidades, reinos ou mercados, a exemplo de *cassange, cabinda, benguela, angola, congo*; a nomes de ilhas, portos de embarques, entre outras denominações que remetiam à procedência do cativo. Refletiam mais uma estrutura de classificação e/ou nomenclatura do sistema escravista do que a dinâmica de organização sociopolítica e a diversidade cultural dos povos da própria África.[62]

---

60 Cf. TSTD.

61 Cf. TSTD. Disponível em: <www.slavesvoyages.org>. Acesso em: 30 nov. 2011. Na definição de Pierre Verger, a Costa de Sotavento abrigava os portos Grande e Pequeno Popo, Uidá, Jaquin e Apá, na baía do Benin. Cf. VERGER. *Fluxo e refluxo*, op. cit., p. 30.

62 Entre os vários estudos dedicados às "nações africanas", consultar: PARÉS, Luis Nicolau. *A formação do candomblé: história e ritual da nação jeje na Bahia*. Campinas: Editora da Unicamp, 2006; SOARES, Carlos Eugênio L.; GOMES, Flávio dos S., FARIAS, Juliana B. *No labirinto das nações: africanos e identidades no Rio de Janeiro*. Rio de Janeiro: Arquivo Nacional, 2005 (em particular o cap. 1); SOUZA, Marina de Mello e. *Reis negros no Brasil escravista: história da festa de coroação de rei Congo*. Belo Horizonte: Editora da UFMG, 2002 (especialmente o cap. 3); SOARES, Mariza de Carvalho. *Devotos da cor*, op. cit.; OLIVEIRA. "Viver e morrer no meio dos seus", op. cit.

Por ser a terminologia bastante heterogênea e elaborada pelos colonizadores e traficantes, Maria Inês Côrtes de Oliveira afirmou que as "nações africanas", como ficaram conhecidas no Brasil, não tinham qualquer correlação, nem no nome nem na composição social, com as formas de autoadscrição correntes na África. Luis Nicolau Parés, por sua vez, defende que o processo não era tão radical como sugerido por Oliveira, pois havia denominações utilizadas pelos traficantes e colonizadores que correspondiam aos etnônimos ou às identidades coletivas elaboradas pelos próprios africanos, como *haussá, borno*. Para Parés, *nagô* e *jeje* foram casos que paulatinamente expandiram a abrangência semântica, passando a designar uma pluralidade de grupos antes diferenciados.[63]

Renato da Silveira, em 2008, retomou as discussões sobre "nação africana". Para ele, as *nações* no Brasil eram – como as irmandades, os cantos de trabalho e as juntas de alforrias – instituições de caráter político que em sua organização passaram por reinvenções elaboradas também pelos africanos. Organizadas em ambiente demográfico complexo, tais nações se instituíam como espaço de poder dos sujeitos, no qual se adquiria estatuto de pessoa política em ambiente social hostil. Embora Silveira esteja se referindo ao contexto colonial, ele faz importantes reflexões sobre o processo dialético que ocorre nas invenções das identidades africanas. No caso particular das nações, os poderes públicos (Estado e Igreja) e privado (proprietários de cativos) estavam em diálogo com os próprios africanos.[64]

De modo geral, há um consenso entre os estudiosos de que as nações africanas eram identidades forjadas na diáspora das Américas e constantemente reinventadas pelos indivíduos após o desembarque, nos labirintos da cidade. Para analisar as "nações" no Recife do século XIX, recorro aos livros

---

63 Cf. OLIVEIRA. M. Inês C. de. *O liberto*, op. cit., p. 175. Segundo Parés, os jeje eram um pequeno grupo étnico habitante de Porto Novo, cujo nome, no contexto do tráfico, também passou a designar uma pluralidade maior de grupos étnicos de língua gbe. Cf. PARÉS, op. cit., p. 23-30; OLIVEIRA. "Quem eram os 'negros da Guiné'? A origem dos africanos na Bahia". *Afro-Ásia*, Salvador, n. 19-20, p. 37-73, 1997.

64 Cf. SILVEIRA, Renato. "Nação africana no Brasil escravista: problemas teóricos e metodológicos". *Afro-Ásia*, Salvador, n. 38, p. 245-301, 2008.

de batismos das quatro freguesias centrais. Os assentos batismais são valiosos para perscrutar a entrada de africanos recém-chegados à cidade, sobretudo no período da ilegalidade. O batismo não tinha apenas a função de transformar os recém-desembarcados em cristãos, mas de fazê-los esquecer seu passado africano. Mariza Soares chama a atenção para o fato de que era por meio deste sacramento que surgia a identidade de escravo que iria acompanhá-lo até depois de forro. Na verdade, Soares remete à atribuição da procedência do sujeito que era registrada junto ao seu nome cristão (por exemplo: João, cassange, escravo de...). Mesmo que o senhor do cativo mudasse, ou este se tornasse liberto, aquela procedência permaneceria, uma vez que assimilada e internalizada pelo indivíduo.[65]

Julgo que as reelaborações de identidade dos indivíduos eram bem mais complexas. Ao longo de suas trajetórias de vida, nas negociações de identificações, estiveram envolvidas desde as experiências anteriores ao embarque até as situações cotidianas depois da emancipação. Portanto, a identidade não era (não é) algo acabado, mas em constante processo de reelaboração. Por ora, detenho-me nas nomeações dos africanos registradas pelos párocos, conforme a tabela 7.

A identificação de mulheres e homens africanos ora remetia às nações ou procedências utilizadas pelos traficantes, ora eram aleatoriamente registradas pelos vigários da cidade. Como amostra deste segundo caso, tem-se os termos *costa*, *nação* e *nação da costa*. Em geral, à frente destas terminologias, colocava-se a palavra "preto" ou "africano". Tatiana Lima observou, nas cartas de alforrias das décadas de 1840-50, que "costa" e "nação da costa" eram menções que se faziam, no Recife, aos indivíduos da Costa da Mina.[66] Suponho que nos livros de batismos tinham o mesmo significado, enquanto as identificações das pessoas da região Centro-Ocidental (área do Congo/Angola e golfo da Guiné) eram, por vezes, mais detalhadas.

65 Cf. SOARES, Mariza. *Devotos da cor*, op. cit., p. 77-78 e 105.

66 Cf. LIMA. *Os nós que alforriam*, op. cit., p. 69.

Tabela 7 - *Nações* registradas nos assentos de batismos no Recife, 1846-1890

Áreas de Embarque/ Nações	Homens		Mulheres		Total	
	Nº	%	Nº	%	Nº	%
Região Centro-Ocidental	**38**	**24,0**	**32**	**20,2**	**70**	**44,2**
Angola	20	12,7	23	14,6	43	27,3
Congo	6	3,8	1	0,6	7	4,4
Angico	3	1,9	-	-	3	1,9
Baca (Ambaca?)	2	1,3	2	1,3	4	2,5
Benguela	1	0,6	-	-	1	0,6
Cabinda	1	0,6	-	-	1	0,6
Camundá	1	0,6	-	-	1	0,6
Camundongo	2	1,3	1	0,6	3	1,9
Cassange	1	0,6	1	0,6	2	1,3
Gabão	-	-	1	0,6	1	0,6
Rebolo	1	0,6	3	1,9	4	2,5
Região Ocidental	**26**	**16,5**	**40**	**25,3**	**66**	**41,8**
Costa	8	5,1	12	7,6	20	12,7
Costa da Mina	1	0,6	-	-	1	0,6
Nação	2	1,3	1	0,6	3	1,9
Nação Costa	15	9,5	27	17,1	42	26,6
Sudeste africano	**3**	**1,9**	-	-	-	**1,9**
Moçambique	3	1,9	-	-	3	1,9
Não identificadas	**17**	**10,7**	**2**	**1,3**	**19**	**12,0**
Gentio da Costa da África	1	0,6	-	-	1	0,6
África	16	10,1	2	1,3	18	11,4
Total Geral	**84**	**53,2**	**74**	**46,8**	**158**	**100,00**

Fonte: Livros de Batismos.[67]

67 Foram analisados 35 livros: oito no bairro do Recife e nove nos demais bairros. Devido ao volume documental, selecionei, por década, dois anos para cada bairro. Recife: 1849,

Afora "nação", outras terminologias genéricas que impossibilitam precisar a procedência são "gentio da costa da África" e "África". Esta última substituiu as identificações mais específicas a partir de meados da segunda metade do século XIX, enquanto a palavra "gentio" caiu em desuso. Na minha amostragem, apenas 0,6% dos registros fizeram menção ao termo. A classificação estava, do século XV ao XVIII, vinculada à concepção religiosa de paganismo de povos não cristãos, alvo da catequese. As análises de Mariza Soares sobre a etimologia da palavra "gentio" se tornaram referência no assunto. Segundo ela, o gentio "é aquele que não crê na religião revelada, enquanto o pagão é o que segue uma religião de conotação mitológica e idólatra". A historiadora ressalta que o termo "gentio" não é referente a uma "nação". Esta era uma nomeação para qualquer povo que tivesse relações com os colonizadores, fosse cristão ou não cristão, enquanto aquele se restringia ao universo catequético. O viajante e cronista português – filho de ingleses – que habitou a cidade do Recife no início do século XIX, Henry Koster observou que entre os escravizados de Pernambuco, quando entravam em conflitos e querelas, achincalhavam de *pagão/ã* os parceiros ainda não batizados.[68]

Na amostra da tabela 7 aparecem quase todas as nações do Recife oitocentista. Além de "gentio da Costa da África", há outras procedências

1851, 1859, 1862, 1868, 1870, 1885 e 1889. Santo Antônio: 1846, 1854, 1858, 1864, 1869, 1871, 1878, 1882 e 1888. São José: 1848, 1850, 1857, 1861, 1868, 1873, 1879, 1881 e 1889. Boa Vista: 1847, 1852, 1859, 1860, 1862, 1872, 1879, 1883 e 1890. Os livros de assentos batismais estão no Arquivo da Cúria Metropolitana do Recife e Olinda (ACMRO), Recife, e nas igrejas matrizes do Santíssimo Sacramento de Santo Antônio, São José e Santíssimo Sacramento da Boa Vista.

68 Cf. SOARES, Mariza. *Devotos da cor*, op. cit., p. 102-108. Segundo Koster, os negros da África chegavam pagãos e passavam o período de um ano para aprender algumas orações e poder responder o que lhes era perguntado no momento de receber o sacramento. A lei não era cumprida à risca, mas os proprietários não deixavam de apresentar seus cativos à igreja paroquial falando alguma coisa em português que testemunhasse o aprendizado cristão. Cf. KOSTER, Henry. *Viagens ao Nordeste do Brasil*. 11. ed. atual. Recife: Massangana, 2002, v. 2, p. 622-623. Koster chegou a Pernambuco em 1809 para se tratar de tuberculose. Foi proprietário de engenho na região de Jaguaribe (atualmente bairro da cidade de Paulista) e morreu em 1820, sendo sepultado no Cemitério dos Ingleses.

pouco correntes, como *angico, benguela, cabinda, camundá, camundongo, cassange, gabão, moçambique*, todas com percentuais abaixo de 2%. Isto se deve ao fato da periodização deste livro concentrar-se na segunda metade do século, quando estes etnônimos vão desaparecendo e dando lugar às nomeações mais gerais, conforme por mim já mencionado. Entre os genitores, foram registradas também nações como *quisamã* e *nagô*.[69]

Koster destacou as seguintes nações como as principais em Pernambuco no início do século XIX: angola, congo, rebolo, angico, gabão e moçambique. O viajante, ao descrever suas impressões sobre os africanos dessas procedências, ressaltou que os negros angolas, congos e rebolos poderiam ser agrupados em uma única "nação", devido às suas conexões culturais e à proximidade de suas línguas. Observou que comumente eram "dóceis", inclinados aos serviços da casa e do estábulo, "fiéis" e "honestos". Angicos, gabãos e moçambiques, porém, seriam grupos distintos. Os angicos eram tidos como "astutos" e "impacientes", com "capacidade de enganar". Já os gabãos, além de ter aspectos mais "selvagens" do que os das outras "nações", eram "dados ao desânimo". Os moçambiques eram "preguiçosos" e "propensos à melancolia", tendo sido tardiamente introduzidos na província. Segundo Koster, foram as pressões inglesas que dificultaram o tráfico na área Ocidental, inclinando os traficantes de Pernambuco a se interessar pelos negros de Moçambique.[70]

Além das impressões sobre os africanos centro-ocidentais, Koster narrou que Pernambuco nunca experimentou sérias revoltas escravas. Segundo ele,

---

69 Na minha amostra foram coletados sete pais e 94 mães de origem africana. A distribuição das procedências se deu da seguinte forma: 64 com o genérico "África", 20 "angola", 12 "nação costa", um "nagô", um "cabinda", um "quisamã", um "rebolo" e um "cassange".

70 Cf. KOSTER, op. cit., p. 629-631. Embora tenha sido o Tratado de 1826 (reforço do antigo Tratado de 1815) que proibiu o comércio negreiro ao sul do Equador, o bloqueio inglês ao qual o viajante se referiu foi do Tratado de Viena, de 1815, que proibia o tráfico ao norte do Equador. Este fator explica o maior volume de africanos daquela região na província em 1816, como apontam os dados sobre o volume do tráfico conforme analiso. Além das "nações" listadas por Koster, Gilberto Freyre incluiu as nações "Luanda", "longue", "quilimane" (moçambique) e "bengala". Cf. FREYRE. Gilberto. *O escravo nos anúncios de jornais brasileiros do século* XIX. São Paulo: Global, 2010.

isto se devia não só ao fato de ser a população livre maior do que a escravizada, mas, sobretudo, à pequena quantidade de africanos importados da Costa do Ouro,[71] de onde vinham indivíduos mais aguerridos que os oriundos da área Angola/Congo. Dizia Koster que "os negros minas" eram os causadores das insurreições na Bahia, assim como os koromanties na Jamaica em 1760. A historiografia também segue nos trilhos desse cronista e viajante. Marcus Carvalho acrescentou às observações de Koster que os traficados para a província eram crianças, agricultores, pastores e mulheres. A maioria era constituída por prisioneiros de guerra, vítimas de sistemas tributários nos quais as moedas eram pessoas. Isto é, pouquíssimos foram os guerreiros ou soldados desembarcados em Pernambuco no tempo de Koster.[72]

No entanto, os africanos de Moçambique e também aqueles de procedências da Costa Ocidental (nagô, calabar, savalu, mina) devem ter sido, na primeira metade do século XIX, mais expressivos na cidade do que narrou Koster e a historiografia local enfatiza. Os negros de Moçambique, chegaram a se destacar na paisagem da cidade devido ao modo de se portarem: "Uma negra moça de dentes 'limados à moda Moçambique', que em 1835 fugiu da casa dos seus senhores, era baixa, gorda, de peitos pequenos e 'pisava como papagaio' por ter as pernas arqueadas."[73] Por outro lado, os anúncios de fugas de escravizados não deixaram de descrever os do golfo do Benin, como Teresa,

> *nação Beni* [sic], estatura mediana, um tanto fula, cabelo bastante ralo, cabeça, orelha e cara pequenas, beiços grossos, tinha

---

71 Ao se referir à Costa do Ouro, Koster tinha como ponto de referência o Caribe inglês, para onde foram os akan/koromanties. Anteriormente ao século XVII, o principal objetivo do tráfico nesta costa era o metal precioso, enquanto na Costa da Mina eram embarcados os escravizados que ficaram conhecidos no Brasil como *minas*. Cf. VERGER. *Fluxo e refluxo*, op. cit., p. 37. Segundo Maria Inês de Oliveira, seriam oriundos da Costa do Ouro os africanos de origem *akan*, cujos vestígios culturais no Brasil são ausentes. Cf. OLIVEIRA. "Quem eram os 'negros da Guiné'?" op. cit.

72 Cf. KOSTER. *Viagens ao Nordeste do Brasil*, op. cit., p. 632; CARVALHO. *Liberdade*, op. cit., p. 179.

73 *Diário de Pernambuco*, 13 fev. 1835 apud FREYRE. G. *O escravo nos anúncios...*, op. cit., p. 140, 152.

> "no logar das fontes uns talhos à imitação de pés de galinha". Além disso, a "barriga quebrada" e a "junta do pé esquerdo um molho de veias levantadas".[74]

Cabe indagar: o que significava ser um embarcado na Costa Ocidental ou na Costa Centro-Ocidental num Recife onde as pessoas estavam constantemente se redefinindo em termos identitários? Será que os agrupamentos eram tão cristalizados como Koster e outros viajantes construíram em suas narrativas?

As mulheres e os homens africanos, após o desembarque, gestavam outras identidades, que se aproximavam ou não daquelas que possuíam no momento do embarque e/ou eram registradas no batismo. Novos amálgamas identitários, étnicos e culturais eram produzidos nas ruas, becos e vielas da cidade do Recife, em um jogo de observado e observador, enquanto escravizados e libertos construíam suas "marcas de nação". Estas poderiam ser anteriores ao embarque ou ainda produzidas pela violência da escravização. De um lado, senhores, autoridades locais e imprensa elaboravam suas narrativas imaginárias sobre os africanos, ao descrever nos anúncios de jornais os modos de andar e falar, modelos de cabelo, arcadas dentárias, adornos, escarificações faciais, como partes desse processo de reinvenção do sujeito nos labirintos das grandes cidades escravistas. De outro lado, os africanos utilizavam esses sinais diacríticos como mecanismo para demarcar suas experiências e percepções sobre eles mesmos. Por isso mobilizavam cada vez mais características pessoais e símbolos envolventes que diferenciavam um indivíduo do outro. Friso ainda que os indivíduos ora se distinguiam no interior de suas "nações", ora se misturavam no meio dos cenários urbanos, jogando com suas identificações.

Este movimento de construção de identidades foi conceituado por Flávio Gomes, Carlos Eugênico Soares e Juliana Farias como transétnico. Ou seja, as identificações cunhadas pelos africanos eram recriadas em uma perspectiva atlântica, seguindo mudanças e lógicas culturais próprias

74 *Diário de Pernambuco*, 15 mar. 1834 apud FREYRE. op. cit., p. 116. Grifo meu.

das reinvenções da África específicas para cada ambiente urbano ou rural, social, político e cultural na diáspora. Isto significa que a construção de "nações" angola, congo, moçambique, benguela, nagô, mina, entre tantas outras, estava sendo permanentemente ressignificada. As pessoas ora as reforçavam, ora as diluíam, utilizavam-se delas, das formas mais variadas possíveis. Gomes, Soares e Farias enfatizam também que esse é um movimento transnacional, transatlântico e dialógico, com inversões e sentidos cruzados.[75] Assim, o ponto de partida para as reinvenções das identidades transétnicas não eram as heranças africanas generalizadas, mas os contextos espaciais e temporais da diáspora africana nas Américas. Angolas, congos, cabindas, moçambiques, minas, nagôs, etc. elaboraram "nações" e significados em torno delas, diferentes entre si e em situações e períodos diversos no Brasil e nas Américas. Ser "nação mina" ou "nação angola" ou qualquer outra identificação no Recife não era o mesmo que sê-lo no Rio de Janeiro ou em Salvador. Do mesmo modo, as *marcas de nação* de um negro mina ou angola no século XVIII teriam novos significados no decorrer do século XIX. O ambiente geográfico rural ou urbano também emprestava seus cenários para a constituição de comunidades africanas transétnicas. Esses processos, contudo, nem sempre eram permeados por sociabilidades. Como enfatizou Manuela Carneiro da Cunha, "a identidade repousa numa taxonomia social, resulta de uma classificação, deriva daí que ela é um lugar de enfrentamento".[76]

Algumas dessas identificações mais genéricas – angola, congo, moçambique, mina, entre outras – adquiriram proporções tão abrangentes na área urbana que passaram a ser o que nomeio aqui de *identidades de referência* para os sujeitos. Isto é, mesmo os indivíduos ressignificando suas identificações, teriam sempre como ponto de referência uma "nação" cuja dimensão fosse macrossocial ou política. Na medida em que essa *nação* ou

75 Cf. GOMES; SOARES; FARIAS. *No labirinto das nações*, op. cit., p. 38-51. Sobre os processos de reinvenção de identidades, consultar ainda: OLIVEIRA. Roberto C. *Caminhos da identidade: ensaios sobre etnicidade e multiculturalismo*. São Paulo: Unesp; Brasília: Paralelo 15, 2006.

76 CUNHA. *Negros, estrangeiros*, op. cit., p. 206.

identidade de referência se expandia, subgrupos mais específicos, cujos signos e significantes se aproximavam da referência macro, iam sendo criados e aglutinados a ela, como: mina-nagô, mina-savalu, mina-calabar, mina-jeje; cassange de angola. O guarda-chuva mina (termo de análise proposto por João José Reis), em algumas regiões, a exemplo do Maranhão, abrangeu até o angola, que passou a ser também identificado como mina-angola.[77]

Vale ressaltar que inúmeros grupos étnicos na imensidão territorial da África não foram só escravizados, foram *africanizados* para recompor seus laços socioculturais e comunitários. Assim, *imbangalas* se transformaram em cassanges de Angola; *bacongos* foram agrupados como congos; *egbas, ijexás, igebus* se resumiram em nagôs; entre tantos outros que se reinventaram nas Américas.

É quase interminável a discussão acerca dos processos de construção de identidades individuais e coletivas dos africanos na escravidão atlântica. No caso particular dos temas da etnicidade e da diáspora nas Américas, merecem destaque duas grandes correntes de estudos. A primeira surgiu ainda na virada do século XIX para o XX, liderada por Nina Rodrigues. Muitos intelectuais, na década de 1930, cultivaram as ideias de Rodrigues, como Arthur Ramos, Gilberto Freyre e René Ribeiro. Estes estudiosos utilizaram os métodos da etnografia e, no caso particular de Freyre, da antropologia cultural para perscrutar reminiscências e continuidades de uma África quase mítica. Por isto, seus estudos evidenciavam a busca pelo passado étnico e pela permanência de uma *cultura africana* intacta. Acreditavam que alguns signos da cultura material do passado africano poderiam ter sido transferidos e se reproduzido nas Américas. Os terreiros de culto aos orixás foram os grandes laboratórios desses pesquisadores, que buscavam uma "pureza" cultural nesses espaços religiosos. Ressalto que esta corrente estava preocupada com as questões da integração nacional das diferentes culturas e etnias que compunham o país. Surgia, então, o "afro-brasileiro",

77 A expressão "mina-angola" foi documentada por Otávio da Costa Eduardo, referindo-se aos minas no Maranhão. Segundo Luis Nicolau Parés, o fato de Costa Eduardo mencionar "mina-angola" e até "mina-cambinda" significa que o termo "mina" designava simplesmente africano. Cf. PARÉS. A *formação do candomblé*, op. cit., p. 28.

o negro "integrado socialmente", cuja pátria (Brasil) estaria "reparando os danos" que a escravidão causara aos seus ascendentes.[78]

Por sua vez, uma segunda corrente, que surgiu na década de 1970, criticava essas ideias de permanências e continuidades. Destacam-se os trabalhos dos antropólogos Sidney Mintz e Richard Price (1976), que defenderam a tese de que as culturas africanas foram inventadas no Continente Americano, na medida em que os indivíduos as recriavam e na proporção e velocidade que eles davam a estas elaborações. O foco da invenção/criação das comunidades africanas estaria nas experiências da escravidão e da pós-emancipação, e não nas heranças de uma África estática.[79]

Os africanistas e estudiosos da escravidão estão retomando o tema das identidades, apontando em suas análises a necessidade de se voltar para a África pré-colonial e colonial. A partir dessas discussões, as lentes de observação estão dirigidas para as *invenções* na própria África, não sendo apenas as experiências da escravidão o ponto de partida. Portanto, leva-se em consideração a memória das pessoas anterior ao embarque; a formação dos reinos e as organizações étnicas locais; os impactos demográficos em decorrência das migrações internas; as diferenças lexicais entre as inúmeras microssociedades africanas na visão dos traficantes/colonizadores europeus e africanos; os laços de solidariedade e os conflitos nos tumbeiros ao longo da travessia atlântica. Ou seja, uma complexidade não só étnica, mas também de contextos sociais, políticos, culturais, demográficos permeava as invenções/redefinições identitárias dos sujeitos.[80] Sobre as investigações

78 Cf. CONGRESSO AFRO-BRASILEIRO, 1, 1934, Recife. *Anais*... Recife: Massangana, 1988. (fac-símile de Rio de Janeiro: Ariel, 1935, v. 1; fac-símile de Rio de Janeiro: Civilização Brasileira, 1937). Consultar também: RAMOS, Arthur. *O negro brasileiro: etnografia religiosa*. Rio de Janeiro: Graphia, 2001, v. 1; FREYRE, Gilberto. *Casa grande & senzala*. 20. ed. São Paulo: Círculo do Livro, 1980 [1933]; VALENTE. *Sincretismo religioso afro-brasileiro*, op. cit.

79 Cf. MINTZ; PRICE. *O nascimento da cultura afro-americana*, op. cit.

80 Cf. GOMES; FARIAS; SOARES. *No labirinto das nações*, op. cit., p. 52. Entre os africanistas, consultar: THORNTON, John. *A África e os africanos na formação do mundo Atlântico, 1400-1800*. Rio de Janeiro: Elsevier, 2004; AKYEAMPONG, Emmanuel. "Africans in the diáspora: the diaspora and Africa". *Africa Affairs*, n. 99, p. 183-215, 2000.

acerca da etnicidade na diáspora das Américas, recorri mais uma vez às palavras de Manuela Carneiro da Cunha:

> O que se ganhou com os estudos de etnicidade foi a noção clara de que a identidade é construída de forma situacional e contrastiva, ou seja, que ela constitui resposta política a uma conjuntura, resposta 'articulada' com as outras identidades em jogo, com as quais forma um sistema. É uma estratégia de diferenças.[81]

Dentro desta perspectiva, resta saber como o grupo de africanos libertos que perscruto ressignificava suas identidades individuais e/ou coletivas na cidade do Recife em meados do século XIX.

Africanos libertos no Recife: em torno de uma identidade *mina*

O grupo de africanos que analiso é formado por trinta pessoas que fazem parte de uma rede social com cerca de duzentos indivíduos, incluindo desde parentes e amigos até ex-senhores, comerciantes, religiosos. Esses trinta africanos conquistaram suas manumissões entre os anos 1830-40, chegando à segunda metade do século com algum cabedal. Quando elaboraram seus testamentos, estavam com idades entre 37 e 80 anos. Isto significa que desembarcaram ou chegaram pelas vias do tráfico atlântico ou interprovincial em Pernambuco muito jovens, alguns ainda crianças. Porém, não deixaram de mencionar seus lugares de origem. Uns o fizeram com detalhe, a exemplo de João Joaquim José de Sant'Anna, que disse "sou natural de Affrica, lugar denominado cassange em Angola"; João Antônio Lopes, que declarou "sou natural do gentio nação callabar"; Maria Antônia

---

Robert Slenes, analisando a invenção das identidades africanas na província de São Paulo, articulou o tráfico atlântico e interprovincial – constatando a maior proporção de africanos centro-ocidentais – à criação de uma "proto-nação bantu". Cf. SLENES, Robert W. "'Malungu, ngoma vem!': África coberta e descoberta no Brasil". *Revista da USP*, São Paulo, n. 12, p. 48-67, dez./fev. 1992.

81 CUNHA. *Negros, estrangeiros*, op. cit., p. 206.

de Souza, que afirmou "sou natural da nação calabar da Costa d' Africa"; Luzia Muniz, que relatou "sou natural da Costa da Mina nação Saburú". A maioria, porém, informou o local de seu nascimento de forma mais geral, como fizeram Antônia Ignacia Manuela, que disse, "sou mulher preta forra natural de Angolla"; Thereza de Jesus e Souza, Mônica da Costa Ferreira, Alexandre Rodrigues d'Almeida e Antônio Francisco Gomes, que declararam apenas ser da Costa da Mina. Os demais deram como origem a "Costa da África", ou o termo "africano" e nada mais.[82]

Na tabela 8, registro as nações das pessoas que lideravam o grupo de africanos de acordo com as procedências por elas informadas em seus testamentos. Há uma supremacia de indivíduos embarcados na África Ocidental, sobretudo nos portos de Popo, Uidá (Ajudá), Jaquem, Porto Novo, Onim (Lagos) e Badagri, localizados na Costa da Mina. Os oriundos dos portos de Luanda, Benguela e Cabinda chegaram a ser em número menor do que aqueles cujas procedências não foram identificadas. Destes casos, os "Costa da África" e os "Gentio da Costa" poderiam ser também minas. Cruzando as informações testamentárias com outros documentos (registros eclesiásticos), constato que nos quatro casos em que apareceu a procedência "Costa da África" os sujeitos eram também da baía do Benin. Em suma, uma das características desse grupo de africanos era a procedência "Costa da Mina".

82 MJPE, mapoteca 13, gavetas E, F e G: Registro de Testamento de João Joaquim José de Sant'Anna, LRT (1867-1869); Testamento de João Antônio Lopes, Registro de Testamento de Antônia Ignacia Manuela, LRT (1850-1853); Registro de Testamento de Luzia Muniz, LRT (out. 1849 a nov. 1850); Registro de Testamento de Mônica da Costa Ferreira, LRT (nov. 1862 a set. 1865); Testamento de Antônio Francisco Gomes, LRT (set. 1865 a nov. 1866); Testamento de Maria Antônia de Souza, LRT (1871-1873); Registro de Testamento de Thereza de Jesus e Souza, LRT (1873-1875). IAHGP, Testamento (c/inventário) de Alexandre Rodrigues d'Almeida, 1880, cx. 269; Maria Thereza dos Passos, 1888, cx. 328; e Sírio Manuel Ribeiro Taques, LRT (1873-1874) são alguns exemplos de africanos da comunidade que informaram de forma genérica suas origens.

Tabela 8 - *Nações* dos(as) africanos(as) declaradas nos testamentos (1846-1890)

Nação/Procedência	Homens	Mulheres	Total
Área Ocidental	9	11	20
Calabar	2	2	4
Nagô	1	2	3
Saburú (savalu)	1	1	2
Costa da Mina (e "nação costa")	3	4	7
Costa da África*	2	2	4
Área Centro-Ocidental	2	3	5
Cassange	1	-	1
Angola	-	2	2
Angico	1	1	2
Não identificadas	1	4	5
África (e preta africana)	-	4	3
Gentio da costa	1	-	1
Total Geral	12	18	30

Fonte: MJPE, Registros de Testamentos, 1846 a 1890.
* Surgem como "minas" nos registros eclesiásticos.

Contudo, como a *identidade de referência* Costa da Mina foi reinventada, em meados do século XIX, pela maioria do grupo, em uma cidade cuja supremacia populacional era dos embarcados no eixo Congo/Angola? As conexões mercantis entre a província e a região, nos séculos XVIII e XIX, serve como uma primeira resposta.

No século XIX, apenas 2,6% dos africanos desembarcados nos portos de Pernambuco eram da Costa da Mina, percentual menor até que o dos embarcados na baía de Biafra (Gana) – de onde vinham os africanos do Gabão –, que foi de 7,5% (cf. tabela 6). Ou seja, as rotas de Pernambuco para a Costa da Mina estiveram minguadas nesse período. No entanto, no século XVIII, a região fora importante entreposto comercial para a capitania. O comércio com a Costa da Mina era rentável, pois com os escravizados adquiridos nos portos dessa região comprava-se ouro em Minas Gerais e fazendas do reino. As trocas nessa costa eram feitas com a aguardente e o tabaco de terceira categoria (preparado com bastante melaço de cana e ervas aromáticas), sobremaneira este último gênero, o que passou a ser mais um incentivo aos plantadores. Assim, as conexões com a região auxiliaram os produtores dos engenhos da Zona da Mata a restabelecer a economia açucareira após as conturbações do domínio holandês.[83]

É significativo destacar, porém, que o papel do tabaco e da aguardente não conta toda a história do tráfico entre o Brasil e a Costa da Mina. No caso particular de Pernambuco, embora os manifestos das cargas das embarcações informassem apenas os rolos de tabaco e as pipas de aguardente, só com estes gêneros não seria factível adquirir cativos naquela costa. Segundo Gustavo Lopes e Maximiliano Menz, havia uma miscelânea de produtos que faziam parte das conexões mercantis entre Pernambuco e a Costa da Mina, pois não era possível efetivar negócios com os mercadores africanos de cativos com um único produto. Os lotes de escravizados eram pagos com um conjunto de mercadorias – tecidos, armas de fogo, tabaco, entre outros. Mesmo a carga em tabaco das embarcações de pequeno porte (menos de 200 escravizados) não era suficiente para saldar a totalidade dos cativos da arqueação. Por esta razão, o ouro em pó foi se tornando produto significativo para completar o pagamento das cargas de torna-viagem.[84]

Os negócios entre a Costa da Mina e o Brasil eram tão rentáveis, que em 1703 o rei d. Pedro II – para proteger os interesses da metrópole, uma vez que o ouro utilizado para o quinto estava sendo desviado para o comércio na

83 Cf. ARAÚJO, Clara Maria Farias de. *Governadores das nações e corporações: cultura política e hierarquias de cor em Pernambuco (1776-1817)*. Dissertação (Mestrado em História) – ICHF, UFF, Niterói, 2007, p. 71-72.

84 Cf. LOPES, Gustavo A; MENZ, Maximiliano M. "Resgate e mercadorias: uma análise comparada do tráfico luso-brasileiro de escravos em Angola e na Costa da Mina (século XVIII)". *Afro-Ásia*, Salvador, n. 37, p. 58-60, 2008.

Costa – proibiu a ida de embarcações do Rio de Janeiro para a região. Em setembro do mesmo ano, a Coroa estipulou uma cota anual para a importação de cativos, que limitava em 1.200 o número de africanos destinados ao Rio de Janeiro e em 1.300 os enviados para Pernambuco, mantendo os 200 escravizados encaminhados para as áreas de mineração; todos os demais seriam destinados à Bahia. Não obstante, sendo período de plena expansão da atividade aurífera, a lei dificilmente era cumprida, e terminou sendo abolida em 1715. Em 1730, as viagens para os portos da baía do Benin passaram a depender de alvará de autorização do vice-rei. Era mais uma tentativa de proibição do comércio na região com a finalidade de evitar o extravio de tabaco fino e os negócios com os holandeses. Esta proibição acarretou a diminuição do comércio entre a Costa da Mina e o Brasil.[85]

Os documentos alfandegários de Pernambuco registraram esse declínio que se abateu sobre a Colônia. Entre 1742 e 1760, 29% dos escravizados que entraram na capitania foram de procedência "mina", ao passo que entre 1761 e 1779, quando funcionou a Companhia de Comércio de Pernambuco e Paraíba, esta participação caiu para 20%. A diminuição da entrada de cativos embarcados na Costa da Mina nesse período se deveu a dois fatores: o esfacelamento da produção do polígono do ouro e a suplantação das exportações dos escravizados de Angola sobre as vendas da Costa da Mina.[86]

No fim século XVIII, Pernambuco retomou suas conexões comerciais com a Costa da Mina. Os motivos seriam o surto de bexiga em Angola, a expansão do reino do Dahomey e sua intensa atividade escravagista e a preferência que os reinos africanos da região davam aos produtos da Bahia e de Pernambuco. Todavia, não atingiu o mesmo patamar de rentabilidade do início do século. David Eltis estimou como momento de auge do comércio negreiro de Pernambuco com aquela Costa dois intervalos: de 1701 a 1725, quando entraram 24.454 pessoas (22,1% do total); e de 1726

85 Cf. SOARES, Mariza. *Devotos da cor*, op. cit., p. 74-82.

86 Cf. ARAÚJO. *Governadores das nações e corporações*, op. cit., p. 74.

a 1750, com o desembarque de 28.519 indivíduos (38,8% do total) nos portos pernambucanos.[87]

O século XIX, porém, foi marcado pela recuperação e consolidação do comércio negreiro de Portugal nos portos da parte Centro-Ocidental africana. Os negócios no eixo Angola/Congo se mostraram mais rentáveis, inclusive pelo fato dos portos comportarem navios de grande porte, que favoreciam os embarques mais volumosos da carga humana. A tabela 9 mostra os anos em que ocorreram desembarques de africanos dessa região na província.

Tabela 9 - Entradas de *pretos minas* em Pernambuco, século XIX

Variável	Anos										Total
	1809	1810	1812	1814	1819	1825	1826	1827	1829	1851	
Número	261	2.181	632	397	166	1.070	776	582	362	350	6.777

Fonte: TSTD

Os números elevados nos anos de 1810 e 1825 estão relacionados com o desenvolvimento econômico e a estabilidade política da província. A inexistência de importações no intervalo de 1830 a 1850 reflete as pressões inglesas para abolir o tráfico negreiro e os investimentos de Pernambuco nas rotas para a região Centro-Ocidental. Comentei, anteriormente, que a última tentativa da província para manter suas conexões atlânticas com a África ocorreu em 1851, na Costa da Mina. Isso significa que a região tinha certa relevância para a dinâmica econômica de Pernambuco. Ou seja, a Costa da Mina sempre se apresentou como uma alternativa de tráfico para a praça do Recife.

Outra resposta à reinvenção da identidade "mina" na capital pernambucana está na maneira como estes africanos culturalmente se organizaram no cotidiano urbano. Em lugares como o Rio de Janeiro, Minas Gerais e Recife, embora fossem menos numerosos que os "angolas", os

87 Cf. Ibidem, p. 74; TSTD. Disponível em: <www.slavesvoyages.org>, acesso em: 30 nov. 2011.

"pretos minas" sempre tiveram uma presença de destaque e exerceram influência sobre os demais africanos.

Em 1647, no Recife, Henrique Dias, chefe do batalhão dos Henriques, escreveu uma carta aos holandeses informando sobre os africanos que compunham aquele batalhão:

> De quatro nações se compõe esse regimento: Minas, Ardas, Angolas e Crioulos. Estes são tão malévolos que não temem nem devem; os minas tão bravos que aonde não podem chegar com o braço, chegam com o nome; os Ardas tão fogosos que tudo querem cortar de um só golpe; e os Angolas tão robustos que nenhum trabalho os cansa.[88]

Entre os governadores de pretos que chegaram a receber cartas patentes, no século XVII, todos eram de procedência da Costa da Mina. Clara Araújo mostrou que dentro da Irmandade do Rosário dos Pretos, no Recife, havia disputas políticas não só entre "minas" e "angolas", mas também no interior do próprio grupo "mina". Em 1776, os dagomés (daomé), que elegiam juntos com os saburús (savalu) seus governadores, requereram ao governador da capitania para eleger, separados dos saburús, seu próprio governador.[89]

Finalmente, no século XIX, os minas que chegaram à província de Pernambuco eram oriundos de vários reinos escravistas que estiveram em permanente guerra no século XVIII. Aladá (Ardra), Jaquem e Uidá (Ajudá), que foram subjugados pelo reino do Dahomey entre 1724 e 1727. Os nagôs, conhecidos também como iorubás, constituíram uma identidade que aglutinava indivíduos do reino de Oyó. Talvez sejam eles, dentre os demais grupos da Costa da Mina, o mais popularizado em Pernambuco, onde a religião de matriz africana adotou o nome de xangô – divindade dos oyós. Por serem embarcados nos portos daquela costa, também traziam essa identificação de referência. Os cabalar, por sua vez, localizavam-se na

88 Apud FREYRE. *Casa grande & senzala*, op. cit., p. 324.

89 Cf. ARAÚJO. *Governadores das nações e corporações*, op. cit.

baía de Biafra, atual Gana.[90] Dos portos de Ajudá, Jaquem e Badagri saíram grupos de língua *fon* – conhecidos na literatura como daomeanos (Aladá) ou jejes –, dentre eles os *saburús* (savalus) e os *mahis*.

Os *savalus* e os *mahis* eram povos do norte do rio Zou, vizinhos do planalto do Abomey (Daomé). Antes do século XVIII eram independentes do reino do Dahomey. O país *mahi* constituía-se de estados confederados, nos quais o governo funcionava no sistema de vassalagem. Foram predados pelo vizinho reino do Dahomey. Embora firmassem, algumas vezes, aliança com os oyós para se defender dos ataques daomeanos, muitos de seus habitantes já constituíam parte importante do exército do Daomé. Quanto aos savalus, mesmo sofrendo períodos de ataques pelos reis daomeanos, motivados pela busca de escravizados, experimentaram fases de paz com estes vizinhos. Porém, entre 1818 e 1850, no reinado de Ghezo, após longos períodos de oscilações entre independência e submissão tributária, tiveram definitivamente sua região ocupada pelos daomeanos.[91]

A Costa da Mina, enfim, era um território de constantes guerras e disputas expansionistas internas que marcaram as experiências de mulheres e homens africanos embarcados nos portos da região. Desta trajetória partiram os elementos que constituíram a fama dos "pretos minas" na diáspora. "Rebeldes", "insubordinados", "aguerridos" foram identificações atribuídas a eles, que acabaram se projetando entre os demais africanos, inclusive quando o assunto era a manumissão. Foi bastante discutido pela historiografia o sucesso que os "pretos minas" tinham na conquista da alforria. No Recife, entretanto, Koster afirmou serem os negros angolas "os que mais se esforçavam para obter a liberdade".[92] O viajante e cronista até podia estar com a razão, porém, no grupo de africanos que investigo, dos cinco indivíduos que se identificaram como angola, apenas dois tiveram algum sucesso material. Por sua vez, os minas, além de se destacarem em

90 Cf. THORNTON. A *África e os africanos*, op. cit., p. 25.

91 Cf. PARÉS. A *formação do candomblé*, op. cit., p. 38-42.

92 Cf. KOSTER. *Viagens ao Nordeste do Brasil*, op. cit., p. 630.

número, conquistaram prestígio socioeconômico no meio do contingente de libertos africanos.

Os antropólogos Mintz e Price defendem a ideia de que a complexidade das instituições tradicionais africanas não foi transportada na diáspora. Segundo suas concepções, os materiais humanos responsáveis pela transmissão e perpetuação das instituições específicas das sociedades africanas não foram transferidos incólumes para as Américas. Isto significa que não vieram, por exemplo, os sistemas de *status* diferentes, mas, apenas pessoas de grupos étnicos de diferentes *status*. Figuras da realeza – como reis, príncipes, princesas – foram embarcadas como cativos; mas suas cortes e monarquias, não. No âmbito religioso, não transportaram templos ou corpos sacerdotais; porém, chefes de cultos foram trazidos na condição de escravizados. Assim, esses sujeitos tiveram que reinventar suas culturas necessárias para atender seu cotidiano.[93]

Portanto, essas reinvenções culturais seriam todas e quaisquer formas de interação social regular de caráter normativo que poderiam ser empregadas nas necessidades reiteradas. Isto significa que padrões de casamento, arranjos de família, determinados estabelecimentos de amizades (incluindo as redes de vizinhança) e parentesco extenso (compadrio), práticas religiosas e até relações de trabalho e negócios que sejam normativamente recorrentes. Estas, mesmo que se articulem na sociedade, diferem enormemente em sua extensão e natureza.[94] Dentro desta perspectiva, uma das reelaborações a que procuro dar algum destaque neste capítulo é a de "nação". Ela serviu de ponte entre os escravizados e senhores, os libertos e a sociedade vigente. Constituiu também mecanismos para os africanos exercerem uma participação social mais efetiva. Dentro das "nações", teriam acesso a irmandades, festas públicas; poderiam exercer cargos de liderança, estabelecer alianças. Para os escravizados era, ainda, mais uma forma de organização para a barganha da alforria. Os africanos, estigmatizados duplamente como estrangeiros e escravos, viam nesta instituição uma ma-

93 Cf. MINTZ; PRICE. *O nascimento da cultura afro-americana*, op. cit., p. 38.

94 Cf. Ibidem, p. 44-58.

neira de adquirir visibilidade pública, assegurar alguns espaços urbanos, mesmo que excluídos e limitados pela sociedade.[95]

No decorrer dos demais capítulos, será verificado que os indivíduos organizados dentro das nações ligadas à Costa da Mina exerceram papel de destaque na comunidade africana e fora dela. Um de meus interesses está nas reinvenções culturais dos africanos libertos que faziam parte das redes sociais aqui cotejadas, tanto dentro como fora do grupo. Encaro-as como estratégias de combate aos estigmas da escravidão. A princípio, perscruto os estabelecimentos de amizades a partir da distribuição/organização dos sujeitos nas vizinhanças dos bairros centrais e seus arrabaldes.

95 Cf. SILVEIRA. "Nação africana no Brasil escravista", op. cit., p. 297-299.

2. Como e onde moram os africanos? Arranjos de moradia no Recife

Orixalá Guiã / talaxó ilê / Odô ilê um ele /
odô ilê um ele / odô niki nikó / iyá Orixalá[1]

Esta toada é cantada no Terreiro Santa Bárbara – Nação Xambá, *xangô* localizado no subúrbio de Beberibe (Olinda), região metropolitana do Recife.[2] Os adeptos entoam este canto para pedir ao orixá proteção, trabalho e, sobretudo, ajuda na conquista da moradia (o *ilê*). Para cativos e libertos que viveram no período oitocentista, a moradia significava importante passo na conquista de autonomia. O espaço domiciliar integrava à economia e à cultura domésticas dos africanos e de seus descendentes. A área de localização da moradia, o bairro, podia ser o lugar onde ocorria o engajamento social. Através da convivência com parceiros – vizinhos, amigos, clientes, comerciantes – que estavam ligados uns/umas aos outros pela proximidade

1 *Orixalá* é considerado na tradição dos cultos afro-brasileiros como o mais velho, o maior de todos e pai dos demais deuses iorubás. Na mitologia africana, ele ficou encarregado por *Olodumaré* (senhor do universo) da criação do mundo e dos seres humanos. *Orixáguiã*, embora entre os iorubás seja considerado outro orixá, é tido na tradição dos cultos afro-brasileiros como uma manifestação (qualidade) de Orixalá, cujas características de jovem e de guerreiro remetem às narrativas mitológicas iorubanas das longas viagens feitas por ele e dos diversos lugares por onde passou, tendo escolhido como sua residência fixa Ejigbô. Cf. VERGER, Pierre. *Orixás: deuses iorubás na África e no Novo Mundo*. 6. ed. Salvador: Corrupio, 2002, p. 252-263. Agradeço a Hildo Leal Rosa pela transcrição da toada de Orixáguiã.

2 Sobre o terreiro Santa Bárbara – Nação Xambá, consultar: COSTA, Valéria Gomes. *É do dendê! História e memórias urbanas da nação Xambá no Recife (1950-1992)*. São Paulo: Annablume, 2009.

ou pelo respeito, as pessoas passavam a fazer parte de uma comunidade. O bairro e a casa foram elementos que integraram os projetos de liberdade de mulheres e homens negros, por meio da criação de espaços próprios na dimensão urbana. Por esta razão, constituíram também uma memória relevante na ordenação do cotidiano na diáspora no Continente Americano.

No tocante ao espaço domiciliar, privado, Robert Slenes foi um dos poucos historiadores que prestou atenção a essa "coisa miúda", a casa, na experiência da escravidão. Ao analisar as organizações familiares entre os escravizados, destacou as vantagens que os casais tinham em relação aos solteiros. Casar significava literalmente "montar casa". A posse de uma casa representava não só partilhar o mesmo espaço, mais independente, com um companheiro de vida, mas ganhar maior controle da área para a implementação de projetos próprios. Isto é, aumento das chances de alguns objetivos materiais e culturais, como o desenvolvimento de atividades longe das vistas do senhor e dos feitores, o acúmulo de recursos para a manumissão, a divisão do fogo, da fumaça (rituais simbólicos), o preparo dos alimentos. O fortalecimento dos laços culturais, como dormir em família e educar os filhos, também pode ser enumerado como um dos ganhos reais proporcionados pela posse de uma casa.[3]

Para os escravizados ao ganho – com maior circulação no espaço urbano – e os libertos, em particular, a residência era não só um símbolo de distanciamento do cativeiro, mas, sobretudo, uma concretização do "viver sobre si". Segundo Alberto da Costa e Silva, as habitações dos ex-escravizados, na grande maioria pobres e sem posses, era ainda uma forma de reconstruir a África no Brasil, começando pela arquitetura e organização do espaço doméstico. Por outro lado, nos raros casos de libertos bem-sucedidos, aqueles que tinham ofícios especializados – ferreiros, marceneiros, funileiros – e deixaram testamentos, a casa, especialmente quando própria, representava *status*. No Recife, a posse da *casa térrea* com portas e janelas

---

3 Cf. SLENES, *Na senzala uma flor: esperanças e recordações na formação da família escrava – Brasil, Sudeste, século* XIX. Rio de Janeiro: Nova Fronteira, 1999, p. 159-180.

era um dos primordiais desejos dos libertos com algum cabedal que conquistavam certo prestígio social.[4]

Por outro lado, o bairro era a parcela da área citadina na qual os indivíduos exerciam domínio sobre o ambiente social que os circundava. Diante do conjunto da cidade – atravessado por códigos que os moradores não assumiam, porém, assimilavam para poder viver, em face dos desníveis sociais da área urbana –, os africanos passavam a criar para si alguns lugares, dentro do bairro, não só para habitar, mas também para trabalhar, desenvolver práticas culturais, religiosas, festivas. Isto significa que foi nos bairros que relações de amizades, irmandades, práticas religiosas, arranjos de trabalho, ou seja, as instituições negras foram produzidas.[5]

Sidney Chalhoub alertou para os engendramentos de vários significados e práticas sociais dos escravizados, estendendo-se aos libertos, que politizavam o cotidiano deles nas áreas urbanas. Ou seja, aquilo que seria uma simples ação cotidiana dentro das relações escravistas acabava se transformando em ação política, que desestruturava as bases da instituição escravista. A título de exemplo, alforrias, atos de compra e venda, castigos, morar distante do senhor, ter "teto próprio" ou dividir o espaço da moradia com quem bem quisesse e conviesse eram percebidos pelos negros como brechas que poderiam transformar suas vidas e a sociedade na qual estavam inseridos. A partir dessa politização do cotidiano no bairro, nas ruas, becos, na cidade enfim, surgia o que Chalhoub classificou como a "cidade negra". Isto significa que os espaços urbanos eram recriados por meio das ações de trabalho, moradia, arranjos familiares entre os sujeitos. A "cidade negra" era ainda formada a partir das lutas pela conquista e garantia da liberdade, travadas por africanos e seus descendentes.[6]

---

4 Cf. COSTA E SILVA. *Um rio chamado Atlântico*, op. cit., p. 215-226; FREYRE, Gilberto. *Sobrados & mocambos*. São Paulo: Global, 2004, p. 297; CHALHOUB, Sidney. *Visões da liberdade*, op. cit., p. 233-243.

5 Cf. CERTEAU, Michel de; GIARD, Luce; MAYOL, Pierre. *A invenção do cotidiano 2: morar, cozinhar*. 5. ed. Petrópolis: Vozes, 1996, p. 37-45.

6 Cf. CHALHOUB. *Visões da liberdade*, op. cit., p. 186.

Os africanos que acompanho deixaram não só vestígios de seus arranjos de moradia, mas também de suas redes de amizades, vizinhança, locais de trabalho, igrejas e irmandades que frequentavam. Nos testamentos, os homens e as mulheres descreveram a arquitetura, os objetos, a distribuição do espaço doméstico e, sobretudo, a convivência cotidiana dentro de seus domicílios com os vizinhos, parentes e amigos de bairro e também de fora do perímetro de suas freguesias. Isto é, narraram ações políticas institucionalizadoras do Recife como uma "cidade negra".

A partir destas questões, este capítulo tem dois objetivos que se entrecruzam: primeiro, analisar os arranjos de moradia da comunidade africana em debate, tomados aqui como símbolos de mobilidade e distinção sociais, integrando as estratégias de rompimento dos estigmas escravistas. Segundo, apreciar como os sujeitos foram criando e recriando estratégias para construir lugares próprios na cidade, ou seja, como esta *cartografia da liberdade* foi desenhada através das redes de solidariedade e conflitos da população negra no Recife.

A cidade negra do Recife: desenhando territórios

A cidade do Recife guarda em seu nome íntima relação com a natureza. *Recife* originou-se de um acidente geográfico que corta todo o litoral pernambucano – os arrecifes. O termo revela ainda a imbricação que há entre a terra e as águas na cidade; águas não apenas do mar, mas também dos rios, especialmente o Beberibe e o Capibaribe. Este último emoldurava as três ilhas ou porções que formavam os principais bairros da capital pernambucana. O bairro do Recife propriamente dito ligava-se ao de Santo Antônio por duas pontes: a ponte Velha (atual Maurício de Nassau) e a ponte Provisória (atual Buarque de Macedo). Esta servia ao trânsito de carros e cavalos, enquanto aquela era a passagem para as pessoas que andavam a pé. Por sua vez, Santo Antônio se conectava ao bairro da Boa Vista através das pontes da Boa Vista e da atual Princesa Isabel. Com o crescimento urbano, em 1860, uma terceira ponte foi construída – a Duarte Coelho, erguida toda em ferro.

No período aqui recortado, a cidade foi alvo de várias intervenções urbanas frutos dos *ecos* da modernidade. A capital pernambucana assistia às efervescentes reformas em sua paisagem. Novas freguesias iam surgindo: Graças, Afogados, Poço da Panela, Várzea, São Lourenço da Mata, Jaboatão, Muribeca. Locais onde ocorriam também as manifestações mais populares da cidade, como fandangos, coco, bumba meu boi, sambas, presépios.[7] No centro, os bairros iam sendo desmembrados em novas freguesias: o do Recife nas freguesias de São Frei Pedro Gonçalves e Fora de Portas; o de Santo Antônio no bairro de mesmo nome e no de São José; no da Boa Vista surgiram a Soledade e Santo Amaro.

Considerado a *cité* da capital pernambucana, o bairro do Recife era o mais movimentado e de urbanização mais antiga. Seu desenvolvimento se devia ao porto, onde ocorria a circulação de mercadorias e de gente de todas as regiões do Império. Como aludo no capítulo anterior, era o centro econômico da província, foco do comércio de grosso trato, tanto nacional como estrangeiro. Nele se encontravam as chancelarias dos cônsules instalados em Pernambuco, bancos, escritórios de várias companhias de seguros marítimos e terrestres, os trapiches do algodão e do açúcar, casas especializadas na compra e venda de cativos, a Associação Comercial Agrícola, a Associação Comercial Beneficente, o Arsenal da Marinha, a Alfândega e a Assembleia Provincial. Muitas tabernas e casas de má fama, onde trabalhavam prostitutas, principalmente escravizadas, completavam o cenário do bairro.

Embora fosse habitado predominantemente por pessoas livres, que em 1872 somavam 8.028 habitantes, sendo a maioria homens (60%), havia também uma grande movimentação de cativos de ganho que trabalhavam por ali: canoeiros, estivadores, carregadores de "tigres" (as latrinas de dejetos das casas mais abastadas e dos sobrados, que os escravizados transportavam para ser despejadas nas cabeceiras das pontes ou nas praias), marinheiros, carregadores de carros de boi, jangadeiros. Em 1809, Henry Koster, que aportava pela primeira vez na cidade, observou a grande agitação dos negros transportadores de fardos na Alfândega. Muitos desses trabalhadores, segundo o cronista, falavam em sua própria língua, pois não

7 Cf. CARVALHO. *Liberdade*, op. cit., p. 25.

dominavam o português. Koster, certamente, constatava a relevância dos africanos entre os escravizados e libertos no local. Notou ainda que, pelas ruas do bairro, muitas negras vendeiras de doces, frutas e outras mercadorias passavam gritando sob as janelas das casas, anunciando o que traziam para ser comercializado.[8]

Na segunda metade do século, ainda era possível observar, assim como fez Koster na primeira, os africanos falando em sua língua materna na Alfândega, nos trapiches de açúcar e de algodão, pelas ruas, desempenhando os mais variados serviços. Entre os escravizados recém-chegados à freguesia depois de 1831, que foram batizados na Matriz do Corpo Santo (bairro do Recife), 40,5% eram de procedência angola; 24,3% da Costa da Mina; 32,4% "gentio da Costa da África"; e apenas 2,7% oriundos de Moçambique.[9]

O bairro do Recife era formado por vinte e sete ruas – em sua maioria extremamente estreitas, irregulares e de precário acabamento, o que dificultava o trânsito das pessoas –, treze becos e sete travessas. Na visão do viajante francês Tollenare, este era o bairro mais mal edificado e asseado da cidade. Em 1857, foram contabilizadas 1.220 casas, sendo 193 com um andar acima da parte térrea, 198 com dois andares, 166 com três, 16 com quatro e 647 apenas com o pavimento térreo. Mesmo sendo um bairro caracteristicamente portuário, havia muitas residências. Isto significa que o trabalho de cativos domésticos ainda era intenso naquela área da cidade. Dentro das residências havia mucamas, lavadeiras, amas, cozinheiras, não só nas casas mais abastadas, mas também nas de menor posição econômica. A relevância de domicílios térreos (mais de seiscentos) leva-me a crer que entre as mudanças ocorridas naquela sociedade, sobretudo na segunda metade do Oitocentos, estava também o perfil social dos moradores do bairro.[10]

---

8 Cf. KOSTER. *Viagens ao Nordeste do Brasil*, op. cit., p. 66-67.

9 Arquivos da Cúria Metropolitana do Recife e Olinda (doravante ACMRO), Livros de Batismos (doravante LB), nº 24, 25, 26, 27, 28 e 30.

10 Cf. MELLO, J. A. G. de. *O Diário de Pernambuco e a história social do Nordeste*, op. cit., p. 834-840.

Alguns dos africanos de comunidades de libertos afluentes residiam com suas famílias nesse bairro. Na rua da Senzala Velha – cujo nome aludia a um antigo depósito de compra e venda de cativos recém-chegados da África, que ali funcionara no período colonial –, fixaram endereço domiciliar pessoas como João Antônio Lopes e as viúvas Rufina Maria da Conceição e Antônia Ignacia Manuela. Antônia era de Angola e seus dois vizinhos eram minas de nação calabar. Na rua da Guia, uma das mais largas, residiam outros minas como Mônica da Costa Ferreira e Domingos José Machado. Entre os africanos domiciliados nesse bairro, Domingos era o único que morava em uma casa de dois andares. Além do mais, ele tinha outra casa, também com dois pavimentos, na rua do Apolo, onde havia grande quantidade de armazéns de açúcar e fora construído o Teatro Apolo.

Em Fora de Portas, fronteira entre o Recife e a cidade de Olinda, habitavam as pessoas mais humildes do bairro. Entretanto, havia também libertos providos de algum cabedal com residência nessa área. No beco do Tocolombó residia o casal de nação angico Antônio Domingos Ferreira e Catharina Maria da Conceição. Em uma das quarenta casas da rua do Farol, morava o cassange João Joaquim José de Sant'Anna com sua esposa e filhos. E na rua do Porto das Canoas, ficava a casa da angolana Margarida Maria da Conceição, que era casada com um português.

Atravessando a ponte Provisória, chegava-se ao bairro de Santo Antônio, antiga Ilha de Antônio Vaz. Era mais espaçoso que o do Recife e possuía ruas mais largas e arejadas. Aí estavam também instalados prédios públicos, como o Palácio do Governo, as repartições de Polícia e de Obras Públicas, a Tesouraria Geral e Provincial, o Correio e o Teatro de Santa Isabel. Este último era um edifício de estilo arquitetônico europeu – fruto dos projetos de modernização urbana – que se tornara espaço de entretenimento e sociabilidade das elites socioeconômicas pernambucanas. No entanto, o que mais caracterizava o bairro era o seu comércio. A *Folhinha de Algibeira* do ano de 1852 listou, em toda a capital, cinquenta tipos de estabelecimentos de atacado e de varejo, como boticas, armazéns de fazendas em grosso, lojas de calçados, lojas de chapéus, miudezas, lojas de armadores, empórios de carne seca, de farinha de mandioca, armazéns de gêneros,[11] ourives, relojoarias, livrarias, casas de vendas de cativos, entre outros ramos, os quais predominavam nessa freguesia.[12]

Pelas ruas, becos e travessas de Santo Antônio, negociava-se de tudo. Na rua da Cadeia (atual rua do Imperador), início do traçado do bairro, estava uma fábrica de pianos, onde também eram produzidos outros instrumentos musicais, que pertencia ao inglês Mr. Vignes e na qual trabalhavam operários nacionais e estrangeiros. Ainda nessa rua, havia o Café Paiva, o maior e mais bem frequentado da cidade. Na rua do Crespo (atual Primeiro de Março), localizava-se o comércio mais requintado de tecidos, mas também existia uma loja de livros "bem servida", como se dizia na época. Na rua das Florentinas estavam os negócios mais grosseiros de estiva e olaria, além de oficinas destinadas a formar novos oleiros. Na rua do Colégio, encontravam-se tipografias e livrarias. Na rua do Cabugá, destacavam-se ricas lojas de ourives. No largo da Independência (antiga Praça da Polé), havia estabelecimentos de natureza diversa. Em suma, as atividades mercantis eram tão intensas no bairro, que até uma rua e uma travessa foram nomeadas com o nome *da Viração*, em razão da variedade de produtos que se comercializavam nelas.[13]

O comércio era basicamente diurno, principalmente aquele a retalho, que era comandado inclusive por cativos e libertos. Entre os libertos havia artesãos de posses modestas, jornaleiros e aprendizes de diversos ofícios e uma gama de vendedores ambulantes. As mulheres escravizadas predominavam tanto nas atividades "de portas a dentro" – ou seja, nos serviços domésticos das casas abastadas e dos sobrados luxuosos – como nas "de portas a fora", nas lojas ou nas ruas como vendeiras. O bairro ficou bas-

---

11 Na *Folhinha de Algibeira* de 1852, há uma relação de várias casas nomeadas de "Armazéns de gêneros". Sugiro que se trata de lojas de comercialização de produtos diversos. Cf. *Folhinha de Algibeira*, 1852, p. 323-324.

12 APEJE, *Folhinha de Algibeira*, 1852, p. 261-331.

13 Cf. CAVALCANTI. Vanildo Bezerra. *Recife do Corpo Santo*. Recife: PMR/Secretaria de Educação e Cultura, 1977, p. 198; MELLO, J. A. G. de. *O Diário de Pernambuco e a história social do Nordeste*, op. cit., p. 840-848.

tante conhecido nas ocorrências policiais devido às "desordens" causadas pela circulação das vendedoras, quitandeiras, negras de ganho. Saliento no capítulo anterior que muitas posturas municipais proibiram a circulação de mulheres cativas e libertas após as 20 horas. Apenas em 1838, no bairro, foram presas 169 mulheres "sem ofício", que nos relatos de Figueira de Mello seria um eufemismo para "meretrizes".[14]

Entre os escravizados da África que chegaram à freguesia depois da lei de 1831, 48,8% foram embarcados no *hinterland* de Angola e 50% procediam dos portos da Costa da Mina. No bairro do Recife, era o sexo masculino que predominava entre os africanos, porém, em Santo Antônio, as mulheres eram maioria, em particular as "pretas minas". Elas representavam 39,3% dos escravizados africanos, superando o percentual dos homens da mesma procedência (10,7%), dos homens angolas (27,4%) e também das mulheres angolas (21,4%).[15] O bairro era formado por 33 ruas, vinte travessas, sete becos e sete largos, onde estavam instalados não só as casas comerciais e prédios públicos, mas também as residências. Na década de 1850, foram contabilizadas 1.772 casas, sendo 237 com um pavimento superior, 288 com dois, 112 com três, seis com quatro e 1.129 no estilo térreo, cuja maioria era erguida de pedra e cal. Residiam aí muitas pessoas de posses, que habitavam os sobrados luxuosos, frequentavam o teatro, a Igreja Matriz e a Igreja do Carmo. Esta última era o espaço dos católicos mais ricos e bem-sucedidos da cidade.[16]

Em Santo Antônio, libertos afluentes frequentavam igrejas mais modestas, como a de Nossa Senhora do Rosário, a igreja dos negros, construída no século XVII, na rua Larga do Rosário, com os esforços de cativos e libertos; ou a de São Francisco, que abrigava o orago da Irmandade de São Benedito, na atual rua do Imperador. Muitas pessoas da comunidade

---

14 Cf. Figueira de Mello apud CARVALHO. *Liberdade*, op. cit., p. 63.

15 Arquivos da Matriz do Santíssimo Sacramento de Santo Antônio (AMSSSA), LB nº 16, 19, 21, 22, 23, 24 e 26.

16 Cf. MELLO, J. A. G. de. *O Diário de Pernambuco e a história social do Nordeste*, op. cit., p. 842 e seg. Na contagem divulgada no *Diário de Pernambuco* há uma casa a menos, totalizando 1.771.

africana do Recife eram membros desta Irmandade. Na rua de Hortas, que com a divisão dos bairros em 1844 passou a ser fronteira entre Santo Antônio e São José, eram vizinhos os minas José Rodrigues Chaves (de nação calabar) e Duarte José Martins da Costa (de nação savalu). Na rua de Santa Rita (atual Pe. Muniz), um dos pontos do comércio de peixes da cidade, moravam Lauriana Maria da Conceição e Antônio Francisco Gomes; na Marquês do Herval, residiam Maria Antônia de Souza (de nação calabar) e seu marido José Francisco da Costa – todos "pretos minas". E na rua da Palma, tinha seu domicílio Maria Thereza dos Passos, cuja procedência não foi possível saber.

Ao sul do bairro de Santo Antônio, estava a freguesia e o bairro de São José. A área onde estavam localizados o bairro e a freguesia havia sido projetada ainda no período holandês. Em 1639, iniciara-se a construção das casinhas que formariam a *Nova Maurícia*, bairro destinado aos habitantes mais pobres da cidade, cujos limites iam dos fundos do templo calvinista (atual Igreja do Espírito Santo) até o Forte das Cinco Pontas. Todavia, tal bairro popular só existiu por seis anos. Em 1645, o Conselho de Guerra dos Flamengos emitiu uma ordem de demolição das casas, alegando medida de segurança pública – leia-se medida de contenção dos populares, sobretudo pessoas negras, que poderiam reagir à ordem estabelecida. Com a ideologia do progresso no século XIX, que incluía entre vários objetivos a divisão da ilha para melhor administrá-la, o projeto de separação das moradias dos ricos das habitações dos pobres finalmente foi concretizado e São José instituído como o lugar dos mais humildes da cidade.[17]

Enquanto o norte da antiga Ilha de Antônio Vaz (Santo Antônio) abrigava os símbolos do progresso e da modernidade, o sul (São José) assistia ao aumento da pobreza decorrente do seu crescimento populacional desordenado. Entre os bairros centrais, São José era onde menos se encontravam escravizados. A contagem de 1856 apontou que apenas 9,8% de sua população era constituída por cativos. Tendo em vista que a posse de cativos era um indicativo de *status* social e econômico, nenhum outro bair-

17 Cf. CAVALCANTI. *Recife do Corpo Santo*, op. cit., p. 154.

ro do centro possuía uma população tão precária como esta. Até Afogados, que fazia fronteira entre a cidade e os engenhos, apresentava uma proporção superior de escravizados.[18]

Em São José habitavam muitas pessoas negras que viviam ao ganho e dispunham de limitada liberdade de movimento, pois moravam distante das vistas de seus senhores e suas senhoras, tendo que semanalmente pagar-lhes jornais. Porém, libertos e livres brancos pobres também se fixaram no bairro e por aí viviam, disputando os espaços de trabalho com os escravizados. Entre os forros, principalmente os africanos, as mulheres se destacavam, como mostro no capítulo anterior. Muitas delas desempenhavam as ocupações de lavadeiras, engomadeiras, cozinheiras, entre os mais variados serviços domésticos.

Entretanto, o comércio, em particular o ramo de molhados, era a atividade econômica por excelência no bairro. A exemplo, na Ribeira dos Peixes localizava-se um vasto comércio, que era comandado pelas pessoas mais populares do bairro. Adultos e jovens negros circulavam com caixas de engraxates, mulheres negras e pardas com seus tabuleiros de bolos. Havia ainda balcões de quinquilharias e miudezas espalhados por toda parte. Próximo à atual praça D. Vital, área da Ribeira, as pretas vendeiras, com seus cachimbos, preparavam mingaus. Cativas e libertas estabelecidas com seus tabuleiros de iguarias e frutas (bolo de mandioca, mungunzá, cajus, mangas, laranjas) disputavam os fregueses do bairro e de seu entorno.[19] As posturas municipais aplicadas às mulheres negras de Santo Antônio se estenderam também às desse bairro, sobretudo as vendeiras e quitandeiras.

Em 1875, a Ribeira dos Peixes deu lugar ao Mercado de São José. Materialização do moderno e da europeização na cidade, foi todo construído em ferro, em estilo neoclássico, com projeto do francês J. Louis Lieuthier. O estabelecimento teve como objetivo organizar o trabalho de acordo com as regras de ordem e salubridade públicas idealizadas pelas elites políticas. Para Raimundo Arrais, tinha ainda a pretensão de reforçar

18 Cf. CARVALHO. *Liberdade*, op. cit., p. 85.

19 Cf. CAVALCANTI. *Recife do Corpo Santo*, op. cit., p. 182.

o poder efetivo dos administradores da cidade.[20] A normatização do trabalho paulatinamente excluía dos espaços do mercado os brancos pobres, negros livres, libertos e cativos. Enfim, a partir do surgimento do Mercado Público e com os mecanismos de controle e instrução da população, parte da cidade negra ia sendo apagada junto com a antiga Ribeira dos Peixes.

Porém, os territórios negros do São José não se limitavam ao espaço do mercado. No número 22 da rua das Águas Verdes, funcionava a Sociedade Protetora dos Homens Pardos, uma entidade assistencialista que não só protegia os seus filiados de cor parda, mas todos os demais homens negros que precisassem de sua ajuda.[21] Pelas ruas do bairro, como as de Santa Rita e das Calçadas, desfilava a *Nação Velha de Cambinda*. Muitos dos grêmios de artesãos do Recife e clubes carnavalescos populares surgiram em São José. Existiam ainda vários terreiros, sambas e batuques, maracatus – manifestações malvistas pela ordem vigente, em particular o maracatu. Este foi, na década de 1870, duramente reprimido pelo major Cunha Guimarães, quando assumiu a subdelegacia do bairro. Em 1875, porém, Cunha Guimarães foi afastado do cargo e os maracatus recuperaram novamente seus territórios no centro urbano.[22]

Para Marcus Carvalho, o bairro de São José está intimamente ligado à história social da cidade, pois aí ficava o Quartel de Artilharia, no qual teve início o levante militar de 1817, que desembocou na Revolução Pernambucana. No episódio morreram oito ou nove pessoas do povo, que para Carvalho poderiam estar assistindo ao acontecimento ou mesmo envolvidas naquele motim. O fato é que essa freguesia era conhecida por abrigar a "populaça" da capital, que voltou a se insurgir na época da Revolução Praieira (1848).[23]

---

20 Cf. ARRAIS. Raimundo. *O pântano e o riacho: a formação do espaço público no Recife do século XIX*. São Paulo: Humanitas, 2004, p. 212.

21 SOCIEDADE Protetora dos Homens Pardos, *Diário de Pernambuco*, 01 jul. 1847 apud MELLO, J. A. G. de. *Diário de Pernambuco*, op. cit., p. 63.

22 Cf. MARACATU. *Diário de Pernambuco*, 19 maio 1877 apud MELLO, J. A. G. de. *Diário de Pernambuco*, op. cit., p. 90.

23 Cf. CARVALHO. *Liberdade*, op. cit., p. 86.

Esta "populaça" incomodava tanto a ordem pública que, depois dos acontecimentos de 1817, as autoridades construíram uma forca na praça do Forte das Cinco Pontas. Aí também estava instalado o matadouro público e funcionava um dos pontos de prostituição do Recife. Além do mais, era o lugar de concentração de diversos maracatus da cidade.

Outro símbolo da modernidade estava nesse bairro: a Casa de Detenção. Erguida na parte mais pobre da antiga Ilha de Antônio Vaz e inaugurada em 1856, veio substituir a velha *polé*, que ficava na praça da Independência (atual praça do Diário), ou seja, bem no seio do bairro de Santo Antônio, parte mais privilegiada da ilha.[24] Muitos insurgentes, sobremaneira negros, cativos (e talvez libertos), foram castigados nessa praça para servir de exemplo aos passantes. Em meados da década de 1820, a *polé* deixou de existir, pois não seria interessante para uma cidade cuja elite política e social ansiava por sua europeização algo tão rudimentar. Porém, não se dera por findada a prática de castigos em negros fujões e rebeldes. As torturas, como destacou Marcus Carvalho, apenas se deslocaram do espaço público para as salas das delegacias, tendo também continuado dentro das casas particulares. Portanto, a Casa de Detenção representava a modernização da tortura, que saía do centro mais rico para a área mais pobre da cidade.[25]

O mais importante é destacar que entre a "populaça" que habitava o bairro havia muitos africanos. A partir de uma amostra de batismos, entre 1846 e 1890, aponto uma predominância de pessoas vindas da Costa da Mina, que representavam 50% do total, enquanto os angolas somavam 36,4% e os de procedência desconhecida, 13,6%. Do grupo de libertos, residiam ali pessoas da Costa da Mina, como Gertrudes Joanna Florinda, Benedita da Costa Pereira, Joaquina da Conceição Araújo e o nagô Francisco Afonso Martins Carneiro – todos na rua Imperial, limite

24 Cf. CAVALCANTI. *Recife do Corpo Santo*, op. cit., p. 167. A *polé* era um instrumento de tortura constituído por mastro, roldana e corda. Cf. SILVA, Antonio de Moraes. *Diccionario da Lingua Portugueza*. Lisboa: Typographia de Antonio Jose da Rocha, 1858 [1813]. Disponível em: <http://www.ieb.usp.br/ dicionario/online/moraesEsilva/Verbete_Codigo=77538&Setor_Codigo=11>. Acesso em: 17 maio 2012.

25 Cf. CARVALHO, op. cit., p. 85-86.

entre o bairro e a freguesia de Afogados. Na rua do Nogueira (próxima ao Mercado), morava a preta Rita de Souza; e na rua do Fagundes, eram vizinhos a nagô Mariana de Miranda e o preto da Costa Jozé Nicolao.

Outra freguesia tão pobre como o bairro de São José era Afogados, onde tinha sua residência a preta de "nação costa" Joaquina Roza de Carvalho, na rua do Motocolombó. Afogados se ligava aos bairros centrais através de uma estrada – a "calçada dos Afogados" –, que partia do largo da Paz e ia até o Forte das Cinco Pontas. Pela freguesia passavam os azeméis conduzindo cavalos e cargas com produtos que seriam comercializados na cidade.[26]

Do outro lado do Capibaribe, seguindo pela ponte da Boa Vista e entrando no "continente" – como era chamado no período colonial –, encontrava-se o último bairro central, que interligava o núcleo urbano aos arrabaldes mais longínquos da cidade. Era um lugar tipicamente residencial, onde havia casas grandes voltadas para o rio, com quintais extensos, sítios, ruas bastante largas, algumas até macadamizadas.[27]

No entanto, foi no século XIX que o local se consolidou como bairro. Com o adensamento populacional das áreas de ocupação mais antiga (os bairros do Recife, Santo Antônio e São José), a Boa Vista passou a abrigar o contingente expurgado dessa parte mais central. Para melhor administrar o espaço urbano, como já foi referenciado anteriormente, em meados do Oitocentos foram criadas leis para dividir os antigos bairros, passando a Boa Vista a ter uma área mais extensa do que os outros três bairros centrais.

Em 1857, os limites da Boa Vista foram descritos da seguinte forma: ao sul, o cais do Capibaribe, cais da Ponte Velha e os Coelhos; ao poente, margeando o Capibaribe, desde os Coelhos até a Estância, incluindo a rua da Passagem até o princípio da Ponte da Madalena, rua Real e Camboa

26 Cf. SILVA, Maciel H. C. da. *Pretas de honra*, op. cit.

27 Ruas macadamizadas: ruas ou estradas pavimentadas por um processo de sobrepor camadas de brita, pó de pedra e água, assentando-se sobre o leito bem drenado e abaulado, e calcada em uma massa sólida por um rolo compressor. Cf. DICIONÁRIO Michaelis, disponível em: <www.michaelis.uol.com.br/moderno/português>. Acesso em: 06 out. 2012.

do Manguinho; ao norte, a estrada de João de Barros, Pombal, travessa da Estrada Nova, travessa da Saudade e rua da Fundição.[28]

Todo o bairro era formado por 44 ruas, dezenove travessas, três largos e três becos. Contavam-se 1.832 edifícios, sendo 136 de um andar, 82 com dois pavimentos, 21 sobrados de três andares e 1.593 casas no estilo térreo.[29] Seu território físico era subdividido em três localidades: a Boa Vista propriamente dita, mais próxima ao centro e habitada pelas pessoas mais abastadas; a Soledade, que conectava o centro aos seus arrabaldes, local de sítios, poucas casas de pedra e cal e também de muitos mocambos (casebres), cuja ocupação acelerou-se apenas depois da década de 1870; e Santo Amaro, nas fronteiras entre o Recife e Olinda, onde funcionaram os barracões de quarentena para os escravizados recém-chegados da África. Com a ilegalidade do tráfico, a partir de 1831, os desembarques passaram a ser feitos nas praias mais distantes da capital, e o local passou a ser também alternativa de moradia para negros livres e libertos sem recursos. Na segunda metade do século, a área foi escolhida para a construção do primeiro cemitério público da cidade, cuja inauguração ocorreu em 1851. Nas obras de construção deste cemitério, o governo provincial empregou africanos apreendidos nos navios negreiros, que pela lei de 1831 eram considerados livres.[30]

A Soledade pode ser considerada um território dos minas na cidade, pois a maioria dos africanos integrantes do grupo aqui descrito que declararam em seus testamentos ser oriundos da Costa da Mina residiam nessa área. Na rua da Conquista, morava o casal de nação mina Alexandre Rodrigues d'Almeida e Thereza de Jesus de Souza; no beco de João Francisco localizava-se a casa da nagô Antônia Monteiro; e na rua da Esperança, estava domiciliada a preta Luduvina Maria da Conceição, a

28 Cf. MELLO, J. A. G. de. *O Diário de Pernambuco e a história social do Nordeste*, op. cit, p. 850. Descrição do traçado do bairro da Boa Vista baseada no noticiário do ano de 1857.

29 Na contagem divulgada no Diário de Pernambuco, há duas casas a menos, totalizando 1.830. Cf. MELLO, J. A. G. de. *O Diário de Pernambuco e a história social do Nordeste*, op. cit., p. 851.

30 Cf. MELLO, J. A. G. de. *O Diário de Pernambuco e a história social do Nordeste*, op. cit., p. 851.

única que relatou apenas ser africana. Além desses libertos africanos, havia outras pessoas livres negras, brasileiras, que residiam em mocambos, como aludo mais adiante. Finalmente, no centro da Boa Vista, na rua Velha, residia Luzia Muniz, que era de nação saburú (savalu). Todos estavam envolvidos na mesma rede de solidariedade, pelos laços étnicos, de nação, de amizade, religiosos.

No capítulo anterior, referencio que o bairro da Boa Vista chegou à década de 1870 como o mais populoso da cidade. Era também o que possuía o maior número de escravizados, sendo o percentual de mulheres superior ao de homens. Isto reflete a característica de bairro tipicamente residencial, onde se empregavam mucamas, cozinheiras, amas, lavadeiras, engomadeiras; mas também cocheiros, tratadores de sítios e quintais, meninos de recado. É relevante destacar que, em 1872, o bairro reunia o maior número de africanos libertos da cidade: 280 pessoas (37,1% do total). No caso das mulheres, a proporção era ainda mais expressiva: 49,4% das africanas forras que viviam no centro urbano do Recife residiam na Boa Vista.

Em minha amostra dos batismos, 53,3% dos recém-chegados foram embarcados em Luanda e 26,7% eram oriundos dos portos da África Ocidental. A amostragem apontou também que a Boa Vista era, juntamente com o bairro do Recife, onde predominavam os angolas. Embora a coleta nos batismos tenha sido pouco expressiva, corrobora as observações já destacadas pela historiografia, de que os minas tomaram conta do comércio das áreas urbanas, enquanto os angolanos eram preferidos para o labor nos canaviais dos engenhos. Koster observou, todavia, que no Recife os angolas não só eram empregados em atividades braçais dos portos e dos engenhos, mas também nos serviços domésticos.[31]

A presença africana estava por toda parte na Boa Vista, especialmente no pequeno comércio. No número 80 do aterro da Boa Vista (atual rua da Imperatriz), funcionava uma loja cujos produtos eram importados da África. Nesse endereço se vendiam esteiras grandes e pequenas (cuja

31 Arquivos da Matriz do Santíssimo Sacramento da Boa Vista (doravante AMSSBV), LB nº 5, 7, 9, 10, 11, 12, 13, 14 e 16. Cf. KOSTER. *Viagens ao Nordeste do Brasil*, op. cit., p. 630.

pintura era de Cabinda), guardanapos de palha, amendoim novo, molhos de palha de carnaúba, latas de cola, casais de rolinhas, mel de pau novo. Todos esses produtos vindos de Angola, negociados a grosso e a retalho, que eram consumidos, em especial, pelos africanos libertos providos de certo cabedal que moravam na cidade. Enquanto isso, na localidade dos Coelhos, as "pretas da Costa" viviam do comércio de angus e mingaus.[32]

Por outro lado, locais públicos como a praça da Boa Vista e o cais do Capibaribe, frutos do embelezamento urbano e espaços de divertimento dos moradores mais abastados da cidade, eram também ressignificados pelos africanos como seus territórios. Em ambos os lugares, os negros da irmandade do Rosário costumavam se reunir com seus maracatus. No entanto, em 1856, a polícia passou a impedir as apresentações do folguedo na praça, considerando ser uma medida de profilaxia para a bebedeira, que induzia a desordens logo depois das apresentações. No ano de 1868, uma nova tentativa de desarticular a cidade negra foi empreendida. O maracatu dos africanos que se reunia no cais do Capibaribe foi deslocado para o Gasômetro, nas proximidades da Casa de Detenção. Segundo o chefe de polícia João Antônio de Araújo Freitas Henriques, o lugar por ele indicado era despovoado e por isto mais apropriado para aquelas reuniões.[33] Essas ações policiais, que faziam parte da política de modernização da cidade, não só eram excludentes, como também tinham viés racialista. As elites políticas, todavia, almejavam, através das proibições e desarticulações das expressões culturais negras, a eliminação do africano da paisagem urbana.

A constituição dos territórios africanos, contudo, era bem mais complexa.[34] Eles ultrapassavam as demarcações socioeconômicas estabelecidas

32 Cf. MELLO, J. A. G. de. *Diário de Pernambuco*, op. cit. p. 81-82; SETTE, Mário. *Maxambombas e maracatus*. Recife: Fundação de Cultura Cidade do Recife, 1981, p. 80.

33 Cf. *Diário de Pernambuco*, Página Avulsa, 11 nov. 1856 apud MELLO, J. A. G. de. *Diário de Pernambuco*, op. cit., p. 74; APEJE, Delegacia de Polícia do 1º Distrito da Capital – Fundo da Secretária de Segurança Pública (doravante FSSP), 14 set. 1868, códice 422, fl. 250.

34 Ao final deste capítulo há um mapa geral do centro urbano do Recife, delimitando alguns territórios negros e as ruas nas quais moravam as principais pessoas que compunham a rede social africana que construo ao longo deste trabalho.

pelas elites recifenses e/ou as imposições administrativas. Por outro lado, tal *cartografia* não se limitava à rua dos "minas" ou à dos "angolas", ou se restringia a este ou aquele bairro cujo contingente negro era mais visível. Em todas as localidades do Recife, africanos e crioulos libertos ou cativos criavam estratégias de garantia de suas autonomias. Uma dessas estratégias era a posse do "teto próprio" no lugar escolhido pelos africanos.

Teto próprio: um projeto de liberdade na escravidão

No patrimônio de mulheres e homens libertos, uma grande atenção era dada à posse da casa própria. Esta, além de ser indicada como o bem de maior valor econômico, podia representar *status* para quem a possuía. Entre os trinta *africanos em liberdade* que compuseram a minha amostra, dezesseis não só mencionaram a posse da propriedade imobiliária, como também as estratégias de sua aquisição. Desse grupo, quatro indivíduos e dois casais declararam, além da residência própria, a posse de outros imóveis, sinalizando certa projeção socioeconômica. Ademais, entre as preocupações dos testadores, a transmissão da moradia era a mais minuciosa. Em muitos casos, passava a ser um bem de usufruto, garantindo o futuro de gerações de parentes.

A partir da trajetória de um dos moradores da rua de Hortas, o calabar José Rodrigues Chaves, cotejo os caminhos percorridos pelos libertos para a aquisição de uma casa própria.[35] José Rodrigues havia sido escravo de Francisco Rodrigues Chaves e esposa. Sobre o casal Chaves, tenho poucas informações, salvo que foram senhor e senhora também de Antônio, Bonifácio e João.[36] Exceto Bonifácio, todos foram alforriados pelo testamento do senhor, com a promessa de receberem como bem de usufruto uma casa

35 MJPE, Mapoteca 13, Gaveta E, LRT 1854-1856, Registro de Testamento de José Rodrigues Chaves, fls. 89-91.

36 Encontrei, nos livros da Irmandade do Rosário dos Pretos de Santo Antônio, informações sobre o liberto Bonifácio Rodrigues Chaves, cuja entrada na confraria e endereço domiciliar são os mesmos do calabar José e de João, ex-cativos dos Rodrigues Chaves. Cf. IPHAN-PE, Irmandade do Rosário dos Pretos de Santo Antônio, Livro Suplementário das Entradas de Irmãos e Irmãs ou Livros de Registro de Irmãos (1835-1853), cx. 23, fl. 38v.

térrea, se continuassem, depois de forros, acompanhando a viúva até a morte dela. A historiografia retratou como táticas senhoriais para manter a "paz na escravaria" a promoção de casamentos entre cativos, o apadrinhamento, a doação de bens materiais, as promessas de liberdade. A prática de manumitir escravizados em testamento, também era um costume das pessoas que possuíam patrimônio, inclusive no século XIX, ansiosas por assegurar a redenção celestial. Conceder alforrias testamentárias e herança para os ex-cativos tornou-se parte do ritual de preparação para a obtenção de uma "boa morte", no Recife e também em outras cidades escravistas.[37]

Por outro lado, a exigência do ex-senhor do calabar José Rodrigues pode ser lida também sob o ângulo da dependência que a sociedade oitocentista tinha do trabalho cativo, reverberando a dependência senhorial. Oferecer a "liberdade" e bens, especialmente uma casa, foi uma estratégia do casal Chaves para garantir bons serviços de seus ex-escravizados. Ao mesmo tempo, essa situação de dependência dos ex-senhores possibilitou ao calabar José Rodrigues e aos demais libertos o acesso à propriedade imobiliária.[38]

Nada foi encontrado sobre as datas das mortes do senhor e da senhora Chaves, para saber o tempo que Antônio, João e o calabar José Rodrigues esperaram para ter suas alforrias em mãos. Porém, os rumos que esses parceiros de escravidão e de manumissão tomaram podem ser indicativos das

37 Cf. CASTRO, Vanessa Sial de. *Das igrejas aos cemitérios: políticas públicas sobre a morte no Recife no século XIX*. Recife: Fundação de Cultura Cidade do Recife, 2007, p. 159-160; RODRIGUES, Cláudia. *Lugares dos mortos na cidade dos vivos: tradições e transformações fúnebres no Rio de Janeiro*. Rio de Janeiro: Secretaria Municipal de Cultura, 1999; REIS, João José. *A morte é uma festa: ritos fúnebres e revolta popular no Brasil no século XIX*. São Paulo: Companhia das Letras, 1991. Para Paulo Roberto Moreira, na segunda metade do XIX, a atitude de conceder alforrias testamentárias, por parte das elites escravistas, passou a ser também fruto da conjuntura político-social de colapso do sistema escravista. Cf. MOREIRA, Paulo Roberto Staudt. *Os cativos e os homens de bem: experiências negras no espaço urbano, Porto Alegre (1858-1888)*. Porto Alegre: EST Edições, 2003, p. 200-201.

38 Sobre as táticas senhoriais que favoreciam o acesso imobiliário aos forros, cf. LIMA FILHO, Henrique Espada Rodrigues. "Arranjos de vida e moradia de ex-escravos no Desterro no século XIX a partir das fontes cartoriais". In: ENCONTRO ESCRAVIDÃO E INVENÇÃO DA LIBERDADE NO BRASIL MERIDIONAL, 4, 2009, Curitiba. *Anais*... Curitiba: UFPR, 2009, p. 6.

expectativas e perspectivas de liberdade vivenciadas de diferentes modos por "parceiros" de cativeiro. Bonifácio ingressou, junto com Antônio e o calabar José Rodrigues, na Irmandade do Rosário dos Pretos de Santo Antônio, na qual chegou a exercer o cargo de *definidor*. E embora não tenha herdado a casa junto com seus parceiros, passou a coabitar nela com Antônio e o calabar José Rodrigues. João, depois de liberto, resolveu não mais permanecer sob as ordens da senhora Chaves. Segundo revela o calabar José Rodrigues, João perdeu sua parte na casa "por que não obedeceu à minha finada senhora, e sahio de sua companhia sem mais lhe obedecer; ficou a mesma casa metade para mim, e a outra metade para meu parceiro Antônio Rodrigues Chaves".[39]

Uma vez liberto, João escolheu viver seu cotidiano como bem lhe conviesse. Mas, como forro, teria que provar dia a dia sua condição. Para as pessoas negras livres e libertas, a cor da pele, sobretudo quando africanas, era por si só um limite na efetivação da liberdade, pois havia a presunção de que um homem de cor preta era sempre escravizado. Era também arriscado circular pelas ruas sem trazer em mãos a prova legal de sua condição. Em 1828, José Carlos Marink da Silva Ferrão, presidente da província de Pernambuco na época, tornou obrigatório o uso de passaportes para os libertos transitarem pelas estradas sem problemas. Esse documento especificava o roteiro ou os espaços da movimentação, sobretudo, das pessoas negras.[40] No caso particular dos africanos, vários limites lhes foram impostos. Vistos como estrangeiros, sem os direitos que tinha o cidadão brasileiro ou mesmo aqueles estendidos aos alforriados nativos, eram submetidos aos mais diversos constrangimentos e discriminações, além de ser sempre estigmatizados como escravizados. A Constituição de 1824 não permitiu os libertos africanos de participarem da vida política do país. Eram impedidos de votar, de ser eleitos para cargos públicos e de exercer qualquer função no aparelho governamental. Em 1830, um decreto ainda os proibiu, assim como aos escravizados em geral, circular livremente fora de seu domicílio,

39 Testamento de José Rodrigues Chaves, fl. 89v.

40 Cf. CARVALHO, *Liberdade*, op. cit., p. 248-249.

a não ser mediante apresentação de passaporte, com limitada vigência, que só deveria ser concedido mediante exame de sua conduta.[41]

Entretanto, a utilização do sobrenome do ex-senhor – como fizeram Antônio, Bonifácio, João e o calabar José Rodrigues – era um instrumento com alguma eficácia para facilitar a circulação dos indivíduos nas áreas urbanas. O sobrenome do patrono indicava boa conduta e fidelidade, qualidades importantes para alguém que estava começando a vida *em liberdade*, precisava se movimentar e não tinha passaporte. Quando o ex-proprietário era pessoa com algum garbo, seu sobrenome era também uma forma de identidade e prestígio social, além de mostrar as relações sociais em que o liberto estava emaranhado com seu ex-senhor e a família deste. Ou seja, era uma herança imaterial da escravidão.[42]

Os perigos da reescravização, todavia, eram constantes, sobretudo no período em que Antônio, Bonifácio, João e o calabar José Rodrigues foram libertados. Na primeira metade do século XIX, a alforria fazia parte do direito costumeiro e o senhor e a senhora, hipoteticamente, eram os sujeitos dessa ação. As chances de conquistar a manumissão, contudo, dependeriam do relacionamento que o escravizado construísse com seu senhor ou sua senhora. Ou seja, a alforria era um instrumento ideológico do sistema escravista que mantinha as suas engrenagens. Para Sidney Chalhoub, antes de 1871, a alforria era uma "estratégia de produção de dependentes, de ex-escravos em negros libertos ainda fiéis e submissos a seus antigos proprietários".[43] Por ser visto como um "ato solene" do senhor ou da senhora que poderiam continuar mantendo o liberto sob seu domínio ou, por uma série de fatores, reescravizá-lo, alegando "ingratidão". Por exemplo, em 1802, um ex-escravizado alegou à Coroa Real que mesmo depois de forro o ex-senhor o mantinha

41 Cf. REIS, João J. *Rebelião escrava no Brasil*, op. cit; CUNHA, Manuela. C. da. *Negros estrangeiros*, op.cit.

42 Cf. GUEDES, *Egressos do cativeiro*, p. 296-297. Sobre o conceito de herança imaterial, consultar LEVI, *A herança imaterial*, op. cit.

43 Chalhoub, *Visões da liberdade*, op. cit., p. 100. Manuela Carneiro da Cunha foi quem primeiro discutiu a alforria como parte integrante da ideologia senhorial, que produzia relações de dependência e clientela. Cf. Cunha, *Negros, estrangeiros*, op. cit., p. 49-53.

como cativo.[44] A parda Thereza, ex-cativa de um senhor que morava no Rio Grande do Norte, soube que fora anunciada em folha local pelo genro de seu antigo proprietário, porém, deu como resposta que ela era "tão livre da escravidão quanto como (sic) o mesmo que a intenta perseguir".[45]

Durante o século XIX, as tentativas de reescravização foram práticas corriqueiras. O Código Criminal de 1830, em seu artigo 179, previa penas de três a nove anos para quem cometesse o crime de redução de pessoas livres à escravidão. Em 1863, o negociante africano João José Monteiro foi detido por quatro meses na Casa de Detenção pelo crime de reduzir à escravidão pessoa livre.[46] Esse crime, assim, era cometido por pessoas dos vários grupos sociais, independentemente da cor da pele, nacionalidade e, quiçá, condição jurídica.

O medo da reescravização era sólido como uma rocha na vida de mulheres e homens negros, fossem libertos ou livres. Em 1851, o governo imperial decretou o recenseamento geral das províncias e o registro civil dos nascimentos e óbitos. Como de costume, as pessoas deveriam declarar a cor de sua pele. Porém, o que era uma medida corriqueira virou motivo de revolta na população rural das províncias de Pernambuco, Paraíba, Ceará, Sergipe e Alagoas, desconfiada de que o interesse do governo fosse substituir os africanos cativos por pessoas negras livre, reduzindo-as à escravidão. Invadiram os engenhos, atacaram prédios públicos, enquanto fugiam as autoridades locais e os senhores de engenhos. Os populares exigiam daquelas autoridades explicações sobre a lei, para averiguar sua verdadeira intenção. Este episódio ficou conhecido como o "Ronco das Abelhas".[47]

Keila Grinberg discutiu a questão da reescravização a partir de processos judiciais: ações de liberdade e ações de manutenção da liberdade.

---

44 Cf. CARVALHO, *Liberdade*, op. cit., p. 248.

45 Cf. *Diário de Pernambuco*, 22 dez. 1831, apud CARVALHO, op. cit., p. 247-248.

46 Cf. Casa de Detenção do Recife (doravante CDR) – códice 4.3/9, 30 abr. 1863 (entrada) a 21 set. 1863 (saída), fl. 239-4. Marcus Carvalho discutiu os crimes de redução à escravidão em *Liberdade*, op. cit.

47 Cf. MONTEIRO, Hamilton M. apud MAIA, Clarissa N. *Sambas, batuques, vozerias e farsas públicas*, op. cit., p. 30.

Nas primeiras os cativos alegavam o direito à carta de alforria, ao passo que as últimas ocorriam quando o liberto já estava vivendo sob a nova condição havia algum tempo, mas sofria tentativas de redução ao cativeiro por parte de seu antigo senhor ou de qualquer outro homem livre. No geral, isso acontecia quando o senhor prometia verbalmente a manumissão e não a cumpria, ou ainda quando a alforria era testamentária e os herdeiros do espólio contrariavam o desejo do testador. O objetivo da autora, estudando as ações de liberdade na Corte de Apelação do Rio de Janeiro, foi o de avaliar o papel dos advogados e juízes nesses processos judiciais. Para Grinberg, a formação acadêmica dos magistrados influenciava a sua militância política nas interpretações das leis a favor ou contra a liberdade dos escravizados.[48]

Não encontrei nenhum processo de tentativa de reescravização de João, por descumprir as condições da alforria; mas ele teve possivelmente que enfrentar outros problemas para a manutenção de sua sobrevivência diária. O ingresso no mercado de trabalho e a moradia foram riscos enfrentados pelos libertos. A sociedade escravista, que continuava restringido as oportunidades de ascensão do ex-cativo, quase sempre preteria o trabalhador liberto pelo livre ou pelo escravizado. Ao liberto restavam as mesmas ocupações que exercia anteriormente. Por outro lado, a permanência ao lado do ex-senhor nem sempre significou gratidão, lealdade ou dependência, mas uma estratégia para assegurar a nova condição legal, evitando cair nas malhas da reescravização e quiçá procurando extrair algum lucro. Os indivíduos que continuaram enredados nas "relações de dependência", fruto da política de domínio senhorial, colheram "vantagens" que os diferenciaram de seus pares na sociedade escravista. Tornaram-se não só mulheres e homens libertos, mas sujeitos livres e com algum bem para reconstruir suas vidas.

A casa que os africanos em liberdade herdaram do finado Francisco Rodrigues Chaves, parece ter sido o principal motivo para Antônio e o calabar José Rodrigues permanecerem ao lado da ex-senhora. Liberdade para

48 Cf. GRINBERG, Keila. *Liberata, a lei da ambiguidade: as ações de liberdade da Corte de Apelação do Rio de Janeiro no século* XIX. Rio de Janeiro: Relume-Dumará, 1994.

estes forros era isto: assegurar a futura posse do *teto próprio*. Em 1838, a residência de número 68 na rua de Hortas já pertencia de fato e de direito a Antônio e ao calabar José Rodrigues. Isto significa que a estratégia de acompanhar a viúva do ex-senhor foi bem sucedida. Para os libertos que decidiram continuar ao lado dos ex-senhores até o recebimento de suas heranças, sobretudo a moradia, a posse definitiva da casa representou também uma possibilidade de reconstrução de seus vínculos sociais, afetivos, familiares. Naquele mesmo ano, Bonifácio encontrava-se novamente morando com seus companheiros de cativeiro e de liberdade, fato que pode ser compreendido como uma retomada da antiga parceira entre eles.[49]

No dia 8 de junho de 1842, Antônio morreu sem deixar herdeiros e o calabar José Rodrigues passou a ser o único proprietário da casa, da qual fazia também, acredito, um meio de ganhar a vida. Sem outros bens, com poucos utensílios domésticos, os quais denominava de "trastes", esse africano em liberdade procurou se sustentar vivendo de favores, pedindo dinheiro emprestado a terceiros e, possivelmente, do aluguel de cômodos da casa. Até o ano de 1852, conforme os registros da confraria do Rosário, Bonifácio morava na casa da rua de Hortas. O calabar José Rodrigues, porém, omitiu qualquer informação em relação a ele em seu testamento. Fico impossibilitada de saber, devido ao limite das fontes, o motivo do calabar José para assim proceder. Talvez Bonifácio não passasse de inquilino ou simples agregado, a depender dos favores de moradia de seus antigos parceiros de escravidão.

O pertencimento à Irmandade do Rosário e, sobretudo, o cargo que exerceu de definidor, conferiam a Bonifácio certo prestígio. Como membro da Mesa Regedora do Rosário, passava a se destacar como uma liderança na comunidade local. Segundo Henrique Espada Lima Filho, cargos em confrarias eram também atributos acionados pelos libertos na agência de aquisição de bens, inclusive imóveis. Talvez seu prestígio enquanto me-

49 Cf. IPHAN-PE, Irmandade do Rosário dos Pretos de Santo Antônio, Livro de Registro de Irmãos (1833-1853), cx. 23, fl. 3v. No ano de 1838, o calabar José, Antônio e Bonifácio Rodrigues Chaves aparecem nos livros da Irmandade com o mesmo endereço na rua de Hortas.

sário assegurou-lhe residir com seus camaradas. A omissão de sua situação dentro daquela casa pode ser a ponta de um fio do tecido das hierarquias e/ou das negociações entre esses ex-cativos.[50]

Quando elaborou seu testamento, em 21 de julho de 1849, o calabar José Rodrigues Chaves instituiu um certo Domingos Barreiros e sua esposa, Maria Francisca do Patrocínio, como seus legatários. Segundo o calabar José, assim procedia "por os (sic) bons serviços que me tem prestado, e me sustentado, e me emprestado dinheiro, para e que (sic) preciso por isso lhe sou devedor de dinheiro, sustentos e mil finezas".[51] Por não ter outros bens de valor, salvo a morada da rua de Hortas, o calabar José deixava para o casal esse imóvel, para dele desfrutar e extrair os lucros que fossem possíveis.[52] Qual seja, José negociou a habitação em troca de sua manutenção diária com Barreiros, proprietário de uma taberna na Rua das Cruzes, a quem o africano havia contraído dívidas, instituindo-o como seu procurador. Mas parece ter declinado deste ato, visto que em 1854 Barreiros protestava a atitude do africano José de pôr a sua casa à venda.[53]

A relação entre o calabar José Rodrigues Chaves e Domingos Barreiros sugere que o primeiro continuou, como a maioria dos ex-escravizados, vivendo uma liberdade precária, na dependência de favores de outrem. Os favores, porém, eram comuns entre pessoas ligadas umas às outras por laços que não fossem apenas de dependência e submissão. Se, por um lado, o favor como uma prática cultural vincula as pessoas por laços de solidariedade; por outro, visa lucros e interesses próprios.[54] Entre parceiros, amigos, associados, vizinhos, ou seja, dentro de um mesmo grupo social, perpassam tanto redes de serviços prestados (os favores) como os jogos de interesses. Durante anos, o calabar José recorreu ao amigo e vizinho de

50 Cf. LIMA FILHO, "Arranjos de vida e moradia de ex-escravos...", op. cit., p. 3.

51 Testamento de José Rodrigues Chaves, fl. 89v.

52 José Rodrigues Chaves faleceu em 1856.

53 *Diário de Pernambuco*, secção Loteria do Rio de Janeiro, p. 04, 25 fev. 1854. Disponível em: www.bndigital.bn.gov.br Acesso em: 24 nov. 2020.

54 Utilizo Certeau como aporte teórico para pensar prática cultural. Cf. CERTEAU, Michel de. *A invenção do cotidiano 1: artes de fazer*. 9. ed. Petrópolis: Vozes, 1999.

bairro Domingos Barreiros. Entre ele e o comerciante Domingos, perpassaram favores e acertos de contas, nos quais o único e mais valioso bem do africano, a casa própria, esteve em jogo.

O calabar José Rodrigues Chaves fazia parte de seleto grupo de libertos da cidade, pois se distinguia por ter conquistado uma residência própria. Poucos foram os forros que conseguiram ser proprietários da casa em que moravam. Maria Inês Côrtes de Oliveira descreveu as moradias dos libertos em Salvador da seguinte forma:

> em sua grande maioria descrita como 'morada de casas de palha', de 'bofetão', de taipa, de 'pedra e cal', geralmente térreas, de porta e janela, quase sempre em terrenos foreiros a conventos, igrejas ou grandes proprietários urbanos. Alguns são donos de apenas metade da morada em que habitam, pertencendo a outra metade a terceiros, com os quais mantêm relações que aparentemente não ultrapassam a meação da moradia.[55]

Foram comuns em meados do XIX, até entre a gente abastada, as moradias de pedra e cal ou de *bofetão* (pau a pique), não sendo restritas aos libertos. Este cenário foi sendo transformado na segunda metade do século, quando as camadas abastadas da população passaram a investir cada vez mais na arquitetura de suas casas. O *bofetão* foi cedendo lugar à alvenaria e aos adornos luxuosos. No entanto, a trajetória do calabar José Rodrigues Chaves com seus parceiros de escravidão e de liberdade é um exemplo da moradia compartilhada com terceiros – inclusive a sua posse –, típica da gente negra, sobremaneira egressa do cativeiro.

Alguns arranjos de moradia entre condições de liberdade

A maior parte da população no Oitocentos, sobretudo a *gente negra*, morava em lugares insalubres e vivia de aluguel. Bairros como o do Recife, de Santo Antônio e a freguesia de São José chegaram à segunda metade do

55 OLIVEIRA, *O liberto*, op. cit., p. 37.

século sem condições de comportar seus habitantes. Estes migravam para os arrabaldes que cresciam próximos aos bairros centrais: Fora de Portas, após o bairro do Recife, no caminho para Olinda; Afogados, que se ligava a São José; Soledade, Santo Amaro e Capunga, nos limites do bairro da Boa Vista. Nessas cercanias da cidade, os libertos e mesmo os livres negros conseguiam, a muito custo, construir suas casas térreas ou seus mocambos, livrando-se das despesas com aluguéis e desafogando o centro urbano.

A preta africana Luduvina Maria da Conceição, que morava na rua da Esperança, na Soledade, declarou que seu ganho não era suficiente para a sua sobrevivência. Mesmo assim, conseguira ter sua morada em terreno próprio. Em seu testamento, Luduvina disse: "edifiquei [a casa] a minha custa, cujo solo comprei tudo sem o menor auxilio de meu marido". Era casada com Antônio Francisco da Costa, homem preto de sua mesma condição, mas de quem já vivia separada havia muitos anos. Exercera a ocupação de ama de leite no tempo de cativa, todavia, não informou sobre sua ocupação depois de liberta.[56] Luduvina ainda relatou que seu esposo não comprava sequer alimentos para o abastecimento da casa, tendo ela que se haver com a ajuda de terceiros. Os Medeiros, família de seu ex-senhor, foram os que mais lhe ajudaram, sobretudo o genro de seu ex-proprietário, com quem chegou a contrair uma dívida de 375$800 réis para a construção de sua casa e outras pequenas despesas. Esta africana, embora estivesse emaranhada nas redes de dependência senhorial, conquistara a moradia própria, ainda que com muito sacrifício. Em 1865, Luduvina declarou em seu testamento que não tinha mais nenhum outro bem. No dia 4 de dezembro do mesmo ano, muito enferma, ela faleceu, deixando a referida casa para saldar suas dívidas, fazer seu enterro e deixar 50$000 réis como legado a sua afilhada Cândida Rita.

O casal de africanos de nação angico Antônio Domingos Ferreira e Catharina Maria da Conceição, domiciliado no beco do Tocolombó (grafado erroneamente pelo escrivão como Motocolombó), possuía como úni-

56 MJPE, mapoteca 13, gaveta F, LRT 1865-1866, Registro de testamento de Luduvina Maria da Conceição, fl. 17-18.

co bem a "pequena casinha" em que residia, avaliada em 250$000 réis. No testamento do casal, a residência ficou não só para arcar com as despesas funerárias daquele que falecesse primeiro, mas principalmente para ajudar na compra da alforria do filho que Antônio Domingos tivera quando solteiro com outra parceira dos tempos de cativeiro.[57]

Por sua vez, a africana de nação Costa Joaquina Roza, que morava em Afogados, era viúva e não tivera filhos nem filhas. Diferente da preta Luduvina Maria e do casal de nação angico, ela possuía algum quinhão. Dele fazia parte uma "casa térrea de pedra e cal", que deixou para Lucinda Maria da Conceição, "cria de sua casa", possivelmente filha de alguma escrava, cujo crescimento acompanhara como se fosse sua própria filha. Como condição, a herdeira nunca alienaria o patrimônio, por quaisquer que fossem os motivos. A residência seria uma garantia de habitação não só para Lucinda, mas também para a família que esta viesse a constituir: marido, filhos, netos. Ou seja, a casa funcionava como instrumento de manutenção da unidade familiar, espaço de proteção, lugar de viver junto.[58]

Portanto, nas experiências da preta Luduvina, do casal de nação angico Antônio e Catharina, da liberta de nação Costa Joaquina – e talvez de outros africanos em liberdade – a casa própria representava uma dupla vantagem. Primeiro, simbolizava a conquista de autonomia, livrando-os de aluguéis e permitindo-lhes escolher com quem e onde morar; além de servir também como amparo para familiares e parentes que não haviam conseguido esse tão desejado bem. Segundo, significava um investimento, pois os imóveis eram os bens de maior valor de mercado. Podiam negociar com eles em momentos de dificuldade financeira; ou garantir o futuro, em liberdade, de pessoas da família ou parceiros de vida que estivessem ainda sob o jugo do cativeiro. Como

57 MJPE, mapoteca 12, gaveta G, LRT 8 (14 nov. 1850 a 31 mar. 1853), Registro de testamento de Antônio Domingos Ferreira, fl. 102v-103. Em 1857, o beco do Tocolombó chegou a ter seis casas térreas (cf. Mello, J. A. G. de. *O Diário de Pernambuco e a história social do Nordeste*, op. cit., p. 839).

58 MJPE, mapoteca 12, Gaveta F, LRT 9 (1867-1869), Registro de testamento de Joaquina Rosa de Carvalho, fl. 15-16.

referência, cito o caso do angico Antônio Domingos que almejava ajudar na alforria de seu filho com o dinheiro da venda de sua casa.[59]

Vale salientar que, para a grande maioria dependente de aluguéis que insistia em continuar morando próximo à área de maior atividade econômica da cidade, havia como opção os *sobrados-cortiços*. Velhos prédios estreitos no centro urbano, ocupados por pessoas solteiras e até famílias; gente negra, mestiça e pobre; estrangeiros e brasileiros; migrantes das áreas rurais. Vários indivíduos moravam em partes independentes do mesmo sobrado – quartos, salas, todo cômodo que fosse possível ocupar. Às vezes, até oito pessoas chegavam a dormir ao mesmo tempo em um quarto nesses prédios. O excesso de gente contribuía para as dificuldades de locomoção e respiração, mau cheiro. As imagens construídas por Aluísio de Azevedo n'*O cortiço*, sobre a moradia da gente negra carioca, eram análogas às da realidade recifense. O Recife de Gilberto Freyre era um dos pontos da sifilização no Brasil, devido aos *sobrados-bordéis* e também aos *sobrados-cortiços*, nos quais se misturavam prostitutas brancas, mulatas e negras; cabrochas e quitandeiras aos mocinhos e homens; trabalhadores e trabalhadoras de rua às famílias, etc.[60]

Este tipo de moradia era também ponto nevrálgico para a polícia, que agia com violência, dando ordens de busca, apreensão e voz de prisão a seus moradores, sempre suspeitos, ora por acoitamento de fugidos, ora por furto ou roubo. Foi o caso do crioulo Antônio José da Silva, oficial de pedreiro, que tinha por amásia uma crioula de nome Roza, que era costureira. O casal morava na rua da Praia do Caldeireiro, na freguesia de São José, no sobrado de propriedade de uma mulher cabra também chamada

---

59 Sobre os ganhos econômicos com a casa própria, consultar FREIRE, *Histórias e vidas de libertos em Campinas...*, op. cit., p. 155-162.

60 Cf. FREYRE. *Sobrados & mocambos*, op. cit., p. 274-277; AZEVEDO, Aluísio de. *O cortiço*. São Paulo: Moderna, 1993. Os sobrados-cortiços eram conhecidos por abrigar várias famílias em um mesmo prédio, cuja propriedade pertencia a uma única pessoa, que chefiava a moradia. Cf. CARVALHO, *Liberdade*, op. cit., p. 44-45. Consultar ainda, sobre arranjos de moradias coletivas agenciadas por africanos e crioulos: SOARES, Carlos Eugênio Líbano. *Zungu: rumor de muitas vozes*. Rio de Janeiro: Arquivo Público do Estado do Rio de Janeiro, 1998.

Roza, pagando 6$000 réis pelo quarto que ocupavam. Em 1869, o cômodo de Antônio José foi vistoriado pelo chefe de polícia Francisco Assis por suspeita de roubo.[61]

Existiam também as casinhas estilo meia-água, com quartinhos sem divisórias, que formavam uma espécie de conjunto residencial um pouco menos tumultuado do que os sobrados-cortiços. Os africanos da Costa da Mina Thereza de Jesus e Alexandre Rodrigues, aquele casal morador da rua da Conquista na Soledade, possuía dois prédios desses na mesma rua onde viviam. No "portão 11", logo na entrada, havia quatro casas no estilo meia-água, cada uma medindo vinte palmos de largura por vinte de fundo, com uma sala, um quarto e apenas uma porta de frente; um largo separava estas casas de dois quartos sem janelas ou divisórias, edificados na parte de trás do terreno, medindo 13 palmos de largura por 13 de fundo (fig. 1). Outros tinham 14 palmos de frente por 14 de fundo, como os dois do "portão 19". Verdadeiros cubículos, que eram alugados por valores que variavam entre 8$000 a 17$000 réis, a libertos, livres e até cativos de ganho; pessoas solteiras, amásios, mães com filhos e mesmo famílias mais extensas. Aí também se abrigavam libertos doentes, velhos, em situação de miséria, como a preta Domingas, ex-cativa do casal de pretos minas Thereza e Alexandre, que ocupava o quartinho sete no "portão 11".[62]

61 APEJE, Fundo da Secretaria de Segurança Pública (FSSP), Subdelegacia da Freguesia de São José, Autos de perguntas feitas a Antonio José da Silva, códice 422, fl. 410-411v.

62 IAHGP, Inventário de Thereza de Jesus de Souza, cx. 229, 1873, fls. 25-25v. Na década de 1880, este espaço de moradia passou por reformas e foram construídos mais cinco quartinhos, perfazendo sete, conforme o modelo da fig. 1.

Fig. 1 - croqui do portão 11[63]

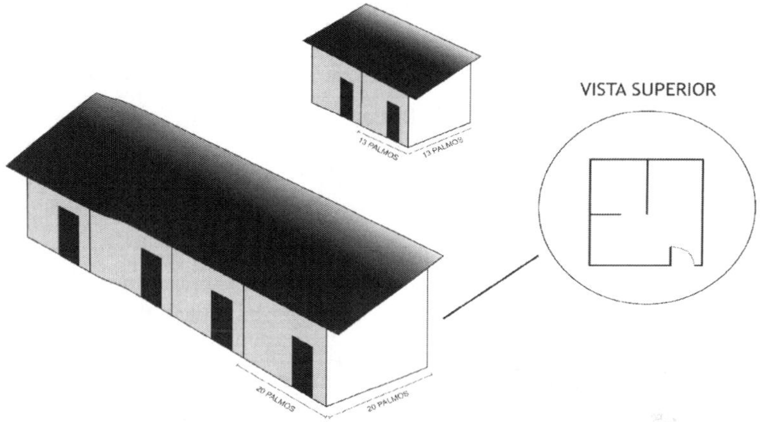

Fonte: IAHGPE, testamentos e inventários de Thereza de Jesus (1873) e Alexandre Rodrigues d'Almeida (1880)

Robert Slenes analisou os padrões de moradia dos escravizados da região Sudeste, sobretudo de Campinas, na segunda metade do XIX. Segundo ele, embora os estilos arquitetônicos fossem variados, os "cubículos sem janelas" eram voltados para os casais, enquanto as "senzalas sem divisórias" para as mulheres e os homens solteiros. Quando libertos, os africanos e seus descendentes continuavam a residir em pequenos cômodos apertados sem janelas, como o quarto do crioulo Antônio e sua amásia e esses da rua da Conquista, dos quais os minas Thereza e Alexandre extraíam aluguéis. Para Slenes, isto significa que havia um processo de adaptação entre a cultura africana e as condições impostas na diáspora aos indivíduos.[64]

Na África, nas regiões do Senegal à Costa da Guiné e na Costa Ocidental da região central, as semelhanças e correspondentes culturais se apresentavam também nos padrões de moradia. O modelo da choça

63 Croqui elaborado por Grabriela Pinho a partir dos apontamentos de pesquisa de Valéria Costa. Informo que todos os croquis deste livro foram de autoria de Pinho com base nas inferências de Costa.

64 Cf. SLENES, *Na senzala uma flor*, op. cit., p. 149-175.

retangular com teto de duas ou uma água é um exemplo dessas simetrias. As casas tradicionais dessa região eram baixas, com teto coberto de palha e não tinham janelas. Para alguns povos da África Ocidental e Central, sobretudo os falantes de kimbundu em Angola, sul do Gabão e Benguela, os cômodos pequenos e de teto baixo eram feitos apenas para dormir e descansar. Para os grupos étnicos da região, moradia tinha como significado viver em frente à choupana, onde várias pessoas trabalhavam, cumprindo suas tarefas domésticas ou artesanais (fig. 2 e 3).[65]

Fig. 2 - Habitação de negros (escravos) Rugendas, c. 1825.

Fonte: Site G. Ermakoff – Arquivos de imagens

65 Cf. SLENES. *Na senzala uma flor*, op. cit., p. 179. Ver também COSTA E SILVA. *Um rio chamado Atlântico*, op. cit., p. 215-224.

Fig. 3 - Casa africana "con paja" Djembe, 2009.

Fonte: http://www.es.123rf.com

Esses arranjos habitacionais na cidade eram, ainda, vistos sob a ótica da elite urbana e da polícia como espaços de degradação humana, pois abrigavam todo tipo de gente. Por "todo tipo de gente" leia-se homens e mulheres que engendravam as mais variadas formas de ganhar a vida: carpinteiros, pedreiros, lavadeiras, amas, prostitutas, que se avizinhavam nos cortiços onde também se davam os arranjos de trabalho. Aí havia maiores perspectivas de organizar os projetos de vida, iniciando-se pela moradia independente e própria.

Porém, o desejo de permanecer no centro urbano, onde havia oportunidades de trabalho mais amplas, não era suficiente para conseguir uma casinha meia-água ou abrigo em um cortiço. As mensalidades dos cômodos e o fiador, uma pessoa que o garantisse diante do proprietário de um imóvel em vista, apareciam na lista das preocupações das pessoas. Em 1883, um certo Antonio Netto só conseguiu alugar a meia-água nº 14 na rua do Arial, no bairro do Recife, pertencente à Irmandade do Rosário dos Pretos de Santo Antônio, porque tinha um fiador. Porém, por não ter arcado com este compromisso, seus bens foram penhorados e seu fiador ainda teve que se acertar com a Irmandade. Antonio Netto, todavia, não foi o único inquilino da Irmandade do Rosário dos Pretos a ser obrigado a se retirar da casa por falta de pagamento. No mesmo período, isto se deu com os inquilinos domiciliados nas casas da rua do Fogo nº 07 e do Pátio do Paraíso nº 23, também no bairro de Santo Antônio; e o que ocupava a casa da rua de Santa Cecília nº 19 teve também seus bens penhorados. A Irmandade alegava que a inadimplência era um dos principais problemas enfrentados pela Confraria.[66]

Outro tipo de domicílio alternativo para mulheres e homens negros era a loja. "As lojas eram típicas senzalas urbanas", como descreveu João José Reis. Enquanto o senhor ocupava o primeiro e o segundo andares dos sobrados, os escravizados e libertos habitavam os subsolos, amontoados nos porões, sem ventilação, com pouca luz, sem divisórias, portanto, sem nenhuma privacidade. No Recife, os sobrados patriarcais de três, quatro e até seis andares faziam do andar térreo o armazém ou a senzala; no segundo, funcionava o escritório; no terceiro e quarto, sala de visitas e os quartos de dormir; no quinto, a sala de jantar; e no sexto, a cozinha (fig. 4). A arquitetura dos sobrados nordestinos traduzia também a estratificação social e racial da época. Os libertos, todavia, costumavam alugar os armazéns nos subsolos ou nos andares térreos. Nesses espaços, guardavam seus pertences, os objetos de seus camaradas forros ou escravizados e tinham seus encontros amorosos. Muitas vezes também sublocavam para outras pessoas que foram, em algum momento de suas vidas, seus parceiros de cativeiro, de liberdade ou de trabalho.[67]

66 IPHAN-PE, Irmandade do Rosário dos Pretos de Santo Antônio, cx. 35, Livro de Atas (1879-1884), Termo de deliberação, 1 maio 1883, fl. 71; Termo de Consulta de Doações, 29 maio 1883, fl. 75-75v, fl. 98.

67 Cf. REIS. *Rebelião escrava no Brasil*, op. cit., p. 402; FREYRE. *Sobrados & mocambos*, op. cit., p. 311.

Fig. 4 - Sobrado patriarcal do séc. XIX[68]

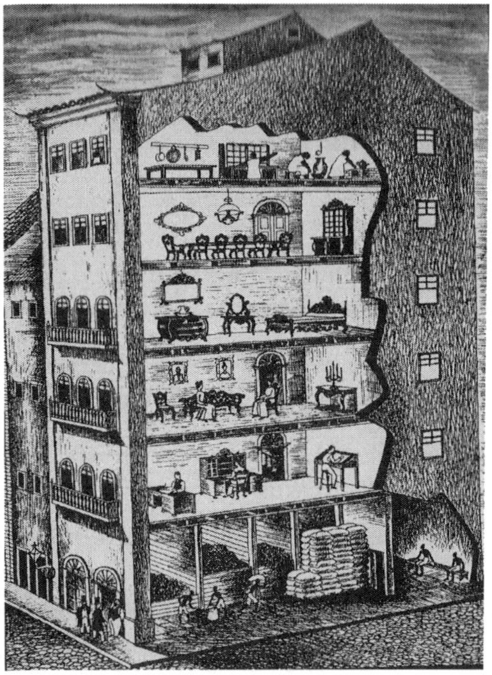

Fonte: FREYRE. *Sobrados & mocambos*, op. cit. (encarte)

A preta da Costa da África Lauriana Maria da Conceição, que residia na rua de Santa Rita, pagava 26$000 réis mensais pelo aluguel da loja nº 3, no ano de 1861. Aí, Lauriana tinha uma mesa com gaveta, outra mesa com gavetão; uma marquesa e uma cômoda de madeira ordinária. As mesas com gaveta e gavetão, entre suas variadas utilidades, poderiam servir como balcões, para guarda de utensílios, objetos. Havia também seis cadeiras com assento de palhinha, um oratório de cedro pintado com as imagens de Jesus Crucificado, São João e São Sebastião, moldadas em prata. Outros pequenos objetos, como crucifixo de ouro, brincos antigos, argolas, cordão de ouro, rosário de ouro, cobre, prata e a quantia de 51$160 réis em cédulas formavam o conjunto de seus pertences.[69]

68 Desenho de Lula Cardoso Ayres baseado em notas de Gilberto Freyre.

69 IAHGP, Inventário de Lauriana Maria da Conceição, fl. 18, 90v-100. Embora a rua de Santa Rita já pertencesse à porção do bairro de São José na época em que Lauriana testou, mantenho a informação original registrada em seu testamento.

A ocupação e os meios de vida dos libertos será assunto do quarto capítulo. Mas adianto que a mobília da casa da preta Lauriana, particularmente as mesas, pode ser indício de suas atividades de trabalho. Analiso, portanto, um pouco mais as experiências dessa africana, no intuito de problematizar as condições em que vivia sua liberdade. Ela era natural da Costa da África, solteira, sem filhos e tinha 42 anos. Dividia o espaço domiciliar com uma cativa e uma "cria". Em 1861, na ocasião em que fez seu codicilo, havia em sua companhia a cativa Maria, de 40 anos, identificada como de "nação Costa", ou seja, da Costa da Mina. Ao que tudo indica, a ex-cativa Miquelina e seu filho Manoel, cria da casa de Lauriana, tinham deixado de coabitar com ela havia pouco tempo.[70]

Não há no testamento da preta Lauriana pistas sobre sua ocupação, mas o local de sua residência informa os meios de sobrevivência dos indivíduos que por ali habitavam e circulavam. O bairro em que ela morava era conhecido, como já destaquei, pelo intenso comércio. Os cativos que a preta Lauriana possuía, decerto, eram empregados não só nos afazeres domésticos, mas ainda em serviços do ganho. Além de vocação comercial, a rua de Santa Rita tinha uma intensa movimentação religiosa. Esta rua surgira com a construção da Igreja de Santa Rita de Cássia, que ocasionou um entrevero entre a Irmandade do Terço e a de Santa Rita de Cássia, devido ao translado da imagem da Santa para a igreja erguida, que batizava aquela rua e a confraria.[71]

Afora a companhia de seus cativos, "crias" e até libertas, a preta da Costa da África Lauriana não chegou a coabitar com outro parceiro ou companheiro de vida. Ela mesma arcava com a locação do seu domicílio, que tinha valor um tanto elevado, se comparado com os de outros imóveis do centro urbano. Nas décadas de 1840-50, os aluguéis variavam de 5$000 a 10$000 réis. Entre as décadas de 1870-80, os preços de locação dos imóveis sofreram uma alta. No mesmo bairro havia, por exemplo, residências térreas que custavam entre 12$000 e 18$000 réis, como as de números 19

70 Ibidem, fl. 3-4v.

71 Cf. CAVALCANTI. *Recife do Corpo Santo*, op. cit., p. 225-226.

e 21 na rua do Calabouço, e a de número 28 na rua da Palma, respectivamente. No bairro do Recife, na rua da Senzala Nova, o aluguel da casa nº 20 variou entre 18$000 e 20$000 réis, enquanto na rua São Jorge a casa mais cara custava 17$000 réis.[72]

Estes valores, contudo, eram muito elevados para uma população cuja maioria era desprovida de recursos, o que levava à inadimplência, entre outros transtornos, como aconteceu com o inquilino que morava em uma das casas que custava 17$000 réis na rua São Jorge. Ele foi despejado judicialmente por não pagar sequer um mês dos onze em que lá esteve domiciliado, alegando "falta de meios" para arcar com suas despesas cotidianas, sobretudo a moradia.[73] Quanto mais próximo do centro econômico mais caro era o valor do aluguel. A preta da Costa da África Lauriana morava no seio do comércio varejista, daí o custo de seu domicílio. Vários fatores podem explicar essa elevação dos preços dos aluguéis residenciais no Recife entre as décadas de 1870 e 1880, porém, o crescimento populacional é, sem dúvida, fator central. O adensamento dos livres, sobretudo da gente negra não escravizada, acarretou o aumento da demanda por domicílios de aluguel. Isto significa que a maior procura por casas e pequenos cômodos entre as pessoas livres e libertas contribuiu para a valorização e o aumento dos aluguéis dos imóveis.

O problema da habitação era antigo não só no Recife como em outras cidades do Império e afetava, principalmente, a população mais pobre. Na corte do Rio de Janeiro, nem as camadas médias urbanas escaparam

---

72 Tomo como referência para os valores de aluguéis os livros da Irmandade do Rosário e inventários das décadas de 1840 a 1880. Cf. IPHAN-PE, Irmandade do Rosário dos Pretos de Santo Antônio, Livro de Termos da Irmandade (1829-1853), fl. 3v, cx. 20 (nesse livro encontrei casas de aluguel entre 3$000 a 4$000 – três mil a quatro mil réis); Livro de Pagamento e Recebimento de aluguéis das casas pertencentes ao patrimônio da Irmandade do Rosário (1840-1845), cx. 26 (esse livro está com páginas bastante danificadas e algumas rasgadas, o que dificultou a coleta de dados, sendo possível registrar apenas sete imóveis); IAHGP, Inventário de Alexandre Rodrigues d'Almeida, cx. 269, 1880, fl. 122v-123v.

73 IPHAN-PE, Irmandade do Rosário dos Pretos de Santo Antônio, Livro de Termos da Irmandade (1829-1853), fl. 3v, cx. 20.

de tais problemas. Eduardo Silva observou que os elevados preços dos aluguéis ocasionavam constantes mudanças de endereço dos indivíduos no Rio de Janeiro. Por outro lado, insalubridade, falta de higiene, umidade eram algumas condições presentes nos imóveis que só começaram a ser solucionadas no século seguinte. No Recife, a precariedade da habitação trazia transtornos desde a primeira metade do século XVII, sobretudo para aqueles que estavam chegando à Colônia vindo da Europa. A solução era o improviso. Os holandeses muito se empenharam para construir casas e abrigar os recém-chegados no Santo Antônio. Por outro lado, muitos poderosos se aproveitaram da situação, investindo na compra de terrenos nos arrabaldes onde surgiram posteriormente os subúrbios.[74]

Um critério nos arranjos de moradia entre os africanos era o parentesco étnico ou de nação. Porém, este fator não era exclusivo nem excludente.[75] O angico Antônio Domingos Ferreira se casou e teve filho com mulheres de sua mesma nação. O casal Alexandre Rodrigues e Thereza de Jesus era da Costa da Mina, mas não foi possível saber se ambos eram do mesmo grupo étnico. Lauriana Maria da Conceição era natural da Costa da África, forte indício de ser também mina. Quando preparou seu testamento, declarou que o menor Manoel, cria de sua casa, era crioulo, filho da ex-cativa Miquelina, identificada como de nação rebolo. Não obtive informações sobre a nação dos parceiros do preto mina José Rodrigues Chaves, identificado em seu testamento como de nação calabar. Contudo, as chances daqueles não serem de sua mesma origem eram grandes, dado que foram poucos os africanos desta região no Recife, na segunda metade do século XIX, como já aludi. Por sua vez, a preta Luduvina Maria da Conceição talvez pertencesse à *identidade de referência* mina ou angola, pois relatou apenas ser africana – termo genérico. O marido dela, que não mais vivia em sua companhia, poderia ser ou não de sua mesma procedência.

74 Cf. SILVA. Eduardo. *Dom Obá II d'África, o príncipe do povo: vida, tempo e pensamento de um homem livre de cor.* São Paulo: Companhia das Letras, 1997, p. 78-80.

75 Cf. REIS. *Rebelião escrava no Brasil,* op. cit., p. 404-405.

As experiências de cativeiro e de liberdade reelaboravam as escolhas das pessoas que incidiam em seus arranjos de habitação. As relações de trabalho, a agência cotidiana, entre outros fatores, se misturavam e muitas vezes sobressaíam às questões étnicas e raciais.[76] A moradia, porém, não significava apenas estratégia de autonomia, laços de solidariedade. Havia também tensões e conflitos, que se originavam entre os membros de um mesmo núcleo de coabitação e/ou com a vizinhança. Há casos de roubo, cenas de ciúmes entre amásios, delações às autoridades. Enfim, disputas de todo tipo envolvendo não só os libertos, mas também cativos e livres (brancos e negros), perpassam a documentação policial da época.

"A plebe africanoide" do Recife

Na Soledade – onde residiam a preta Luduvina, a nagô Antônia Monteiro e o casal mina Thereza de Jesus e Alexandre Rodrigues –, ocorreram diversos conflitos em torno do espaço da moradia, que considero pertinente trazer para o debate. Narro, a seguir, um pouco das histórias de seus vizinhos brasileiros que lutavam também pela conquista do *teto próprio*.

> Maria Silveria da Conceição conhecida por Maria Querina foi moradôra em terras d'um sitio que tenho junto do em que moro, isto ha mais de um ano, e a despejei por ter desenvolvido m[to] máu procedimento, [...] logo que se amasiou com um sentenciado (como se costuma dizer) vindo de Fernando [de Noronha] de nome Manuel Florentino Bezerra, o qual n'um barulho que teve com aquelle quiz fural-o com uma faca [...], tomei essas armas e acomodei-os. [...] Maria Silveria e seu amante, que era meu trabalhador, forão refugiar-se n'um mocambo de Lourenço Roiz Barbosa em um sitio de que sou procurador. Dias depois eu soube que estavão fasendo um mocambo, chamei o rendeiro Salustiano Bezerra Baptista e disse-lhe que minha constituinte não queria a continuação de novos mocambos no sitio, que avizasse a Maria Silveria para arrancal-o. Em vista

76 Cf. Ibidem, p. 405.

> disso foi ella ter-se com a preta Maria Marçal, sua comadre, q' tem um pequeno sitio, e armou no fundo d'elle seu mocambo, onde sempre esteve em desharmonia com o pãe por causa de seu amante. Pouco depois sahirão d'ali para o encanamento e ficou a paz restabelecida. Ha quinze dias, constando-me terem regressado, pedi a preta Maria Marçal que houvesse de não consentir sem[e] gente em seu sitio, [...], e como ella mostrou má vontade, mandei intimar à predita Maria Silveria e seu amante q' houvesse de mudar-se e não me desse o trabalho de ser por meio da Policia. Isto é, q' é, muito a verdade, não ameacei de queimar mocambo, reconheço que ninguem está autorisado p[a] tal cometter; se não fiz quando ella morou no meu sitio, como fasel-o em sitio alheio?[77]

Manoel da Fonseca Araújo Luna estava há dezessete dias como subdelegado da Soledade, quando teve que se explicar ao chefe de polícia sobre sua atuação no cargo. Tudo começou quando Maria Silvéria da Conceição enviou uma petição para que seu amásio, Manoel Florentino Bezerra, preso recentemente, fosse solto. No documento, ela também acusava o subdelegado de ter ameaçado queimar o *mocambo* em que ela morava com o seu companheiro no sítio de sua comadre, a preta Maria Marçal. Segundo Araújo Luna, Maria Silvéria estava mentindo, pois nunca prendera ninguém, apenas estava atendendo às requisições de seus superiores. Havia uma lista de desertores do Batalhão de Infantaria da Guarda Nacional e o nome do amante dela estava incluso. Ele também teria "pedido" para que Maria Silvéria e seu amásio se mudassem do local sem ter que para isto acionar a polícia. Porém, Araújo Luna era a própria polícia. Compreende-se, então, que "acionar a polícia" era usar de violência e coerção para expulsar Maria Silvéria e Manoel Florentino daquela localidade. O motivo alegado pelo subdelegado para assim proceder era a má conduta do casal, que incomodava a vizinhança.

77 APEJE, FSSP, Delegacia do 3º Districto da Soledade da Freguesia da Boa Vista, códice 422, fl. 243-244, 3 set. 1868. Códice, 422, fl. 242, 5 set. 1868.

Essas foram as explicações que Manoel da Fonseca Araújo Luna apresentou sobre o caso Maria Silvéria da Conceição ao delegado João Hireano Maciel, em 13 de setembro de 1868. O relato, além de corroborar as cismas que Maria Silvéria tinha dele para fazer queixa ao chefe de polícia, é indicativo das condições de liberdade dos moradores de mocambos, a maioria mulheres e homens libertos e livres negros que habitavam a área urbana e semiurbana do Recife. Em outras oportunidades, o casal já tinha se envolvido em querelas com Araújo Luna, antes mesmo de ocupar o cargo de subdelegado. Maria Silvéria teria sido moradora com seu pai e seu amásio em um sítio de Araújo Luna, no qual Manoel Florentino era trabalhador. Devido aos conflitos familiares, sobretudo entre os amantes, Araújo Luna despejara-os de sua propriedade. Ao serem expulsos, refugiaram-se num sítio da vizinhança, cujo rendeiro era Salustiano Bezerra Baptista, sendo inicialmente acolhidos no mocambo de Lourenço Roiz Barboza. Nesse local, começaram a erguer sua própria moradia, mas a proprietária, que era *constituinte*[78] de Araújo Luna, mandou avisar que Maria Silvéria arrancasse seu mocambo, pois não queria outros em suas terras.

O último embate entre o casal e Araújo Luna se deu quando este, na qualidade de subdelegado, usou de seu poder para impedir que Maria Silvéria e seu amásio erguessem outro mocambo nas redondezas de sua residência. Desta vez, o sítio da preta Maria Marçal, onde o casal construíra seu casebre quando expulso das terras da cliente de Araújo Luna, era o alvo da vigilância e do controle do subdelegado, como descrito no documento citado. Isto fez com que Maria Silvéria inferisse que o subdelegado estava levando à frente uma vingança, pelo fato de ela e seu amásio não ficarem no Encanamento (arrabalde da Boa Vista) – para onde se retiraram da primeira vez, devido às pressões de Araújo Luna –, voltando e insistindo em morar na Soledade com o apoio da preta Maria Marçal.

Maria Silvéria e seu amásio contaram com uma rede de solidariedade, pautada nas relações de compadrio, vizinhança e condição social. Fios que teceram a ligação entre rendeiros, sitiantes e lavradores, a exem-

78 Cliente do advogado. Cf. SILVA. *Diccionario da língua portugueza*, op. cit.

plo da colaboração da preta Maria Marçal, comadre de Maria Silvéria, do mocambeiro Lourenço Roiz Barbosa e do rendeiro Salustiano Bezerra Baptista, vizinhos do casal, que elaboraram estratégias para Maria Silvéria e seu amante permanecerem na Soledade.

Para Flávio Gomes, grupos de pessoas organizados em comunidades de mocambos, como esse de Maria Silvéria, estabeleceram estreitas relações de sociabilidade e proteção, além de sustentação econômica. De um lado, aquilombados articulavam estratégias de trocas mercantis e culturais com diversos setores da sociedade imperial – fazendeiros, comerciantes, religiosos, libertos e livres pobres; de outro, as comunidades de senzalas, articuladas com habitantes de quilombos e sitiantes urbanos, elaboravam e reelaboravam suas próprias formas de autonomia. Na interrelação com outros setores sociais, de grandes proprietários de terras até cativos – passando por médios e pequenos produtores rurais, arrendatários escravistas, posseiros, minifundiários, taberneiros, comerciantes, libertos e livres –, uma *cartografia negra* se organizava a partir das ações da gente negra em torno de suas estruturas de habitação, que eram também empreendimentos de trabalho.[79] Defino, no entanto, cartografia negra como uma complexa malha de solidariedade, mas que também envolve conflitos e tensões, entre africanos, crioulos, libertos, escravizados e os demais setores sociais e políticos – quiçá raciais – urbanos. Tais malhas fizeram parte do protagonismo cotidiano das pessoas, em particular dos africanos, cuja luta pela liberdade e reconstrução de suas autonomias (política, social, cultural) nas Américas eram orientadas pelas experiências de parentesco dos indivíduos ao longo das gerações.

Os mocambos também faziam parte do arcabouço cultural da África no que compete às formas de moradia. Quando fugidos, os escravizados que se aquilombavam não só transportavam seus *mocambos* em sua herança lin-

79 Cf. GOMES. *História de quilombolas*, op. cit., p. 52-78; Idem, *A hidra e os pântanos: mocambos, quilombos e comunidades de fugitivos no Brasil (séculos* XVIII-XIX*)*. São Paulo: Editora Unesp, 2005. Marcus Carvalho chamou a atenção para a relação de proximidade entre os habitantes do Quilombo do Malunguinho e a capital pernambucana. Os "malunguinhos" tinham intensos contatos com moradores e comerciantes do centro urbano do Recife. Cf. CARVALHO. *Liberdade*, op. cit., p. 180-191.

guística, mas carregavam-nos, literalmente, nos ombros. Para os njingas e os mbundus, grupos étnicos da África Centro-Oriental, *mukambu* significa "pau de fileira" ou "cumieira". Na língua kimbunda, por sua vez, quer dizer "pau com que dois carregadores transportam ao ombro coisas pesadas" e, ao chegar a seu destino, erguem seus quilombos. Ou seja, o mocambo seria uma espécie de acampamento para guerreiros e cativos. Na diáspora no Continente Americano, os africanos e seus descendentes deram continuidade a essa memória, readaptando as técnicas daquele continente. Quando libertos, sobretudo na cidade, ressignificaram essa herança cultural, fazendo dos mocambos da área urbana verdadeiros acampamentos de resistência às imposições da elite local e da ordem policial. As estratégias articuladas por Maria Silvéria com seu amásio e seus camaradas e vizinhos apresentam-se como exemplos dessa resistência *quilombola* no espaço urbano.[80]

Outra versão da característica africana do mocambo, readaptada no Brasil, é no que diz respeito ao seu material. Na província pernambucana era comum usar palha de coqueiro ou cana, folha de buriti, capim, pau a pique (massapé ou bofetão), pedaços de flandres ou madeira, cipó. Erguidos nos arrabaldes, encostados em muros das quintas e de palacetes, ou em vielas estreitas e sinuosas, por vezes tinham apenas o teto coberto para abrigar seus moradores, como observou Koster no Rio Grande do Norte. Por certo, atribuiu-se à matéria-prima do mocambo uma determinada facilidade para serem "abandonados" ou "arrancados" pelos seus habitantes em momentos de confrontos nas zonas rurais ou de conflitos e tensões com a polícia e a elite locais nas áreas urbanas, como na situação experimentada por Maria Silvéria e seu amásio na peleja com o subdelegado Araújo Luna.[81]

Destaco mais uma vez que solidariedade não significava ausência de conflitos. Maria Silvéria e o amásio tinham uma relação conturbada. Os desentendimentos, brigas e violência que marcavam o cotidiano do casal foram um dos motivos alegados por Araújo Luna para despejá-los do

80 Cf. SLENES. *Na senzala uma flor*, op. cit., p. 149-175.

81 Cf. FREYRE. *Sobrados & mocambos*, op. cit., p. 347; COSTA E SILVA. *Um rio chamado Atlântico*, op. cit., p. 219.

seu sítio na Soledade. Ao que tudo indica, o casal também não era muito benquisto pela proprietária do sítio onde buscou refúgio, contando com a ajuda dos amigos Lourenço Roiz e Salustiano Bezerra. As ações do subdelegado em relação ao casal e seus parceiros de moradia traduzem tensões que emergiam na vigilância policial e no controle da ordem vigente sobre a população, em decorrência dos projetos de modernidade e urbanização de meados do século XIX.

O crescimento da população livre e liberta, sobretudo na segunda metade do Oitocentos, refletiu-se na expansão urbana sem ordenação social. Egressos do cativeiro e pessoas negras livres se aglomeravam na cidade, formando junto com os brancos pobres a massa do "proletariado de cortiço e de mocambo", sem melhores oportunidades de vida. Os meios de sobrevivência irregulares se tornavam cada vez mais precários e a habitação degradava as pessoas. Os mocambos eram associados a pobreza, infelicidade, crimes e miséria. Eram vistos, ainda, como perigo social, pois constituíam redutos não só de doenças, mas também de indivíduos excluídos pela sociedade como os malandros de cais, os capoeiras, ladrões, prostitutas e até assassinos. Embora aqueles moradores de mocambos da Soledade não fossem africanos, suas redes de parentescos e de camaradagem, permeadas por solidariedades e conflitos, assemelhavam-se à convivência familiar de pais, tios e malungos africanos que formaram grandes comunidades nos arredores do centro urbano e se tornaram motivos de preocupação da elite urbana.[82]

O embate entre o subdelegado Manoel da Fonseca Araújo Luna e os mocambeiros da Soledade refletia um problema geral para as elites da época: a estratificação social dos espaços de moradia; isto é, as fronteiras socioeconômicas (porque também raciais) da habitação na cidade que precisavam ser delimitadas. Não havia lugar para a rebeldia, busca por autonomia das camadas mais pobres, como engendravam Maria Silvéria e seu amásio na Soledade. Era também preciso conter a proliferação de novos casebres e da "plebe africanoide dos mocambos" da cidade.[83] Por outro

82 Cf. FREYRE. *Sobrados & Mocambos*, op. cit., p. 281, 297, 348-413.

83 Expressão utilizada por Thales de Azevedo para se referir aos escravizados e libertos. Cf. FREYRE. op. cit., p. 410.

lado, essa "plebe africanoide" estava presente por toda a paisagem urbana: nas moradias, ruas, praças, atividades econômicas. As elites locais, a imprensa e o saber médico, que se consolidava no Oitocentos, produziam discursos que anulavam essa gente trabalhadora e moradora de mocambos. A polícia, por meio da ação dos delegados e subdelegados, tinha o papel de afastar de suas jurisdições pessoas negras e brancas pobres que insistiam em fixar residência nas proximidades do centro urbano. Como enfatizado anteriormente, o controle e a vigilância da ordem vigente implementavam políticas para extirpar do espaço público o africano, tido pelas elites locais como sinônimo do atraso e da falta de "civilidade". Todavia, esta tarefa ficou para ser concretizada na primeira metade do século XX, com as políticas higienistas e as ligas contra os mocambos.[84]

A busca por melhores condições de trabalho e moradia pela população negra despertava o "medo branco" das camadas médias urbanas. As atitudes da polícia refletiam as opiniões dessa sociedade, que considerava toda e qualquer pessoa negra – fosse escravizada, livre ou liberta, africana ou crioula – como subversiva, imoral e criminosa. Era uma forma de racializar a sociedade a partir da decodificação social dos espaços urbanos. Gladys Ribeiro identificou a gestação desse aparato racializador nas discussões que permearam o "território nacional", advindo das lutas de independência. Questões como nacionalidade, condições de liberdade, autonomia e cidadania política dividiam a população também na geografia urbana. A cidade do Rio de Janeiro, por exemplo, era compartimentada em "locais de negros" e "locais de brancos".[85] No Recife, além do bairro de São José e da freguesia

---

84 Cf. ARRAIS. *O pântano e o riacho*, op. cit. Sobre as políticas higienistas e de combate aos mocambos no Recife do fim do XIX e primeira metade do XX, consultar: GOMINHO, Zélia de Oliveira. *Veneza americana X mucambópolis: o Estado Novo na cidade do Recife*. Recife: CEPE, 1998; ATAÍDE, Maria das Graças Andrade de. *A construção da verdade autoritária*. São Paulo: Humanitas, 2001.

85 Cf. RIBEIRO, Gladys Sabina. *A liberdade em construção: identidade nacional e conflitos antilusitanos no Primeiro Reinado*. Tese (Doutorado em História) – IFCH, UNICAMP, Campinas, 1997, p. 316; AZEVEDO, Célia Maria Marinho de. *Onda negra, medo branco: o negro no imaginário das elites do século XIX*. 3. ed. São Paulo: Annablume, 2004; LARA, Silvia Hunold. *Fragmentos setecentistas: escravidão, cultura e poder na América portuguesa*. São Paulo: Companhia das Letras, 2007. Sobre movimentos abolicionis-

de Afogados, territórios como a Soledade e Santo Amaro passaram a sofrer maior controle coercitivo, pois considerados lugares da gente negra.

Entretanto, se para a ordenação do espaço público os arrabaldes dos centros urbanos apareciam como redutos de "negros mocambeiros" que precisavam ser controlados, vigiados, lugares como Afogados, Soledade, Coelhos, Manguinhos, entre outros, passavam a fazer parte da *cartografia negra* da cidade. Ou seja, eram territórios onde os arranjos de trabalho e moradia se organizavam a partir das ações da gente negra. Vale ressaltar que, à medida que iam de um sítio a outro, erguendo mocambo aqui e acolá, buscando escapar da vigilância daquele subdelegado, Maria Silvéria e seu amásio recriavam seus próprios espaços (residenciais, de trabalho, de autonomia) em meio aos desníveis sociais da área urbana, redesenhando a cidade.[86]

O domicílio e o *status*

Mesmo sendo a cidade redesenhada pelas práticas de ocupação do espaço urbano, em particular pelos moradores de mocambos, os bairros continuavam sendo demarcados pelo nível socioeconômico (e racial) de seus habitantes. Na primeira metade do século XIX, de um lado, o bairro da Boa Vista se evidenciava como o espaço residencial ou de veraneio da elite do açúcar; por outro, o bairro de São José se tornava cada vez mais alvo da coerção e da repressão policiais, devido à "populaça" que nele habitava. Assim, a composição dos bairros simbolizava a posição social (e também racial) do sujeito.

A demarcação dos espaços habitacionais dos *africanos em liberdade* seguia traçados próprios. Havia libertos com poucos recursos morando em bairros como Recife e Boa Vista – como o casal de africanos de nação angico Antônio Domingos e Catharina Maria e da preta africana Luduvina

---

tas, estratégias de liberdade, libertos e racialização pós-abolição ver: ALBUQUERQUE, Wlamyra Ribeiro de. *O jogo da dissimulação: abolição e cidadania negra no Brasil*. São Paulo: Companhia das Letras, 2009, p. 108-113.

86 Cf. ARRAIS. *O pântano e o riacho*, op. cit., p. 426. Sobre a recriação dos espaços de autonomia dentro dos desníveis sociais do próprio espaço urbano, consultar: CERTEAU; GIARD; MAYOL. *A invenção do cotidiano* 2, op. cit., p. 37-45.

Maria da Conceição, respectivamente; enquanto outros providos de certo cabedal residiam em áreas precárias, como Afogados, onde habitava a remediada preta de nação da Costa Joaquina Roza de Carvalho. A *cartografia negra* da moradia era delimitada pelas experiências de cativeiro e de liberdade aliadas às brechas do sistema escravista. Enquanto uns/umas continuavam no mesmo bairro do ex-senhor, seja por falta de recursos, seja para assegurar a nova condição, outros se deslocavam para novas freguesias.

A escolha do local da moradia, por sua vez, tinha vários significados: reconstrução dos laços familiares e de parentescos, amizade, busca por melhores oportunidades de trabalho e negócio, práticas religiosas, ascensão socioeconômica – ou todos estes ao mesmo tempo. Residir no local onde esses elementos fossem favoráveis era o objetivo de muitos libertos, especialmente dos africanos que conquistavam algum prestigio econômico na cidade.[87] Foi o que aconteceu com a africana Catharina Maria da Conceição, viúva daquele cassange João Joaquim José de Sant'Anna, moradora no bairro do Recife. Contrariando o desejo expressado em testamento por seu marido quanto à casa que possuíam na rua do Caixo em Olinda, não a vendeu para patrocinar as despesas de inventário, preferindo deixá-la como uma fonte de renda familiar em aluguéis. Por outro lado, mudou-se com os filhos da casa própria em que residira com o marido na rua do Farol, para ir morar de aluguel na rua do Pilar, bem próximo ao antigo endereço. Nesta rua morava também o carpinteiro Manoel Feliciano Luiz Bastos, amigo de seu falecido marido, que figurou como testemunha das últimas vontades do cassange João Joaquim. Enquanto isto, na casa da rua do Farol passou a residir Guilhermina Maria da Conceição, afilhada do cassange João Joaquim e sua primeira esposa (Luiza), que passou alguns meses sem pagar aluguel. À primeira vista, pode-se encarar a atitude da africana Catharina Maria um tanto estranha, se não fossem os arranjos familiares e de parentescos que permeavam suas ações. Ela almejou não só

87 Cf. CERTEAU; GIARD; MAYOL. A *invenção do cotidiano* 2, p. 41-42.

a melhoria de sua renda com a extração de aluguéis, mas, ainda, a manutenção de suas redes de amizade e vizinhança.[88]

Na cidade do Recife, os africanos em liberdade afluentes estavam distribuídos por todo o centro urbano. Muitas vezes, continuavam residindo em um bairro e trabalhando em outro. Embora a historiografia pernambucana tenha evidenciado o São José e suas cercanias como local de reconstrução cultural negra, ruas e becos nos quatro bairros centrais se tornaram territórios africanos. Os africanos, depois de libertos, passaram a se concentrar em algumas ruas, que se tornaram não apenas espaços dos sujeitos sociais negros, mas, particularmente, áreas dos minas.

No dia 26 de outubro de 1857, o *Diário de Pernambuco* noticiou que havia apenas três casas na rua da Conquista, aquela onde morava o casal mina Alexandre Rodrigues e Thereza de Jesus.[89] Na década de 1870 – quase vinte anos depois – essa rua já tinha várias moradias, sendo boa parte pertencente a esse casal, que, além de alugar os quartinhos e casinhas meia-água dos "portões" 11 e 19, era dono das casas térreas de números 07, 13, 15 e 17. Por certo, um número maior de sujeitos, sobretudo pretos, pardos, mestiços, africanos e crioulos, foi atraído para residir nesse local, devido à intensa circulação de indivíduos negros, que habitavam, trabalhavam ou ainda tinham familiares e parentes ali. Portanto, na segunda metade do século XIX, é possível que a Soledade, especialmente a rua da Conquista, tenha se tornado, junto com São José, um lugar de referência na área urbana para a gente negra se reunir por quaisquer pretextos: festejos, práticas religiosas, entrevistas amorosas, negócios. É provável que o casal mina Alexandre e Thereza, por ser proprietário de grande parte dos imóveis existentes na rua, atraísse também o fluxo de migrantes africanos para o local.

Evidencio ainda que, embora a rua e o bairro fossem ampliações do domicílio das pessoas, revelando sua posição social, a casa – símbolo de

88 IAHGP, Inventário de João Joaquim José de Sant'Ana, inventariante Catharina Maria da Conceição, cx. 179, fls. 21, 26, 79 e 82; ACMRO, LB 25 (1848-1851), batismo de Guilhermina, crioula, 06 dez. 1850, fl. 94v.

89 Cf. MELLO, J. A. G. de. *O Diário de Pernambuco e a história social do Nordeste*, op. cit., p. 853-854.

autonomia para a gente negra – se impunha ao espaço público domiciliar. A residência comprova o poder aquisitivo do morador em qualquer lugar em que ela fosse erguida. Os ex-cativos, quando atingiam certo prestígio socioeconômico, passavam a investir na arquitetura de suas casas. Ao menos era o que acontecia com os africanos aqui estudados, cujas casas térreas eram um pouco mais elaboradas do que as de tipo meia-água. Comumente eram construídas em solo próprio, com dois andares, mais de uma porta, mais de uma janela, cozinha interna e quarto de banho – estilo pequeno sobrado. Segundo Alberto da Costa e Silva, o sobrado era "o remate dos sonhos do liberto", que buscava na construção de sua habitação aproximar-se das residências senhoriais. A morada de seu antigo proprietário servia de referencial, sendo quase uma tendência para os forros que acumulavam bens investir cada vez mais na construção de seus lares.[90]

Pondero que o investimento no embelezamento da moradia era mais uma entre as tantas estratégias dos libertos para combater os estigmas da escravidão que a sociedade oitocentista lhes impunha. Aproximar-se do estilo da morada de seus ex-senhores fazia parte do jogo cujo objetivo era afirmar a sua condição de liberdade. O estilo da residência, contudo, não era o único indicativo de *status*. O material utilizado na sua construção, sobretudo quando duradouro – como pedra e cal, adobe, telha, madeira de lei, grades de ferro –, sinalizava também o poder aquisitivo de seus proprietários. A pedra e a cal eram comuns não só entre os negros libertos, mas também entre os brancos das elites urbanas. Os sobrados do Oitocentos eram construídos com esta matéria-prima. Henry Koster, em suas viagens pelo Nordeste brasileiro, particularmente em Pernambuco, passou a distinguir socialmente os moradores a partir dos materiais empregados na construção de suas casas, que variavam da palha à pedra e cal. O viajante/cronista ainda atribuía adjetivos como "humilde" e "triste" às residências térreas com janelas sem vidraças; "limpas" e "bonitas" àquelas de dois andares cujas janelas eram ornamentadas com parapeito de ferro.[91]

90 Cf. COSTA E SILVA. *Um rio chamado Atlântico*, p. 221.

91 "*As casas são limpas e bonitas*, tendo apenas um andar. O térreo é aproveitado pelos criados, lojas, armazéns, sem janelas como em Pernambuco. A família reside no alto e

O casal mina Thereza de Jesus e Alexandre Rodrigues, antes de morar na rua da Conquista, habitara em uma pequena casa estilo meia-água na rua da Concórdia, no bairro de Santo Antônio. Em 1856, Alexandre comprou seu primeiro lote na rua da Conquista, onde ergueu a casa de número 17, na qual passou a residir junto com a esposa. Esta rua, como enfatizei, estava começando a ser povoada, sendo o casal mina um dos primeiros moradores. Em 1873, essa residência térrea, de pedra e cal, foi avaliada em 2:000$000 (dois contos de réis), sendo descrita com duas janelas de frente, duas salas, dois quartos, cozinha, terraço ao lado com janela, quintal ao lado da casa medindo 46 por 200 palmos de fundo, quarto no quintal e cacimba coberta com bomba (fig.5).

Figura 5: croqui da casa dos pretos minas Alexandre e Thereza antes da reforma (1856)

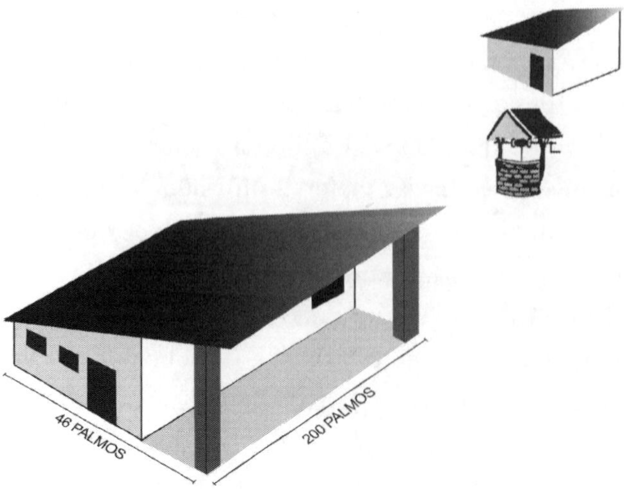

Fonte: Fig. 5 – IAHGPE, Inventários de Thereza de Jesus (1873) e Alexandre Rodrigues (1880)

as janelas se abrem para o térreo, sendo ornamentadas com balcões de ferro." "Essas ruas são construídas com habitações térreas e cobertas de palha. Com *as janelas sem vidros, as casas têm uma aparência humilde e triste.*" KOSTER. *Viagens ao Nordeste do Brasil*, p. 297-298, grifos meus.

Sete anos depois, em 1880, a casa passou a ter dois andares: no térreo, uma porta de frente e três no oitão, cinco janelas de frente, duas salas, dois quartos, uma saleta para engomado, um quarto contínuo, um quarto para banho com tanque, cozinha exterior, cacimba própria; no sótão ou andar de cima, duas saletas pequenas, quatro quartos, escada independente no corredor. A área construída era de 12,8 m de frente por 14,7 m de fundo (fig.6). Depois dessa reforma, o valor aumentou para 8:000$000 (oito contos de réis) – uma pequena fortuna, até para médios comerciantes brancos do centro urbano.[92]

Fig. 6 - Croqui da casa dos pretos minas Alexandre e Thereza após a reforma (1880)

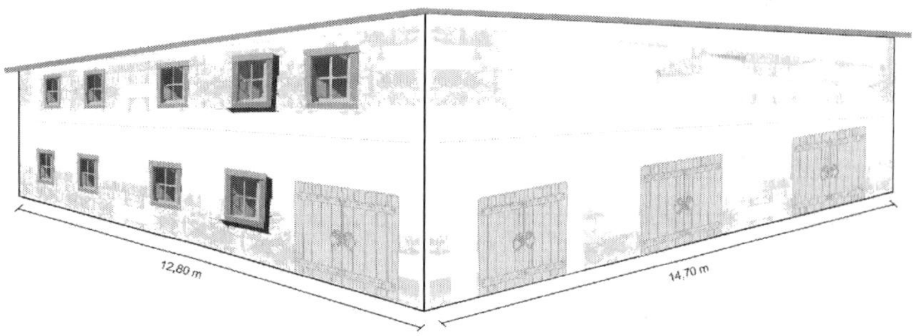

Fonte: IAHGPE, Inventários de Thereza de Jesus e Alexandre Rodrigues, 1880

Várias janelas e portas, principalmente as abertas ao fundo da casa, eram um símbolo de independência desse casal de africanos minas. Isto significava que eles poderiam ir e vir, entrar e sair por todos os lados de sua residência. Mais do que oposição à senzala, a casa na rua da Conquista representava a ascensão econômica de seus proprietários e uma estratégia de distinção social.[93] Na medida em que suas finanças iam crescendo, os

92 IAHGP, Notas de Tabelião, LN 1856-1857, Escritura de venda que faz Herculano Alves da Silva, de seu terreno próprio com cem palmos de frente, no lugar da Soledade na rua da Conquista da Freguesia da Boa Vista, a Alexandre Rodrigues d'Almeida, fl. 100v-101v; Inventário de Thereza de Jesus de Souza, fl. 26; Inventário de Alexandre Rodrigues d'Almeida, fl. 20-20v.

93 Trato no capítulo 4 das estratégias de ascensão econômica dos africanos.

espaços da casa se ampliavam, tornando-se cada vez mais elaborados. Ela possui ainda elementos indicadores do conforto por eles desfrutado e da posição social galgada: quarto com tanque para banhos dentro da residência e cacimba com tampa e bomba.

A cidade do Recife, desde o século XVIII, enfrentava sérios problemas com o abastecimento de água. Os chafarizes e as cacimbas não davam conta do contingente populacional, o que encarecia a água de boa qualidade. Os principais pontos de água potável encontravam-se no rio Beberibe, nos limites entre o Recife e a cidade de Olinda, no istmo do *varadouro*. No bairro de Santo Antônio, as cacimbas existentes não forneciam água de boa qualidade. Em cercanias como Monteiro era que havia fontes de boa água, o que deixava senhores e senhoras na dependência dos negros "aguadeiros". Mesmo com as obras de drenagem e encanamento a partir de 1850, a cidade não solucionou esse problema. O periódico *O Carapuceiro*, apesar de grande defensor das vantagens da água encanada, fez questão de informar a população acerca dos males causados pelos resíduos dos canos metálicos, que distorciam o sabor da água e manchavam roupas lavadas. Os canoeiros, fornecedores de água de beber, continuaram a lucrar um bom dinheiro com os serviços de fornecimento de água para os sobrados e as casas térreas do centro.[94] Ou seja, a cacimba fechada com bomba própria representava bem o conforto material desfrutado pelo casal.

Além de não depender do transporte dos aguadeiros para obter água, seja para beber ou para os afazeres domésticos, os minas Thereza e Alexandre também gozavam do costume senhorial do banho dentro de casa. Os jornais da primeira metade do século XIX já traziam vários anúncios de venda de gamelas e tinas, que foram aos poucos sendo substituídas por banheiras de cobre, flandres, procuradas pela gente mais abastada da sociedade. Assim, ao hábito cultural do banho, atribuía-se um corte social e racial. O problema não residia no costume do banho, mas na impossibilidade de os pobres usufruírem do luxo do sabão. Importava-se muito sabão da Europa, para os

94 Cf. CARVALHO. *Liberdade*, op. cit., p. 27-33. O arrabalde do Monteiro se conectava à cidade através do bairro da Boa Vista.

banhos da gente grã-fina de sobrado, sendo a França um dos principais fornecedores do produto para o Brasil. No século XIX, os africanos e crioulos possuidores de cabedal passaram a consumir o sabão da Costa, utilizado não só na higiene pessoal, mas também para lavagem de roupas e nos rituais religiosos. Havia em todo o Império, enfim, um alto consumo de sabão, impulsionando a manufatura local. Em 1857, somavam-se 72 fábricas desse produto, quatro delas instaladas na província de Pernambuco.[95]

Móveis e objetos domésticos das residências são também reveladores da identidade social e cultural de seus habitantes. Comumente, nas casas dos libertos de origem africana, predominava mobiliário velho, usado e em mal estado de conservação, até entre aqueles possuidores de cabedal. Contudo, entre os forros que cotejo, alguns africanos fugiram de tal regra. A mobília da casa do cassange João Joaquim era formada por objetos em bom estado de conservação. Os demais libertos do grupo também investiam em peças de ornamentação e utilidade doméstica feitas de metais preciosos, como ouro, prata, cobre. Produtos que poderiam, assim como os imóveis, render-lhes bom retorno nos momentos de aperto financeiro. Os objetos do interior da casa sinalizavam também devoção, trabalho, convivência entre os familiares, parentes, amigos. A preta da Costa da África Lauriana Maria da Conceição tinha um oratório de cedro com imagens moldadas em prata de Jesus Crucificado, São João, São Sebastião. Ou seja, a residência de um africano pode ser traduzida como um espaço misto; o morar, o rezar e o labutar se imbricavam nos utensílios prosaicos do cotidiano.[96]

Por seu turno, na casa dos minas Thereza de Jesus de Souza e Alexandre Rodrigues d'Almeida havia os seguintes móveis e utensílios domésticos:

---

95 Cf. *Diário de Pernambuco*, 5 nov. 1833 apud Ibidem, p. 357.

96 Cf. IAHGP, Inventário de Lauriana Maria da Conceição, cx. 355, fl. 99-100; SILVA, Eduardo. *Dom Obá II d'África, o príncipe do povo*, op. cit., p. 78-80. Sheila Faria mostrou como os objetos da casa também representam distinção social. Cf. FARIA, Sheila de Castro. *A colônia em movimento: fortuna e família no cotidiano colonial*. Rio de Janeiro: Nova Fronteira, 1998.

> Doze cadeiras de guarnição madeira branca, em mau estado; quinze cadeiras americanas, de pau, bastante velhas; tres cadeiras de balanço; duas cadeiras de braços; dous cansóles d'amarello, velhos; huma mesa de meio de sala, de amarello, uzada; tres marquesas velhas, de amarello; hum armario de guardar roupas; tres banquinhas, de amarello; hum armario de couro; hum cabide de pé; dous cabides de parede; huma pequena cama de ferro, uzada; dous tapetes velhos; hum candelabro de pé de zinco; dous pares de lanternas; tres pequenos pares de jarros de vidro ordinário; huma meia commoda de amarello, velha; huma mesa de jantar, uzada; huma mesa de pinho para cozinhar; dous baús de couro, velhos; quatro baus de flandres, uzados.[97]

Depois da reforma da casa, em meados da década de 1870, o mina Alexandre Rodrigues d'Almeida comprou sofás, terrinas, bacias de rosto, escarradeiras de louça, capachos, mesas para engomar; trocou as lanternas por castiçais com mangas de metal e vidro; e também adquiriu mais utensílios para a cozinha, como sopeira, manteigueiro, açucareiro, pratos estilo travessa, xícaras com pires, cálices, frigideiras de louça, caldeirões grandes e pequenos, entre outros itens.

Embora a mobília desta residência estivesse com algumas peças "gastas", talvez pelo tempo, ainda representava o requinte da gente grã-fina dos sobrados urbanos. Mobiliário completo com sofás, cadeiras, mesas de meio de sala, mesa de jantar; louças, como terrinas e bacias para rosto; e pratarias são alguns dos objetos que representavam o requinte próprio dos indivíduos mais endinheirados da sociedade oitocentista. A cama, por exemplo, era um elemento de ostentação nas casas mais ricas. Entre as camadas populares, não havia esse luxo. Dormia-se em redes, esteiras e em raríssimos catres compartilhados por vários membros da família. Desta forma, a cama não só era um elemento que traduzia o nível social das pessoas, mas também a conquista da privacidade desfrutada pelas camadas mais abastadas.[98]

97 Inventário de Thereza de Jesus de Souza, p. 15-16.

98 Cf. DEL PRIORE, Mary. *Histórias íntimas: sexualidade e erotismo na história do Brasil.*

Assim, a casa era relevante conquista para mulheres e homens libertos, em particular para aqueles que se tornavam remediados, e eles dispensavam considerável parte de suas existências criando e recriando estratégias para possuí-la. A residência, importante símbolo de autonomia negra, ainda representava o espaço da dinâmica cotidiana que conduzia os sujeitos ao longo do tempo, da vida à morte. Na intimidade do *lar*, as pessoas enredadas por laços de família, de parentescos, de vizinhança e/ou de amizade reuniam-se para celebrar o ritmo do tempo, solenizar alianças, superar provas, mostrar e/ou esconder seus conflitos. Essa intimidade em família, organizadora dos lares dos africanos, será o assunto do próximo capítulo.

São Paulo: Planeta do Brasil, 2001, p. 24. O catre é o leito de pés baixos forrado por lona, chamado também de camilha. Cf. SILVA. *Diccionario da língua portugueza*, op. cit.

Fig. 7 - Mapa do Recife com a demarcação de ruas que o grupo de libertos africanos habitava.[99]

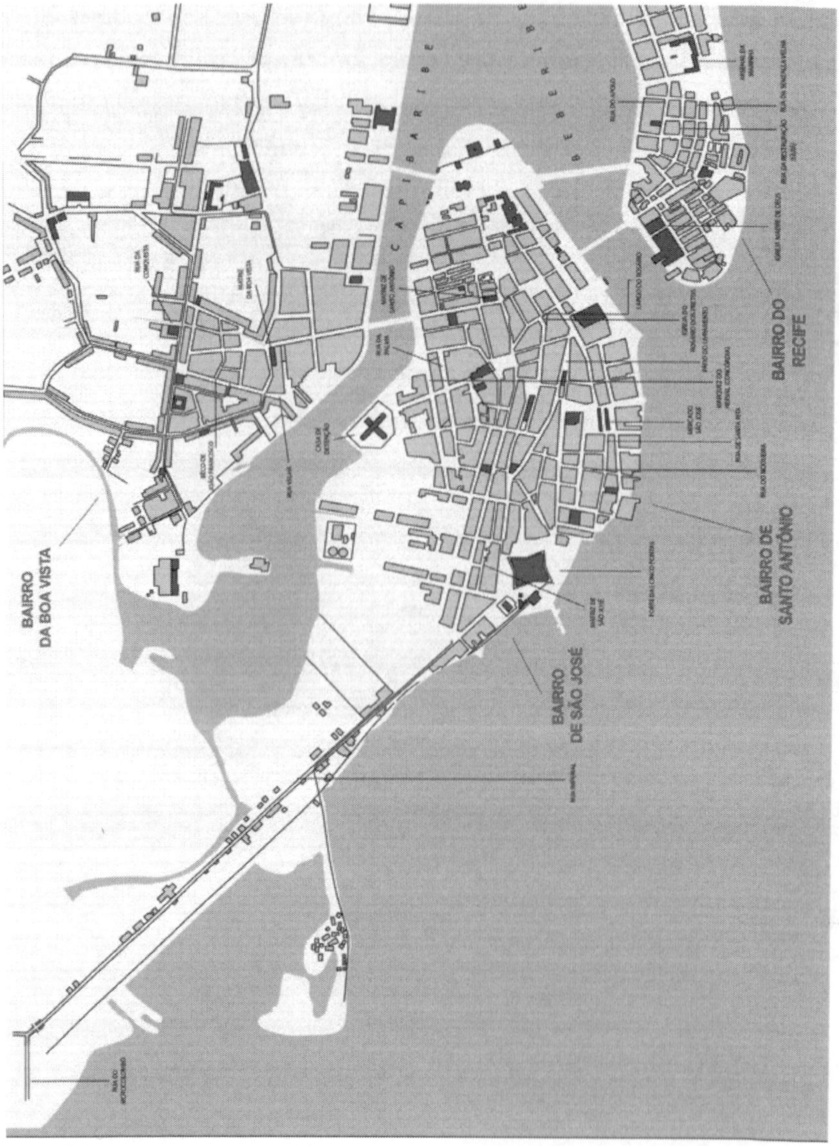

99 Adaptação da Planta da Cidade do Recife (1906) de Douglas Fox e sócios & H. Michel Whitlley. Mapa adaptado por Gabriela Pinho.

3. Vida Íntima: laços de família e parentesco

O filho perguntou pro pai:
"Onde é que tá o meu avô
O meu avô, onde é que tá?"
O pai perguntou pro avô:
"Onde é que tá meu bisavô
Meu bisavô, onde é que tá?"
Avô perguntou "ô bisavô,
Onde é que tá tataravô
Tataravô, onde é que tá?"
Tataravô, bisavô, avô
Pai Xangô, Aganju
Viva egum, babá Alapalá![1]

Entre os efeitos que o tráfico atlântico e o comércio cativo nas Américas trouxeram aos africanos e seus descendentes, o mais danoso, inigualavelmente, foi o dilaceramento de suas sociabilidades, sobretudo de suas relações familiares. Para recuperar tamanho dano, as pessoas iam reconstruindo, dia a dia, seus vínculos afetivos e comunitários, com base em diversos aspectos: por terem sido embarcadas no mesmo porto e/ou no mesmo navio (*malungos*); por partilharem o mesmo senhor; por trazerem em suas trajetórias de cativeiro e de liberdade experiências semelhantes; ou ainda por manterem vivas suas lembranças com familiares e parentes na África. As reelaborações

1 GIL, Gilberto. Babá Alapalá. In: *Refavela*, 1997.

religiosas, como as irmandades e os candomblés/xangôs, também atua(ra)m. O culto aos *eguns* (espíritos ancestrais), dentro dos candomblés/xangôs foi um mecanismo articulado pelos descendentes de africanos para recriar laços familiares com seus antepassados.

A historiografia recente tem avançado significativamente no debate sobre as experiências de mulheres e homens africanos e de seus e suas descendentes nas Américas. Desde as décadas de 1970-80, as investigações acerca da família negra no tempo da escravidão, em particular para o sudeste escravista, são alvo dos pesquisadores. Assim como os demais estudos preocupados com o protagonismo de escravizados, libertos e negros livres, essa abordagem tem contribuído com a mudança de perspectiva sobre os africanos e os crioulos, que deixaram de ser vistos como seres anômicos e passaram a ser encarados como agentes de suas próprias histórias.[2]

Dentre a vastidão dos trabalhos sobre as organizações familiares dos africanos no mundo atlântico, os estudos de Sidney Mintz e Richard Price trouxeram relevantes considerações acerca das sociabilidades que eles desenvolveram nas Américas. Desconstruindo a reificação da ideia de família, Mintz e Price conceituaram a *família negra* como uma unidade doméstica na qual os laços entre os indivíduos eram os mais diversificados possíveis, não sendo necessariamente de parentesco sanguíneo. Isto significa que essa instituição se configurava por grupos de pessoas que ora dividiam os mesmos recursos econômicos, ora a responsabilidade com filhos, entre outras necessidades cotidianas. Eles alertaram ainda que, ao estudar

2 Entre os trabalhos que tratam da vida afetiva e familiar dos africanos e seus descendentes no Brasil, consultar: OLIVEIRA, Maria Inês. *O liberto*, op. cit.; Idem, "Viver e morrer no meio dos seus", op. cit.; FLORENTINO, Manolo; GÓES, José Ricardo. *A paz das senzalas: famílias escravas e tráfico, Rio de Janeiro, c.1790-c.1850*. Rio de Janeiro: Civilização Brasileira, 1997; SLENES. *Na senzala uma flor*, op. cit.; NISHIDA, Mieko. *Slavery and identity: ethnicity, gender and race in Salvador, Brazil, 1808-1888*. Bloomington: Indiana University Press, 2003; GUEDES. *Egressos do cativeiro*, op. cit.; ROCHA, Solange Pereira. *Gente negra na Paraíba oitocentista: população, família e parentesco espiritual*. São Paulo: Editora da Unesp, 2009; REIS, Isabel Cristina F. dos. *A família negra no tempo da escravidão, Bahia, 1850-1888*. Tese (Doutorado em História) – IFCH. UNICAMP, Campinas, 2007. O capítulo 3 é dedicado às experiências familiares dos africanos traficados e desembarcados no Brasil depois de 1831, identificados como "africanos livres".

as instituições familiares dos africanos e de seus descendentes, convém traçar várias distinções entre ideias e práticas referentes ao parentesco: as relacionadas à união sexual e ao casamento; à residência e ao lar; à distribuição das responsabilidades domésticas.[3]

John Thornton, argumentando sobre o impacto demográfico, político, econômico e cultural dos africanos no Continente Americano, sugeriu questões mais profundas. Segundo ele, a conjuntura social na qual os sujeitos foram inseridos após o desembarque incidiu diretamente nas suas experiências familiares. Porém, Thornton não concorda com Mintz e Price, os antropólogos do *afroamericanismo*, quanto à ideia de uma total heterogeneidade cultural dos indivíduos que os levaria à reinvenção plena de suas instituições neste lado de cá do Atlântico. O fato dos embarques ocorrerem em um mesmo local evitou, até certo ponto, diferenças culturais acentuadas. Grupos étnicos – algumas vezes gente de uma mesma *nação*, ou ainda de um mesmo clã – podem ter feito a travessia no mesmo tumbeiro, possibilitando a reconstrução dos vínculos parentais ou familiares. Para Thornton, os africanos conseguiram transmitir, a partir de suas reinvenções familiares, sua cultura anterior ao processo do tráfico e da escravização atlânticos.[4]

Sheila Faria em pesquisa sobre as estratégias de ascensão social das negras da Costa da Mina, trouxe inquietantes considerações acerca das estruturas domiciliares destas mulheres, apontando que, nas unidades domésticas chefiadas por elas, os laços de parentescos entre as libertas e suas escravizadas teriam se estruturado em torno dos arranjos de trabalho.[5] Adriana Alves, por seu turno, estudou como os "símbolos sexuais" relacionados às mulheres negras, ao mesmo tempo em que as deixavam vulneráveis na sociedade escravista, poderiam se tornar importantes mecanismos de ascensão. Alves analisou questões de gênero, cultura sexual, ascensão

---

3 Cf. MINTZ; PRICE. *O nascimento da cultura afro-americana*, op. cit., p. 91-93.

4 Cf. THORNTON. *A África e os africanos na formação do mundo atlântico*, op. cit., p. 230-231.

5 Cf. FARIA. *Sinhás pretas, damas mercadoras*, op. cit.

social e mestiçagem a partir de uma família constituída por um homem da elite baiana, branco, solteiro, capitão de milícias e senhor de engenho, que concebeu filhos com uma escravizada africana de nação jeje.[6]

Considerando a capital pernambucana, ainda pouco é sabido sobre as experiências afetivas e familiares dos africanos e de seus descendentes no tempo da escravidão.[7] Entre os homens e as mulheres que rastreio nominalmente em diversos documentos, encontro informações sobre suas histórias amorosas, seus casamentos na igreja, uniões consensuais, divergências entre amantes, casais em busca de meios para libertar o companheiro; filhos separados da convivência dos pais, pais lutando para alforriar seus rebentos; relações de compadrio e apadrinhamento, disputas por heranças e discórdias entre familiares pela direção do patrimônio. Estes e outros dados fragmentários são significativos para aproximar-se das experiências de organização familiar, bem como dos laços de parentescos construídos pelos africanos no Recife, sobretudo depois da manumissão.

Neste capítulo, descrevo a composição do parentesco dos indivíduos do grupo de africanos que acompanho. Examino as experiências de vida familiar de pessoas cujas trajetórias individuais revelaram ligações entre grupos que não só asseguravam aos seus membros a transmissão de bens patrimoniais e culturais, mas também lhes possibilitavam o acesso a espaços sociais privilegiados. Almejo compreender como foram estruturadas as alianças entre algumas famílias e quais objetivos os indivíduos tinham em comum.

Para seguir as histórias familiares, reduzo a escala e aumento a lente de observação nas narrativas testamentárias, que cruzo com informações cartoriais, eclesiásticas e de outras fontes. Acompanho mais de perto o co-

---

6 Cf. ALVES, Adriana Dantas Reis. *As mulheres por cima, o caso de Luzia jeje: escravidão, família e mobilidade social – Bahia, c.1780-c.1830*. Tese (Doutorado em História) – ICHF, UFF, Niterói, 2010.

7 Gian Carlo Silva estudou as práticas sociais de matrimônio e a formação de núcleos familiares entre brancos, pretos e pardos na freguesia de Santo Antônio do Recife no período colonial. Cf. SILVA, Gian Carlo Melo. *Um só corpo, uma só carne: casamento, cotidiano e mestiçagem no Recife colonial (1790-1800)*. Recife: Editora Universitária UFPE, 2010, sobretudo o capítulo 3.

tidiano das pessoas, seus afazeres, seus meios de vida, como se davam suas escolhas, como e com quem se relacionavam. Tudo isto com o intuito de estabelecer as conexões de parentescos entre elas.

Casamento de preto no (papel) branco: significados das uniões conjugais para os africanos

João Antônio Lopes, preto de nação calabar, era um daqueles moradores da rua da Senzala Velha, no bairro do Recife, mencionado no capítulo anterior. No dia 28 de abril de 1832, Lopes casou-se – no altar da matriz de São Frei Pedro Gonçalves do Recife – com Miquelina Maria dos Prazeres, uma mulher da mesma nação que ele, com quem já tinha dois filhos (Martha e Cândido). Após o casamento religioso, o casal concebeu outros dois rebentos: Maria e Theodora. Não foi possível saber quantos anos Lopes e Miquelina estiveram juntos, mas tudo indica ter sido longos anos, pois Martha e Cândido nasceram quando os pais ainda eram cativos. Entre o recebimento do sacramento matrimonial e a morte de Miquelina, passou-se mais de uma década. Lopes, por sua vez, não permaneceu viúvo. No dia 30 de maio de 1848, ele ingressava em suas segundas núpcias, com Ignes Maria da Conceição, outra africana forra. Desta vez, o casamento foi mais discreto, ocorrendo em oratório privado da casa dele, pelo fato de ser viúvo.[8]

Como já mencionado, muito já se discutiu na historiografia sobre os impactos sociais, culturais, psicológicos sentidos pelos africanos escravizados nas Américas e suas estratégias de superação. O casamento, entre os vários mecanismos, aparecia como capital social de fixação ao novo lugar. Era uma forma de se sentir menos estrangeiro, pois estabelecia laços na sociedade,[9] particularmente no caso daqueles celebrados no ri-

8 ACMRO, Assento de casamento de João Antônio Lopes com Miquelina Maria dos Prazeres, Livro de Casamento (doravante LC) 1823-1832, fl. 155v; Assento de casamento de João Antônio Lopes com Ignes Maria da Conceição, LC 1836-1856, fl. 75. Não encontrei o registro de óbito de Miquelina, ficando impedida de calcular o tempo que Lopes passou para conceber as segundas núpcias, com Ignes.

9 Cf. CASTRO, Hebe Maria Mattos de. *Das cores do silêncio: os significados da liberdade no Sudeste escravista, Brasil, século XIX*. Rio de Janeiro: Nova Fronteira, 1998, p. 58.

tual católico, como os dois matrimônios do calabar João Antônio Lopes. Na época em que ele viveu com sua família, a Igreja Católica, além de dominar a vida religiosa, ditava as regras sociais e morais de conduta. O cotidiano girava em torno das procissões, missas, vigílias, celebrações da vida (batizados e casamentos) e da morte (rituais fúnebres). Ao menos uma vez, as pessoas recorriam à Igreja para receber um dos sacramentos: batismo, confirmação, eucaristia, penitência, extrema-unção, ordenação e matrimônio. Cabia aos párocos ministrar e registrar esses rituais em livros específicos para cada fim, guardando-os na igreja. Graças ao padroado régio, os documentos produzidos pelos padres tinham valor religioso e civil. Os sacramentos, que significavam o caminho para obter a redenção da alma, como se acreditava na época, eram também o meio pelo qual as pessoas passavam a existir de fato naquela sociedade. Para os negros livres, social e culturalmente vistos como escravos, um registro de batismo era imprescindível para provar sua condição legal quando questionada. Já um assento de casamento garantia ao cônjuge que ficasse viúvo suceder o espólio na administração dos bens da família.[10]

Por meio do sacramento do matrimônio, um vínculo perpétuo e indissolúvel se estabelecia entre o homem e a mulher para a constituição da família. Segundo as *Constituições Primeiras do Arcebispado da Bahia*, a união conjugal tinha três fins: o primeiro era a propagação da vida humana, ordenada para o culto e honra de Deus; o segundo, a fé e a fidelidade que marido e mulher passariam a guardar mutuamente; o terceiro, o da inseparabilidade dos cônjuges, significando a união de Cristo com a Igreja Católica. Afora estas finalidades, era ainda "remédio da concupiscência, e assim São Paulo o aconselha como tal aos que não podem ser incontinentes".[11]

10 Cf. ROCHA. *Gente negra na Paraíba oitocentista*, op. cit., p. 155-167.

11 Cf. Constituições Primeiras do Arcebispado da Bahia (doravante CPAB), Título LXII - 'Do sacramento do matrimônio: da instituição, matéria, forma, e ministro deste sacramento; dos fins para que foi instituído, e dos efeitos que causa'. VIDE, Sebastião Monteiro da. *Constituições Primeiras do Arcebispado da Bahia: festas e ordenanças pelo ilustríssimo reverendíssimo D. Sebastião Monteiro da Vide*. Brasília: Senado Federal, 2007, p. 107. Segundo Solange Rocha, as CPAB são um valioso documento não só por destacar a vida religiosa

Todavia, para os libertos da África, o casamento apresentava outras perspectivas. Segundo Oliveira, a união conjugal representava um acordo de amparo recíproco para a melhoria da qualidade de vida de ambos. Homens e mulheres eram responsáveis indistintamente pelo patrimônio ou manutenção do casal, desde que ocorressem trocas de vantagens e de garantias. A mulher poderia assumir a direção da casa, do serviço doméstico, quando na falta de cativos, enquanto o homem desempenhava o papel de provedor, assegurando à companheira o respaldo masculino necessário numa sociedade patriarcal. Era também uma característica marcante dos ex-escravizados a união entre sujeitos de mesma condição social, pois as chances de seus descendentes estarem distantes do cativeiro seriam mais amplas.[12] Em outras palavras, o casamento para os africanos em liberdade tinha objetivos concretos e próprios à sua condição social. Longe do romantismo burguês e das regras de normatização social da Igreja, estava em jogo a camaradagem, a confiança, os projetos em comum, o auxílio mútuo e a legalização da transmissão dos bens.[13] E foi esta cumplicidade, na luta pela liberdade, que permeou as núpcias do calabar João Antônio Lopes. Antes de legitimar a união com a também calabar Miquelina, Lopes tratou de alforriá-la, garantindo a ela viver em liberdade com o companheiro, pai de seus filhos; e, por outro lado, assegurando que ele não se tornasse um dependente do senhor dela. Após o casamento, Lopes passou a trabalhar junto com a mulher para manumitir a filha Martha e o filho Cândido, ambos ainda sob o jugo de Joaquim José de Miranda, ex-senhor de Miquelina. Desta feita, ao adquirir o pátrio poder sobre seus rebentos, Lopes evitava a possibilidade de que o patrimônio que viesse a construir junto com a família caísse nas mãos de Miranda.

Mais adiante discuto a manumissão como projeto familiar. Por ora, verso sobre as motivações que levavam os africanos a sacramentar suas

---

de uma sociedade moderna, mas, sobretudo, por trazer inscrita a doutrina católica e seus ensinamentos para uma sociedade escravista. Cf. ROCHA. op. cit., p. 157.

12 Cf. OLIVEIRA. *O liberto*, op. cit., p. 58-60.

13 Ibidem, p. 60-61.

uniões na Igreja. De antemão, sinalizo não ser a legitimação dos rebentos a maior questão, mas sim o auxílio mútuo. O casal de nação calabar João Antônio Lopes e Miquelina resgatou o filho e a filha do jugo do cativeiro. Com toda a família liberta, teriam maiores possibilidades de angariar recursos e assim melhorar a qualidade de vida de todos. Além do mais, não eram só marido e mulher que representavam amparo um para o outro, mas os filhos e as filhas, em particular, apareciam para os pais como um apoio seguro em suas velhices.[14]

Ao ficar viúvo, como já informado, o calabar João Lopes contraiu um segundo matrimônio, com a africana forra Ignes Maria da Conceição, solteira, sem filhos; mas não chegou a gerar descendentes com ela. As segundas núpcias eram para os africanos um meio de deixar herdeiros, sobremaneira para aqueles que conquistavam algum bem material e tinham problemas de sucessão, sem ascendência ou descendência. Entretanto, este não era o caso do calabar João Lopes, pai de quatro filhos do primeiro casamento e até com um genro, pois a filha Martha se casara com certo Domingos do Espírito Santo, seis anos antes do novo enlace do pai.[15] A união do calabar João Lopes com Ignes Maria estava pautada em outros motivos. Depois de um ano de casados, ele resolveu fazer testamento dos seus bens, alegando seu mal estado de saúde, e designou Ignes como herdeira de seu patrimônio. Ou seja, o motivo do calabar João Lopes para unir-se a Ignes foi poder ampará-la legalmente.[16] No entanto, Lopes possuía parcos bens para dividir entre sua primeira família e ainda sustentar uma nova esposa. Segundo seu relato, não teria feito inventário do primeiro consórcio pelo fato de o patrimônio ser pequeno, existindo dois cativos: a preta Benedita e Antonio, de nação Calabar. Declarou que:

14 Ibidem.

15 O casamento de Martha com Domingos ocorreu em 31/07/1842, no oratório privado da casa do calabar João Lopes. Cf. ACMRO, Assento de casamento de Domingos do Espírito Santo e Martha Maria da Conceição, LC 1836-1856, fl. 75.

16 O calabar João Antônio Lopes fez seu testamento no dia 12/06/1849 e faleceu em 19/10/1850. Cf. MJPE, Registro de Testamento de João Antonio Lopes.

> [...] me pertencendo de direito a meação do meu primeiro consocio (sic) todavia só me é permitido dispor da terça e como eu dipus (sic) a liberdade a dita minha primeira mulher e os filhos Candido e Martha e por consequencia sahindo do monte da fazenda destino para a liberdade delles pouco ou nada pode caber abatendo na (sic) ditas alforrias em virtude do q' alem da terça mais cabe me e por isso mui bem posso forrar depois de meu fallecimento e de minha segunda mulher o dito escravo Antonio Calabar.[17]

A declaração do calabar João Antônio Lopes chamou a minha atenção para insatisfações e cobranças de seus filhos, em relação à posse dos cativos que ele alforriaria mediante a condição de acompanharem Ignes. Assunto para ser tratado mais adiante, uma das estratégias dos libertos era investir na compra de escravos. Poucos africanos em liberdade podiam se tornar *senhores* e *senhoras* de cativos, aqueles que o conseguiam, contudo, juntavam anos de economia para ter no máximo um ou dois escravizados. Entre vários significados, a posse de cativos lhes garantia a manutenção diária. O escravizado o auxiliava no trabalho de "portas adentro", mas, sobretudo, no de "portas afora", além de lhes servir de companhia. À exceção da preta Benedita e do calabar Antonio, que foram, ao que tudo indica, reivindicados pelos rebentos de Lopes, ele e Ignes chegaram ainda a possuir a cativa Thereza, que também só seria manumitida quando a própria Ignes falecesse. O calabar João Antônio Lopes, enfim, deixava a segunda esposa com três cativos, garantindo-lhe o sustento e o auxílio nos afazeres domésticos, além de companhia. Maria Inês Oliveira alertou que, entre as pessoas de posses modestas, as mulheres tinham mais necessidade de adquirir cativos. Fatores como a idade avançada, a ausência de rede de parentescos, a falta de filhos e filhas ou estes ainda na situação de escravizados, o celibato, a viuvez limitavam suas possibilidades de sobrevivência. Os antigos cativos

17 Cf. Registro de Testamento de João Antonio Lopes, fl. 5.

ou as *crias* de casa eram, então, o meio de que dispunham para ter auxílio na manutenção cotidiana.[18]

Afora questões de trocas de vantagens materiais, o casamento realizado na Igreja representava *status*. Para os africanos, sempre relegados socialmente, oficializar a união conjugal no rito católico era também um meio de penetrar nos espaços privilegiados dos nascidos livres. Segundo João José Reis, os esforços do casal de libertos para arcar com as custosas taxas cobradas pela Igreja demonstravam a busca dessas pessoas por respeitabilidade no mundo dos brancos.[19] Esta busca pode ser medida também pela escolha das testemunhas do matrimônio. De acordo com Gian Carlo Silva, os convidados para testemunhas conferiam grau de confiabilidade ao enlace, sobremaneira quando remediados, casados, dando maior crédito aos nubentes.[20] Porém, numa sociedade onde a cor da pele indicava o lugar de pertencimento dos sujeitos, ter pessoas brancas testemunhando celebrações importantes, como o sétimo sacramento, já era um sinal da "ascensão" do liberto. Tanto no casamento da filha do calabar João Antônio Lopes como nos seus próprios, foram escolhidos homens brancos e casados. Infelizmente, não obtive maiores informações sobre tais pessoas, exceto no caso do primeiro casamento de João Lopes, quando ele e Miquelina tiveram como padrinhos Antônio Lopes e Joaquim José de Miranda,[21] seus ex-senhores, respectivamente. Se não faziam parte das camadas do mais fino garbo da cidade, ao menos trouxeram alguma segurança para a nova vida do casal que se iniciava. Ao figurar como testemunhas de casamento e patronos de suas liberdades, estes lhes traziam

18 Cf. OLIVEIRA. *O liberto*, op. cit., p. 40-43.

19 Cf. REIS, João J. *Domingos Sodré, um sacerdote africano*, op. cit., p. 287.

20 Cf. SILVA, Gian Carlo. *Um só corpo, uma só carne*, op. cit., p. 146.

21 Encontrei entre os funcionários da Alfândega das Fazendas um certo Joaquim José de Miranda Jr., na função de tesoureiro. É provável que fosse filho do ex-proprietário de Miquelina. Naquela sociedade, os filhos geralmente seguiam carreiras semelhantes às dos pais, existindo a possibilidade de que o ex-senhor de Miquelina desempenhasse também atividades ligadas ao despacho alfandegário. Cf. APEJE, *Folhinha de algibeira*, 1848, fl. 129.

uma segurança adicional. Adiante, discuto mais sobre as questões que perpassavam o casamento e a manumissão.

Por enquanto, cabe destacar como a burocracia era um forte empecilho no acesso da população negra ao matrimônio católico. Além dos altos custos da cerimônia, exigia-se dos candidatos a nubentes uma série de documentos: certificado de batismo, carta de alforria para os libertos, autorização do senhor no caso dos escravizados e proclamas – conhecidos popularmente na época como "correr banhos".[22] A historiografia apontou como todas essas exigências constituíram um dos principais fatores não só para o pouco número de casamentos de africanos e crioulos, principalmente os libertos, mas também para os livres pobres, brancos ou negros, não selarem suas uniões conjugais na Igreja.[23]

O levantamento de 1839 computou 6.404 matrimônios em toda a província de Pernambuco, sendo 422 realizados no município do Recife.[24] No bairro em que o calabar João Antônio Lopes morava, aconteceram 33 casamentos, sendo 28 de indivíduos livres (16 brancos, nove pardos e três pretos), quatro de cativos (um pardo e três pretos) e apenas um de liberto (de cor preta – africano ou crioulo). Dos 124 matrimônios realizados no bairro de Santo Antônio, 11 envolveram nubentes forros de cor preta; na Boa Vista, dos 51 casamentos oficializados, cinco foram de forros (um

22 Os proclamas ou o "correr os banhos" eram pregões que os párocos lançavam na época do matrimônio, para certificar-se de que não havia algum impedimento para a realização do enlace. Chamava-se pregão por se apregoar nas portas das igrejas. Os *banhos* eram três, em três dias santificados. Nesse sentido, *banho* é derivado de *bann*, que na língua alemã significa publicação. Cf. BLUTEAU, Raphael. *Vocabulário portuguez & latino: aulico, anatomico, architectonico...* Coimbra: Collegio das Artes da Companhia de Jesus, 1712-1728, p. 35. Disponível em: <http://www.ieb.usp.br/catalogo_eletronico/>. Acesso em: 27 jun. 2012.

23 Cf. ROCHA. *Gente negra na Paraíba oitocentista*, op. cit., p. 188-189; OLIVEIRA. *O liberto*, op. cit., p. 66; GUEDES. *Egressos do cativeiro*, op. cit.; REIS, Isabel C. F. dos. *A família negra no tempo da escravidão*, op. cit.; SLENES. *Na senzala uma flor*, op. cit.

24 Para chegar a este total de 6.404, foram acrescidos 288 casamentos realizados nas freguesias que não foram contempladas. Cf. Mapa de Casamentos, batizados e óbitos em 1839 – continuação. In: MELLO, Jerônimo M. *Ensaio sobre a estatística civil e política da província de Pernambuco*, op. cit.

pardo e quatro pretos).[25] Os dados demonstram terem sido quase raros os casamentos na Igreja envolvendo libertos, inclusive africanos.

O censo de 1872, que contabilizou a população de Pernambuco em 841.539 habitantes (752.511 livres e 89.028 cativos), informou a existência de 5.277 africanos (2.193 livres e 3.084 cativos) em toda a província. Dentro desta população negra estrangeira, 1.598 pessoas passaram pela experiência do casamento (800 cativos e 798 livres). De modo geral, a partir da década de 1840, o número de enlaces católicos tendeu a crescer em toda a província de Pernambuco, em particular entre os africanos, que recorriam à Igreja para oficializar suas uniões. Conforme os dados daquele censo, foram realizados 337 casamentos (216 entre os livres e 121 entre os cativos) e 140 pessoas estavam viúvas (84 livres e 56 cativas) na cidade do Recife. Ou seja, 477 indivíduos da África haviam passado pela experiência matrimonial católica na capital da província.[26] A tabela 10 apresenta o estado civil dos africanos habitantes dos bairros centrais, com base nos dados do censo de 1872.

25 Cf. Ibidem.

26 Conforme os dados do censo de 1872, não havia africanos moradores da freguesia de Jaboatão.

Tabela 10 - Estado civil dos africanos no centro da cidade do Recife, 1872

Freguesias	Libertos				Escravos			
	Solteiro	Casado	Viúvo	Total	Solteiro	Casado	Viúvo	Total
Total	**568**	**112**	**70**	**750**	**402**	**17**	**36**	**455**
Homens	327	71	21	419	211	8	11	230
Mulheres	241	41	49	331	191	9	25	225
Recife	**88**	**10**	**5**	**103**	**18**	**4**	**-**	**22**
Homens	83	9	1	93	12	2	-	14
Mulheres	5	1	4	10	6	2	-	8
S. Antônio	**122**	**22**	**5**	**149**	**140**	**3**	**1**	**144**
Homens	57	13	-	70	93	1	-	94
Mulheres	65	9	5	79	47	2	1	50
São José	**137**	**47**	**34**	**218**	**15**	**3**	**9**	**27**
Homens	96	26	16	138	12	3	7	22
Mulheres	41	21	18	80	3	-	2	5
Boa Vista	**221**	**33**	**26**	**280**	**229**	**7**	**26**	**262**
Homens	91	23	4	118	94	2	4	100
Mulheres	130	10	22	162	135	5	22	162

Fonte: IAHGPE, Censo de 1872.

A princípio cabe observar que a proporção de pessoas casadas era muito maior entre os africanos em liberdade. Considerando o centro urbano como um todo, 16,9% dos homens libertos eram casados, comparativamente a apenas 3,5% dos cativos. No caso das mulheres, 12,4% das forras eram casadas, contra 4% das que ainda continuavam escravizadas. Entretanto, um dado que chama a atenção na tabela é o grande número de mulheres viúvas, que supera o de casadas em ambos os grupos. Assim, somando-se casadas e viúvas, verifica-se que o percentual de mulheres que haviam contraído matrimônio era de 27,2% entre as libertas e de 15,1% entre as escravizadas.

Porém, esta situação não se apresentava de maneira uniforme nos quatro bairros centrais. Entre os homens libertos, o índice de casados era praticamente o mesmo em Santo Antônio, em São José e na Boa Vista (cerca de 20%), mas caía para 9,7% no bairro do Recife. No grupo das mulheres, havia diferenças significativas entre os bairros. Das africanas libertas que residiam em São José, 26,3% eram casadas, índice próximo do encontrado para o total da população livre; ao passo que na Boa Vista, onde vivia praticamente metade das africanas libertas que habitavam na cidade do Recife, apenas 6,5% delas eram casadas. Entretanto, nesse bairro se concentrava um grande número de viúvas: 44,9% das que eram livres e a quase totalidade das que eram escravizadas. Finalmente, é relevante dizer que entre os solteiros havia indivíduos em uniões consensuais, que obviamente não foram registrados pelo censo, o qual refletia a sociedade normatizada, reconhecendo como legítimos apenas os casamentos oficializados pela Igreja Católica.

Segundo Maria Inês Oliveira, na Bahia a escravidão foi fator decisivo para os baixos índices de matrimônios entre as africanas forras, pois de modo geral conquistavam suas alforrias em idade bastante avançada, após terem seus rebentos no cativeiro. Ela também sugeriu que questões econômicas isoladamente seriam insuficientes para fragilizar a credibilidade de uma instituição como o matrimônio, embora pudessem ser um elemento desencadeador do processo. Contudo, fatores relevantes de ordem cultural teriam contribuído no sentido de transformar a legitimação das uniões em um elemento dispensável. Na segunda metade do século XIX, uma série de transformações socioculturais e políticas redimensionavam a estrutura da sociedade. O sistema escravista desestabilizado assistia ao crescimento das campanhas abolicionistas e ao surgimento de novos valores culturais. O casamento na Igreja fazia parte do universo cultural dos brancos que era imposto aos africanos. Enquanto foi necessário utilizar-se desse elemento para adentrar espaços sociais ou fingir adesão à cultura vigente, os sujeitos se valeram deste mecanismo. Isto é, os africanos se casavam segundo as leis do Império, nos ritos católicos, mais como uma estratégia de sobrevivência. Porém, as contradições inerentes ao escravismo se evidenciavam em paralelo ao agravamento das crises na Igreja, quer no âmbito oficial, com a laicização do Estado; quer no âmbito moral, através do enfraquecimento da instituição refletido na perda de forças do controle social. Poder casar e não fazê-lo, enfim, era para os africanos mais um meio de resistência à cultura dominante no caminho de uma afirmação cultural própria.[27]

Os originais argumentos de Oliveira são hipóteses que precisam de análise mais profunda, sobremaneira via pesquisa quantitativa e cruzamento de diversos jogos documentais. Porém, há de se convir que o catolicismo dava unidade cultural àquela sociedade. Difícil seria para africanos já ladinizados se desprenderem desta cultura, especialmente aqueles que, ao conquistar certo progresso material, buscavam meios de se desvencilhar dos estigmas do cativeiro. Utilizando o censo de 1872 como referência, apura-se que a proporção de africanas forras casadas e viúvas (38,2%) era maior do que a da população livre geral (35,2%).

Para os indivíduos da rede social da qual o calabar João Antônio Lopes fazia parte, o matrimônio segundo as leis do Império e nos ritos católicos prevaleceu como um elemento relevante de inserção social. Os dados da tabela 11 servem para destacadas inferências acerca do assunto.

Tabela 11 - Estado civil dos libertos africanos no ato do testamento (1846-1890)

Sexo	Solteiro	Casado (1ªs núpcias)	Casado (2ªs núpcias)	Separado (não oficialmente)	Viúvo
Total	6	11	3	2	8
Homem	2[a]	4[b]	3	1	2[c]
Mulher	4	7	-	1	6[d]

Fonte: MJPE, Registros de testamentos.

[a] Um dos africanos que se declarou solteiro no ato do testamento apareceu nas fontes eclesiásticas como casado com a mãe de sua filha.

[b] Dois homens que viviam amasiados se casaram no dia da feitura de seus testamentos.

[c] Um homem ficou viúvo em suas duas núpcias.

[d] Uma mulher também ficou viúva de seus dois maridos.

---

27 Cf. OLIVEIRA. "Viver e morrer no meio dos seus", op. cit., p. 182; Idem, *O liberto*, op. cit., p. 66-67.

Das 18 mulheres, 14 passaram pela experiência do matrimônio; enquanto dos doze homens, apenas um permaneceu solteiro até a morte. Notabilizo que os casamentos foram realizados, em sua maioria, entre as décadas de 1830-40, porém, foi na segunda metade do Oitocentos, em meio às transformações comentadas anteriormente, que os africanos em situação de concubinato preocuparam-se em legalizar a união.

Embora minha amostra seja pequena, o quadro matrimonial da comunidade africana afluente na cidade se torna mais um dado importante para desconfiar-se da ideia de ser decorrente de resistência cultural o reduzido número de africanos casados na Igreja, conforme avalia Oliveira. Afinal, que motivos teriam as pessoas que rogavam pelo direito à prática de religião diversa da dominante para receber desta as bênçãos nupciais católicas? O liberto Joaquim Vieira da Silva casou-se na matriz de São José com a crioula baiana Izadora Maria da Conceição. Silva ficou conhecido na tradição oral do candomblé em Salvador e no Recife como *Obá Sanyá*, e sua atuação foi relevante na fundação de importantes casas afrorreligiosas, como o Ilê Axé Iyá Nassô – a Casa Branca, em Salvador; e o Ilê Axé Iemanjá Oguntê – o Sítio de Pai Adão, no Recife.[28]

---

28 Arquivos da Matriz de São José (doravante AMSJ), Assento de casamento de Joaquim Vieira da Silva com Izidora (sic) Maria da Conceição, LC 4 (1878-1885), 31.01.1880, fl. 18v. Izadora era filha legítima de Manoel da Costa e Maria Luiza da Conceição. Segundo informações do historiador João Monteiro, uma certa Maria Luiza da Conceição era irmã de dona Romana da Conceição, prima de Viviana Rodrigues Braga (a Sinhá) e Emília Duarte Castro (a Yayá). Sinhá e Yayá eram filhas dos africanos Joaquim Duarte Rodrigues (Atô) e Eugênia Rodrigues Braga (Arô). Sinhá e Yayá ficaram conhecidas como as "tias do Terço", importantes lideranças afrorreligiosas do Pátio do Terço no bairro de São José, onde Obá Sanyá se casou e residiu por mais de vinte anos. Para a trajetória de Joaquim Vieira da Silva, consultar CASTILHO, Lisa Earl. "Vida e viagens de Bamboxé Obiticô". In: SEMINÁRIO NACIONAL ESCRAVIDÃO NO ATLÂNTICO SUL E A CONTRIBUIÇÃO AFRICANA NO PROCESSO CIVILIZADOR BRASILEIRO, 2010, Recife. Outra emblemática figura da comunidade afrorreligiosa foi Felippe Sabino da Costa, o *Ogebií*, mais conhecido na década de 1930 como Pai Adão. Crioulo nascido no Engenho Itaguary em 1878, membro da Irmandade dos Martírios, casado na Igreja Católica, da qual também era praticante, foi o sucessor da fundadora do Ilê Axé Obá Oguntê, Inês Joaquina da Costa ("tia Inês"), a *Ifatinuke*. Nos meses de maio, Pai Adão promovia novenários nas dependências do próprio sítio. Sobre as "Tias do Terço" e Pai Adão,

Outro dado relevante, tanto nas uniões legais como nas consensuais, era a escolha dos parceiros dentro ou fora de seu grupo (étnico, de nação ou procedência). Em suas primeiras núpcias, João Antônio Lopes uniu-se a uma mulher de nação calabar como ele. No segundo casamento, embora não se saiba a nação de sua esposa, sabe-se que era também africana. Isto significa que ele continuou optando por companheiras nascidas na África. Entre os demais africanos do grupo, tem-se a tabela 12:

Tabela 12 - Origem dos cônjuges, 1846-1890

Origem de nascimento do cônjuge	Nº de casamentos
Da mesma nação ou procedência	12
África	3
Nações diferentes	1
Interracial	1
Não especificado	3

Fonte: MJPE, Registros de testamentos; ACMRO, AMSSA, AMSSB, AMSJ: Assentos de casamentos.

Os dados acima mostram que, nos 17 matrimônios em que a origem do cônjuge foi especificada, apenas um ocorreu fora do grupo – uma africana que se casou com um português. Ao que parece, a endogamia foi um elemento chave na organização familiar desses africanos, e é possível que fosse também uma prática entre os demais da cidade. Segundo Oliveira, os indivíduos não só procuravam nos parceiros apoio financeiro e afetivo, mas também uma identificação étnica ou de procedência que lhes assegurasse

consultar: BRANDÃO, Maria do Carmo; MOTTA, Roberto. "Adão e Badia: carisma e tradição no xangô de Pernambuco". In: SILVA, Vagner Gonçalves da (org.). *Caminhos da alma*. São Paulo: Summus, 2002, p. 48-87. No quinto capítulo, volto a tratar dessa negociação entre práticas africanas e católicas agenciadas pelos africanos e crioulos, e das redes sociais entre Joaquim Vieira da Silva e os africanos do grupo que estudo.

a manutenção de suas tradições, transmitidas por meio de seus descendentes sem a intervenção da cultura branca.[29]

Fig. 8 - Diagrama da família do calabar João Antônio Lopes, 1832-1849[30]

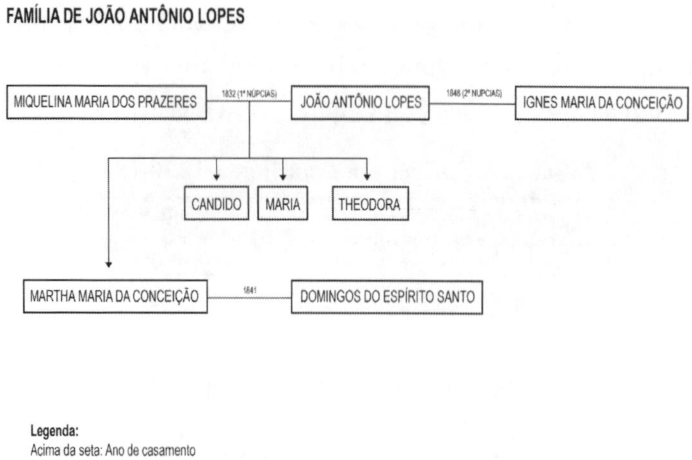

Fonte: MJPE, Registro de Testamento; ACMRO, Livros de Batismos, óbitos e casamentos.

Casamento, família e alforria

Perscrutar as relações conjugais e consequentemente a organização familiar dos africanos e crioulos, escravizados e libertos, é também pensar nas estratégias para a conquista da liberdade. Na experiência do calabar João Antônio Lopes, como aponto, a manumissão simbolizou um passo importante para a autonomia de sua família. À medida que alforriava a companheira e paulatinamente a prole, Lopes encampava um movimento pela busca de independência junto aos seus. Os silêncios produzidos em seu testamento, em relação ao seu senhor, esconderam sentimentos de

29 Cf. OLIVEIRA. Maria Inês. O *liberto*, op. cit., p. 69. Para Florentino e Góes, a endogamia exprimia um duplo e simultâneo movimento de constituição e de recusa do outro. Cf. FLORENTINO; GOÉS. A *paz das senzalas*, op. cit. p. 35.

30 Diagrama elaborado por Gabriela Pinho baseado nos dados de pesquisas da autora desse livro. Reitero que todos os demais diagramas desse trabalho foram produzidos por Pinho tendo como referência meus apontamentos de pesquisa.

gratidão, dependência e/ou clientelismo. Todavia, tais sentimentos abriram um campo de possibilidades para depreender quanto às buscas empenhadas por ele (com seus familiares) e tantos outros de sua condição para desatar os laços senhoriais que os enredavam.

Muito já se discutiu sobre alforria, por isto, faz-se desnecessária aqui uma revisão historiográfica.[31] Destaco, porém, que os estudos se resumem em dois grupos. O primeiro inclui as pesquisas sobre a *tipologia* das alforrias: gratuitas, condicionais (estabelecimento de condições ao libertando, no geral, prestações de serviços ao senhor ou seus herdeiros, por tempo determinado ou não), onerosas (pagas ao senhor); alforrias na pia batismal, testamentárias, ações cíveis de liberdade. Muitas dessas modalidades de alforria ocorriam em datas importantes no calendário senhorial: batizados, casamentos e formaturas. O segundo grupo engloba os estudos dos significados em torno da manumissão, ou seja, se esta representou *fragmentação* ou *manutenção* do sistema escravista. Tanto um como outro grupo de estudos incorre na conclusão de que a alforria no Brasil caminhou lado a lado com a escravidão.[32]

31 A literatura sobre alforria é vasta. Consultar: CHALHOUB, Sidney. "Precariedade estrutural: o problema da liberdade no Brasil escravista (século XIX)". *História Social*, Campinas, n. 19, p. 33-62, 2 sem. 2010; SOARES, Márcio de S. *A remissão do cativeiro: a dádiva da alforria e o governo dos escravos nos Campos dos Goitacases, c.1750-c.1830*. Rio de Janeiro: Apicuri, 2009; SCHWARTZ, Stuart. "A manumissão dos escravos no Brasil colonial", op. cit.; LIMA. *Os nós que alforriam*, op. cit.; MOREIRA, Paulo R. Staudt. *Faces da liberdade, máscaras do cativeiro: experiências de liberdade e escravidão percebidas através das cartas de alforria*. Porto Alegre: Arquivo Público do Estado; EDIPUCRS, 1996; FREIRE. *A conquista da liberdade*, op. cit.; BELLINI, Ligia. "Por amor e por interesse: a relação senhor-escravo em cartas de alforria". In: REIS, João José (org.). *Escravidão e invenção da liberdade: estudos sobre o negro no Brasil*. São Paulo: Brasiliense, 1988, p. 73-86; ALMEIDA, Kátia Lorena Novais de. *As alforrias em Rio de Contas, século XIX*. Dissertação (Mestrado em História) – FFCH, UFBA, Salvador, 2006; MATTOSO, "A propósito das cartas de alforria", op. cit.; EISENBERG, "Ficando livre", op. cit.; ALADRÉN, Gabriel. "Alforria, paternalismo e etnicidade em Porto Alegre, 1800-1835". *Anos 90*, Porto Alegre, v. 15, n. 27, p. 125-160, jul. 2008; Goldschmidt, Eliana Rea. "As cartas de alforria na conquista da liberdade". *Ide*, São Paulo, n. 50, v. 33, 2010, p. 114-125.

32 Cf. CHALHOUB. "Precariedade estrutural", op. cit., p. 35-36.

No entanto, para os historiadores que conceberam a alforria como elemento de sustentação do escravismo, a manumissão foi vista como *dádiva* senhorial. Para eles, a alforria e a decisão de liberdade do escravizado e/ou de membros da família deste estava única e exclusivamente nas mãos do senhor. Mesmo para indivíduos como o calabar João Antônio Lopes, que barganhou o preço da esposa e dos filhos, obter ou não a alforria dependia da relação pessoal que o escravizado tivesse com o seu senhor. Segundo Oliveira, acenar com a liberdade, mas não concedê-la de imediato e plenamente ao cativo, passou a ser uma estratégia para extrair do escravizado melhores serviços e comportamentos desejáveis. Roberto Guedes, por sua vez, além de perceber a alforria como uma concessão senhorial, conclui ser este o único caminho para o cativo ascender à liberdade. Numa sociedade escravista, onde a desigualdade era o princípio básico, a manumissão era o começo da diferenciação social para os escravizados. Porém, isto implicava na submissão dos indivíduos. Submeter-se às imposições da alforria seria um primeiro passo de reinserção social dos forros por via legal. Para Guedes, a submissão sob a ótica dos escravizados compreendia o reconhecimento do poder senhorial, já que, sob o prisma dos senhores, era um ato moral. Conflitos e tensões, contudo, não estariam ausentes da política de alforria.[33]

Em contrapartida, para os estudiosos defensores da alforria como fragmentação do escravismo, a manumissão é encarada como uma conquista do escravizado. Nesta perspectiva, Sidney Chalhoub é uma referência. Entre seus trabalhos, destacam-se aqueles que se referem às lutas nas instâncias judiciais entre ex-escravizados (pela manutenção da liberdade) e senhores (persistindo em manter o cativeiro), as quais representavam não só a fragilidade da escravidão como também as contradições do cotidiano da liberdade. Segundo Chalhoub, ao longo do século XIX, as agências de interação social tornavam cada vez mais tênues e porosas as linhas entre a

33 Cf. OLIVEIRA. *O liberto*, op. cit., p. 25; CUNHA. *Negros, estrangeiros*, op. cit.; GUEDES. *Egressos do cativeiro*, op. cit., p. 183-184, 207. Outros historiadores que defendem a alforria como uma concessão senhorial são Mariza Soares e Márcio Soares. Cf. SOARES, Mariza. *Devotos da cor*, op. cit.; SOARES, Márcio. *A remissão do cativeiro*, op. cit.

escravidão e a liberdade. Havia constantes ameaças de reescravização para os libertos, além dos perigos dos livres negros serem escravizados ilegalmente. Os movimentos dos libertos, como já destacado, eram limitados, vigiados. Alguns espaços lhes eram cerceados, a exemplo da instrução escolar. A partir de 1881, os forros ainda foram excluídos da cidadania política. Foi abolida a eleição em dois turnos e os critérios de comprovação de renda tornaram-se mais rígidos, limitando, pois, a participação dos indivíduos no processo. A novidade da época era a exigência da alfabetização, inexistente até então. Os libertos africanos, além da exclusão à cidadania, não tinham acesso à instrução primária e não podiam organizar-se legalmente em associações baseadas em laços étnicos e raciais.[34] Corroboro as alegações de Chalhoub e de outros historiadores que concebem a alforria como êxito dos próprios escravizados.[35]

As mulheres e os homens do grupo que sigo foram manumitidos na primeira metade do Oitocentos, entretanto, ratifico que a alforria passou a ser elemento chave de fragmentação do escravismo na segunda metade do século. Nesse período, as manumissões foram se avolumando e os cativos e os forros, em particular, passaram a lutar nas instâncias jurídicas pela conquista ou manutenção da liberdade. Para um sistema que requeria autoridade e submissão, a política de alforria, depois de 1871, concorria para o seu esfacelamento. Destaco, contudo, que o interesse aqui está nas experiências após a manumissão, isto é, como os libertos africanos reorganizaram suas vidas e teceram redes de sociabilidades na cidade para a garantia de espaços sociopolíticos e culturais. Que implicações, porém, tiveram a família, o parentesco, entre outras formas de sociabilidades, na conquista da alforria?

Familiares, a saber, exerceram papel fundamental nesse processo. Homens como o calabar João Antônio Lopes, quando desejavam viver ao

34 Cf. CHALLHOUB. "Precariedade estrutural", op. cit., p. 55-57.

35 Sobre as alforrias como um protagonismo dos próprios escravizados, cf. ALMEIDA, Kátia Lorena Novais. *Escravos e libertos nas minas do Rio de Contas: Bahia, século XVIII*. Salvador: EDUFBA, 2018.

lado de suas companheiras, compravam suas alforrias. Amantes alforriavam um ao outro; mães poupavam para manumitir seus rebentos; pais resgatavam filhas e filhos naturais e legítimos; irmãs e irmãos trabalhavam para adquirir a alforria uns dos outros; rebentos libertavam pais e mães; padrinhos e madrinhas barganhavam o preço de seus afilhados. Além do mais, parceiros e camaradas de cativeiro, parentes de nação ajudavam-se mutuamente na compra de suas cartas de liberdade. João Reis mostrou como funcionavam, na Salvador do século XIX, as *juntas de alforria*.[36] Lamentavelmente, não conheço, até o presente momento, nenhuma organização semelhante entre os africanos no Recife.

O calabar João Antônio Lopes, antes de se casar com Miquelina, sua primeira esposa, tratou logo da liberdade do casal. Ascender à condição de forro, para depois oficializar a constituição familiar, foi um aspecto fundamental na experiência dos africanos e dos crioulos. Além de ser um passo para a concretização da autonomia, era também a chance de rompimento com as redes senhoriais, sobretudo quando manumitiam toda a família: filhos e demais parentes ainda sob o jugo do cativeiro. Guedes, estudando a mobilidade social de cativos à condição de forros em Porto Feliz, província de São Paulo, notou ser a alforria mais acessível em meio aos indivíduos casados legalmente, amasiados ou com certo grau de parentesco.[37] Entre os sujeitos cujos assentos de casamentos e batizados encontro e cruzo com seus testamentos e inventários, observo os matrimônios e as legitimações da prole ocorrendo, de fato, às vésperas da concretização da alforria.

Por outro lado, embora laços familiares ou de parentescos auxiliassem na barganha da alforria, não significavam ausência de divergências e

---

36 As juntas de alforria consistiam em uma espécie de poupança conjunta – cuja quantia era fixada para todos os membros –, da qual cada integrante escravizado retirava a soma que faltava para completar o valor de sua alforria. As juntas se baseavam na filiação étnica ou de nação, mas muitas vezes o fator étnico era diluído pela proximidade territorial (freguesia) ou pelo grupo de trabalho dos indivíduos. Cf. REIS. *Domingos Sodré*, op. cit., p. 205-208; OLIVEIRA. *O liberto*, op. cit., p. 27-28. Entre os esparsos trabalhos que acompanharam a trajetória de indivíduos depois da alforria, consultar: FREIRE. *A conquista da liberdade*, op. cit.; GUEDES. *Egressos do cativeiro*, op. cit.

37 Cf. GUEDES, op. cit., p. 197.

tensões entre os indivíduos, sobretudo depois desta conquista. Lembro a trajetória do calabar João Antônio Lopes, no que se refere às insatisfações de seus filhos – devido à posse dos dois cativos alforriados por ele sob a condição de ficar junto à sua segunda esposa, Ignes –, trazendo à tona o fato de o africano ter trabalhado para resgatar mãe e filhos do cativeiro, não podendo mais os insatisfeitos reclamar coisa alguma.

A africana Luzia Muniz, de nação saburú (savalu), era membro de uma das irmandades que o calabar João Antônio Lopes frequentava, a Irmandade Jesus Maria José do convento de Nossa Senhora do Carmo. Esta africana emprestou 242$170 réis para certa Brezida da Costa, também natural da Costa da Mina e de sua mesma nação, para completar o valor de sua liberdade. No entanto, ficou acordado entre ambas que Luzia ficaria de posse da carta de alforria de Brezida, que só devolveria quando tivesse seu dinheiro reembolsado. O auxílio de Luzia foi fundamental para que Brezida se libertasse de seus senhores, porém, a manutenção de sua liberdade estava ameaçada, pois ela corria o risco de se tornar cativa de sua parente de nação. Não foi possível saber quando essa transação entre ambas se iniciou, mas até o dia 22 de dezembro de 1847 (data da feitura do testamento de Luzia), Brezida não tinha cumprido com a sua parte no acordo. No dia 30 de março de 1850, Luzia faleceu, passando seu marido, Manoel Maxado, preto forro, também de nação savalu, a ser o credor de Brezida, conforme os acertos entre as africanas. Infelizmente, não tive acesso às contas testamentárias de Luzia para saber o fim dessa história. Suponho que Brezida tenha saldado essa dívida e finalmente se tornado livre.[38] De qualquer modo, esta experiência revela que o parentesco étnico não significava solidariedade entre os indivíduos, sobremaneira quando o assunto era dinheiro. Por outro lado, não era o "papel da liberdade" ou a quitação do débito com sua patrícia que iria livrar Brezida dos estigmas do cativeiro. A carta de alforria era um documento que ajudava no trânsito

38 MJPE, mapoteca 13, gaveta E, LRT (18.10.1849 a 09.11.1850), Registro de testamento de Luzia Muniz, fl. 61v-63; para as informações citadas, ver fl. 62; AMSSBV, Registro de óbito de Luzia Muniz, africana, Livro de Óbito (doravante LO) 8 (08.03.1850 a 16.10.1852), fl. 62.

fora da cidade, da província, porém, as maiores provas da ascensão do forro eram o reconhecimento social, em particular no lugar onde morava, e as relações sociais por ele construídas.[39]

Se a quitação de uma dívida colocou em risco a liberdade da preta de nação savalu Brezida, divergências entre cônjuges e estratégias para assegurar o futuro da prole permearam a trajetória que acompanho a seguir. Antônio Francisco Gomes, preto forro, natural da Costa da Mina, vinculado à Irmandade de São Benedito – outra confraria da qual o calabar João Antônio Lopes também participava –, casou-se no dia 12 de maio de 1835 com a preta Delfina Marcelina da Conceição, de nação calabar. Creio ter sido nesse mesmo período que ambos adquiriram a alforria. Desconfio ainda que Gomes foi alforriado no testamento de seu senhor, pois foi descrito como ex-cativo de Antônio Francisco Gomes, já falecido. Delfina, por seu turno, era forra de Anna Marcelina da Conceição.[40] O mina Antônio Francisco e a calabar Delfina não tiveram filhos ou filhas do matrimônio. Em testamento, ele declarou também não ter prole fora do casamento, nem quaisquer herdeiras ou herdeiros legítimos, por isto tinha poderes legais para livremente dispor de sua meação nos bens do casal. Ao preparar seu testamento, instituiu o menor Antônio Francisco Gomes Junior, crioulo, de onze anos, como herdeiro universal de seus bens, alegando que criara o menino desde a idade de dois anos. Gomes ainda fez a seguinte revelação: "Declaro que deixo ao dito menor Antônio Francisco Gomes Júnior por herdeiro de todos os meus bens, nos quais *minha mulher não terá meiação* (sic), pois tendo vivido em minha companhia somente poucos dias."[41] O casamento de oficial passou a oficioso, pois Gomes não vivia ao lado da esposa no momento em que preparou seu testamento.

---

39 Cf. GUEDES. *Egressos do cativeiro*, op. cit., p. 188-189.

40 Arquivos da Matriz do Santíssimo Sacramento de Santo Antônio do Recife (doravante AMSSSAR), Assento de casamento de Antônio Francisco Gomes, preto forro de nação costa com Delfina Marcelina da Conceição, preta forra de nação calabar, LC 5 (1828-1845), fl. 221v.

41 MJPE, mapoteca 13, gaveta F, LRT (19.07.1865 a 28.11.1866), Registro de testamento de Antônio Francisco Gomes, fl. 12-13, fl. 13 para o trecho citado (grifo meu).

O mina Antônio Gomes alegou que a mulher vivera pouco tempo em sua companhia. Contudo, pelas leis do Império, a calabar Delfina não poderia jamais ser destituída do patrimônio do marido. Segundo, "estando separados perpetuamente não pode nem a mulher nem o marido ser cabeça de casal". Isto é, a calabar Delfina perdia apenas o direito de ser responsável pela administração do patrimônio do casal, por não ter permanecido na companhia do mina Antônio Gomes até seus últimos dias de vida. Porém, tinha direitos sobre a metade dos bens deixados pelo marido. E foi o que aconteceu: ela recebeu a quantia de 889$100 réis correspondente à sua meação.[42]

Quanto ao menino designado como herdeiro, era mesmo filho do mina Antônio Gomes, fruto de sua relação com a preta Joaquina, crioula, cativa do casal Luciano José Cabral e Roza Maria da Penha, moradores no bairro do Recife. Junior nascera em maio de 1854, dezenove anos após o casamento do mina Antônio Gomes com a calabar Delfina, sendo alforriado na pia batismal pela quantia de 80$000 reis, paga pelo próprio Antônio Gomes. Diferente do pai, Junior conheceu a liberdade antes de dar os primeiros passos e de pronunciar as primeiras palavras.[43] Em 1856, o menino foi viver ao lado do mina Antônio Gomes, que convivia em casa apenas com duas escravizadas com o mesmo nome, Maria (Primeira e Segunda), ambas de nação Costa. Porém, quando seu pai preparou o testamento, no dia 22 de julho de 1865, não o mencionou como filho, só declarou que o criava desde a idade de dois anos e por isto o instituía seu herdeiro universal. Que razões teria o mina Antônio Gomes para negar, em testamento, Júnior como seu filho natural? Por que não legitimou o menino batizado como forro?

42 Cf. , Livro IV, Título XCV: 'Como a mulher fica em posse e cabeça de casal por morte de seu marido', fl. 949. Disponível em <http://www.ci.uc.pt/ihti/proj/filipinas/ordenacoes.htm>. Acesso em: 19 jul. 2012; IAHGP, Inventário de Antonio Francisco Gomes, 1865, cx. 159, fl. 42.

43 ACMRO, Assento de batismo de Antonio, crioulo, párvulo, forro; 2 jul. 1854, LB 26 (1851-55), fl. 77.

Para tais indagações, sugiro respostas que podem revelar as estratégias do africano para amparar seu filho. Primeiro, negar a paternidade era uma maneira de assegurar o direito de herança da prole adulterina, uma vez que filhas e filhos ilegítimos só tinham direito aos legados se por ventura lhes fossem concedidos por seus genitores em testamento. Segundo, ao declarar que a mulher vivera apenas poucos dias ao seu lado, portanto, estando separada dele havia três décadas, o mina Antônio Gomes procurava garantir que a calabar Delfina não ficasse como "cabeça do casal", evitando assim que possíveis insatisfações por parte dela colocassem o futuro de Junior em risco.[44] Quem sabe, um dos motivos para a calabar Delfina sair de casa e desistir do seu casamento com o mina Antônio Gomes teria sido a relação dele com outras mulheres? Não foram incomuns, no século XIX, uniões consensuais sem a coabitação do casal. A preta Joaquina, porém, foi a única que concebeu filho com o africano.

As famílias dos irmãos de São Benedito, o mina Antônio Francisco Gomes e o calabar João Antônio Lopes, foram típicas entre os egressos do cativeiro no século XIX: libertos com cônjuges e/ou filhos para serem resgatados da escravização, forros mantendo encontros amorosos com escravizados, prole ilegítima ou natural. Isto é, *famílias mistas*, cujas trajetórias foram marcadas pela linha tênue entre escravidão e liberdade. A alforria do grupo familiar, enfim, fazia parte dos projetos de liberdade. Cacilda Machado – estudando as relações sociais entre livres, libertos e escravizados em São José dos Pinhais entre os séculos XVIII e XIX – argumentou que esses laços parentais entre cativos e forros (e até livres pobres), embora constituíssem uma estratégia senhorial para arregimentar mão de obra, era a forma utilizada por escravizados para alcançar a manumissão e por livres pobres "sem eira nem beira" para conseguir trabalho, ter amparo. Ou seja, o casamento na sociedade colonial/imperial era um meio de mobilidade social.[45] Como salientou Guedes, numa sociedade escravista como a brasileira, que:

44 Roberto Guedes chegou a conclusões semelhantes quanto às estratégias de mobilidade social entre famílias de forros em Porto Feliz. Cf. GUEDES. *Egressos do cativeiro*, op. cit., p. 234.

45 Cf. MACHADO, Cacilda. "Casamento & compadrio: estudo sobre as relações sociais entre livres, libertos e escravos na passagem do século XVIII para o século XIX (São José dos

> impunha referenciais de hierarquias, distinguindo social e juridicamente escravos, livres, forros e descendentes de escravos, a transposição de uma categoria jurídica a outra e o posterior afastamento de um antepassado escravo pressupõem passos na hierarquia social. Por isso, o movimento de ascensão social se dá gradativamente, ao longo do tempo, é geracional.[46]

Acrescenta ainda o autor que, embora a distinção básica entre cativos, forros e livres não fosse eliminada, pressupunha a necessidade de distinguir libertos e descendentes no tocante ao distanciamento da escravidão. Por isto, considerava ser a *mobilidade social geracional*.[47]

Embora a liberdade funcionasse como um signo de ascensão ou mobilidade social para os escravizados, como realçou Machado, nem sempre ela se ampliava ao longo das gerações. Um cativo podia ter filho liberto, mas neto, bisneto e trineto escravizados. Pessoa livre ou liberta, unindo-se a uma escrava, corria o risco de mudar seu *status*, sem necessariamente mudar sua condição jurídica. Além do mais, a *mobilidade social geracional* conceituada por Guedes implica na mudança social da cor da pele dos sujeitos, ou seja, no "embranquecimento", daí seu interesse por forros "mulatos". Este iria depender da agência dos libertos no trabalho, nas redes sociais e na reabilitação de suas relações senhoriais. Por estas razões, discordo da ideia de mobilidade social ao longo das gerações, pois encontro situações diversas de sujeitos cuja ascendência estava vinculada ao cativeiro, tendo sua mobilidade cerceada. David Brion Davis demostrou também que a racialização foi fator relevante nas Américas, impedindo não só aos africanos e seus descendentes, mas também aos livres negros, o acesso a espaços sociopolíticos privilegiados ocupados pelos brancos.[48]

Pinhais - PR)". In: ENCONTRO BRASILEIRO DE ESTUDOS POPULACIONAIS, 4, 2004, Caxambu; GUEDES, op. cit., sobretudo cap. IV e V.

46 GUEDES, op. cit., p. 85.

47 Cf. GUEDES, op. cit., p. 89.

48 Cf. MACHADO. "Casamento & compadrio...", op. cit., p. 16-17; GUEDES. *Egressos do cativeiro*, op. cit., p. 93-108; DAVIS, David B. *O problema da escravidão na cultura ocidental*. Rio de Janeiro: Civilização Brasileira, 2001, p. 299-324.

Famílias ampliadas: dos laços de sangue ao parentesco espiritual

Os estudos que focalizam a família negra no tempo da escravidão privilegiam as organizações nas áreas rurais. Para Thornton, foi nesses locais onde os africanos e seus descendentes tiveram maiores dificuldades para reorganizar seus laços comunitários. O desequilíbrio sexual, com a predominância do número de homens sobre o de mulheres, as longas horas de trabalho e os maus tratos encurtavam a vida e restringiam as oportunidades de interação cultural. Além do mais, seus projetos de constituição de uma família e socialização de suas crianças em suas culturas eram limitados. Porém, Robert Slenes constatou no município paulista de Campinas, por meio dos censos de 1801, 1809 e 1872 – período da grande lavoura –, proporções expressivas de cativos casados e viúvos, consideradas por ele surpreendentes. Ou seja, embora o contingente masculino fosse superior ao feminino nas grandes e médias propriedades, os escravizados conseguiam se casar e manter relações conjugais razoavelmente estáveis no sudeste brasileiro.[49]

As áreas urbanas, por sua vez, foram concebidas pelos estudiosos como mais favoráveis para escravizados e libertos africanos reorganizarem suas famílias. Para Thornton, um dos fatores seria a maior liberdade de movimento, concorrendo para uma vida cultural e social mais plena. Todavia, não deixou de reconhecer que a escravidão urbana também afetou negativamente as organizações familiares negras. Segundo Isabel Reis, uma das causas da desestruturação desta instituição na área urbana eram os riscos sofridos pelos escravizados, antes da lei de 1871, de separação por venda – de marido e mulher, de pais e filhos, entre outros parentes. Para a autora, torna-se necessário conhecer a diferença entre o mundo rural e o urbano e até que ponto os laços de parentescos envolviam pessoas cativas, libertas e livres negras em ambas as áreas.[50]

---

49 Cf. THORNTON. A *África e os africanos na formação do mundo atlântico*, op. cit., p. 228-233, 240; SLENES. *Na senzala uma flor*, op. cit., p. 72-74.

50 Cf. THORTON. A *África e os africanos na formação do mundo atlântico*, op. cit., p. 247-249; REIS, Isabel C. F. dos. A *família negra no tempo da escravidão*, op. cit., p. 91.

Entre os membros do grupo investigado, não constato indivíduos com laços de parentesco que incluíssem o mundo rural. As famílias tratadas aqui se restringiram ao perímetro urbano, como a de Mônica da Costa Ferreira, liberta da Costa da Mina, uma das africanas que habitavam o bairro do Recife, onde fixou endereço na rua da Guia, tendo também se filiado à Irmandade de São Benedito. Em 1864, a mina Mônica estava com sessenta anos de idade e acometida pela hidropisia,[51] quando preparou seu testamento. Era viúva do liberto João Antônio Marques da Costa, falecido havia dez anos. Ela declarou, na ocasião, que não tivera filhos e filhas do matrimônio com o marido, mas era mãe de duas filhas naturais: Antônia Perfudina dos Prazeres (já falecida naquele tempo), esposa de Antônio Gomes de Moura; e Romana Maria dos Prazeres, casada com Joaquim Baptista da Silva. Do consórcio de Antônia e Moura, existia um casal de filhos: Feliciana e Francisco. A princípio, esta foi a composição familiar que a africana mina revelou, no dia 4 de janeiro de 1864. Porém, em busca de mais informações para compor sua trajetória, descubro que o pai de Antônia, na verdade, era o próprio João Antônio, marido de sua mãe. No dia 16 de setembro de 1854, quando Moura e Antônia se casaram, o vigário da matriz do Corpo Santo, Plácido Antônio de Souza, registrou a noiva como "filha legítima de João Antônio Marques, já falecido, e de Mônica Ferreira". Além de auxílio mútuo, amparo financeiro, esta união era também um meio das mulheres dessa família continuarem com um apoio masculino. A crioula Romana ainda era solteira, seu matrimônio com o também africano Joaquim Baptista só aconteceu em novembro de 1856.[52]

51 A hidropisia era um termo geral da época para denominar o acúmulo de líquido em qualquer parte do corpo (inchaço).

52 MJPE, mapoteca 13, gaveta F, Registro de Testamento de Mônica da Costa Ferreira, LRT (nov. 1862 a set. 1865) fl. 44-45; ACMRO, Assento de casamento de Antônio Gomes de Moura e Antônia Perfudina dos Prazeres, LC 5 (1836-1856), fl. 258-258v; Assento de casamento de Romana Maria dos Prazeres com Joaquim Baptista da Silva, LC 9 (1856-67), [ilegível] nov. 1856, fl. [01?]. João Marques da Costa faleceu no dia 30 de maio de 1854, LO 32 (1850-1854), fl. 115. LB 27 (1855-1862), Assento de batismo de Feliciana, crioula, párvula, 15.06.1856, fl. 32; Assento de batismo de Francisco, crioulo, 11/09/1859, fl. 107v-108.

Já foi argumentado, nesse trabalho, que as pessoas de origem africana davam preferência aos matrimônios endogâmicos, para assegurar a manutenção de sua cultura. Contudo, as uniões conjugais dentro do grupo se estendiam aos crioulos, possivelmente porque se entendiam melhor com os africanos. Thornton destacou que os descendentes de primeira geração de africanos (crioulos) tiveram papel importantíssimo na transmissão da cultura de seus pais. Aprendiam a pensar e a agir como esses e eram totalmente integrados à comunidade africana. Por isto, os pais preferiam casar seus filhos e suas filhas com parentes de sua nação, de seu grupo étnico ou ainda com outros africanos integrantes de uma mesma *cartografia negra*, construída ao longo de muitos anos. Não tive conhecimento sobre os vínculos específicos da mina Mônica e de sua família com o africano João Baptista antes do seu casamento com a crioula Romana, no entanto, o liberto Antônio Gomes de Moura, também africano, já mantinha relações com a família desde o tempo em que João Antônio Marques da Costa era vivo e dividia com a mulher a chefia do domicílio.

Encontro no dia 19 de abril de 1851 Marques da Costa levando à pia batismal da igreja do Corpo Santo seu escravo José, recém-chegado "da Costa", que teve como padrinho o africano Antônio Gomes de Moura. Talvez o enlace entre Moura e Antônia tivesse sido arranjado por seu pai. Depois do casamento, Moura passou a aconselhar a sogra em suas finanças. Ela relatou ter investido 400$000 réis em negócios, cuja natureza não revelou, por intermédio desse genro. Infelizmente, a mina Mônica perdera essa quantia, pois no momento da redação de seu testamento declarou que estava sem dinheiro algum e ainda complicada na justiça, sendo Moura o causador do seu insucesso financeiro.[53]

À primeira vista, a mina Mônica e suas filhas apresentam-se como mulheres entre tantas outras que viveram na cidade do Recife em meados do século XIX: solteiras, cujos pais ou padrastos escolhiam seus futuros es-

53 ACMRO, Assento de batismo de Joaquim, Antônio, José, Roberto e João, escravos africanos adultos, LB 26 (1851-55), fl. 101; Registro de testamento de Mônica da Costa Ferreira, fl. 44.

posos; casadas, sob a tutela de seus maridos; viúvas, dependentes de genros que cuidavam de seus negócios, enquanto suas filhas as amparavam na doença. Segundo as leis e costumes de uma sociedade patriarcal, os assuntos econômicos, burocráticos, judiciais eram de atribuição masculina, enquanto as funções domésticas eram de responsabilidade feminina. Porém, para africanas como a mina Mônica, o modelo patriarcal não era a regra.

Quando percebeu seu prejuízo financeiro devido às falhas de Antônio Gomes de Moura, a mina Mônica tomou algumas medidas para reverter a situação. Primeiro, precisou solucionar as questões judiciais advindas das ações do genro. Em seguida, redistribuiu as atribuições das pessoas de sua família: afastou Moura da administração de seus bens e fez de seu outro genro, o africano Joaquim Baptista da Silva, tutor de seus netos. Tudo indica que os crioulos Feliciana e Francisco passaram a viver com os tios depois da morte da mãe.[54] A mina Mônica nomeou como seus testamenteiros, em primeiro lugar, o africano Joaquim Baptista; em segundo, sua filha Romana; e em terceiro, o mina Alexandre Rodrigues d'Almeida. A africana também fez da filha herdeira da terça parte de seus bens. Segundo ela, assim procedia "em attenção aos bons serviços que [Romana] me tem prestado, e a boa amizade que lhe tenho".[55] Como prescrevia a lei, cônjuges, filhas e filhos naturais ou legítimos e netas e netos eram herdeiros diretos do patrimônio do espólio. Na falta de descendentes, os beneficiados seriam os ascendentes em igual grau de parentesco ou, no caso de graus diferentes, o mais próximo. Ou seja, a partilha dos bens deixados pela mina Mônica dar-se-ia apenas entre a filha e seus netos. É possível que, ao deixar a terça parte para Romana, a africana quisesse evitar novos riscos que pudessem ser causados ao patrimônio da família pelo genro Moura.[56] Percebe-se, en-

54 Não encontrei o óbito de Antônia, porém, em 1859 Antônio Gomes de Moura já aparece como viúvo, ao figurar como padrinho de outros cativos. Cf. ACMRO, Assento de batismo do pardo escravo Agostinho, 03 de maio de 1859, LB 27 (1855-62), fl. 77v.

55 Cf. Registro de Testamento de Mônica da Costa Ferreira, fl. 44.

56 Cf. Livro IV, Título XCVI: 'Como se há-de fazer as partilhas entre os herdeiros', fl. 954-955. Disponível em: <http://www.ci.uc.pt/ihti/proj/filipinas/ordenacoes.htm>. Acesso em: 26 jul. 2012.

tão, que a mina Mônica assumiu a sua autonomia, decidindo o futuro de cada membro de sua família até o último dia de sua vida.

Assim como muitas outras mulheres de variados grupos sociais de sua época, a mina Mônica foi submetida ao modelo patriarcal vigente e ao mesmo tempo se desviou dele. Havia homens que não podiam prover ou dirigir sozinhos suas famílias, precisando do auxílio de suas companheiras no sustento da casa e na criação de filhos e filhas. Existiam também mulheres gerenciadoras de suas próprias vidas e famílias, que trocavam de parceiros, concebiam seus rebentos antes de casar, escolhiam companheiros, trabalhavam fora de casa, ou que perdiam seus maridos e assumiam a chefia do lar. Aprendiam, provavelmente, a administrar melhor as relações com seus homens, aumentando seus espaços de atuação e minimizando as fronteiras dos códigos patriarcais de conduta.[57]

Por outro lado, mesmo depois da morte da mina Mônica, sua família continuou crescendo. Em 1865, Romana ficou viúva e casou-se com outro africano de nação Costa, Francisco Xisto dos Anjos. Deste consórcio nasceram Josephina e Manoel, crianças que cedo conheceram a orfandade, pois Romana faleceu no dia 9 de fevereiro de 1868 e Xisto dos Anjos no dia 7 de março de 1871. Naquela época, Josephina e Manoel estavam com seis e três anos de idade, respectivamente, e seus únicos familiares vivos eram o tio Moura e os primos Feliciana e Francisco. Por esta razão, Moura entrou com pedido de tutela, pois os sobrinhos estavam na casa de certo José Joaquim da Costa. Iniciava-se uma disputa que duraria dois anos na justiça, não só pela guarda dos menores, mas pela administração

57 O modelo de sociedade patriarcal proposto por Gilberto Freyre vem sendo contestado pela historiografia atual. Os estudos têm mostrado que homens e mulheres disputavam espaços sociais, econômicos e até políticos. Sobre este assunto, consultar, entre várias obras, ALGRANTI, Leila. *Honradas e devotas: mulheres na colônia.* Rio de Janeiro: José Olympio, 1993; ALMEIDA, Suely Creuza C. de. *O sexo devoto: normatização e resistência feminina no Império português (XVI-XVIII).* Recife: Editora Universitária UFPE, 2005; GRAHAM, Sandra L. *Caetana diz não: história de mulheres da sociedade escravista brasileira.* São Paulo: Companhia das Letras, 2005; NIZZA DA SILVA, Maria B. *História da família no Brasil colonial.* Rio de Janeiro: Nova Fronteira, 1998; ROCHA, Solange. *Gente negra na Paraíba oitocentista*, op. cit.; SILVA, Maciel H. C. da. *Pretas de honra*, op. cit.

da herança deles. Moura foi acusado por José Joaquim de incapacitado para ser tutor das crianças, pois estava muito doente e vivia em "constante embriaguez". Não detalho aqui as disputas judiciais em torno da guarda da filha e do filho de Romana. Já argumentei os motivos que levaram a mina Mônica, quando viva, não só a afastar Moura da administração de seus negócios, mas a privá-lo da educação de seus próprios filhos. Quase uma década havia se passado. Feliciana casara-se com certo Porfírio de Tal e já era mãe – Moura tornara-se avô. Em 1873, quando acabaram as disputas pela tutela dos rebentos de Romana, foi a vez da primeira neta da mina Mônica ficar viúva e assumir sozinha a educação dos filhos, cuidar do pai, já com idade avançada, e da prima Josephina.[58]

A mina Mônica, enfim, conseguiu constituir um núcleo familiar do tipo *ampliado*, com filhas, genros, netos e netas e até bisnetos, que sobreviveram única e exclusivamente dos bens deixados por ela. Nem mesmo o segundo casamento da filha Romana aumentou o patrimônio da família. Ela e o marido habitaram até os últimos dias de vida na casa da rua de Santa Rita deixada pela mina Mônica. Por outro lado, os quatro netos também foram se mantendo da herança da avó enquanto foi possível. O dinheiro, porém, foi acabando e a situação econômica tornando-se difícil. Feliciana, que assumira o lugar de sua avó, já não morava mais com seus familiares no centro urbano e comercial do Recife; estava residindo na travessa de Santo Amaro, num arrabalde pobre da cidade, em condições financeiras precárias.

Na trajetória familiar da mina Mônica, constata-se mais um exemplo para descartar a ideia de mobilidade geracional ampliada. O avançar do século, as transformações urbanas, a modernidade dificultaram a melhoria de vida dos descendentes de africanos, que ficaram relegados na sociedade, sem maiores oportunidades de trabalho, assistindo ao seu empobrecimento. Porém, este será assunto para o próximo capítulo.

58 Segundo consta no inventário de Mônica, na folha 58, Manoel teria falecido, ficando apenas Josephina sob os cuidados da prima. IAHGP, Inventário de M}onica da Costa Ferreira, cx. 158, fl. 16, 31, 34, 41-45v, 51-53v, 58-61, 64.

Os laços consanguíneos, todavia, não foram as únicas possibilidades de socialização dos africanos. Essas pessoas, dentro ou fora do cativeiro, teceram redes de parentescos de consideração, no trabalho, nas irmandades religiosas, nos candomblés/xangôs, espaços onde os sujeitos se reconheciam como membros de uma grande família. As *famílias extensas* se baseavam ora na etnia, ora na experiência de escravidão ou de liberdade; ou ainda no *compadrio* – instituição aprendida na diáspora, paralelamente às agremiações católicas e aos candomblés/xangôs, fortalecendo os vínculos entre os indivíduos da comunidade africana e criando mecanismos de proteção e apoio. Era a partir do batismo católico que se contraía o parentesco espiritual entre padrinhos e afilhados, e entre aqueles e os pais do afilhado. Estabelecidos esses laços, surgiam certos impedimentos, como o do matrimônio entre afilhada e padrinho ou afilhado e madrinha; ou entre os padrinhos e os pais dos batizandos.[59]

Feliciana, a primeira neta da mina Mônica, foi batizada em perigo de vida, tendo como testemunha da aplicação dos santos óleos o cassange João Joaquim José de Sant'Anna, a quem passou a respeitar como padrinho.[60] O batismo era o primeiro e o mais importante dos sacramentos, pois por meio dele os indivíduos ingressavam no universo cristão e adquiriam o direito de receber os outros seis. Os devotos acreditavam que, sendo batizados, salvariam suas almas e teriam o pecado original redimido. Os padrinhos passavam a ser fiadores diante de Deus e pais espirituais, com a obrigação de ensinar a doutrina cristã e os bons costumes aos seus afilhados. Além do mais, na falta dos pais reais, os pais espirituais assumiriam seus afilhados, cuidando da sua educação e sobrevivência diária. Entretanto, da celebração do batismo esperava-se não só o estabelecimento de laços religiosos e espirituais, mas também de vínculos de auxílio mútuo, que incluíam direitos, obrigações e prestações de serviços recíprocos entre pais/mães e compadres e comadres,

59 Cf. CPAB, Título XVIII: 'De quantos, e quais devem ser os padrinhos do baptismo, e do parentesco espiritual, que contrahem', p. 26-27.

60 Feliciana nasceu em 1855 e foi batizada um ano depois, em 15 de junho de 1856; ACMRO, Registro de batismo de Feliciana, crioula, párvula, LB 27 (1855-62), fl. 32.

afilhados, padrinhos e madrinhas. Isto é, alianças eram estabelecidas entre as famílias do afilhado e dos padrinhos. Porém, antes de ressaltar as trocas de serviços entre os pais de Feliciana e seu padrinho, passo a apresentá-lo melhor, para entender o motivo de ter sido escolhido.[61]

João Joaquim José de Sant'Anna – outro africano já mencionado no capítulo anterior – também morava no bairro do Recife e era contemporâneo da avó de sua afilhada na Irmandade de São Benedito. Ele era natural do reino de Cassange, em Angola, um dos poucos dessa região pertencentes ao grupo de libertos analisado nesse livro. Em 1847, ele se casou com uma africana do Benin – ou seja, uma mulher mina – chamada Luiza Thereza de Jesus. Em 1861, ao ficar viúvo, o cassange João Joaquim esposou a liberta Catharina Maria da Conceição, cuja procedência desconheço, com quem teve uma filha e um filho: Manoel Geraldo de Santa Anna, nascido em 5 de dezembro de 1862, e Augusta Joana da Conceição, que nasceu em 17 de outubro de 1867.[62] A história de vida familiar desse africano é mais uma das que já foram retratadas aqui. Porém, ele foi o único angola casado com uma mulher mina. Para uma cidade como o Recife, onde os centro-ocidentais eram numericamente superiores, era grande a probabilidade de homens angolas como João Joaquim se unirem a mulheres de sua mesma procedência. Porém, isto só seria possível se o número de alforriados angolas fosse também superior ao dos minas. Os africanos ocidentais, sobretudo as mulheres minas, além de levar maior vantagem na barganha de suas manumissões, como apontado no primeiro capítulo,

61 Cf. CPAB, Título X: 'Do sacramento do batismo, de sua materia, forma, ministro, e efeitos', p. 12-14.

62 ACMRO, Registro de casamento de João Joaquim José de Sant'Anna e Luiza Thereza de Jesus, 05/03/1847, LC 5 (1836-56), fl. 137v-138. Luiza faleceu aos 45 anos, no dia 6 de fevereiro de 1861, Registro de óbito de Luiza Thereza de Jesus, LO 33 (1855-62), fl. 146. Infelizmente, o livro referente ao assento de casamento de João Joaquim com Catharina não foi encontrado. Acredito, contudo, que Catharina também era africana, pois a filha e o filho do casal foram registrados no livro de batismo como crioulos; ACMRO, Registro de batismo de Manoel, preto, 20/06/1863, fl. 11; Registro de batismo de Augusta Joanna, crioula, 19/03/1868, fl. 129, LB 28 (1862-1872); MJPE, Registro de Testamento de João Joaquim José de Sant'Anna, LRT (1867-69), 1868, fl. 5-6.

preferiam se unir a indivíduos de sua mesma procedência. Então, o que levou a mina Luiza Thereza a se casar fora de sua nação?

Robert Slenes fez considerações interessantes a respeito de alguns padrões africanos de casamento reproduzidos no Brasil. Por exemplo, as mulheres, por não terem pais, tios ou outros parentes masculinos que intermediassem suas escolhas nupciais, rapidamente davam conta de que o "melhor partido" – aquele com capacidade para ajudar no enfrentamento das condições incertas da escravidão ou até conseguir barganhar a sua alforria, bem como a de seus futuros filhos – seria um homem ladinizado, com laços de amizade ou de dependência já formados; ou ainda com ocupação diferenciada, com algum pecúlio e capacidade de poupança. Em contrapartida, aos homens mais velhos ficava a "doce ilusão" de que eram eles que ditavam as regras conjugais e escolhiam as mais jovens para proliferar.[63] Decerto, a mina Luiza Thereza viu que o cassange João Joaquim, além de ser um homem maduro, tinha melhores condições a lhe oferecer do que um patrício (e jovem) de sua nação. O cassange João Joaquim, por seu turno, deve ter visto nela as chances de juntos obterem melhores condições de vida, dividindo as atribuições da casa ou do trabalho. Mas isto são apenas conjecturas, pois a documentação impôs limites quanto à identificação dos gestos e sentimentos dos africanos que persigo.

O casal teve um matrimônio duradouro – foram 14 anos juntos –, mas não gerou rebentos. A mina Luiza Thereza também nunca os concebeu, assim como muitas outras mulheres do grupo aqui analisado. Entre as 18 testadoras, apenas cinco procriaram, conforme pode ser visto na tabela 13.

63 Cf. SLENES. *Na senzala uma flor*, op. cit., p. 81-82.

Tabela 13 - Quantidade de filhos dos testadores (1846-1890)

Testadores	Número de filhos			
	1	2	3	4
Total	8	3	1	1
Homens	4	2	1	1
Mulheres	4	1	-	-

Fonte: MJPE, Registros de testamentos; ACMRO, AMSSSA, AMSJ, AMSSBV, Assentos de batismos.

Das quatro mães com filhos únicos, três não viram suas crianças crescerem, pois morreram ainda bebês. Por seu turno, dos doze homens testadores, oito proliferaram e apenas um dos que tiveram dois rebentos não estava mais com seus filhos vivos na hora da redação do testamento. O único caso de prole grande, ou seja, com quatro progênies, foi o do calabar João Antônio Lopes, já mencionado anteriormente. O africano aqui registrado como pai de três crianças na verdade declarou que dois eram "crias de casa", mas suspeito que fossem seus descendentes (este caso será comentado mais adiante). Enfim, as africanas que fazem parte desse grupo não foram fecundas.

Alguns historiadores ofereceram explicações interessantes para a ausência de filhos entre as mulheres africanas, em particular as minas. João Reis argumentou que a baixa fertilidade era consequência da alforria tardia. Comumente, "quando as africanas conquistavam a liberdade já havia passado seu tempo biológico e espaço emocional para poder e querer ter filhos". Sandra Graham, citando Bowen, enfatizou que, embora fosse abominável para as iorubás não gerarem descendentes, elas não eram conceptivas e em geral totalmente estéreis. Já Mariza Soares, estudando os minas makis da Irmandade de Santo Elisbão e Santa Efigênia, inferiu que as mulheres evitavam procriar fora de sua nação ou de seu grupo étnico. Por sua vez, Sheila Faria, investigando as africanas testadoras no Rio de Janeiro e em São João Del Rei, notou que as libertas, em comparação com as mulheres crioulas e brancas, foram as que menos declararam ter tido filhos. Por isto, deduziu que essas mulheres utilizavam métodos anticonceptivos, sendo escolha própria a vivência da maternidade. De acordo com Faria, uma razão para evitar a gestação seria o fato dos filhos impedi-las de acumular pecúlio, seja pelas despesas com crianças não produtivas ou pela impossibilidade de exercer certos ofícios e ao mesmo tempo cuidar delas.[64]

A mina Luiza Thereza estava com 31 anos quando se casou com o cassange João Joaquim.[65] Embora não estivesse em idade avançada para procriar, é possível que tenha evitado filhos para poder junto com o esposo angariar cabedal ou até prover o sustento da casa. A razão para a mina Luiza Thereza se casar com o cassange João Joaquim pode ter sido a mesma encontrada pelo africano Antônio Gomes de Moura e a crioula Antônia Perfudina dos Prazeres para escolhê-lo como padrinho de Feliciana. O cassange João Joaquim frequentava, junto com a esposa, a Irmandade de São Benedito do convento de São Francisco, ou seja, eram "irmãos" da mina Mônica, avó da menina. Por outro lado, mesmo não tendo revelado sua filiação à Irmandade do Rosário dos Pretos de Santo Antônio, o cassange João Joaquim manteve relações estreitas com outros africanos ocupantes de cargos na mesa da irmandade, como Felipe das Chagas Ferreira e Luiz de Milibú, nomeados como seus segundo e terceiro testamenteiros. Chagas Ferreira foi mencionado por ele como seu compadre. O cassange João Joaquim também era bem relacionado com homens de negócios como o comendador Manoel Gonçalves da Silva, dono de uma loja de fazendas na rua da Cadeia, na qual João Joaquim tinha crédito; e o escrivão Manoel Joaquim Gonçalves Lessa, que figurou como testemunha do seu primeiro casamento. O cassange João Joaquim era trabalhador no porto e ainda costumava emprestar dinheiro a juros. Quando redigiu seu testamento, eram seus devedores Antônio Joaquim

64 Cf. REIS. *Rebelião escrava no Brasil*, op. cit., p. 413; SOARES, Mariza. *Devotos da cor*, op. cit.; FARIA. *Sinhás pretas, damas mercadoras*, op. cit., p. 184-191; GRAHAM, Sandra L. "Ser mina no Rio de Janeiro do século XIX". *Afro-Ásia*, Salvador, n. 45, p. 25-65, 60, 2012.

65 Consta no registro de óbito que a mina Luiza Thereza morreu aos 45 anos, em 1861. Como seu matrimônio se realizou em 1847, concluo que ela estava com 31 anos de idade quando se casou com o cassange João Joaquim.

dos Santos – a quem o africano chamava de "patrão-mor" – e o filho deste, Antônio Santos. O "patrão-mor" lhe devia 100$000 réis, cujos juros o cassange João Joaquim já havia perdoado duas vezes, para que o dinheiro fosse pago com mais presteza; e o filho do "patrão-mor" tinha um débito de 200$000 réis, sobre o qual também corriam juros. O africano teve muitos problemas para reaver as quantias emprestadas e acabou morrendo sem ver a cor desse dinheiro. João Joaquim pode não ter sido rico, mas conseguiu reunir algum pecúlio, ser bem relacionado na comunidade africana e fora dela e proporcionar certo conforto aos seus familiares. Do patrimônio constavam duas casas térreas próprias, joias, móveis, tudo avaliado em 3:725$971 (três contos setecentos e vinte e cinco mil e novecentos e setenta e um réis) em 1861 – uma pequena fortuna para a grande maioria dos egressos do cativeiro.[66]

Não tive conhecimento acerca do tipo de auxílio que o cassange João Joaquim prestou à família de sua afilhada Feliciana. Quem sabe, algum dia, Moura tenha tomado dinheiro emprestado a juros do seu compadre. Talvez os avós de Feliciana mantivessem algum tipo de negócio com seu padrinho. Mas estas são apenas especulações. Quando João Joaquim morreu em junho de 1868, no entanto, sua esposa (Catharina Maria da Conceição) contou com João Francisco Marques para ser tutor de seus filhos. Marques estava vinculado aos avós maternos da afilhada do africano, tendo figurado como testemunha dos casamentos das duas filhas da

66 Luiz de Milibú e Felipe das Chagas Ferreira ocuparam diversos cargos na Mesa Regedora do Rosário dos Pretos. Em 1868, ano da morte do cassange João Joaquim, Milibú estava como zelador e Chagas Ferreira concorreu às eleições para juiz, mas perdeu para Estevão das Chagas. IPHAN-PE, Irmandade de N. S. do Rosário da Freguesia de Santo Antônio do Recife, Livro de Atas – Termos da Irmandade (1850-1871), cx. 30, fls. 17-46. Registro de testamento de João Joaquim José de Sant'Anna, fl. 5v; IAHGP, Inventário de João Joaquim José de Sant'Anna de quem é inventariante Catharina Maria da Conceição, 1868, cx. 179, fl. 17v. Figuraram como testemunhas do casamento de João Joaquim José de Sant'Anna com Luiza Thereza de Jesus: Manoel Joaquim Gonçalves Lessa, casado, e José Bernardo de Souza, casado. Sobre Gonçalves Lessa e Manoel Gonçalves da Silva, cf. APEJE, *Folhinha de algibeira*, 1850, p. 95 e 184; 1851 (vol. 2), p. 128. No capítulo 5 serão apresentadas as redes sociais entre os mesários do Rosário e o grupo de africanos que perscruto.

mina Mônica: Antônia (mãe de Feliciana) em 1854 e Romana em 1856. O sobrenome "Marques" revela também os fios das redes de parentesco do marido da mina Mônica: João Francisco era seu cunhado.[67]

Na diáspora nas Américas, enfim, instituições como o parentesco – fosse por afinidade (cunhados, sogros, genro/nora) ou espiritual (padrinhos/madrinhas e afilhados, compadres/comadres) – não só possibilitaram aos africanos reorganizar famílias na experiência de escravidão e de liberdade, mas, sobretudo, fizeram com que deixassem de ser meros "aglomerados" de gente para se tornar membros de determinadas comunidades – irmandades, espaços de trabalho, vizinhança, onde teciam malhas de solidariedade. Isto é, o parentesco para pessoas como a mina Mônica e o cassange João Joaquim seria o mesmo que viver numa comunidade cujas raízes foram firmemente plantadas no Continente Americano. Essas relações comunitárias eram pautadas por relações interpessoais que definiam o papel de cada indivíduo no grupo e na sociedade.[68]

67 Foram testemunhas do casamento de Antônia Perfudina dos Prazeres com Antônio Gomes de Moura: *João Francisco Marques*, casado; e Joaquim Affonso dos Reys, viúvo. Cf. ACMRO, Assento de casamento de Antônia Perfudina dos Prazeres, LC 5 (1836-1856), fl. 258-258v; *João Francisco Marques* e João dos Santos Coelho foram testemunhas do matrimônio de Romana Maria dos Prazeres com Joaquim Baptista da Silva, Assento de Casamento de Romana Maria, LC 9 (1856-67), [ilegível] nov. 1856, fl. [01?]. *João Francisco Marques* aparece como tutor dos filhos de João Joaquim em novembro de 1868, Inventário de João Joaquim José de Sant'Anna, fl. 37. Grifos meus.

68 Cf. MINTZ; PRICE. *O nascimento da cultura afro-americana*, op. cit., p. 92, 97-98.

Fig. 9 - Diagrama da família de Monica da Costa Ferreira e João Joaquim José de Sant'Anna, 1851-1868

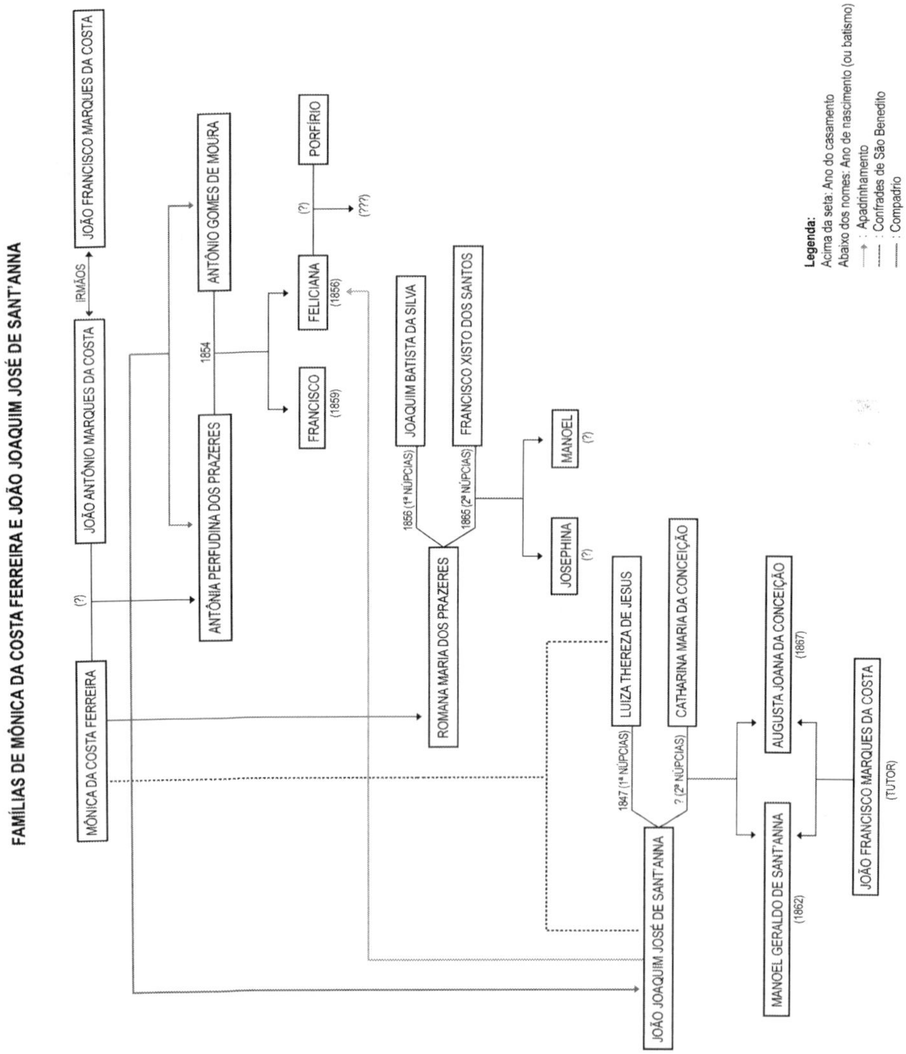

Uma família *africanamente* organizada

A partir do papel dos indivíduos na comunidade africana, torno pública a trajetória familiar do terceiro testamenteiro da mina Mônica, Alexandre Rodrigues d'Almeida, e de sua esposa, Thereza de Jesus de Souza. Este casal é aquele sobre o qual já discorri no capítulo anterior, moradores do bairro da Boa Vista. Ambos eram naturais da Costa da Mina e se casaram no dia 10 de fevereiro de 1855, por *carta de ametade* (total comunhão de bens), tendo como testemunhas do enlace Joaquim d'Albuquerque Melo e José Bernardo de Souza. Não obtive maiores informações sobre estes indivíduos, salvo que José Bernardo era casado e também tinha exercido a mesma função nas primeiras núpcias do cassange João Joaquim José de Sant'Anna.[69]

O matrimônio desse casal mina durou 18 anos. Como tantos outros, Alexandre e Thereza não deixaram descendentes, porém, constituíram uma família *africanamente* extensa, formada a partir da relação com afilhados, compadres, comadres, filhos naturais, agregados, dependentes, amigos, concubinas, escravizados e *crias* – africanos e crioulos, transformados em herdeiros e legatários do patrimônio do casal. Eles levaram juntos à pia batismal oito pessoas, entre crianças e adultas, entre as quais cinco eram filhas de pais legítimos: Carolina e Úrsula, filhas dos africanos João Diogo da Costa e Margarida do Rosário; Joanna e Filippe, filhos de Joaquim Cardoso e Efigênia de Tal; Anna, filha de José Coutinho e Raymunda de Tal. Entre os escravizados estavam Maria, crioula, ex-cativa de Joaquina de Tal; Lourença, crioula, escrava cujos senhores o casal não conhecia; Joanna, crioula, cria de Maria do Pilar. Afora estes apadrinhamentos realizados pelo casal, o mina Alexandre Rodrigues sozinho batizou os cativos Izabel, adulta, escrava de José Diogo da Silva; Nicoláo, preto de nação, cativo do piloto de barca Manoel Estanisláo da Costa; e também os libertos Christovão de Tal, preto de nação moçambique; e Capitulina, filha de Damião de Tal e Archangela. A mina Thereza de Jesus, individualmente,

69 AMSSSA, Assento de casamento de Alexandre Rodrigues d'Almeida com Thereza de Jesus de Souza, LC 6 (1840-1855), fl. 2116. Embora o casal tenha oficializado a união na Igreja em 1855, isto não significa que conquistaram a alforria naquela época. Encontro Alexandre, em 1846, como liberto, apadrinhando cativos africanos – ACMRO, Assento de batismo de Izabel, escrava, adulta de José Diogo da Silva, 11/03/1846, LB 24 (1846-1848), fl. 8-9v. Em 1839, uma certa Thereza de Jesus de Souza, moradora na rua da Senzala Velha, pagava sua joia à Irmandade do Rosário dos Pretos. Desconfio que esta mulher e a esposa de Alexandre sejam a mesma pessoa. Cf. IPHAN-PE, Livro de registro de irmãos, 1835-1853, cx. 23, fl. [ilegível].

foi madrinha de Bernardina, filha de Francisco Lourenço e Joaquina de Tal. Vizinhos, parentes de nação, amigos de negócios formavam a rede de compadrio do casal Alexandre e Thereza.[70]

A relação instituída a partir do compadrio e do apadrinhamento, como examinado anteriormente, tomava dimensões para além da Igreja. Laços parentais já existentes eram reforçados, relações sociais eram solidificadas entre indivíduos de classe semelhante, ou ainda vínculos eram estabelecidos entre pessoas de grupos desiguais. Por isso, na hora de selar tais relações, optava-se por indivíduos de mesma posição social ou de *status* superior. Os pais, comumente, escolhiam como padrinhos e madrinhas de seus filhos pessoas de prestígio no meio de sua comunidade ou em outros espaços da cidade, uma vez que as alianças familiares constituíam redes sociais importantes para todos os envolvidos, nas quais eram cultivadas relações de clientelismo, em que não só se privilegiavam concessões de favores de cima para baixo, mas também promessas recíprocas de serviços, obediência, deferência e lealdade.[71]

Segundo Solange Rocha, o compadrio representava ainda mudança de vida para as pessoas de cor preta. Os forros muitas vezes estavam interessados em se fixar no universo dos nascidos livres, ou buscavam meios para suas sobrevivências. Já os escravizados empenhavam-se na busca de possibilidades futuras para a conquista da liberdade ou até na criação de circunstâncias favoráveis para viver nas suas condições, vistas pela sociedade como as mais desprestigiadas.[72]

Não foi possível atinar até que ponto o casal de africanos minas colheu ou distribuiu vantagens através de suas redes de compadrio. Mas seus

70 AMSSBV, Assento de batismo de Carolina, preta, crioula, 14/08/1864, LB 11 (dez. 1863-abr. 1870), fl. 17v; ACMRO, Assento de batismo de Izabel, escrava, adulta de José Diogo da Silva, doc. cit.; Assento de batismo de Nicolão, preto, 19/05/1850, LB 25 (1848-1851), fl. 69v. MJPE, Registro de testamento de Thereza de Jesus de Souza, LRT (1873-1875), fl. 3-3v, p. 3; IAGHP, Inventário de Alexandre Rodrigues d'Almeida, 1880, cx. 269. Não foi possível encontrar os registros de batismos dos demais afilhados de Alexandre e Thereza.

71 Cf. ROCHA. *Gente negra na Paraíba oitocentista*, op. cit., p. 221-223.

72 Cf. Ibidem, p. 224, 233.

compadres e suas comadres conseguiram benefícios para suas filhas e seus filhos ao entregá-los para eles os batizarem. Todos os afilhados receberam legados de seu padrinho e de sua madrinha. Quando a mina Thereza de Jesus faleceu, Carolina, Joanna e Bernardina ganharam 200$000 réis cada uma; enquanto Úrsula, Felipe, Anna, Maria e Joanna receberam cada um 100$000 réis. O mina Alexandre Rodrigues ainda deixou uma casa na rua do Riachuelo para Carolina, conforme seus acertos com a finada esposa, cujos selos de transmissão da propriedade foram pagos com o legado concedido pela madrinha. Capitulina recebeu 300$000 réis; o preto de nação moçambique Christovão e o cativo preto de nação Nicoláo foram beneficiados com 200$000 réis cada um; e Bernardina ganhou mais 500$000 réis quando o mina Alexandre Rodrigues morreu.[73] Os escravizados, certamente, utilizaram os recursos financeiros deixados pelo padrinho e pela madrinha para barganhar suas alforrias, ao passo que os libertos contaram com algum meio financeiro para investir em melhorias de vida.

Stuart Schwartz e Stephen Gudeman enfatizaram que a escravidão era uma instituição incompatível com o compadrio. Por esta razão, os senhores não costumavam apadrinhar seus escravizados e as crias destes, a não ser que pretendessem alforriá-los, sobretudo as crias. A tarefa sempre cabia a terceiros: escravizados, libertos, quiçá amigos dos proprietários. Oliveira constatou raros casos de africanos forros apadrinhando seus próprios cativos, o que confirma a tese de Schwartz e Gudeman. No grupo de libertos que persigo, não encontro nenhum caso de senhor ou senhora figurando como padrinho ou madrinha de seus cativos. No geral, os cativos dos africanos aqui descritos eram sempre apadrinhados por outros indivíduos da África – ora parentes de nação, ora parceiros de trabalho, vizinhos de bairro, como ocorreu com os minas Alexandre Rodrigues e Thereza de Jesus, que se prestaram como padrinhos de alguns cativos de outros africanos integrantes de suas redes sociais.[74] Porém, ainda que meu

73 Cf. Registro de Testamento de Thereza de Jesus de Souza; Inventário de Alexandre Rodrigues d'Almeida (folhas referentes à transcrição do testamento).

74 GUDEMAN, Stephen; SCHWARTZ, Stuart. "Purgando o pecado original: compadrio e batismo de escravos na Bahia no século XVIII". In: REIS (org.). *Escravidão e invenção*

estudo reforce o argumento pioneiro de Schwartz e Gudeman, e também o de Oliveira, são necessárias pesquisas mais sistemáticas sobre o tema para o contexto do Recife. Nos casos em que foi possível identificar os pais dos afilhados de Alexandre Rodrigues e Thereza de Jesus, observo que eles eram da Costa da Mina. Isto significa que, na hora da escolha dos padrinhos e das madrinhas, os libertos preferiam pessoas de sua mesma nação ou grupo de procedência. Esta é uma explicação plausível para o casal de minas Alexandre e Thereza ser convidado para apadrinhar os filhos e filhas de outros africanos.

Afora os afilhados, o casal também deixou legados para seus cativos e suas crias. Ao todo, 17 escravizados (nove adultos e oito crias) coabitaram com os minas Alexandre Rodrigues e Thereza de Jesus. Em 1854, antes de seu casamento, a mina Thereza de Jesus era proprietária da cativa Maria e do filho dessa, o preto Luiz. Em 1856, o mina Alexandre Rodrigues concedeu carta de alforria a Maria, de nação Costa, por 1:000$000 (hum conto de réis), mas o casal permaneceu com as escravizadas Antônia (50 anos), Joana (44 anos, do serviço doméstico) e Maria (44 anos, quitandeira), todas pretas de nação; e ainda Adriana (crioula, 30 anos, do serviço doméstico). Não consegui informações sobre quando Luiza e Maria Rita conquistaram suas alforrias, mas Evaristo (filho de Luiza, sete anos) e Constança (filha de Maria Rita, também com sete anos) continuaram vivendo na residência dos minas Alexandre Rodrigues e Thereza de Jesus, ao lado de outras crias do casal: Martinho (22 anos), Brasilina (17 anos), Elias (15 anos), Malaquias (22 anos) e Marcolino Rodrigues d'Almeida (17 anos).[75] Em seu testamento, a mina Thereza de Jesus deixou todas essas crias forradas na metade de seus valores, sob a condição de acompanharem seu marido até o falecimento dele. Após a morte da mina Thereza, em fevereiro de 1873, permaneceram na companhia do mina Alexandre Rodrigues todas as escravizadas, crias e ainda a

da liberdade, op. cit., p. 35-59. Sobre compadrio entre africanos, consultar também: MAIA, Moacir R. de Castro. O apadrinhamento de africanos em Minas colonial: o (re) encontro na América (Mariana, 1715-1750). *Afro-Ásia*, Salvador, n. 36, p. 39-79, 2007.

75 Esses cativos estavam com estas idades em 1873, ano em que a mina Thereza de Jesus elaborou seu testamento.

preta forra Domingas, ex-cativa do casal, que passou a viver como agregada de seu ex-proprietário. Em 1878, foi a vez de o mina Alexandre preparar seu testamento, declarando que cumpriria as vontades de sua esposa em relação à liberdade de todas as crias, forrando também gratuitamente as escravizadas. Além disso, o africano também concedeu legados a algumas das crias.[76]

A escravidão foi uma instituição amplamente difundida na África – e no mundo – e fez os indivíduos criarem mecanismos para integrar pessoas estranhas como os escravizados às suas famílias. Ou seja, os cativos passavam a ser membros das famílias de seus proprietários. Segundo Thornton, os escravizados vendidos no comércio atlântico podiam já ter sido cativos no próprio continente africano ou até ter possuído escravos no momento de sua escravização. Isto significa que um "novo *falso parentesco* de uma propriedade ou de uma família poderia lhes ser familiar". Thornton enfatiza ainda que era costume tanto dos africanos como dos europeus considerar os escravizados legalmente como parentes mais jovens, passando a ser uma prática cultural americana a atribuição de nomes diminutivos aos cativos.[77]

Por outro lado, por mais contraditório que parecesse, laços de parentesco e redes de solidariedade estavam presentes entre senhores e escravizados na comunidade africana. Embora, na prática, independentemente da cor da pele e da nacionalidade, um proprietário sempre tivesse a pretensão de ser senhor absoluto do destino de seu cativo e de que este fosse obediente e submisso, havia certos elementos sinalizadores das diferenças entre os proprietários brancos e os senhores negros. O fato de o africano ser um ex-escravizado já era por si só um aspecto peculiar para atenuar as disparidades entre senhores e cativos. Entretanto, ser escravo de africano não era garantia de liberdade ou de solidariedade no infortúnio. As pessoas negras também se utilizaram da exploração da mão de obra cativa para angariar recursos econô-

76 AMSSSA, Assento de batismo de Luiz, preto, 15/01/1854, fl. 7, LB 19 (1853-1860); Registro de testamento de Thereza de Jesus de Souza, fl. 3-3v; Inventário de Alexandre Rodrigues d'Almeida (testamento).

77 Cf. THORNTON. A *África e os africanos na formação do mundo atlântico*, op. cit., p. 292-293.

micos e galgar algum privilégio social.[78] O casal mina Alexandre Rodrigues e Thereza de Jesus, embora tivesse alforriado os filhos de suas escravizadas, barganharam o preço de algumas cativas, como o de Maria, de nação Costa, manumitida por 1:000$000 réis – uma fortuna para um escravizado.

Os minas Alexandre Rodrigues e Thereza de Jesus deram preferência a cativos do sexo feminino e de sua mesma procedência. Maria Inês de Oliveira argumentou que a escolha de escravizados da mesma procedência, fossem do sexo feminino ou masculino, estava pautada por algumas condições: em primeiro lugar, a oferta de mercado – em Salvador, a maioria dos cativos no século XIX era da região da Costa da Mina; em segundo, questões culturais, como a língua, a comunicação; em terceiro, aspectos de ordem econômica, uma vez que seria mais fácil para um liberto adquirir um "escravo novo", cujo preço era mais acessível, do que um cativo ladino ou crioulo.[79] Já Sheila Faria enfatizou ser característica peculiar das mulheres africanas forras escolher cativas de sua origem de nascimento para a composição de sua escravaria porque essas escravas já desempenhavam na África funções de quitandeiras, quituteiras e vendeiras, auxiliando as senhoras pretas no acúmulo de pecúlio. Além do mais, as escravas e seus rebentos, as *crias da casa*, passavam a compor famílias junto com suas senhoras. As mães conseguiam comprar a alforria com maior facilidade e ainda garantir habitação e trabalho. Isto é, ser cativa de africana liberta era a certeza de ter a manumissão paga, caso as forras não tivessem herdeiros, além de assegurar o futuro dos filhos.[80]

Discuto no próximo capítulo o perfil dos sujeitos escravizados do grupo em análise. Ressalto, contudo, que não era só uma questão de facilidade de comunicação ou critérios relacionados ao trabalho que levavam as mulheres e os homens minas a optar por cativos de mesma procedência. Nem tampouco a oferta de mercado, visto que eram os escravizados an-

78 Cf. OLIVEIRA. Maria Inês. "Viver e morrer no meio dos seus", op. cit., p. 187; FARIA. *Sinhás pretas, damas mercadoras*, op. cit., p. 242-243.

79 Cf. OLIVEIRA. "Viver e morrer no meio dos seus", op. cit., p. 188.

80 Cf. FARIA. *Sinhás pretas, damas mercadoras*, op. cit., p. 198-207.

golas maioria no comércio cativo da cidade. Presumo que na trajetória do casal mina Alexandre Rodrigues e Thereza de Jesus, como nas de tantos outros africanos habitantes do Recife escravista e com algum prestígio socioeconômico, outras razões culturais estivessem envolvidas.

No caso particular desse casal mina, levanto a hipótese de uma possível organização familiar baseada em certos aspectos africanos, como a *poliginia*. A maior parte dos cativos de Alexandre Rodrigues e Thereza de Jesus era composta por *crias de casa*. Em alguns casos, as crias eram havidas da relação dos senhores com suas escravizadas. Estes costumavam forrar essas crianças, conceder-lhes heranças, mas dificilmente as reconheciam como seus filhos. Entre as crias do casal, pressuponho que Evaristo (filho da ex-cativa Luiza), Constança (filha da ex-escravizada Maria Rita) e Marcolino eram frutos de relações do mina Alexandre Rodrigues com mulheres que foram suas cativas. Marcolino já usava o sobrenome de Alexandre desde a época em que sua senhora ainda era viva, e vinha desde 1878 figurando também como padrinho das "crias de casa" de seu ex-senhor. No dia 14 de abril, ele levou à pia batismal a preta Paula, filha de Maria, aquela quitandeira que ainda permanecia como escravizada do mina Alexandre Rodrigues. Evaristo e Constança foram as únicas crias não só manumitidas gratuitamente, mas também recebedoras de moradia – cada um teve como legado uma casa no bairro de São José.[81] O liberto ainda declarou em seu testamento que deixava "a quantia de dusentos (sic) mil reis, para ser *dividido com minhas patricias*".[82] Considero essa determinação como uma forma sutil do testador beneficiar suas concubinas.

81 AMSSBV, Assento de batismo de Paula, preta, filha natural de Maria, escrava de Alexandre Rodrigues d'Almeida, 14/04/1878, LB, 13, fl. 35v. Assento de batismo de Constança, crioula, filha natural de Maria, escrava de Alexandre Rodrigues d'Almeida, casado, 23/03/1865, LB 11, fl. 36v. Embora em algumas passagens do inventário de Alexandre, Constança apareça como sua afilhada, seus padrinhos foram Joaquim e Rufina Maria, fato que reforça minhas suspeitas de que ela era filha de Alexandre com a africana Maria Rita. Cf. fl. 182-183v do inventário de Alexandre Rodrigues d'Almeida.

82 Fl. 4v para o trecho citado, grifo meu. Além de legar dinheiro a suas patrícias, o liberto também deixou dinheiro para ser distribuído entre aqueles patrícios que acompanhassem seu enterro. Ou seja, há uma distinção sexual que considero relevante para conje-

Ressalto também que, mesmo tendo declarado não haver tido filhos e filhas, nem naturais nem legítimos, o mina Alexandre Rodrigues fez da menor Luciana Felisarda Rodrigues d'Almeida herdeira universal de todo o remanescente de seus bens. Esta menina era filha natural dele com a africana Felisarda Maria da Conceição. Não consegui saber quando teve início a vida amorosa dela com Alexandre Rodrigues. No entanto, após quatro anos do falecimento dele, Felisarda aparecia publicamente como sendo a viúva do africano. Em testamento, Alexandre deixou para ela duas casas térreas no bairro da Boa Vista e a nomeou sua primeira testamenteira e inventariante.[83] Constatando a união sólida do casal, ele próprio declarou que:

> nomeio por tutora da dita minha herdeira instituida, se ao tempo de meo fallecimento ella ainda for menor a sua mãe a referida Felisarda Maria da Conceição, pois que tem a necessaria capacidade para o ser; e minha vontade é que ambas vivão juntas sem se separar senão por morte, e quando venha acontecer que seja nomeada outra pessoa para tutor, será a mesma menor minha herdeira instituida ou legataria conservada em companhia de sua mãe. Declaro que no caso de que venha acontecer em casar com a referida Felisarda Maria da Conceição e por este facto venha a ter ella a meação dos bens do casal, neste caso ficarão sem effeito o legado que lhe deixo cumprindo-se pela minha meação os mais legados que faço.[84]

Há várias passagens no trecho acima que não deixam dúvida sobre a paternidade do mina Alexandre Rodrigues e reforçam as minhas suspeitas a respeito da existência de uma relação estável entre ele e Felisarda. O zelo de pai e de companheiro ao relatar o desejo de ver mãe e filha juntas até a morte. Embora ele tenha declarado a possibilidade de se casar com a

turar que "as minhas patrícias" fosse uma referência às concubinas. Cf. Inventário de Alexandre Rodrigues d'Almeida, fl. 4-4v.

83 Cf. Assembleia Provincial – Documentos – N. 7, *Diário de Pernambuco*, 27 mar. 1884, p. 2. Disponível em: www.bndigital.bn.gov.br Acesso em: 20 jan. 2021.

84 Inventário de Alexandre Rodrigues d'Almeida, doc. cit., fl. 5-5v.

mãe de sua filha, não o fez.[85] Mesmo não tendo encontrado o assento de batismo de Luciana, as informações nos livros de entrada da Irmandade do Rosário dos Pretos me levam a dizer que seu nascimento ocorreu em 1869.[86] Ou seja, o mina Alexandre Rodrigues mantinha relações afetivas com a mãe de sua filha paralelamente ao seu casamento legítimo. Porém, as fontes não me possibilitam avançar para descobrir se a mina Thereza de Jesus tinha conhecimento dessa menina e de sua mãe ou, ainda, se existia consenso entre as duas mulheres, no que se refere à organização familiar na qual estavam envolvidas.

Para João Reis, os africanos libertos reencenaram algo das tradições familiares africanas, ou melhor, combinavam-nas com formas brasileiras, pois o casamento católico entrava no jogo da mistura cultural. Por sua vez, Sheila Faria argumentou que a poligamia africana praticamente inexistiu no Brasil. Todavia, Robert Slenes constatou certos arranjos conjugais refletindo adaptações dessa prática entre os cativos de médias e pequenas propriedades em Campinas.[87] Não há para o Recife nenhum estudo sobre o assunto, no entanto, o *Diário de Pernambuco* publicou, na década de 1870, uma série de protestos feitos por dois grupos de africanos forros – cujo pano de fundo era a prática do islamismo –, nos quais um acusava o outro de constrangerem "as filhas de suas patrícias à poligamia, o que é

85 Várias passagens do inventário se referem a Luciana como órfã e filha do mina Alexandre. Cf. Inventário de Alexandre Rodrigues d'Almeida, fl. 108-108v, 114, 115 (descrita como órfã), fl. 186 (descrita como filha).

86 IPHAN/PE, Arquivo Geral, Irmandade do Rosário dos Pretos do Bairro de Santo Antônio, Livro de Matrícula (1849-1888), Registro de entrada de Luciana Felisarda Rodrigues d'Almeida Lopes, Cx. 29, 10 out. 1888, fl. [ilegível]. Luciana casou-se ainda menor de idade com João Clodoaldo Monteiro Lopes. Quando ingressou na irmandade estava com 19 anos. De seu consórcio teve cinco filhos: Alexandre Lucio, Lucio Mario, Manoel Lucio, Clodoaldo Lucio e Jerônimo Lucio de Almeida Lopes. Cf. Inventário de Alexandre Rodrigues d'Almeida, fl. 277, 292-297.

87 Cf. REIS. *Domingos Sodré*, op. cit., p. 191; FARIA. *Sinhás pretas, damas mercadoras*, op. cit., p. 240; SLENES. *Na senzala uma flor*, op. cit., p. 72-73.

contra as leis do pais e a moral pública".[88] O grupo "acusado" de praticar a poligamia não desmentiu; ao contrário, confirmou, dizendo:

> É muito sabido que quase toda África central e marítima, à exceção das possessões européias, assim como o Turquestão, a China, a Índia e todos os povos asiáticos que abraçam o politeísmo são polígamos. Os israelitas, donde supomos descender Maomé, e de cuja bíblia compôs ele também o Alcorão, eram polígamos; a história dos profetas e patriarcas hebreus justifica esta asserção.[89]

Entre os africanos "acusados" de praticar a poligamia no Recife, estavam Anacleto Manuel dos Santos, Sírio Manoel Ribeiro Taques, Sabino Antônio da Costa, Jovino Lopes Ferreira, Guilherme Manuel Pedro do Bom-Fim, Pedro Joaquim Teixeira, Antônio Vieira, Sabino Patrício, José Victor de Oliveira, Daniel Rodrigues, José de Oliveira, João Estanisláu, Bento Moncorvo e Luís Husque. Entre estes homens, Jovino Lopes Ferreira e Sírio Manoel Ribeiro Taques eram amigos particulares do mina Alexandre Rodrigues e também foram agraciados com legados em seu testamento.[90] O africano Jovino, a quem o mina Alexandre chamava de "meu patrício", foi descrito como seu amigo íntimo e nomeado seu segundo testamenteiro. Seus filhos foram outros legatários do mina Alexandre, recebendo 100$000 réis. Em maio de 1881, na qualidade de segundo testamenteiro, Jovino acusou Felisarda de má administradora do espólio e de negligenciar as últimas vontades do finado amigo. Segundo ele, Felisarda ainda não tinha

88 PUBLICAÇÕES a pedido, *Diário de Pernambuco,* 20 dez. 1877. In: MELLO, J. A. G. de. *Diário de Pernambuco,* op. cit., p. 102. Consultar também, sobre a prática da poliginia entre os africanos na América: THONRTON. A *África e os africanos na formação do mundo atlântico,* op. cit., p. 139.

89 PUBLICAÇÕES a pedido, 'Aos supostos do maometanismo', *Diário de Pernambuco,* 04 set. 1877. In: MELLO, J. A. G. de. *Diário de Pernambuco,* op. cit., p. 97-99, p. 98 para o trecho citado. Os ataques entre os dois grupos de africanos forros foram publicados de 28 set. 1873 a 20 dez. 1877. Cf. Ibidem, p. 93-102.

90 Alexandre deixou a quantia de 200$000 réis para ser dividida em igualdade entre os filhos de Jovino e o neto de Sírio.

providenciado a construção do túmulo pedido por Alexandre em vida e estava fazendo despesas particulares para serem custeadas pelo patrimônio deixado pelo africano. Além disso, havia se negado a entregar os legados de Evaristo, Constança e Carolina. Evaristo teve seus interesses defendidos por Jovino, enquanto Constança e Carolina foram as mais prejudicadas, pois faleceram sem receber seus bens, ficando os familiares de ambas a lutar por eles na justiça.[91]

Não vou me deter nas disputas judiciais entre Felisarda e os familiares das finadas Constança e Carolina, mas um fato me chamou a atenção na luta da mãe de Constança para haver o legado da filha. Felisarda argumentava ser a Constança legatária do mina Alexandre Rodrigues uma pessoa distinta da falecida Constança, porque a primeira havia sido batizada como "crioula" e na certidão de óbito que Maria Rita apresentava constava a cor parda. Segundo o advogado de Felisarda, Maria Rita deveria provar que a filha enterrada e a legatária do espólio eram a mesma pessoa. Todavia, para o juiz este dado "não parecia objecto de repúdio sério", pois "a côr entre parda e preta é tão comum que pode facilmente sêr (sic) apreciada igualmente para cada um dos lados". Acrescentou também: "a expressão creoula, em linguagem vulgar, indica a mulher de côr preta, em sua accepção genuina quer diser filha do pais". Por isto, Felisarda deveria cumprir com a disposição testamentária do mina Alexandre Rodrigues.[92]

A querela judicial entre Felisarda e a mãe de Constança revelou que a cor da pele, além de fator racializador na sociedade escravista, em alguns

91 AMSSBV, Registro de óbito de Alexandre Rodrigues d'Almeida, 28/04/1880, LO 15 (set. 1879 a out. 1882), fl. 14; Constança morreu aos dezoito anos, em 1882, ACMRO, Registro de óbito de Constança Maria de Jesus, 17/10/1882, LO 35 (1874-19...) [livro danificado, a folha referende ao óbito foi destruída]. Sobre os embates entre Jovino e Felisarda, ver fl. 98-98v; quanto às lutas da mãe de Constança e dos irmãos de Carolina para receber os bens que Alexandre lhes legou, ver fl. 170-290v – Inventário de Alexandre Rodrigues d'Almeida.

92 Cf. Inventário de Alexandre Rodrigues d'Almeida, fl.175-175v, fl. 175v para os trechos citados. Após averiguações com duas testemunhas, que disseram ser a finada Constança mulher de cor preta e legatária de Alexandre, a casa finalmente foi entregue a Maria Rita.

momentos era utilizada pelas próprias pessoas negras para demarcar distinção social entre os indivíduos. Para João Reis, havia de fato essa distinção entre os africanos e crioulos e os mestiços (pardos, cabras e mulatos). Embora os crioulos, no plano cultural, se dividissem entre práticas locais e africanas, tiveram experiências e trajetórias sociais coletivas diferenciadas dos indivíduos nascidos na África. O cativeiro era um aspecto diferenciador, pois os afro-brasileiros nasceram e se socializaram na escravidão, enquanto os africanos tinham outros referenciais fora desse cotidiano da América. Flávio Gomes argumentou que as experiências da escravização teceram laços de solidariedade e também de tensões e conflitos, seja entre africanos ou crioulos (pretos, mulatos, cabras, pardos). Mas não descarta a existência de divisões entre os cativos brasileiros e os africanos, sobretudo em momentos de tensões envolvendo quilombolas, escravizados e libertos na década de 1830.[93]

E o africano Sírio Manoel Ribeiro Taques, quem era? Que tipo de relação ele tinha com o mina Alexandre Rodrigues?

93 Cf. REIS. *Rebelião escrava no Brasil*, op. cit., p. 320-325; GOMES. *História de quilombolas*, op. cit., p. 213-233.

Fig. 10 - Diagrama da família de Thereza de Jesus de Souza e Alexandre Rodrigues D'Almeida, 1852-1913[94]

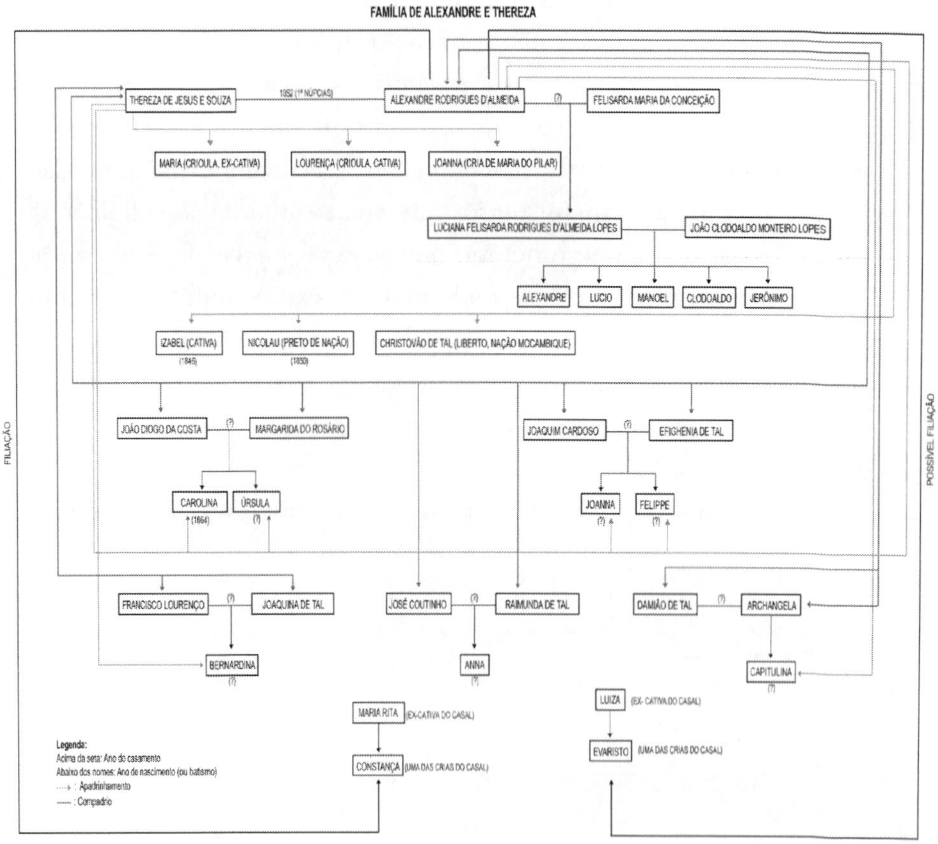

Patrícios e camaradas: laços de amizade

O africano Sírio (grafado em alguns documentos como Cyrio) Manoel Ribeiro Taques, quando redigiu seu testamento, no dia 3 de dezembro de 1873, estava com 45 anos e morava no bairro de São José. Declarou ser solteiro, com pais já falecidos, mas que tinha uma filha de nome Joaquina Maria da Conceição, casada com certo André Francisco

94 Acompanhei a trajetória da família do mina Alexandre Rodrigues d'Almeida até 1913, ano em que sua filha Luciana Felisarda concluía o inventário do espólio.

de Oliveira. Como era de praxe, também se declarou católico apostólico romano. Vivia "do negocio de talhar carne verde" e tinha adquirido um terreno de cinquenta palmos de frente no local Encanamento da freguesia do Poço da Panela. Possuía "dous escravos" (Lourenço e José) em sociedade com Maria da Conceição, além de alguns "trastes" de mobília de casa e utensílios domésticos. Entre todos os africanos que analiso, ele era um dos mais desafortunados, porém, considerava-se robusto e apto para aumentar o patrimônio antes de morrer. Nomeou como seus testamenteiros, primeiro, o amigo Alexandre Rodrigues d' Almeida; segundo, o genro; e terceiro, sua sócia Maria da Conceição, por quem ele disse ter muita estima pelo fato de ela ter criado sua filha até o momento do casamento. Enfim, estas foram as informações gerais de sua vida pessoal reveladas por Sírio.[95]

Se o testamento, enquanto fonte documental, por um lado, aproxima-nos da vida íntima dos indivíduos, revelando laços familiares, parentescos, redes sociais, conflitos; por outro, silencia a respeito de fragmentos da experiência de seus narradores. Oliveira afirma que

> a linguagem escrita do testamento servia para manter contato com o mundo dos brancos, para usar o direito e o costume dos brancos em benefício dos testadores, de seus herdeiros ou de seus legatários. Mas, havia um outro tipo de testamento dos africanos libertos que era oralmente transmitido a seus herdeiros e testamenteiros.[96]

Talvez por ser o testamento escrito "para usar o direito e costume dos brancos", o africano Sírio considerou desnecessário relatar que sua sócia Maria da Conceição, na verdade, era sua mulher e mãe de sua filha. Para os africanos na cidade, isto não era nenhum segredo. Em seu testamento, o mina Alexandre Rodrigues, que era seu amigo, mencionou

95 MJPE, mapoteca 13, gaveta F, LRT (1873-1874), Registro de testamento de Sírio Manoel Ribeiro Taques, fl. 3-3v.

96 OLIVEIRA. Maria Inês. *O liberto*, op. cit., p. 71.

a família do casal, deixando 100$000 réis para "o filho de Joaquina Maria da Conceição, neto de Maria da Conceição, casada que foi com o finado Cyrio (sic) Manuel Ribeiro Taques".[97] Os assentos de batismos de seus afilhados também registram serem eles marido e mulher. No dia 16 de março de 1869, descritos como casados, eles levaram à pia batismal o preto crioulo Ponâncio, filho dos africanos João Diogo da Costa e Margarida do Rosário. Só para situar o leitor e a leitora nessa *malha de compadrio africano*, João Diogo e Margarida eram pais de Carolina, uma daquelas afilhadas do casal mina Alexandre Rodrigues e Thereza de Jesus que apresentei anteriormente. Dias após a feitura de seu testamento, em 20 de dezembro de 1873, Sírio e sua esposa batizaram Hilário, filho de outro amigo, o africano Jovino Lopes Ferreira – também já conhecido por essas páginas, casado com a africana Roza Germana. Além dessas relações de compadrio contraídas por Sírio e Maria da Conceição, ele sozinho ainda apadrinhou a crioula Isadora, filha de seu patrício e camarada Vicente André Gomes.[98]

Embora tenha declarado ser católico, Sírio não pediu missas nem sufrágios pela sua alma, estabelecendo que seu enterro fosse feito à vontade de seus testamenteiros. A segunda metade do século XIX foi marcada pela secularização da morte e pelo empobrecimento econômico da população, o que acarretou o fim dos cerimoniais fúnebres luxuosos. No caso de Sírio, porém, imagino que outras questões estiveram envolvidas. Na época da elaboração de seu testamento, ele também integrava, junto com o africano Jovino, o pequeno grupo de muçulmanos que encaminhou ao chefe de polícia um pedido de licença para a prática de sua religião. Isto significa que as práticas religiosas africanas e católicas conviveram entre tais indivíduos. A pia batismal podia representar mais um espaço de sociabilidade do que propriamente símbolo de uma religião.

97 Cf. Testamento de Alexandre Rodrigues d'Almeida, fl. 4.

98 AMSSSA, LB 22 (25.04.1868 a 04.11.1871), Assento de batismo de Ponancio, preto, crioulo, 16 mar. 1869, fl. 31v; AMSJ, LB 6 (1868-1874), Registro de batismo de Hilário, crioulo, 20.12.1873, fl. [ilegível]; Registro de batismo de Isadora, crioula, 20.08.1868, fl. 11v.

Quanto ao fato de não ter dado instruções para o seu enterro, é possível que a reforma cemiterial de meados do Oitocentos tenha contribuído para o silenciamento de certos ritos fúnebres africanos em locais abertos e públicos.[99] Mais um motivo para os africanos confidenciarem aos seus amigos e testamenteiros a organização de seus funerais. Mas este será assunto para o último capítulo deste trabalho.

99 Cf. CASTRO, Vanessa S. de. *Das igrejas aos cemitérios*, op. cit., p. 187. Sobre as práticas culturais de enterramento no século XIX, consultar: REIS. *A morte é uma festa*, op. cit.; RODRIGUES, Cláudia. *Lugares dos mortos na cidade dos vivos*, op. cit.

Fig. 11 - Diagrama da família do africano Sírio Manoel Ribeiro Taques, 1869-1873

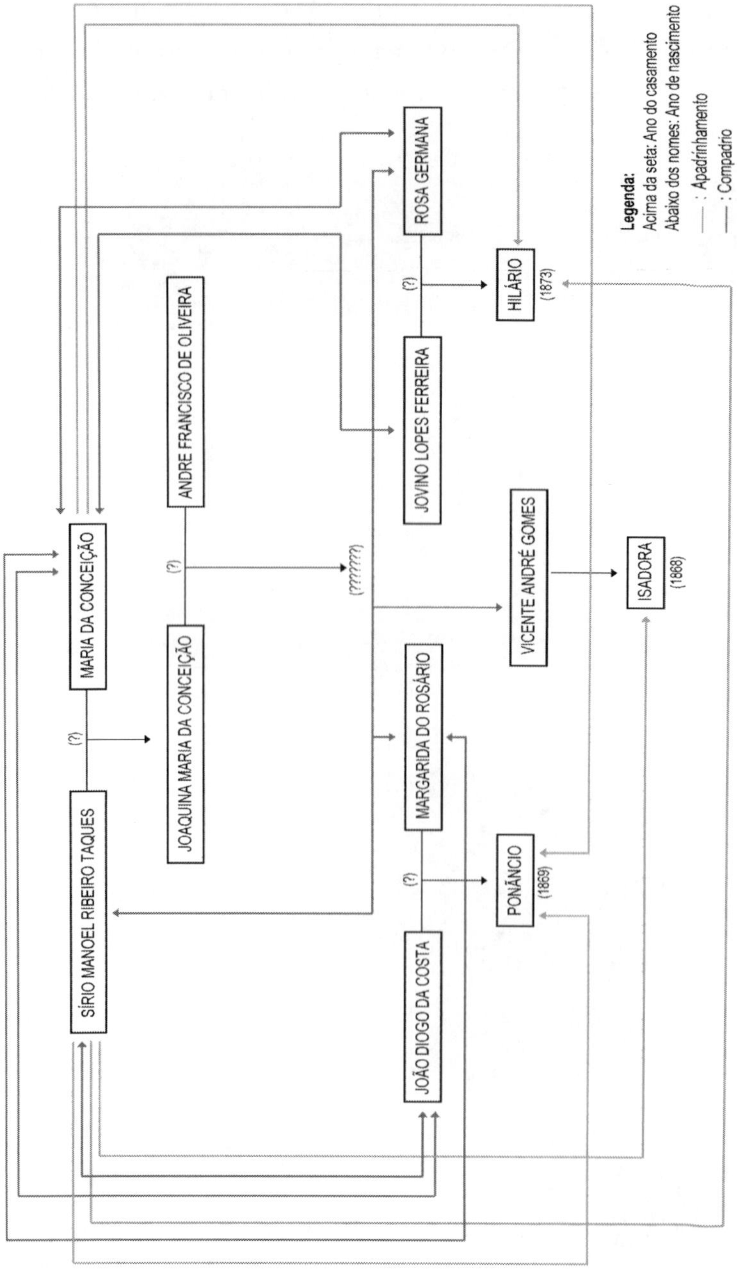

Meu interesse é avultar como os africanos em liberdade reinventaram suas comunidades na diáspora, incluindo dimensões, sentidos e significados de *família* e *parentesco*. No caso particular de Sírio, os critérios selecionados por ele na hora de atar laços de amizade. Não foi possível saber a que nação ele pertencia, nem tampouco seus amigos, patrícios, compadres e comadres africanos (salvo Alexandre e Thereza). Talvez fossem todos minas. Comento no primeiro capítulo como o contingente de pessoas embarcadas na região Ocidental africana foi reduzido em relação ao dos centro-ocidentais. Os minas precisaram redesenhar a cidade do Recife, que era um território angola, e criar seus próprios espaços – sociais, políticos, culturais, geográficos. Citando caso análogo, a Irmandade do Rosário dos Pretos, como será visto no último capítulo, foi uma arena de disputas políticas entre angolas e minas, na qual estes últimos ocuparam, assim como aqueles, cargos importantes de liderança. Cogito que a pequena comunidade – possivelmente não só uma, mas várias – de pretos minas, mesmo se relacionando com os demais segmentos da sociedade, era fechada quando se tratava da reconstrução de laços de parentescos. Quem sabe!

Os minas Alexandre Rodrigues e João Diogo, e os africanos Sírio e Jovino, mais do que laços de parentesco, formaram alianças familiares garantidoras do futuro de seus descendentes – "esperanças e recordações", como destaca Slenes. Alguns indivíduos, porém, exerceram papel de destaque no meio desse grupo que persigo. O mina Alexandre Rodrigues foi solicitado para ser testamenteiro não só da esposa, mas também de seus patrícios Monica e Sírio. Decerto, por ser um dos poucos que sabia assinar o próprio nome, além de ser o mais afortunado do grupo. Quiçá, Alexandre era mais um muçulmano na comunidade? A identidade mina pode ter representado um instrumento selecionador na formação dessas alianças, não só familiares, como também em outros espaços, como os dos negócios e trabalho. É o que precisa ser entendido.

4. Estigmas da escravidão nos caminhos da liberdade: trabalho, negócios e patrimônio

> *Eles não só perdiam terreno na competição ocupacional e econômica. Passavam a ser vistos sob um prisma em que o 'escravo' desqualificava o 'liberto', como se fossem, de fato, substancialmente 'vagabundos', 'irresponsáveis' e 'inúteis'. Adquiriam, em suma, reputação desabonadora, que iria bani-los do mercado urbano de trabalho ou forçá-los a lutar, arduamente, na orla das ocupações indesejáveis ou insignificantes.*[1]

Nos anos 1960, vários intelectuais,[2] preocupados com a integração das pessoas negras à sociedade de classes, retomaram o debate do fim da escravidão e do ajustamento do ex-cativo ao trabalho livre. Para Florestan Fernandes, em particular, o problema do liberto se resumiria em três pontos: primeiro, a noção de que a liberdade significava a plena disposição do sujeito sobre si mesmo, cujo corolário dava a cada pessoa o arbítrio de decidir *quando, onde e como trabalhar*; segundo, a representação de que a dignidade do homem e da mulher livres era incompatível com serviços

1 FERNANDES, Florestan. *A integração do negro na sociedade de classes: o legado da "raça branca"*. 5. ed. São Paulo: Globo, 2008, v. 1, p. 90.

2 Além de Florestan Fernandes, são referências os estudos de: VIOTTI DA COSTA, Emília. *Da monarquia à república: momentos decisivos*. 7. ed. São Paulo: UNESP, 1999, em particular o capítulo 8; CARDOSO, Fernando Henrique. *Capitalismo e escravidão no Brasil meridional: o negro na sociedade escravocrata do Rio Grande do Sul*. 5. ed. rev. Rio de Janeiro: Civilização Brasileira, 2003, sobretudo o capítulo 6. Embora esses escritores trilhassem caminhos diferentes, todos convergiram na concepção de que o Treze de Maio de 1888 não havia preparado os libertos para o trabalho livre.

degradantes; e terceiro, o princípio pré-capitalista de que a dedicação ao trabalho deveria ser regulada pelas necessidades de consumo do indivíduo com seus dependentes. Por isto, repudiavam obstinadamente tarefas vistas por eles como moralmente incompatíveis com a sua nova condição jurídica e – o mais importante – com a disposição de seu tempo e de sua energia para o trabalho.[3]

Discordo em parte de Fernandes, pois considero o liberto criador de estratégias para se afastar da antiga condição de escravizado. Porém, a decisão de escolher trabalho menos aviltante à sua nova condição social levou as elites políticas e sociais a classificá-los como "vadios", "irresponsáveis" e "indisciplinados". O problema, todavia, não estava no trabalho em si, mas nas relações que permeavam os contratos de serviços.[4] Nas zonas rurais, não era a "vadiagem" – como qualificavam o governo e os proprietários rurais na época – o motivo que levava as pessoas a abandonar as lavouras, mas o fato de os ex-senhores insistirem em tratá-las ainda como cativas. Afora isto, as perspectivas para aqueles que continuavam nos engenhos e fazendas eram ínfimas. De escravizados a agregados, enredados nas redes do paternalismo e sem ocupação qualificada, restavam-lhes trocar sua força de trabalho por moradia, alimentação e proteção. Os centros urbanos surgiam como espaços de melhor expectativa de vida, possibilitando oportunidades de trabalhos menos degradantes e mais autonomia. No entanto, a realidade citadina não se distanciava tanto do meio rural. A antiga condição cativa era sempre reabilitada nas relações de trabalho. Por não terem um ofício, os libertos saltavam de uma a outra atividade, orientados pelas relações

3 Cf. FERNANDES, op. cit., p. 46, 88.

4 Os contratos de serviços vigoraram com a lei nº 2.040, de 28 de setembro de 1871, e foram até o início da década de 1880. Os contratos impostos aos libertos e aos escravizados (como elucido mais adiante) não eram remunerados, mas estipulados em tempo de serviço determinado. Para Henrique Espada, a Lei do Ventre Livre, ao mesmo tempo em que impunha, criava oportunidades de trabalho para os libertos, pois nenhum ex-escravizado podia ficar sem ocupação, ou seja, ser "vadio". Cf. LIMA FILHO, Henrique Espada. "Trabalho e lei para os libertos na Ilha de Santa Catarina no século XIX: arranjos e contratos entre a autonomia e a domesticidade". *Cadernos AEL*, Campinas, v. 14, n. 26, 160-161, p. 140, 2009.

pessoais. Quanto às ocupações que se lhes ofereciam – ou lhes restavam – eram sempre residuais, disputadas por cativos, negros livres, brancos pobres. Enfim, dos setores mais marginais aos mais emergentes da sociedade.

A historiografia, por sua vez, mostrou que o trabalho especializado contribuía significativamente para a mobilidade social dos cativos e dos libertos e atribuía prestígio aos indivíduos dentro de sua comunidade. Os escravizados com qualificação mantinham relações mais próximas com os seus senhores, fator que ajudava na barganha de suas manumissões. Além do mais, só os forros qualificados teriam maiores chances de inserção no mercado de trabalho. Entretanto, o *ganho* abriu um leque de possibilidades para escravizados e libertos melhorarem suas condições de vida. Os "mundos do trabalho ao ganho" nas cidades apresentavam uma diversidade de funções que podiam ser desempenhadas. Essa dinâmica obrigou um grande contingente de libertos a se especializar em algum ofício. Mas o espaço urbano trazia-lhes outras vantagens: maior *liberdade* de circulação, possibilidade de arranjar mais de uma ocupação. Combinando duas ou mais atividades econômicas, conseguiriam formar uma poupança. No caso particular dos africanos, poucos escravizados tinham trabalho especializado – os sapateiros, os alfaiates, os costureiros, quando de origem africana, eram sempre libertos.[5]

A mulher e o homem libertos, africanos ou crioulos, nunca foram avessos ao trabalho, embora a sociedade oitocentista tivesse insistido em construir tal representação. Todavia, encontrava percalços para ingressar no mercado de trabalho livre e garantir sua sobrevivência. Os africanos, sobretudo, enfrentaram uma dupla barreira: os estigmas do cativeiro e a condição de "estrangeiros indesejáveis".[6] Para conseguir trabalho livre e ul-

5 Cf. WISSENBACH, Maria Cristina Cortes. *Sonhos africanos, vivências ladinas: escravos e forros em São Paulo (1840-1880)*. São Paulo: Hucitec, 1998, p. 73, 79-85; OLIVEIRA. Maria Inês. *O liberto*, op. cit., p. 32-33; REIS. *Rebelião escrava no Brasil*, op. cit., p. 373, 379.

6 Os libertos crioulos eram considerados "cidadãos brasileiros" por nascimento, adquirindo, imediatamente após a alforria, a sua cidadania. Todavia, os africanos teriam que entrar com pedidos de naturalização, como qualquer outro estrangeiro. Não conheço, porém, nenhum estudo a respeito da naturalização de africanos. Mattoso argumentou sobre a existência de documentos para a Bahia, conforme sinalizo na introdução,

trapassar os limites da sobrevivência, dependeriam das oportunidades que lhes fossem oferecidas pela sociedade escravista.

Este capítulo, portanto, tem como objetivo analisar quais foram os meios de sobrevivência de mulheres e homens libertos e as estratégias por eles elaboradas para a garantia de seus espaços nos mundos do trabalho urbano. Em última instância, busco a construção de um perfil socioeconômico da comunidade africana no Recife. Para tanto, foram utilizados trinta testamentos e treze inventários *post-mortem* de pessoas do grupo perscrutado. Estas fontes não só me aproximaram das condições materiais, mas, sobretudo, dos arranjos de trabalho que os indivíduos organizaram ao longo de suas vidas.

A utilização de testamentos e inventários *post-mortem* para perquirir a trajetória dos indivíduos não é algo novo na historiografia, como afirmo na introdução desse trabalho. Os inventários vêm sendo utilizados por historiadores preocupados com os esforços dos ex-cativos para a manutenção cotidiana. Sharyse Piroupo do Amaral analisou como os libertos de Cotinguiba (Sergipe) geriam suas vidas financeiras e de trabalho e as conexões entre africanos membros da mesma comunidade por meio de seus negócios. A partir dos bens arrolados em um conjunto de 26 inventários de libertos, Gabriel Aladrén estudou as ocupações e os negócios nos quais eles se inseriram na província de Porto Alegre. Ambos os historiadores chegaram a conclusões semelhantes quanto à situação econômica dos forros. Aladrén e Amaral aproximam-se, assim, de outros estudiosos que abandonaram a ideia de uma total precariedade material da liberdade. Isto é, na sociedade escravista houve brechas para a ascensão de forros, embora conseguida por poucos. Por seu turno, Ana Paula Schantz avaliou as condições

embora sejam parcos. Cf. MATTOSO. *Ser escravo no Brasil*, op. cit., p. 200-201. Para Pernambuco não se tem nenhuma informação sobre tais fontes. De toda forma, o africano permaneceria sempre como estrangeiro e indesejado, ao contrário dos europeus, que passaram a ser favorecidos com a política imigrantista, a partir dos anos 1850. Vale destacar que os libertos que retornavam à sua pátria passavam a ter dificuldades para visitar parentes e amigos deixados no Brasil. As leis de repressão ao tráfico de 1831 e 1850 passaram a ver todo africano, na conexão atlântica, como escravizado contrabandeado.

econômicas dos libertos de Porto Alegre e Viamão, inferindo que, naquelas regiões, mesmo não vivendo como indigentes, eles não se tornaram tão prósperos como os pesquisados por Amaral e Aladrén.[7]

É relevante dizer que os inventários contemplam apenas uma parcela da sociedade, a mais privilegiada economicamente. Os indivíduos que morreram sem deixar patrimônio ou cujos bens eram insignificantes não tiveram inventários. Portanto, para investigar os meios de sobrevivência e as ocupações desempenhadas pela maior parte da população africana, utilizo como fontes complementares os registros de entradas e saídas de presos da Casa de Detenção do Recife e as ocorrências das delegacias de polícia da capital. Os registros da Casa de Detenção vêm sendo pesquisados pelos historiadores da escravidão para mapear os trabalhadores urbanos, em especial os africanos, que monopolizavam o pequeno comércio de alimentos e miudezas.[8]

Mundos do trabalho urbano

Ao longo do século XIX, a organização do trabalho nas cidades não só permitia a confluência de atividades produtivas, funções de abastecimento e serviços, ocupações paralelas e meios suspeitos de sobrevivência, como também introduzia diversos tipos de trabalhadores e trabalhadoras.

7 Cf. AMARAL, Sharyse P. do. *Escravidão, liberdade e resistência em Sergipe: Cotinguiba, 1860-1888*. Tese (Doutorado em História) – FFCH, UFBA, Salvador, 2007. ALADRÉN, Gabriel. *Liberdades negras nas paragens do sul: alforria e inserção social de libertos em Porto Alegre, 1800-1835*. Dissertação (Mestrado em História) – ICHF, UFF, Niterói, 2008; SCHANTZ, Ana Paula Dornelles. *Libertos no Rio Grande de São Pedro: Porto Alegre e Viamão no final do século XVIII e início do XIX*. Dissertação (Mestrado em História) – IFCH, UFBA, Salvador, 2009. Alguns historiadores vêm trazendo para o debate experiências individuais e coletivas de libertos que adquiriram ascensão econômica, ampliando as discussões em torno da situação material desse grupo social. Entre os trabalhos, consultar: FARIA, Sheila. "Mulheres forras: riqueza e estigma social". *Tempo*, Rio de Janeiro, n. 9, p. 65-92, 2000; GUEDES. *Egressos do cativeiro*, op. cit.

8 Cf. SOARES, Carlos Eugênio L.; GOMES, Flávio dos S. "Negras minas no Rio de Janeiro: gênero, nação, e trabalho urbano no século XIX". In: SOARES, Mariza. *Rotas atlânticas da diáspora africana: da Baía do Benin ao Rio de Janeiro*. Niterói: Editora da UFF, 2007, p. 191-224.

À exceção dos criados, que até meados do Oitocentos eram sempre cativos, não havia divisões rígidas entre os trabalhadores escravizados, libertos ou livres. Os meios de trabalho compulsório coexistiram com o trabalho remunerado, assim como outras formas combinaram elementos de ambos. Cativos de ganho, tutelados como diaristas e assalariados, africanos livres, brancos e mestiços, pessoas livres pobres faziam parte de uma mesma paisagem urbana do trabalho.[9]

Por outro lado, ao mesmo tempo em que a cidade agregava diversos tipos de trabalho, de trabalhadores e trabalhadoras, e individualizava os sujeitos, em contrapartida as qualificações promoviam identidades de grupos. No caso particular da população negra, pode-se citar alguns exemplos. No Recife, muitos escravizados e libertos pretos e pardos exerciam a ocupação de canoeiro. Negro e canoeiro chegaram a ser sinônimos na capital pernambucana. No Rio de Janeiro, as negras vendeiras que monopolizavam o comércio de quitanda eram chamadas de "pretas minas". Os escravizados e libertos ganhadores nas ruas de Salvador, embora não fossem especializados, exerciam múltiplas ocupações, organizavam-se por etnias nos *cantos*, forjando também identidades.[10]

Todavia, o mercado de trabalho urbano dependia de certas variáveis relacionadas à utilização da mão de obra servil. Oliveira resumiu em três essas variáveis. A primeira era o *interesse do senhor*. Este era primordial e desenhava o traçado das relações de trabalho e as ocupações no escravis-

9 Cf. WISSENBACH. *Sonhos africanos, vivências ladinas*, op. cit., 74-75. Entre os estudos sobre trabalho urbano na sociedade escravista, consultar: MAC CORD, Marcelo. *Andaimes, casacas, tijolos e livros: uma associação de artífices no Recife, 1836-1880*. Tese (Doutorado em História) – IFCH, UNICAMP, Campinas, Campinas, 2009; LIMA FILHO. "Trabalho e lei para os libertos...", op. cit.; MOLET, Cláudia D. Garcia. "Entre o trabalho e a correção: escravas e forras na cidade do Rio Grande, segunda metade do século XIX". *Aedos*, Porto Alegre, v. 2, n. 4, p. 355-365, nov. 2009; CHALHOUB, Sidney. *Trabalho, lar e botequim: o cotidiano dos trabalhadores no Rio de Janeiro da belle époque*. 2. ed. Campinas: Editora da Unicamp, 2001; REIS, João. "De olho no canto: trabalho de rua na Bahia na véspera da Abolição". *Afro-Ásia*, Salvador, n. 24, 2000, p. 199-242.

10 Cf. CARVALHO, Marcus J. M de. "Os caminhos do rio: negros canoeiros no Recife na primeira metade do século XIX". *Afro-Ásia*, Salvador, n. 24, p. 199-242, 2000. REIS. "De olho no canto...", op. cit., p. 199. Mais adiante discuto essas ocupações com mais detalhes.

mo. Como detentor da força de trabalho escravizada, ficava a cargo do proprietário decidir *quem, como, onde, sob que condições* e *qual ocupação seria exercida*. Obviamente, todas essas decisões eram pensadas de acordo com o nível de riqueza e prestígio do senhor, seu contingente de cativos e o comportamento do mercado. Esses fatores incidiam diretamente na necessidade de treinar ou não o escravizado em algum ofício; assim como se o cativo iria ao mercado e sob que tipo de relação de trabalho. A segunda eram os *atributos individuais* do escravizado, dos quais dependeria a sua qualificação. O sexo, a idade, a origem – africano ou crioulo (mulato, pardo, cabra, semibranco)[11] –, a força física, o comportamento, entre outros, eram alguns dos fatores que poderiam influenciar positiva ou negativamente. As oportunidades de mobilidade estavam muitas vezes correlacionadas a estas questões. Nesse contexto, aqueles que conseguiam ser encaminhados para qualificação teriam, consequentemente, maiores chances de conquistar a liberdade. Ao se tornarem libertos, dependendo do ofício adquirido, inseriam-se ou não com este no mercado de trabalho livre. A terceira variável eram *as condições do mercado de trabalho*; as maiores ou menores oportunidades para o trabalho especializado seguiam o curso das oscilações de mercado.[12]

As relações de trabalho e as ocupações, por seu turno, incidiam na mobilidade social do trabalhador escravizado, isto é, nas reais possibilidades de ele adquirir sua manumissão. Desse modo, ao analisar a mobilidade ocupacional dos escravizados, Mary Karasch classificou as atividades econômicas exercidas pelos cativos no Rio de Janeiro em quatro categorias: *manuais não qualificadas, manuais semiqualificadas, manuais qualificadas e não manuais* – predominando as manuais não qualificadas. Quanto às

11 A categoria de cor de pele "semibranca" é corrente na documentação eclesiástica desde o início do século XIX. Essa tese não contempla a discussão das categorias de cor de pele e as hierarquias raciais na sociedade imperial. Prefiro trazê-las ao debate em momentos que considero oportunos, como fiz no primeiro e terceiro capítulos. Uma leitura especializada sobre o tema é: LIMA, Ivana Stolze. *Cores, marcas e falas: sentido da mestiçagem no Império do Brasil*. Rio de Janeiro: Arquivo Nacional, 2003.

12 Cf. OLIVEIRA. *O liberto*, op. cit., p. 13.

relações de trabalho, ou seja, como os proprietários dispunham da força de trabalho de seus escravos, Oliveira definiu três tipos.

No primeiro, o senhor se utilizava e se apropriava direta e integralmente do trabalho cativo, arcando com a manutenção do escravizado. Neste tipo de relação estavam os cativos domésticos. A maioria executava tarefas economicamente não produtivas, mas providas de alguma especialização. Entre esses escravizados, o que delimitava o *status* era o tipo de atividade desempenhada. Os *mais privilegiados* eram preparados para servir pessoalmente aos senhores e às senhoras, como mucamas, pajens, amas (de leite e seca) e cocheiros. Os crioulos, principalmente os de pele mais clara (pardos, mulatos, cabras, semibrancos), eram os preferidos para ocupar essas funções. Outros executavam serviços mais gerais na casa, como copa, cozinha, costura e lavanderia. As lavadeiras, quando sabiam passar e engomar bem, eram colocadas também no trabalho de portas afora. Segundo o viajante e comerciante francês L. F. Tollenare,[13] chegavam a render de 6 a 8 francos aos seus senhores. Em último lugar, vinham os que só tinham literalmente a força física para o trabalho, os quais desempenhavam das atividades braçais mais pesadas até as mais aviltantes, como os aguadeiros, os carregadores e os chamados *tigres*. No geral, escolhiam-se africanos e pretos brasileiros, crianças e jovens para executar esses serviços. Porém, isto não significava que os africanos libertos e mesmo os brasileiros pobres escapassem dessas atividades. Cito o caso do pardo José de Barros, 50 anos, viúvo, aguadeiro no bairro de Santo Antônio, falecido nas escadarias de um sobrado da rua Estreita do Rosário, depois de ter conduzido água para diversas casas, no dia 8 de junho de 1887.[14] Por vezes, alguns escravizados da casa chegavam a ser treinados

13 Louis François Tollenare foi um viajante e comerciante francês, da cidade de Nantes, que chegou no Brasil em 1817 e ficou até 1818. Nesse curto espaço de tempo, Tollenare se envolveu em conflitos e revoltas anticoloniais. Cf. TOLLENARE, L. F. *Notas dominicais tomadas durante uma viagem em Portugal e no Brasil em 1816, 1817 e 1818.* Salvador: Livraria Progresso, 1956.

14 APEJE, Fundo da Secretaria de Segurança Pública – Delegacias da Capital, códice 430, 8 jun. 1887, fl. 84.

em ofício qualificado, como carpintaria, funilaria, barbearia. Estes cativos comumente eram adquiridos ou empregados por artesãos remediados.[15]

No segundo tipo de relação, o trabalho do escravizado era apropriado parte pelo senhor (locador) e parte por um terceiro (locatário), ficando para este as despesas com o escravizado, relação de trabalho própria dos cativos de aluguel. Estes exerciam os mais variados serviços, dos mais braçais, como os remadores e serventes, até os mais qualificados, como os artistas, pedreiros, marinheiros, talhadores de carne verde. O aluguel de escravizados foi se tornando comum ao longo do século XIX. O crescimento das cidades concorria para a ampliação do setor de serviços, dando lugar ao surgimento de muitos trabalhos circunstanciais. Embora essas ocupações fossem necessárias, eram rechaçadas pelos locais, porque a concepção de liberdade era incompatível com o trabalho mecânico (braçal). Um mercado favorável abria-se, então, para os proprietários de cativos, sobretudo os pequenos e médios, lucrarem com o aluguel de seus escravizados. Enfatiza-se, porém, que a rentabilidade do locatário dependia da capacidade de seu escravizado de se adequar ao serviço e às diversas condições do mercado de trabalho. Em suas pesquisas, Marcus Carvalho encontrou padeiros, sapateiros, lavadeiras, vendedoras de azeite de carrapato (mamona) e até prostitutas entre os cativos de aluguel mais requisitados no Recife.[16]

Embora tivessem sua mobilidade limitada pelos contratos entre locadores e locatários, os escravos de aluguel, sobremaneira os artesãos, elaboraram interessante estratégia para a conquista de sua manumissão. Negociavam com o seu locatário o adiantamento em dinheiro de seu preço de mercado para pagar ao seu proprietário (o locador) a sua alforria. Em seguida, ficavam sob uma espécie de escravidão temporária com o locatário,

15 Cf. OLIVEIRA. *O liberto*, op. cit., p. 14-16; KARASCH apud Ibidem, p. 13; TOLLENARE apud CARVALHO. *Liberdade*, op. cit., p. 28. Sobre os trabalhadores domésticos escravizados, libertos e livres no Recife, consultar: CARVALHO, Marcus J. M. de. "De portas adentro e de portas afora: trabalho doméstico e escravidão no Recife, 1822-1850". *Afro-Ásia*, Salvador, n. 29/30, p. 41-78, 2003; SILVA, Maciel H. C. da. *Domésticas criadas entre textos e práticas sociais*, op. cit.

16 Cf. OLIVEIRA. *O liberto*, op. cit., p. 16-18; CARVALHO. *Liberdade*, op. cit., p. 21-28.

até que seus serviços completassem a quantia adiantada.[17] Reitero, contudo, que mesmo sendo vedada aos escravizados a subscrição de contratos, por não possuírem personalidade jurídica para validar o ato, a lei 2.040, de 28 de setembro de 1871, concedeu ao cativo o direito de prestação de serviços por um tempo máximo de sete anos. Os contratos de serviços garantiam não só a possibilidade de alforria aos escravizados, mas, sobretudo, oportunidades para os libertos se colocarem no mercado de trabalho. Comumente, havia duas modalidades de contrato. A primeira, como já mencionado, ocorria quando o escravizado resgatava adiantado o valor da alforria, obrigando-se a um determinado tempo de serviço para a quitação da dívida. Os indivíduos enredados neste arranjo de trabalho ficavam em maior contato com o senhor, sob condições de subserviência, obediência, tendo sua mobilidade bastante restrita. Na segunda modalidade, estavam os arranjos de trabalho com maior grau de autonomia, a exemplo dos cativos ao ganho, cuja responsabilidade era entregar aos seus senhores, periodicamente, o abono monetário fixado. Porém, este tipo de contrato era mais comum entre as pessoas libertas. Para Henrique Espada Lima Filho, os arranjos de trabalho sob a forma de contratos de serviços, enquanto vigoraram, representaram pertinente busca por autonomia pelos libertos, uma vez que se tratava de um instrumento público e o contratante teria que cumprir as regras nele estabelecidas.[18]

No terceiro tipo de relação definido por Oliveira, o trabalho era apropriado parte pelo senhor e parte pelo próprio escravizado, podendo ser a manutenção do cativo dividida entre ele e o seu senhor. Esta categoria era típica dos ganhadores, que trabalhavam nas ruas nas mais variadas funções, em especial como vendedores, carregadores e transportadores de mercadorias e pessoas em geral. Tinham certa autonomia, "vivendo sobre si", pagando diária ou jornal semanal aos seus senhores. Por outro lado, embora os escravizados colocados ao ganho também tivessem as mais variadas ocupações, os vendedores e as vendeiras, sobretudo as pretas quitandeiras,

17 Cf. OLIVEIRA. op. cit.

18 Cf. LIMA FILHO. "Trabalho e lei para os libertos...", op. cit., p. 140, 160-162, 170.

eram predominantes. No Recife, os serviços de alfândega e do porto, como informo no segundo capítulo, eram destinados mais aos africanos do que aos crioulos – carregadores de fardos, trapicheiros, pilotos de barca, marinheiros. As negras africanas vendeiras de alimentos e frutas também se destacavam no comércio ambulante.[19]

Ainda dentro dessa terceira relação de trabalho, encontravam-se os escravizados que possuíam seus próprios negócios, como roçado, quitanda, tenda de barbeiro. Embora fosse mais comum entre os escravizados a propriedade de gado, plantações e sobretudo de dinheiro, havia a posse de cativos. Henry Koster constatou em uma fazenda de monges beneditinos, em Jaguaribe, um mulato que dirigia a referida propriedade e era possuidor de dois escravos. Porém, o assunto é pouco explorado pela historiografia brasileira. Robson Costa, em sua tese de doutoramento, analisou detalhadamente a questão. Costa encontrou 169 manumissões concedidas pelos beneditinos aos cativos da fazenda Jaguaribe e avaliou que 18 delas (23,4%) foram de libertações por substituição, ou seja, escravizados que ofereceram outros cativos pela própria alforria. O referido percentual foi considerado pelo autor peculiar em comparação a outras referências historiográficas. Segundo ele, a posse de cativos por outros escravos como veículo para a conquista da manumissão chegou a ser um "modelo" de gestão escravista construído pela Ordem de São Bento de Pernambuco. Contudo, a prática de alforria utilizando a substituição como pagamento vigorou só até 1850, enquanto durou o tráfico transatlântico de escravizados.[20]

No início deste capítulo, elucido que o trabalho qualificado era importante para a mobilidade social do indivíduo, porém, nem sempre a qualificação ocupacional era possível para o escravizado, ficando na dependência da vontade senhorial. Por outro lado, a compra da alforria podia endividar ou levar à falência o cativo. Todavia, ter qualificação ou possuir propriedade nem

19 Cf. OLIVEIRA. *O liberto*, op. cit., p. 18-20; KOSTER. *Viagens ao Nordeste do Brasil*, op. cit., p. 66-67.

20 Cf. KOSTER. *Viagens ao Nordeste do Brasil*, op. cit., p. 378-380, 391; COSTA, Robson P. da. *A Ordem de São Bento e os escravos do Santo, Pernambuco, séculos XVIII e XIX*. Tese (Doutorado em História) – CFCH, UFPE, Recife, 2013, cap. 2 e 3.

sempre representou garantia para o escravizado manter-se materialmente após a liberdade. A concorrência no mercado de trabalho urbano com outros segmentos sociais deixava-o apenas com os serviços de menor remuneração. Além do mais, algumas ocupações, como a de estivador, remador, carregador em geral desgastavam tanto os indivíduos que os impediam de continuar exercendo a mesma atividade quando libertos. Para Orlando Patterson, estas eram algumas das razões por que grande parte dos ex-cativos continuava enredada nos laços senhoriais, sendo raros os casos daqueles que conquistavam definitivamente a autonomia.[21]

No quadro 1, apresento o modelo de análise das ocupações e das relações de trabalho no mercado urbano proposto por Oliveira, que utilizo para avaliar a situação dos libertos no Recife. Observando o quadro, é possível verificar dois níveis de mobilidade ocupacional favoráveis aos indivíduos. O primeiro, vertical, variava de acordo com a qualificação do trabalhador ou estabelecia dentro de uma mesma categoria gradações de *status*. O segundo, horizontal, articulava-se às diferentes relações de trabalho, permitindo explorar o escravizado sob diversas formas.

21 PATTERSON, Orlando. *Escravidão e morte social: um estudo comparativo*. São Paulo: Edusp, 2008, p. 348.

Quadro 1 - Ocupações dos escravizados no mercado de trabalho urbano, Séc. XIX

<table>
<tr><th colspan="2" rowspan="2">Tipos de Trabalho
Trabalho utilizado e apropriado pelo senhor, com a manutenção a seu cargo.</th><th colspan="3">Relações de Trabalho e Ocupações</th></tr>
<tr><th>Trabalho apropriado pelo senhor e por terceiro que utiliza o escravo, com a manutenção a cargo de terceiro.</th><th>Trabalho apropriado pelo senhor e pelo escravo; utilização de terceiros e manutenção a cargo do senhor ou do escravo.</th><th></th></tr>
<tr><td rowspan="2">Manuais</td><td>Sem qualificação</td><td>Aguadeiros
Copeiros
Despejadores de dejetos ("carregadores de tigres")</td><td>Serventes
Remadores
Copeiros</td><td>Carregadores
Estivadores
Despejadores de dejetos
Aguadeiros
Transp. de cadeirinhas
Serventes
Remadores
Prostitutas
Mendigos</td></tr>
<tr><td>Semiqualificado</td><td>Mucamas
Pajens
Cocheiros
Amas-secas e de Leite
Cozinheiras
Compradores de alimentos
Costureiras e Rendeiras
Lavadeiras e Engomadeiras</td><td>Mucamas
Pajens
Cocheiros
Amas-secas e de Leite
Cozinheiras
Carregadores de alimentos
Costureiras e Rendeiras
Lavadeiras e Engomadeiras</td><td>Vendedores Ambulantes
Quitandeiros</td></tr>
</table>

Manuais	Qualificado	Carpinteiros Pedreiros Ferreiros, Funileiros Caldeireiros Sapateiros Alfaiates Barbeiros Ourives Enfermeiros Artistas, Mestres de embarcações Pilotos de embarcações Padeiros Açougueiros Pescadores	Carpinteiros Pedreiros Ferreiros, Funileiros Caldeireiros Sapateiros Alfaiates Barbeiros Ourives Enfermeiros Artistas Mestres de embarcações Pilotos de embarcações Padeiros Açougueiros Pescadores	Carpinteiros Pedreiros Ferreiros Funileiros Caldeireiros Sapateiros Alfaiates Barbeiros Ourives Enfermeiros Artistas Mestres de embarcações Pilotos de embarcações Padeiros Açougueiros Pescadores
Não manuais				Proprietários e administra-dores de negócios próprios: roças, tendas de barbeiro, quitandas, etc.

Fonte: Adaptação de Oliveira, O *liberto*, op. cit., p. 15.

Uma indagação nasce do que disso resultou: que ocupações podiam de fato os indivíduos continuar exercendo ou não depois de libertos, na cidade do Recife, que lhes garantissem certa autonomia financeira e lhes proporcionassem rompimento com os laços senhoriais? Para responder, uso uma amostra de 948 registros de presos que passaram pela Casa de Detenção nos anos de 1862 e 1863.[22]

Inaugurada em 1855, a Casa de Detenção do Recife abrigava quatro categorias de presos: os "custodiados para averiguação", os "indiciados por

22 APEJE – Casa de Detenção do Recife (doravante CDR) – códices 4.3/8 e 4.3/9. Ressalto que o número de registros nem sempre correspondeu ao número de pessoas, pois algumas foram fichadas mais de uma vez. Em alguns casos, a mesma pessoa informou ocupações diferentes quando detida outra vez. Talvez desenvolvesse mais de uma atividade econômica, ou assim procedia como estratégia para burlar a ordem vigente. Retomo à discussão mais adiante.

crimes", os "condenados" e os "escravizados". Os indivíduos ainda eram separados por sexo e pela natureza do crime. Os motivos das prisões eram os mais diversificados: embriaguez, briga, furto, roubo, vadiagem, suspeita de fuga (no caso dos cativos), entre outros.[23] Nas fichas de presos, encontrei informações relativas a filiação, idade, naturalidade, estado civil, "cor/qualidade", condição jurídica, descrição física (estatura), nota de culpa, por quem foi preso, se estava à disposição de alguém, datas de entrada e de saída e a ocupação/profissão. A escolha dos anos iniciais da década de 1860 deveu-se a dois motivos: primeiro, o mau estado de conservação da documentação referente aos anos anteriores, estando a partir desses anos os códices mais completos; segundo, o fato do período pesquisado corresponder ao mesmo em que 54% dos indivíduos do grupo de africanos que acompanho tiveram seus bens inventariados. Como os personagens, aqui enredados, faziam parte de uma pequena parcela privilegiada da população de libertos, os registros da Casa de Detenção deu possibilidades de fazer um contraponto, além de aproximar do cotidiano da maioria das pessoas que transitavam pelas ruas ganhando a vida, ou seja, dos menos favorecidos socialmente.

Encontrei 78 ocupações/profissões anotadas nos 948 registros de pessoas que deram entrada na Detenção. A população carcerária era predominantemente masculina, com os homens representando 86% da população carcerária. A maioria de mulheres e de homens era livre e liberta, os cativos somaram 179 pessoas (18,9%). Havia pessoas negras (africanas e crioulas) em todas as atividades econômicas registradas, com exceção das funções de *feitor de engenho* e *fundidor de ferro*, ambas referentes a homens brancos.

23 Cf. MAIA, Clarissa Nunes. "A Casa de Detenção do Recife: controle e conflitos (1855-1915)". In: MAIA, Clarissa N. et al. (orgs.). *História das prisões no Brasil*. Rio de Janeiro: Rocco, 2009, v. 2, p. 111-153. Os códices de entrada e saída da Casa de Detenção do Recife abrangem o período de 1855 a 1974. Sobre o sistema prisional em Pernambuco e a Casa de Detenção, consultar: ALBUQUERQUE NETO, Flávio de Sá. "Da cadeia à Casa de Detenção: a reforma prisional no Recife em meados do século XIX". In: MAIA et al. (orgs.), op. cit., p. 75-109; ALBUQUERQUE NETO, Flávio de Sá Cavalcanti. *A reforma prisional no Recife oitocentista: da cadeia à casa de detenção (1830-1874)*. Dissertação (Mestrado em História) – CFCH, UFPE, Recife, 2008.

Corroborando a historiografia, as tarefas urbanas, em especial as manuais, eram desempenhadas pela população negra, cujas vidas estiveram algum dia ligadas à experiência do cativeiro. Dos 43 indivíduos que não possuíam ocupação, 86% eram de cor parda ou preta. Ou seja, embora o mercado de trabalho estivesse aberto à população egressa do cativeiro, os negros continuavam encontrando dificuldade de inserção maior do que qualquer outro grupo social.

Seguindo a classificação das ocupações proposta por Oliveira, as atividades exercidas pelos detentos eram em sua maioria manuais semiqualificadas e qualificadas, as quais representavam 60,2% do total. Também foram computadas profissões liberais (não manuais), a exemplo de oficial de justiça, empregado de escritório particular, empregado público, músico e soldado. As dez ocupações mais comuns foram: ganhadores – 125 (13,1%); agricultores – 69 (7,2%); pedreiros – 52 (5,4%); marceneiros – 39 (4,1%); lavadeiras – 38 (4%); carpinas – 36 (3,7%); cozinheiros – 35 (3,6%); alfaiates – 31 (3,2%); costureiras – 28 (2,9%); e quitandeiras – 27 (2,8%). O conjunto dessas ocupações representou 50,6% da amostragem. Entre os ganhadores, a quase totalidade era composta por escravizados do sexo masculino (96,8%).

Chamou-me a atenção o fato de a agricultura ocupar o segundo lugar entre as atividades declaradas, o que pode estar relacionado com a presença de condenados, indiciados fugidos do meio rural, em busca de novas oportunidades no espaço urbano. Por outro lado, na capital pernambucana as áreas urbana e rural permaneceram imbricadas até o início da década de 1860. Quando esteve de passagem por Pernambuco em 1821, a viajante e escritora britânica Maria Graham não deixou de observar essa característica da cidade, onde o desenvolvimento da horticultura e demais plantios se dava nos terrenos particulares próximos ao centro urbano. Em uma das passagens de seu diário registrou: "as margens [do rio Capibaribe] são rodeadas de casas de campo, adornadas de pomares e roças". Acrescentou ainda: "Aqui e ali abre-se um pequeno espaço para a plantação de mandioca [...] as cabanas de madeira dos plantadores [...] e pela maior parte, cada uma tem seu pequeno pomar de mangueiras e laranjeiras".[24] A inglesa presenciou, além dos gêneros descritos, plantações de arroz e tamarindeiros, que eram cultivados nos quintais das casas e comercializados pelos negros e pelas negras nos mercados. Gilberto Freyre, com seu neologismo, denominou o Recife oitocentista como um espaço "rurbano", referindo-se não só ao bucolismo da Boa Vista, mas às fronteiras tênues entre as freguesias urbanas e rurais. Bairros centrais como a Boa Vista e o sul de Santo Antônio, por serem tomados por sítios, vivendas e pequenas roças, tinham dupla função: espaços de moradia e trabalho. Destes locais, os indivíduos extraíam suas subsistências, comercializando, no mercado e nas ruas, frutas, verduras e raízes que eram colhidos em seus quintais.[25]

Os trabalhadores africanos nas fontes da Casa de Detenção do Recife

Os africanos apareceram em 184 registros, o que equivale a 19,4% da amostra, sendo 89 cativos (48,4%), 77 libertos (41,8%) e 18 livres (9,8%).[26] Também no universo dos africanos os homens constituíam a grande maioria dos detentos, representando a totalidade dos livres, 84,3% dos cativos e 74% dos libertos. A tabela 14, apresenta as atividades econômicas desses

24 Cf. GRAHAM, Maria. *Diário de uma viagem ao Brasil.* Belo Horizonte: Itatiaia; São Paulo: Edusp, 1990, p. 137, 145-146. Graham esteve no Brasil nos anos de 1821, 1822, 1823 e 1824. Pernambuco foi o primeiro lugar visitado pela escritora inglesa.

25 Cf. FREYRE. *Sobrados & mocambos*, op. cit.

26 Esta trabalho não contempla a categoria dos africanos livres, ou seja, daqueles homens e mulheres que foram traficados no período da ilegalidade, mais precisamente depois da lei de 1831. Porém, na documentação utilizada eles foram registrados, por isto os incluí na discussão. Ao analisar a documentação, seleciono os casos em que africanos descritos como "livres" estavam empregados no Arsenal da Marinha, Hospital Pedro II e outras instituições públicas, ou foram arrematados por particulares que ficavam encarregados de lhes ensinar um ofício, vesti-los e alimentá-los. Os demais, que não estavam nestas circunstâncias, deduzo serem libertos. Sobre os africanos livres, consultar: MAMIGONIAN. *To be a liberated African in Brazil*, op. cit. FERNANDES, Cyra Luciana Ribeiro de Oliveira. *Os africanos livres em Pernambuco, 1831-1864.* Dissertação (Mestrado em História) – Centro de Filosofia e Ciências Humanas, Universidade Federal de Pernambuco, Recife, 2010.

africanos, distribuídas por sexo e condição social, permitindo avaliar os espaços do mundo do trabalho por eles ocupados. É sabido que essas pessoas, independentemente da condição jurídica, foram empregadas nas mais variadas atividades econômicas da área urbana. Ou seja, analisar o trabalho delas não é apenas se debruçar sobre formas compulsórias de trabalho, mas em todos os espaços econômicos nos quais foram empregados.

Foram registradas 32 ocupações, a maior parte delas qualificadas. Os trabalhos especializados estavam igualmente presentes entre os libertos e os escravizados, porém, apenas dois africanos livres os exerciam – um *sapateiro* e um *serralheiro*. A ocupação mais informada pelos homens, entretanto, foi a de *ganhador*. Trabalhavam como ganhadores 50,6% dos escravizados, 43,9% dos libertos e 44,4% dos africanos livres. No grupo das mulheres que passaram pela Casa de Detenção (CDR), a ocupação mais comum era a de *quitandeira*, notadamente entre as libertas (85%). Algumas ocupações como as de *negociante* e *mascate*, cujas representações percentuais foram baixíssimas, trouxeram certo prestígio para os indivíduos. Adiante apresento que os negociantes foram as pessoas que mais se destacaram no grupo de africanos em liberdade que acompanho, tornando-se referência dentro e fora dele.

Tabela 14 - Ocupações dos africanos registrados na Casa de Detenção do Recife, 1862-1863

Ocupação	Escravo		Liberto		Livre		Total	
	Homem	Mulher	Homem	Mulher	Homem	Mulher	Nº	%
Domésticas								
Copeiro	-	-	1	-	-	-	1	0,5
Cozinheiro	5	4	7	1	1	-	18	9,7
Criado	1	-	-	-	-	-	1	0,5
Engomadeira	-	1	-	-	-	-	1	0,5
Lavadeira	-	-	-	1	-	-	1	0,5
Comércio								
Mascate	-	-	1	-	-	-	1	0,5
Negociante	-	-	1	-	-	-	1	0,5

Quitandeira	-	4	-	17	-	-	21	11,4
Ofícios								
Caiador	-	-	1	-	-	-	1	0,5
Carapina	-	-	2	-	-	-	2	1,0
Charuteiro	1	-	-	-	-	-	1	0,5
Ferreiro	2	-	2	-	-	-	4	2,1
Marceneiro	-	-	1	-	-	-	1	0,5
Oleiro	1	-	-	-	-	-	1	0,5
Padeiro	1	-	-	-	-	-	1	0,5
Pedreiro	1	-	-	-	-	-	1	0,5
Refinador	2	-	-	-	-	-	2	1,0
Sapateiro	-	-	-	-	1	-	1	0,5
Serrador	-	-	1	-	-	-	1	0,5
Serralheiro	-	-	-	-	1	-	1	0,5
Talhador [a]	1	-	3	-	-	-	4	2,1
Transportes								
Canoeiro	4	-	4	-	-	-	8	4,3
Carreiro	1	-	-	-	-	-	1	0,5
Carroceiro	2	-	1	-	1	-	4	2,1
Remador	-	-	2	-	1	-	3	1,6
Portuárias	2	-	2	-	-	-	4	2,2
Calafate	1	-	-	-	-	-	1	0,5
Estivador	-	-	1	-	-	-	1	0,5
Marinheiro	1	-	-	-	-	-	1	0,5
Marítimo	-	-	1	-	-	-	1	0,5
Outras								
Agricultor	9	-	-	-	-	-	9	4,8
Ganhador	38	4	25	1	8	-	76	41,3
Servente	2	-	2	-	5	-	9	4,8
Nenhuma	2	1	1	-	-	-	4	2,1
Total	75	14	57	20	18	-	184	100,0

Fonte: APEJE, Ocupações registradas nos livros de Entrada/Saída da Casa de Detenção do Recife, 1862-1863.

[a] Talhador de carne verde.

Depois dos *ganhadores*, a ocupação mais encontrada entre os homens foi a de *cozinheiro*, com uma participação expressiva de libertos. Ser cozinheiro significava ter um ofício especializado. Cozinhar envolve cálculo matemático, memória e uma infinidade de gestos. Isto é, cozinhar fazia (faz) parte de uma arte, não exclusiva das mulheres, como aludiu Luce Giard. Nas suas palavras, "entrar na cozinha, manejar coisas comuns é pôr a inteligência a funcionar, uma inteligência sutil, cheia de nuanças, de descobertas iminentes, uma inteligência leve e viva que se revela sem se dar a ver, em suma, *uma inteligência bem comum*".[27]

Não raro, muitos homens exerceram também o ofício de cozinheiro nas cidades escravistas brasileiras.[28] Mas, no Recife, Maciel Silva encontrou nos anúncios de jornais, entre as décadas de 1840-1870, um destaque feminino entre os domésticos listados como cozinheiros. Essas mulheres, contudo, acumulavam outras atividades, como a compra de alimentos na rua, além de lavar e engomar, costurar.[29]

Nos trabalhos de referência sobre o assunto, aparecem cativos exercendo o ofício de cozinheiro, enquanto na amostra que analiso só havia libertos. Tendo em vista que a alforria, no geral, era tardia, é possível que fosse uma ocupação menos desgastante para os homens já maduros. Continuar prestando seus serviços nas casas dos ex-senhores ou para outros indivíduos com famílias menores, com paladar menos exigente, poderia ser interessante para um liberto maduro. Isso são apenas conjecturas, porém, o fato é que entre os sete libertos listados na CDR com esta ocupação, alguns já não eram tão jovens: Sabino Muniz Tavares, 57 anos (cozinheiro/ganhador); Antônio José de Carvalho, 50 anos; Manoel Joaquim, 40 anos; Joaquim d'Amorim, 35 anos.[30]

---

27 CERTEAU; GIARD; MAYOL, P. *A invenção do cotidiano: morar e cozinhar*, op. cit., p. 220.

28 Cf. REIS; GOMES; CARVALHO. *O alufá Rufino*, op. cit., p. 30-31.

29 Cf. SILVA, Maciel H. C. da. *Pretas de honra*, op. cit., p. 248.

30 APEJE, CDR – códice 4.3/8, Antônio Jose de Carvalho, fls. 68-1 e 240-4; Manoel Joaquim, fl. 165-1; Joaquim d'Amorim, fl. 266-4; códice 4.3/9, Sabino Muniz Tavares, fl. 199-1; João, fl. 162-1; Antônio dos Santos, fl. 16-3; códice 4.3/11, Joaquim d'Amorim, fl. 80-4.

Entre as acusações que pesavam sobre os cozinheiros, destacavam-se as de "averiguação de roubos" e "furtos", que representaram juntas 42,8%. O liberto Antônio dos Santos, de 25 anos, foi um dos encarcerados por tais motivos, acusado do furto de 1:000$000 réis do engenheiro da Via Férrea R. S. Canton. Para Walter Fraga, as ações de furtar e roubar dos libertos possuíam diversas motivações; podiam significar tanto o desejo de reparação pelos serviços prestados aos seus antigos senhores, como também a defesa e a tentativa de ampliação do acesso a recursos existentes nas propriedades dos ex-senhores (ou patrões).[31]

Em seguida, vem o trabalho na *agricultura*, atribuído a nove detentos, todos escravizados e em sua maioria angolas. No universo das nações descritas nas fichas da CDR, os indivíduos embarcados nos portos da África Centro-Ocidental representavam 11,4%. Isto se devia não só às necessidades econômicas da indústria açucareira pernambucana, mas, sobretudo, à conexão das rotas entre Pernambuco e o *hinterland* de Angola. Já foram mencionadas no primeiro capítulo as razões geográficas favoráveis para encurtar o tempo das viagens, evitando altas taxas de mortalidade dos cativos e consequentemente colocando a província no rol dos maiores traficantes de africanos no Brasil. Por outro lado, os cativos traficados para Pernambuco no século XIX – diferentemente da Bahia, cuja população escravizada era formada por pessoas de tradição urbana e militar – apresentavam uma supremacia de crianças, mulheres, pastores e, em particular, agricultores. Entre os agricultores registrados na minha amostra estavam os fugitivos Antônio e Bento, escravizados de nação angola.[32]

Entre as ocupações informadas pelos homens, destaca-se o trabalho de *canoeiro*, uma das atividades econômicas mais encontradas entre a gente negra. Havia até capela própria devido à sua popularidade. Era também uma das mais bem remuneradas, em particular quando o indivíduo possuía sua própria canoa. Todavia, como qualquer trabalho braçal, era mais comum

31 FRAGA FILHO, Walter. *Encruzilhadas da liberdade: histórias de escravos e libertos na Bahia (1870-1910)*. Campinas: Editora da Unicamp, 2006, p. 191.

32 APEJE, CDR – códice 4.3/8, Antônio, fl. 15-2; Bento, fl. 215-2.

ser praticado por escravizados. Note-se, porém, que sua lucratividade fazia com que cativos, quando libertos e com disposição para o trabalho pesado, permanecessem na ocupação. Dos oito canoeiros que foram detidos, quatro eram libertos. Cito alguns dos motivos pelos quais foram presos: João Antônio Paschoal, 64 anos, por briga; Daniel, 23 anos, por andar tarde da noite e suspeito de ser escravo; Joaquim Roiz dos Anjos, 45 anos, por distúrbio; e Manoel Antônio de Brito, 44 anos, por insultos e embriaguez.[33]

Podia-se combinar mais de uma atividade econômica com a de canoeiro, a exemplo, a pesca, a cata de caranguejo, o fornecimento de água. Os "canoeiros aguadeiros" recebiam entre $5 a $10 réis por balde de água, passando na década de 1830 a cobrar $20 réis. Os jornais ainda informavam combinações um tanto inusitadas como a de *canoeiro/padeiro*. Decerto, o anunciante se referia ao indivíduo que entregava pão em canoas. Além do carregamento de água, açúcar, tigres e outras cargas, fazia-se também o transporte de pessoas. Entre os meses de dezembro e fevereiro, ou seja, em pleno verão, a ocupação era mais concorrida. As águas se tornavam menos caudalosas, facilitando a navegação rio acima, época em que muitas canoas eram empregadas no transporte de pessoas que iam às festas de final de ano e de Carnaval realizadas nos arrabaldes da cidade, como Poço da Panela, Casa Forte, Monteiro, Apipucos, Caxangá e Várzea.[34]

Os canoeiros escravizados eram duramente vigiados e reprimidos pelas autoridades locais, pela mobilidade inerente à sua ocupação, que lhes trazia acentuadas vantagens no momento da fuga. Trabalhando distante de seus senhores, adquiriam maior conhecimento da geografia da cidade, teciam redes sociais dentro e fora do perímetro urbano com outros escravizados, libertos e livres, facilitando os esquemas para livrar-se do cativeiro. Alguns até costumavam mudar de nome quando iam de um canto a outro da cidade. Mas nem sempre os fugitivos tinham sucesso em suas emprei-

33 APEJE, CDR – códice 4.3/11, Daniel, fl. 116-4; Joaquim Roiz, fl. 108-6; códice 4.3/9, Manoel Antônio, fl. 262-5.

34 Cf. CARVALHO. *Liberdade*, op. cit., p. 29, 36-38; Idem, "Os caminhos do rio...", op. cit.

tadas.[35] Os africanos Roberto e Antônio foram capturados quando estavam fugindo. O senhor de Antônio já estava à sua espera na CDR. Por outro lado, essa flexibilidade de movimentos não só facilitava a solidariedade entre os próprios canoeiros, como também auxiliava os fugidos. Não foi possível saber se o cativo José, de nação angola, estava fugindo ou cometendo alguma infração às posturas municipais quando foi preso. Um outro José também foi parar na Detenção por infração de posturas. Certamente, para vencer a concorrência, os canoeiros burlavam leis e regras locais na luta pela sobrevivência.[36]

A ocupação de *servente*, uma atividade sem qualquer qualificação, aparece com o mesmo número de ocorrências dos agricultores: nove indivíduos, com predominância dos africanos livres. No Recife, os africanos livres eram empregados em instituições públicas e filantrópicas como os Arsenais de Marinha e de Guerra, o Hospital Pedro II, a Casa dos Expostos, a própria Casa de Detenção, o Cemitério Público, a Santa Casa de Misericórdia e o Hospital dos Lazarentos no Pina, além de vários recolhimentos mantidos pela Igreja. Desempenhavam todo tipo de ocupação junto com outros trabalhadores, porém, o mais comum era serem serventes. Na amostragem deste trabalho, dos cinco serventes que eram africanos livres, quatro estavam lotados em instituições públicas. No Hospital Pedro II trabalhava Leandro, 24 anos; e no Arsenal da Marinha estavam empregados Manoel (chamado de Manoel 3º), 31 anos, detido por fuga; Ventura, 27 anos, preso quando insultava a patrulha de policiais; e José, 32 anos, detido por desordem e embriaguez. Não foi possível descobrir se Titto, 24 anos, que foi preso por andar brigando, servia dentro de alguma instituição ou labutava pelas ruas.[37]

Os principais motivos das prisões dos africanos livres eram brigas, embriaguês, fuga, desobediência e desordem. Cyra Fernandes argumen-

35 Cf. Idem, *Liberdade*, op. cit., p. 37-39.

36 APEJE, CDR – códice 4.3/8, José, nação angola, fl. 95-1, Antônio, fl. 286-1; códice, 4.3/9, Roberto.

37 APEJE, CDR – códice 4.3/8, Ventura, fl. 84-2; Titto, fl. 291-1; códice 4.3/9, Manoel 3º, fl. 13-2.

tou que desordens, brigas, fazer corpo mole para o trabalho, forjar doenças e embriaguês eram formas de resistência mais utilizadas por esses indivíduos dentro das instituições públicas para amenizar a pesada jornada de trabalho. As fugas, como elucidou a autora, "atrapalhavam o andamento dos serviços dentro dos estabelecimentos".[38] Isto forçava os dirigentes dos órgãos a amenizar os castigos e o trabalho ou, como era mais comum, transferir os africanos "insolentes" e "rebeldes" para outros locais. Vale ressaltar que tais mecanismos de resistência não só eram acionados pelos africanos livres lotados nessas instituições, mas por todos aqueles que enfrentavam o duro cotidiano de incertezas sobre seus destinos, a serem decididos pelas autoridades brasileiras.

O maior percentual de ocorrência na Detenção, porém, como exponho inicialmente, foi de *ganhadores*. Esta era uma categoria de *trabalhadores circunstanciais*, que viviam em busca de trabalho, portanto, mais suscetíveis à vigilância, à coerção e à violência na cidade. Para Maria Cecília Velasco e Cruz, a Casa de Detenção do Rio de Janeiro, por ser uma prisão "correcional", tendia a prender as pessoas por simples ordem policial, sem flagrante de delito e, na maioria das vezes, por estarem "vadiando". Por prática de "vadiagem" leia-se trabalho nas ruas.[39] Acrescento as observações feitas por Cruz, de que quando se tratava de gente negra, sobretudo africana, a cor da pele era sinônimo de má conduta. Isto é, o preconceito racial por si só explicava a motivação prisional.

Os indivíduos empregados no "ganho" eram aqueles que não tiveram maiores oportunidades de se especializar em algum ofício. Entretanto, quando escravizados, agenciaram mais ocasiões de conquistas para a manumissão, devido à liberdade de movimentação no espaço urbano. Os ganhadores e as ganhadeiras podiam se ocupar em mais de uma atividade, talvez por isto conseguiam angariar, com maior autonomia, as somas equivalentes ao valor

38 Cf. FERNANDES, Cyra. *Os africanos livres em Pernambuco*, op. cit., p. 51.

39 Cf. CRUZ, Maria Cecília Velasco e. "Tradições negras na formação de um sindicato: sociedade de resistência dos trabalhadores em trapiche e café, Rio de Janeiro, 1905-1930". *Afro-Ásia*, Salvador, n. 24, p. 243-290, 2000. Ver nota 50 (p. 269).

de suas alforrias. Embora nos livros da CDR as ganhadeiras e os ganhadores fossem descritos como trabalhadores distintos, incluo também nessa categoria de ocupação os canoeiros, os carregadores em geral, os estivadores, as lavadeiras, engomadeiras, quitandeiras e barbeiros. Enfim, todo e qualquer serviço provido de mobilidade no espaço urbano era agregado a tal categoria. Todas essas atividades econômicas poderiam ser exercidas simultaneamente a muitas outras, provendo os seus executores e dando-lhes poderes para traçar uma *cartografia negra* de trabalho na área urbana.

Alguns historiadores, como Maria Cecília Velasco e Cruz, Juliana Barreto Farias e João Reis, analisaram as diversas formas de organização dos ganhadores que viviam como carregadores e estivadores. Por caminhos analíticos diferenciados, as autoras e o autor chegaram a conclusões comuns de que estes trabalhadores avulsos tinham como identidade a Costa da Mina; e que tal identidade teria sido fundamental no desenvolvimento da maneira coletiva de trabalho estruturada de modo independente e peculiar. Negociavam as tarefas a serem executadas e decidiam o tamanho das turmas de serviço de acordo com a quantidade de volumes das cargas. Impunham sua economia de esforço, recusando-se a labutar com grupos reduzidos caso o peso da carga fosse grande, preservando laços de solidariedades entre si. Eram, portanto, sujeitos plenos da ação do trabalho. Farias ainda trouxe para a discussão como os minas, além de monopolizar o trabalho de carregamento do café no porto carioca no século XIX, tiveram vantagens na conquista da manumissão. [40]

Os estudos de João Reis, contudo, ainda continuam sendo a maior referência. Ele argumentou ser o sistema de ganho gerador de uma organização de trabalho urbano peculiar na Salvador oitocentista: os *cantos*. Grupos constituídos por escravizados e libertos do mesmo grupo étnico se reuniam em locais específicos da cidade à espera de fregueses. Os nomes se-

40 Cf. CRUZ. "Tradições negras na formação de um sindicato", op. cit., p. 246-279; FARIAS, Juliana Barreto. "Ardis da liberdade: trabalho urbano, alforrias e identidades". In: SOARES, Mariza (org.). *Rotas atlânticas da diáspora africana*, op. cit., p. 225-256, p. 229; REIS, João José. "De olho no canto: trabalho de rua na Bahia na véspera da Abolição". *Afro-Ásia*, Salvador, n. 24, p. 199-242, 2000.

guiam as denominações dos locais: canto da Calçada, canto da Mangueira, da Piedade, entre outros. Teriam, possivelmente, se inspirado nos grupos de trabalho voluntário ou de mutirão próprios da África Ocidental, vinculados a determinadas práticas religiosas. Salienta Reis que "entre os iorubás eram conhecidos como òwe ou *aró*, e seus membros em geral estavam ritualmente ligados a certas divindades, como Oke, Oko e Aje Salunga, relacionadas com a montanha, a agricultura e a riqueza, respectivamente". Isto é, no cotidiano desses indivíduos, religião e trabalho formavam um sistema simbiótico. Não obstante, o *canto* estava também relacionado a um traçado urbano, a esquina, local propício para a venda de produtos e serviços. Reis também destaca que as esquinas, cantos e encruzilhadas tinham (e têm) funções rituais, em que se depositavam (e depositam) oferendas aos orixás. Estes mesmos lugares, contudo, foram ressignificados pelos muçulmanos, através de suas rezas com seus *tessubás*. Ou seja, no mesmo espaço de negociação com o sagrado negociava-se também com os homens. Nessas organizações de trabalho de rua, cotidianamente eram tecidos laços de solidariedade entre os indivíduos. Os carregadores de cadeiras de arruar constituíram uma das mais numerosas categorias entre os africanos ganhadores.[41]

Os *cantos*, como Reis analisou, não foram específicos da capital baiana, mas algo comum entre os carregadores, que laboravam seguindo o ritmo das *ordens* de um *capitão de canto*, que puxava cantos seguidos pelos demais trabalhadores. No Rio de Janeiro, estivadores e trabalhadores de trapiches e café no Oitocentos tinham também o mesmo costume, como argumentaram Cruz e Farias. Na virada do século XIX para o XX no Recife, o memorialista Mário Sette mencionou esses trabalhadores entre os tipos populares de rua. Segundo ele, os homens que exerciam tal função, como os carregadores de piano, eram musculosos, dispostos e andavam com toalhinhas nos ombros, provavelmente para apoio do objeto em suas cabeças. Marchavam pelas ruas em passos militarmente harmoniosos e cantavam.

41 Cf. REIS, João José. "De olho no canto: trabalho de rua na Bahia na véspera da Abolição". Op. cit.

Sobre os cantos, notou Sette, um indivíduo, o líder dos demais (o tirador dos versos), tirava versos do tipo:

> "Iaiá me diga adeus / Olhe que eu vou embarcar. / O vapor entrou na barra / O telégra deu siná...". O restante do grupo respondia o coro: "Zomba, minha negra / Zomba, meu sinhô / Quem quisé se embarcar / O trem de ferro já chegou / O vapô entrou na barra / O telégra deu siná...".[42]

Em suma, no Recife, tudo indica que os carregadores em geral (carroceiros, carregadores de arruar, de barricas, de móveis e objetos pesados) viviam pelas ruas à espera de uma oportunidade de serviço, a exemplo dos carregadores de pianos descritos por Sette. Contudo, para o Recife, não há nenhum estudo mais sistemático sobre a forma de organização desses trabalhadores. O assunto ainda carece de maiores investigações, sobretudo acerca dos negros ao ganho no espaço portuário recifense no século XIX.

Conforme evidencio no início, a maior proporção de ganhadores estava entre os cativos (50,6%). Muitos senhores, como já foi comentado, aproveitavam as oportunidades de serviços na construção civil, quitanda, carregamento de água, para empregar seus cativos e ampliar suas rendas. O trabalho destes passou a ser alvo das posturas municipais e da coerção policial, com o intuito maior de disciplinar, além da população negra cativa, a livre e liberta, que se tornava *campeã* de ocorrências na Detenção. Eram punidos por andar fora de hora ou tarde da noite – como os escravos Gregório (de nação Costa), Fernando e José Francisco (ambos de nação angola) –, por se envolver em tumultos, desordem ou por insultar autoridades policiais. Às vezes eram detidos por fazer das ruas sua sobrevivência e se envolver constantemente em conflitos, ora com policiais, ora com outros indivíduos na disputa por espaços de trabalho. O crioulo Francisco Roberto da Silva, estivador, foi um desses tantos tipos embrenhados na violência urbana. No dia 9 de novembro de 1882, por volta das 11 horas

42 Cf. SETTE. *Maxambombas e maracatus*, op. cit., p. 82-83.

da noite, ele foi ferido por um homem desconhecido que se evadiu em seguida.[43] A cidade se redefinia através dos movimentos desses indivíduos, que eram detidos pelos mais variados motivos, os quais traduziam suas estratégias de sociabilidades e arranjos de vida: "toque de recolher", "fora de hora", "tarde da noite", "infração de posturas municipais", "desordem", "distúrbio" (em particular os provenientes de jogos), "furto", "roubo", "briga", "insulto", "ofensa física".

Quanto à nação das mulheres e dos homens detentos com a ocupação de ganhadores e de ganhadeiras, os angolas representaram 17,1%, os de origem Costa (Costa da Mina) somaram apenas 10,5% e os identificados pelo genérico África alcançaram o alto índice de 72,3%. Embora o trabalho ao ganho tenha sido monopolizado pelos minas nas ruas de grandes cidades escravistas como Rio de Janeiro e Salvador, independentemente de sua superioridade ou inferioridade numérica, não foi possível – através dos dados da CDR – chegar a conclusões sobre a procedência africana que dominava esse ramo de atividade econômica no Recife, devido ao elevado percentual do genérico "África".

Afora os homens que viviam ao ganho, as mulheres vendeiras de diversos gêneros, em especial as *quitandeiras*, se destacavam na paisagem urbana do trabalho, sendo entre as ocupações femininas a mais disputada, sobretudo pelas libertas. Na minha amostra, das 21 quitandeiras africanas 17 eram forras, a exemplo de Balbina Miranda, 38 anos, presa por distúrbio; Izabel, 29 anos, detida duas vezes por insultos; a "preta da Costa" Marcelina Miranda, 30 anos, também presa por distúrbio; e Maria Silvana, 30 anos, nação angola, encarcerada por brigas.[44]

A historiografia brasileira vem nos últimos anos se dedicando aos estudos de relações de gênero e das mulheres, em particular. Em relação às negras, escravizadas e libertas, sobretudo as africanas, alguns trabalhos

43 APEJE, CDR – códice 4.3/8, Fernando, fl. 130-2; João Francisco, fl. 139-1; Gregório, fl. 35-4. FSSP, Delegacias da capital – códice 426, 9 nov. 1882, fl. 318.

44 APEJE, CDR – códice 4.3/8, Izabel, fl. 288-2; Marcelina Miranda, fl. 197-2; Maria Silvana, fl. 17-1.

têm se destacado. No início dos anos 1980, Maria Odila da Silva Dias foi pioneira no debate sobre a condição social das mulheres escravizadas e libertas na São Paulo oitocentista. Para o Nordeste, Cecília Moreira Soares abordou as relações de trabalho das mulheres ganhadeiras na Salvador do século XIX. Maciel Silva mergulhou no universo das vendeiras e criadas escravizadas, libertas e livres no Recife oitocentista. Sheila Faria ofereceu uma análise acerca das mulheres mercadejas minas na obtenção de suas alforrias. Sobre as quitandeiras, destaco os estudos de Luciano Figueiredo, Flávio Gomes e Carlos Eugênio Líbano Soares, que investigaram o universo dessas mulheres em Minas Gerais e no Rio de Janeiro.[45] Em áreas escravistas como Rio de Janeiro e Salvador, e mesmo em São João Del Rei, as minas eram predominantes entre as mulheres da África Ocidental que se envolviam com o comércio ambulante, sobretudo o de quitanda. O viajante Agassiz, na década de 1860, chamou de "minas" as mulheres negras que observou nos mercados e nas ruas do Rio de Janeiro. Segundo suas observações, elas eram sempre mais empregadas como vendedoras de frutas e legumes do que como criadas.[46]

Nos registros da CDR, as mulheres angolas representaram 19% e as de origem da Costa (ou Costa da Mina) somaram 4,7%, enquanto aquelas descritas apenas como "africanas" atingiram o elevado percentual de 76,1%. Em *Maxambombas e maracatus*, o memorialista Mário Sette des-

---

45 Cf. DIAS, Maria Odila L. da Silva. *Quotidiano e poder em São Paulo no século XIX*. São Paulo: Brasiliense, 1984; SOARES, Cecília M. "As ganhadeiras: mulher e resistência negra em Salvador no século XIX". *Afro-Ásia*, Salvador, n. 17, p. 57-72, 1996; SILVA, Maciel H. C. da. *Domésticas criadas entre textos e práticas sociais*, op. cit.; Idem, *Pretas de honra*, op. cit.; FARIA. "Mulheres forras", op. cit.; FIGUEREDO, Luciano. *O avesso da memória: cotidiano e trabalho da mulher nas Minas Gerais no século XVIII*. Rio de Janeiro: José Olympio, 1993; GOMES, Flávio; SOARES, Carlos Eugênio L. "Dizem as quitandeiras... Ocupações urbanas e identidades étnicas em uma cidade escravista: Rio de Janeiro, século XIX". *Acervo*, Rio de Janeiro, v. 15, n. 2, p. 3-16, jul./dez. 2002. XAVIER, Giovana; FARIAS, Juliana B; GOMES, Flávio. *Mulheres negras no Brasil escravista e do pós-emancipação*. São Paulo: Selo Negro, 2012.

46 Cf. AGASSIZ, Jean Louis; Elizabeth Cary. *Viagem ao Brasil (1865-1866)*. Brasília: Senado Federal, 2000, p. 102 (Coleção O Brasil visto por estrangeiros).

creveu as "negras da costa" que habitavam nas áreas menos privilegiadas do bairro da Boa Vista:

> Com a saia redonda, com o cabeção rendado, com o turbante de côr, com os argolões e as pulseiras de ouro, com o chale vistoso, todos os dias nos visitava oferecendo bolos, acaragés (sic), pamonhas e garapa, grude, canjicas... E, mistura, umas figas prêtas contra feitiços, das que ela usava também no pescoço retinto. Havia algumas dessas negras ainda maduras, de rostos bonitos e carnadura tumida, mas a maioria era já velhuda, enrugada, começando a pintar... Os tabuleiros vinham cheios de guloseimas. As pamonhas envoltas em folhas de bananeira, os acaragés (sic) numas vasilhas cheirando a dendê, as cangicas (sic) numas tigelas de louça da China de côres e desenhos variados. [...] Falavam manso e numa mescla de português e africano. Tomavam a benção a todos quando entravam nas casas e davam aos freguêses o tratamento blandicioso de "Iaiá", de "Iôiô", de "Sinhazinha". Contavam delas costumes e ritos extravagantes. Que quando morria alguma negra da costa, as outras se reuniam e entre canticos banqueteavam-se diante da defunta. E falavam das suas feitiçarias exquisitas (sic), das suas danças bisarras (sic) a sensuais – o candomblé, o xangô, o alufá, a mandiga...[...] Teriam muito que contar do seu passado, talvez faustoso e nobre, como o daquela Tereza Rainha, de que nos falou Tolenare que a conheceu, em Pernambuco, em 1817. [...] "Bela mulher de 27 a 28 anos, muito alegre e palradeira". Sustentava altivamente que fôra (sic) rainha de Cabinda.[47]

O relato de Sette traz informações de que as negras da Costa voltadas para o comércio urbano eram de origem Centro-Ocidental, em particular da área Angola-Congo. A presença dessas mulheres ia além dos espaços do comércio, redesenhando espaços culturais, como as rainhas de Cabinda, ou

47 SETTE. *Maxambombas e maracatus*, op. cit., p. 80.

seja, dos maracatus, em meados do Oitocentos. Maciel Silva constatou que as mulheres escravizadas no Recife dedicadas ao comércio miúdo eram não só da região Centro-Ocidental africana, mas também crioulas e algumas minas e moçambicanas. Negociavam comida, frutas, verduras, peixe frito e pequenos objetos em pontos fixos ou volantes (com tabuleiros) pelas ruas.[48]

O envolvimento com o candomblé e o xangô apontado por Sette representa outro sinal diacrítico das quitandeiras do Recife. Entre as inúmeras lendas dos orixás, uma especificamente, citada por Pierre Verger, trata de uma mulher que vendia produtos em um mercado em Oyó. A narrativa diz ter Exu ateado fogo na casa da vendeira, que ao saber correu para lá abandonando seu negócio. A mulher, porém, teria chegado tarde, encontrando sua casa já queimada. Durante o tempo em que foi até a sua moradia, um ladrão levou suas mercadorias. A ruína da vendeira se deveu ao fato de ela não ter cumprido com as oferendas e sacrifícios de costume para o Orixá. Exu era quem supervisionava o mercado do rei em Oyó, onde se chamava Èsù Akesan.[49] Além do mais, as quitandeiras eram consideradas grandes mestras sacerdotisas dos cultos africanos no século XIX.

Na África, o termo quitanda é de origem *quimbundo*, mas aparece em todos os povos de língua bantu de Angola. Em Luanda, no período colonial, as quitandeiras vendiam seus produtos nas feiras e mercados urbanos, de modo semelhante ao que ocorria neste lado de cá do Atlântico. Porém, do lado de lá, a ocupação era estritamente feminina, enquanto no Brasil a presença do quitandeiro homem foi marcante, em particular no Rio de Janeiro. Como bem evidenciaram Gomes e Soares, "a quitanda é uma invenção social dos povos bantos da África Central, que sofreu mutações na diáspora atlântica, mais especificamente no Brasil".[50] Diante de todo esse exposto, enfim, pode-se conjecturar que aquele percentual de 76,1% de quitandeiras "africanas", computado nos registros da CDR, en-

48 Cf. SILVA. Maciel H. C. da. *Pretas de honra*, op. cit., p. 99-100.

49 Cf. VERGER. *Orixás*, op. cit., p. 76-77.

50 Cf. GOMES; SOARES. "Dizem as quitandeiras...", op. cit., p. 8.

globava mulheres da região Centro-Ocidental, ou seja, de Angola, Congo, Cabinda, Cassange, Gabão e Luanda.

Em minha amostra, as quitandeiras estiveram envolvidas em cinco tipos de delitos: "brigas", "insultos", "distúrbios", "infração de posturas municipais" e "acoitamento de negras fugidas". Essas mulheres superaram os homens nos índices de prisão por distúrbios, sendo as brigas e os insultos as ocorrências mais frequentes. Padrões de criminalidade como "brigas", "distúrbios" e "infrações de posturas municipais" poderiam estar ligados a disputas por espaços no mercado ou a estratégias para se defender de ladrões nas ruas. Por outro lado, o "acoitamento de negras fugidas" apresentava-se como atos de solidariedade, a exemplo de Januária da Costa, de 50 anos, presa por andar acoitando cativas fugidas.[51]

Para Flávio Gomes e Carlos Soares, as quitandeiras, sobretudo as escravizadas, estavam mais suscetíveis ao espectro da violência vinda de senhores e de policiais, mas também delas sobre os outros e as outras. Em minha amostragem, as protagonistas da violência urbana eram as libertas, mas as escravizadas se misturavam nas brigas e desordens de rua, como as angolas Catharina, Luzia e Rosa, presas por tais comportamentos.[52]

Em que se ocupavam as negras e os negros da Costa d'África?

Os africanos em liberdade do grupo aqui analisado conseguiram mais sucesso em suas ocupações e em seus negócios do que as pessoas que descobri nos livros da CDR. Ao menos não tiveram seus nomes registrados nos livros de prisões, por terem cometido infrações à ordem vigente. Seus rastros foram encontrados em testamentos, inventários *post-mortem*, nos livros de compra e venda de tabeliães, fontes nas quais foram exceções à maioria dos ex-escravizados, cujos fragmentos de histórias limitaram-se às páginas policiais. Tornaram-se homens e mulheres cujas atividades econô-

51 APEJE, CDR – códice 4.3/9, fl. 192-1.

52 Idem, códice 4.3/8, Catharina, fl. 89-2; Luzia, fl. 188-4; Rosa, fl. 189-3. Cf. SOARES; GOMES. *Negras minas no Rio de Janeiro*, op. cit., p. 210-211.

micas lhes proporcionaram recursos que os distinguiram dentro e fora da comunidade negra.

Na amostra de trinta e um testamentos que consegui coletar, referentes ao período de 1846 a 1890, apenas quatro pessoas – dois homens e duas mulheres – informaram suas ocupações. Estas se vincularam ao serviço doméstico (duas amas de leite) e ao serviço terciário qualificado (1 marinheiro e 1 talhador de carne verde). Oliveira constatou que muitos ex-escravizados não informavam suas ocupações porque viviam do trabalho de seus cativos no ganho ou alugados, como ver-se-á mais adiante, representando esta sua principal fonte de renda.[53]

Saliento, contudo, que a posse de cativos, como já mencionado, foi não só meio de vida, mas também de proporcionar companhia aos seus proprietários. Entre as estratégias de sobrevivência, esta foi a mais comum no grupo: 50% dos indivíduos viviam da renda de seus próprios cativos. A aquisição de um escravo chegava a ser um dos principais projetos de liberdade do liberto, que levava anos a fio poupando, com o intuito de ter um cativo e assim ampliar suas oportunidades econômicas ou reduzir sua jornada de trabalho. Homens e mulheres que compraram suas alforrias e as de seus parentes foram cativos de ganho, mas tudo indica terem mudado de ramo quando se alforriaram. Passaram a ser pequenos comerciantes ou a viver de rendas, como o calabar João Antônio Lopes, africano muito mencionado no capítulo anterior. O *ganho* não só lhe abriu oportunidades para a compra da alforria, mas também para angariar certo pecúlio e investir em outros meios financeiros na liberdade. Lopes vivia quase exclusivamente da renda do trabalho de seus cativos e dos lucros nas transações de compra e venda de escravizados.[54]

Embora poucos tenham deixado rastros de suas ocupações, aproximei-me de outros meios de sobrevivência, além da posse cativa, investigando as redes pessoais reveladas nos testamentos e os bens arrolados em inventários *post-mortem*. Percebo que poucos (10%) continuaram exercendo as mesmas ocupações do tempo de cativeiro e não conseguiram ampliar

53 Cf. OLIVEIRA. O *liberto*, op. cit., p. 34-35.

54 Cf. Testamento de João Antonio Lopes, doc. cit.

suas perspectivas de vida. Um exemplo foi Antônio Domingos Ferreira, aquele africano de nação angico morador do beco do Tocolombó, que acompanho no segundo capítulo. Ele era membro da Irmandade de São Christovão dos Canoeiros, logo, canoeiro. Já se comentou o quanto a ocupação era lucrativa no início do século, todavia, entre as décadas de 1850 a 1860, as canoas foram desaparecendo da paisagem urbana. Muitos foram obrigados a mudar de ramo por não possuir mais vigor físico, enquanto outros já não conseguiam obter lucros tão vantajosos como outrora. O angico Antônio Domingos Ferreira pode ser citado, pois, seus bens eram tão irrisórios que nem inventário foi aberto.[55]

Não era o fato de possuir uma ocupação qualificada que garantiria melhores condições de vida ao liberto. Afora a de canoeiro, outra profissão investigada ao longo deste trabalho que demonstrou não ter proporcionado melhoria para os africanos foi a de marinheiro. Por um lado, encontro alguns escravizados, como o angola Joaquim, cujos rastros não consegui acompanhar depois de sua prisão na Detenção e a requisição de soltura de seu senhor.[56] De outro, deparo-me com libertos como Duarte José Martins da Costa, o qual, mesmo tendo obtido algum lucro na profissão, quando não pôde mais exercê-la ficou em precária situação financeira. Passo a vislumbrar a trajetória de Duarte para avaliar as condições dos indivíduos com ocupações qualificadas, mas que não alcançavam melhor perspectiva de vida. Quando elaborou seu testamento, em 4 de abril de 1854, ele estava com 55 anos de idade e morava na rua de Hortas, no bairro de Santo Antônio. Declarou ser natural da Costa (da Mina), de nação saburú (savalu). Revelou estar separado havia 15 anos da mulher com quem se casara e tivera um filho e que ambos estavam no Rio de Janeiro, onde ele constituíra essa família, antes de migrar sozinho para o Recife. Manifestou-se doente, dependendo de empréstimos de dinheiro, favores de amigos, colecionando credores e devedores.[57]

55 Cf. Registro de testamento de Antônio Domingos Ferreira, doc. cit.

56 APEJE, CDR – códice 4.3/8, fl. 42-2.

57 MJPE, mapoteca 13, Gaveta E, LRT 1853, Registro de testamento de Duarte José Martins da Costa, fl. 123-124v. Baseio-me no óbito de Duarte para registrar sua ida-

A profissão de marinheiro era uma das mais duras para um homem, fosse branco ou negro, africano ou brasileiro. Era um trabalhador que vivia sob extrema subordinação, às vezes submetido a castigos e maus tratos, com baixa remuneração, suscetível de se tornar indigente. Os negros, porém, foram as maiores vítimas, senão dos maus tratos, dos preconceitos. Não se tem nenhuma informação a respeito de africanos ou crioulos que ascenderam na hierarquia da marinha no século XIX. Entretanto, a presença dos homens negros, sobretudo de origem africana, foi imprescindível na lida do mar. Já foi mencionada, no transcurso deste trabalho, à importância dos africanos marinheiros nos navios como elos de comunicação entre a tripulação e os cativos embarcados. Era também comum o recrutamento desses indivíduos em virtude de seus conhecimentos acerca das regiões africanas para onde os negreiros rumavam. Assim, muitos deles, ao se engajar como marinheiros, conseguiam trilhar os caminhos de suas liberdades. Alguns, na esperança de se alforriar após longos períodos de trabalho a bordo; outros, como o savalu Duarte, almejando ser reconhecidos por seu trabalho e bem remunerados, para dar continuidade aos seus projetos de autonomia.

Segundo as declarações desse africano, ele viajava constantemente para adquirir os meios de sustento para a sua família. Suas ausências de casa levaram sua mulher a cometer adultério, motivo alegado por ele para se separar. Aos 38 anos de idade, tendo deixado mulher e filho para trás, nos idos da década de 1840 – quando foi descrito como de estatura regular e rosto redondo, talvez corpo robusto –, Duarte embarcou como "moço" na barca *Ermelinda*. A barca era de propriedade do pernambucano José Francisco de Azevedo Lisboa, um traficante de escravizados, sócio do angolano Joaquim Ribeiro de Brito, dono de outro navio negreiro, o patacho *São José*. Havia a bordo da *Ermelinda* 17 tripulantes, entre eles: um *mestre*, cuja remuneração era de 200$000 réis; um *piloto*, com salário de 150$000 réis; um *praticante* ou imediato, que viajou sem receber remuneração; dois outros *praticantes*, um *escrivão* e quatro *marinheiros*, todos com salários de 40$000 réis; além de

de, AMSSSA, LO 15 (1849-1856), Registro de óbito de Duarte José Martins da Costa, 11.04.1854, fl. 203v. Duarte faleceu de hidropisia.

seis *moços* (*grumetes*), entre os quais o savalu Duarte, o único grumete que viajou sem nenhuma remuneração. Na hierarquia do navio, sua posição era a mais baixa, depois da de cozinheiro.[58]

Vários tripulantes levaram consigo produtos para serem comercializados na África. O savalu Duarte levou duas e meia pipas de aguardente – produto que se tornou, junto com o açúcar e o tabaco, moeda corrente no comércio atlântico de escravizados naquele continente –, 209 caixões de doce e nove caixas de charuto. A carga estava avaliada em 723$667 réis, equivalente a dois salários e meio de um mestre (capitão) de navio. Com esta quantia se comprava um bom cativo no Brasil e ainda sobrava troco; em Luanda, talvez se adquirissem oito ou mais cativos em 1841. O africano, mesmo estando no último escalão da hierarquia marítima, poderia sair lucrando um bom cabedal com essa viagem.[59]

A viagem de trabalho, que seria potencialmente lucrativa para o savalu Duarte, não foi concluída. A barca foi apreendida no litoral angolano pelo brigue inglês Water Witch, sob o comando de Henry James Matson, no dia 27 de outubro de 1841, quatro meses após a saída do Recife. Os oficiais da marinha inglesa suspeitaram que a *Ermelinda* fosse empregada no tráfico de escravizados, pois seu carregamento de alimentos e água daria para alimentar mais de duzentas pessoas. Além disso, havia um estoque de farinha não listado no manifesto da barca e uma grande quantidade de lenha. Segundo o capitão Matson, o aparato de cozinha também era suspeito, pois armado para grandes caldeirões, em quantidade muito maior do que a necessária à tripulação. Outra evidência para os ingleses de não ser a barca um na-

58 A descrição física de Duarte está na lista da equipagem da *Ermelinda*. Arquivo Histórico do Itamaraty (AHI)/ Rio de Janeiro, Comissão Mista, Lata 13, maço 3, pasta 1. Segundo Reis, Gomes e Carvalho, depois de libertos os africanos chegavam a ocupar vários postos na hierarquia de um navio, não só os mais inferiores. Porém, não obtive informações de africanos em postos superiores em um navio. A viagem da barca *Ermelinda* e a trajetória do tráfico negreiro entre o Brasil e a África na década de 1840 estão em: REIS; GOMES; CARVALHO. *O alufá Rufino*, op. cit.

59 Para resumo da lista de produtos e seus respectivos carregadores da barca *Ermelinda*, cf. AHI, Comissão Mista, Lata 13, maço 3, pasta 1. Cf. REIS; GOMES; CARVALHO, op. cit., p. 139.

vio mercante era o fato de seu proprietário estar anteriormente envolvido com o tráfico de escravizados. Após o apresamento, a *Ermelinda* foi julgada pela Comissão Mista em Serra Leoa, em 19 de janeiro de 1842, tendo sido absolvida, pois o juiz brasileiro José Hermenegildo Nitheroy considerou as evidências insuficientes para condenar o navio por tráfico negreiro. Outro fato interessante no caso do julgamento da barca foi que outro brasileiro, Joaquim Tomás do Amaral (Visconde de Cabo Frio), teria ganho no *cara ou coroa* o voto de minerva na decisão do referido julgamento. Este episódio foi considerado por L. Bethell como uma "*cause celebre* nos anais do tráfico de escravos brasileiro",[60] uma vez que a *Ermelinda* teria sido o único negreiro do Brasil suspeito de tráfico até aquela data que foi absolvido. No dia 5 de maio, a barca regressou ao Recife, sem os passageiros esperados e ainda com grande parte da carga levada para ser comercializada na África. Provavelmente, os gêneros perecíveis se estragaram, como as caixas de doce de Duarte, pois não foram listadas na relação dos produtos retornados para Pernambuco ou dos que foram leiloados.[61]

Para não ficar no prejuízo, o savalu Duarte e outros carregadores que também perderam suas mercadorias se reuniram no dia 29 de maio de 1846, quatro anos após o retorno da barca para a cidade, em busca de soluções para seus danos. Um grupo de 25 pessoas, incluindo o africano, no escritório do tabelião Manoel Antônio Coelho de Oliveira, assinou uma procuração concedendo plenos poderes a Ângelo Francisco Carneiro, na praça de Pernambuco, e a Foster & Brothers Silva Companhia, em Londres, para representá-los na justiça contra o governo inglês. Em seu testamento, o savalu Duarte informou que deveria ser ressarcido em 978$000 réis, ou seja, o valor da carga mais os juros. Porém, o grupo de carregadores nada recebeu, pelo menos até o ano de 1867.[62]

60 Cf. BETHELL apud REIS; CARVALHO; GOMES. *O alufá Rufino*, op. cit., p. 428-429 (nota 16).

61 Cf. Ibidem, p. 242-257.

62 Cf. Ibidem, p. 295; Testamento de Duarte, doc. cit., fl. 123v.

O savalu Duarte acabou enfermo, sem dinheiro e com dívidas vencidas, entre elas 100$000 réis tomados ao preto forro Francisco Manoel da Costa para arcar com seu tratamento de saúde. Duarte também devia a Francisco José da Costa Ribeiro algumas parcelas da compra de Benedita, uma preta velha. Entre seus bens, além da preta Benedita – que nem quitada estava –, havia poucos móveis. Ele não possuía ouro, prata, nem tinha casa própria.[63]

Não somente dívidas e enfermidades a lida do mar trouxe para o savalu Duarte. Ele também não viveu de possíveis lucros da venda de doces e aguardente em viagens atlânticas. O africano fazia parte de uma extensa rede do tráfico escravo, sendo ele um negociante de pequeno porte. Entre os seus devedores, o savalu Duarte mencionou o preto Rufino José Maria (o *alufá* Rufino), cozinheiro na barca *Ermelinda* e Jorge de Lima, ambos moradores no Recife. O *alufá* Rufino, que era também mina e morava na rua da Senzala Velha, devia ao savalu Duarte 32$000 réis, "resto de um escravo que lhe dei a vender". O *alufá* Rufino era certamente amigo do savalu Duarte de outros negócios, a ponto de lhe comprar cativos fiado. Já Jorge lhe devia, além do valor de dois escravizados que o africano teria deixado em seu poder para serem revendidos em Luanda, uma quantia não especificada de outro negócio entre eles. As negociações que o savalu Duarte estabeleceu com o *alufá* Rufino e Jorge sugerem que o marinheiro comprava cativos no interior ou na costa da África para comercializá-los em Luanda. Esse tipo de especulação era pouco conhecido entre os pequenos traficantes no Brasil, todavia, bem apropriado a um pequeno investidor que não queria correr riscos de ver seus negócios afundados nas águas do Atlântico.[64]

Por outro lado, as estratégias do marinheiro savalu Duarte nas rotas do tráfico negreiro não se limitaram a isso. Alguns indícios nos levam a supor que o marinheiro também alimentava o comércio miúdo de escravizados nas ruas da cidade. No Recife, até 1852, era possível comprar cativos, africanos e crioulos, em várias casas especializadas no ramo. Nos bairros do

63 Cf. Testamento de Duarte, fl. 123v. Sobre as doenças contraídas pelos marinheiros, consultar: RODRIGUES, J. *De costa a costa*, op. cit., em especial o cap. 8.

64 Cf. Testamento de Duarte, p. 123v; REIS; GOMES; CARVALHO, op. cit., p. 296.

Recife, os mercados situavam-se nas ruas da Cadeia, Cruz e Cacimba; no de Santo Antônio, nas ruas Nova, Laranjeiras, Hortas, da Matriz, Cruzes, Rangel e do Colégio; na freguesia de São José, na rua Direita; e no bairro da Boa Vista, na rua Larga do Rosário. Vê-se, portanto, que era no bairro onde o savalu Duarte habitava que se concentrava o comércio de escravizados no período da ilegalidade.[65]

Muitos libertos, assim como ele, também se envolveram com o *infame comércio*, comprando e vendendo cativos na via pública ou trazendo-os quando encomendados por alguém. Encontrei na rede de negócios do savalu Duarte a preta mina também de nação savalu Luzia Muniz, a africana que apresentei no capítulo anterior, emprestando dinheiro para uma parenta de nação comprar a alforria. Esta mulher escolheu como seu terceiro testamenteiro o marinheiro. A savalu Luzia, quando cativa, fora empregada no ganho, o que lhe proporcionou barganhar sua manumissão e, assim como tantas mulheres e tantos homens libertos, vivia das rendas de seus poucos cativos. Ela era moradora do nº 38 da rua Velha, no bairro da Boa Vista, principal rua de ligação com o bairro em que o savalu Duarte habitava. Além deste, foram testamenteiros da africana o marido (primeiro testamenteiro) e Felipe Nery do Espírito Santo, um dos mesários da Irmandade do Rosário dos pretos. Ela e o marido possuíam alguns cativos, entre eles Benedita, que já não estava mais sob o poder do casal quando a savalu Luzia elaborou seu testamento, mas que tivera um filho de nome Antônio, "cria da casa" dela e do marido. Afora a cria, tinham também os escravizados João, Elena (ambos da Costa da Mina) e Maria do Rosário. É possível que alguns desses escravizados de propriedade de Luzia e seu esposo tivessem sido adquiridos por meio de Duarte. O marinheiro, Luzia e Manoel Maxado (marido da africana) eram parentes de nação (savalu) e moravam bem próximos; bastava atravessar a ponte da Boa Vista para alcançar a rua Velha.[66]

---

65 APEJE – *Folhinhas de Algibeira* – 1850, fl. 195-195; 1851, fl. 231-232; 1852, fl. 277-278.

66 MJPE, mapoteca 13, gaveta E, LRT 1849-1850, Registro de testamento de Luzia Muniz, fl. 6v-63.

Vale salientar ainda que o tráfico de escravos atenuava diferenças culturais entre os indivíduos envolvidos na atividade, ao ponto de católicos e muçulmanos estabelecerem laços de amizade e estreitos vínculos de negócios. O cozinheiro Rufino, o *Alufá*, era muçulmano e chegou a viver da prática da religião depois que a *Ermelinda* foi apreendida. Por sua vez, o savalu Duarte era católico, e entre os amigos mais íntimos que figuraram como seus testamenteiros estavam pessoas que ocuparam cargos de mesários em confrarias religiosas. A trajetória do *alufá* Rufino e Duarte sugere que, entre os africanos, a "rede miúda do tráfico", para usar uma nomeação já impingida por Jaime Rodrigues, foi mais aglutinadora do que qualquer filiação religiosa.[67]

Mundos dos negócios

O ramo dos negócios foi aquele que ocasionou as melhores perspectivas de vida para os indivíduos aqui examinados. Havia alguns cuja profissão era aliada a uma ocupação não mecânica, como o cassange João Joaquim José de Sant'Anna, que costumava emprestar dinheiro. Outros, como o marinheiro savalu Duarte, se ocupavam também do comércio miúdo de escravizados. Nesse grupo, 20% dos negociantes chegaram a ter padrão socioeconômico elevado para egressos do cativeiro. Suponho, porém, que um percentual bem maior de africanos conseguiu fazer alguma fortuna no ramo do comércio. A propósito, o *Diário de Pernambuco* noticiou em 1856 o embarque para a Costa d'África de um "grande número de africanos livres, que há muitos anos viviam entre nós negociando [...] e hoje, *possuindo não pequena fortuna*, cada um deles retira-se para a sua Pátria". Segundo o jornal, esses indivíduos enriquecidos se dedicaram ao comércio de ovos, peixes, cocos e outras frutas, ou seja, de comida e iguarias pelas ruas de todo o litoral da província.[68]

Por ora é relevante destacar que foi possível construir dois perfis de negociantes: um que classifico de *negociante de médio porte*, pois vivia das

67 A trajetória do *alufá* Rufino José Maria é narrada por Reis, Gomes e Carvalho em *O alufá Rufino* (op. cit.).

68 PÁGINA avulsa, *Diário de Pernambuco*, 13 jun. 1856 apud MELLO, J. A. G. de. *Diário de Pernambuco*, op. cit., p. 73, grifo meu.

rendas de seus imóveis (dez ou mais imóveis) e possuía vários cativos (dez ou mais) no ganho; outro que considero como *pequeno negociante*, que trabalhava com comércio a retalho ou possuía um modesto estabelecimento, como uma taberna, ou ainda extraía lucros de seus prédios (no máximo dois) de aluguel. Ressalto que o ramo de negócios foi também o que mais possibilitou ampliação das redes sociais dos africanos para além de seu grupo: 43,8% das pessoas brancas que estabeleceram algum tipo de ligação com africanos eram negociantes de grande ou médio porte. Russel-Wood, analisando o período colonial, afirmou que afora a agricultura, o comércio seria o meio mais rápido para libertos e livres negros terem uma vida estável ou ascenderem socialmente. No ramo do comércio, mesmo competindo diretamente com os brancos, as possibilidades de subir na vida seriam maiores, sobretudo na cidade. No entanto, o máximo que poderiam ser era proprietários de mercadorias ou tabernas, isto é, pequenos negociantes, como defini anteriormente.[69] A assertiva de Russel-Wood pode ser estendida para o período imperial. As experiências que cito adiante são janelas para que tal enunciado seja corroborado.

Entre os libertos que podem ser classificados como *pequenos negociantes*, listamos duas pessoas (6,6%) que possuíam tabernas. A angola Margarida Maria da Conceição não era bem proprietária, mas casada com um português, Jozé Pereira, dono de uma das seis tabernas que existiam na rua da Senzala Nova. Além das atribuições domésticas, provavelmente, Margarida também auxiliava o marido na lida da taberna, lavando louça, preparando comida ou atendendo a clientela. A rua onde ficava o estabelecimento do casal era uma via de acesso ao local onde pretos e pardos canoeiros ofereciam seus serviços. Talvez fossem esses trabalhadores os fregueses mais fiéis da taberna de Margarida e Jozé.[70]

---

69 Cf. RUSSEL-WOOD, A. J. R. *Escravos e libertos no Brasil colonial*. Rio de Janeiro: Civilização Brasileira, 2005, p. 89-90.

70 MJPE, mapoteca 13, gaveta E, LRT 1850-1853, Registro de testamento de Margarida Maria da Conceição, fl. 88v-90.; APEJE - *Folhinha de Algibeira*, ano 1849, fl. 204; ano 1850, fl. 199; ano 1851, vol. 1, fl. 235; ano 1852, fl. 281.

Outro dono de taberna foi o preto mina de nação nagô Francisco Afonso Martins Carneiro.[71] Encontro, em 1851, o africano entre 18 proprietários de tabernas localizadas na rua Imperial. A propósito, esta era a mesma rua onde ele morava com sua esposa, a também africana mina Joaquina da Conceição Araújo.[72] Conjecturo que um dos mecanismos utilizados por ele para driblar a concorrência foi manter uma boa relação com a vizinhança, pois todas as testemunhas de seu testamento residiam naquela rua.

Na rua, o número de tabernas era tão grande quanto o de casas, indicando a existência de acentuada concorrência. A clientela do nagô Francisco Afonso devia resumir-se a escravizados ao ganho, libertos e livres pobres, que consumiam mais fiado do que à vista em seu estabelecimento. Por isto, apurei acerca da existência de uma renda complementar que viesse da comercialização das frutas existentes na propriedade onde morava. O sítio, outrora chamado de "Pirão Gordo", ficava na mesma rua da taberna e era formado por duas casas de tijolos e cal, cacimba e árvores frutíferas. O antigo nome da propriedade sugere que ali tivesse funcionado uma espécie de *casa de angu*, onde cativos, libertos e livres pobres realizavam refeições. Quando o nagô Francisco Afonso e a mina Joaquina da Conceição compraram o sítio, em 1851, já havia uma das casas, provavelmente onde funcionara a venda de alimentos, frutas e/ou verduras destinados à população local.[73] Embora não tenha sido encontrado nenhum indício de que

71 Nome grafado em alguns documentos como Francisco Idelfonso Martins Carneiro, Francisco Affonço Martins Carneiro ou Francisco Afonso Martins de Carvalho.

72 APEJE - *Folhinha de Algibeira*, ano 1853, vol. 2, fl. 243-244. Nessa documentação ele aparece como "Francisco Afonso Martins de Carvalho"; MJPE, mapoteca 13, gaveta F, LRT 1868-1871 (22.12.1868 a 27.01.1871), Registro de testamento de Francisco Affonço Martins Carneiro, fl. 53v-55. O nome de Francisco aparece como "Francisco Idelfonso Martins Carneiro" no processo de banhos de seu casamento com Joaquina da Conceição Araujo e na cópia da hipoteca de seu sítio. Cf. AMSSSA, Proclamas de Francisco Idelfonso Martins Carneiro e Joaquina da Conceição Araujo, Pasta 1841; IAHGP, Inventário de Joaquina da Conceição Araujo, 1867, cx 172, fl. 23-24v.

73 Sobre as casas de angu, consultar SOARES, Carlos. E. Líbano. *Zungú*, op. cit., p. 31-44; Cf. Inventário de Joaquina da Conceição Araujo, doc. cit., fl. 23v.

mantivessem esse tipo de atividade, é possível que além da taberna comercializassem a produção do pomar do sítio onde residiam.

Com os lucros da taberna o casal adquiriu o sítio e construiu a segunda casa, avaliada em 1:500$000 réis (hum conto e quinhentos mil réis), ou seja, 500$000 réis mais cara do que a antiga moradia existente na propriedade. O nagô Francisco Afonso também contava com uma poupança que usava para emprestar dinheiro aos amigos, como o cassange João Joaquim José de Sant'Anna, a quem emprestou 100$000 réis. Um valor tão significativo só se emprestaria a alguém com quem se mantivesse estreitas relações de negócios. Numa sociedade onde as relações eram mais diretas, emprestar e tomar dinheiro emprestado era comum. Todavia, o crédito sempre era pessoal e poderia levar anos para ser quitado. De qualquer modo, o nagô Francisco Afonso não confiaria tanto dinheiro ao cassange João Joaquim sem acreditar que seria um dia ressarcido, como acabou acontecendo. Não foi possível saber exatamente quando o cassange João Joaquim saldou essa dívida, mas foi bem antes de adoecer. Quando faleceu, em 8 de junho de 1868, já não devia mais nada ao nagô Francisco Afonso, conforme informações de seu inventário.[74]

Classifico o nagô Francisco Afonso e a mina Joaquina da Conceição como pequenos comerciantes com certa estabilidade financeira. Imóveis avaliados em 2:500$000 réis (dois contos e quinhentos mil réis), mais algum dinheiro que poupavam com os lucros da taberna e, acredito, também com a venda das frutas do sítio. Entretanto, a partir dos anos 1860, o casal sofreu abalos, passando a tomar dinheiro emprestado a vizinhos e chegando até a hipotecar a propriedade onde morava.

Na segunda metade do século XIX, o comércio a retalhos estava monopolizado pelos portugueses, como na época da Revolução Praieira, quando os lusos eram "senhores absolutos do comércio", o que ocasionou a revolta dos brasileiros. Em 1850, entre os lojistas de fazendas poucos eram brasileiros, assim como das casas de ferragens e miudezas, dos armazéns de

74 Testamento e Inventário de João Joaquim José de Sant'Anna. ACMRO, LO, 34 (1862-1874), Registro de óbito de João Joaquim José de Sant'Anna, 08.06.1868, fl. 102v.

recolher carne-seca e até dos de açúcar – a aristocracia do comércio –, com uma exceção aqui e outra acolá, os proprietários eram portugueses. Até as tabernas e padarias situadas nas principais ruas da cidade estavam sob propriedade dos lusos; ao contrário das pertencentes a brasileiros, localizadas em becos tapados, travessas, camboas e instaladas em casebres, distantes do centro urbano.[75]

Se os brasileiros estavam prejudicados pela concorrência com os portugueses, o que dizer dos libertos africanos? O nagô Francisco Afonso e a mina Joaquina da Conceição enfrentavam uma dupla concorrência: de um lado os grandes proprietários de grosso trato portugueses; do outro, os médios e pequenos comerciantes brasileiros. A solução encontrada pelo casal foi tomar empréstimos de dinheiro a juros, como já aludido neste livro. Um dos empréstimos foi concedido por Manoel Martins Pires, de quem só tenho a informação de ser vizinho do casal. Pires assegurou-lhes 500$000 réis, para serem pagos dentro de 18 meses, com juros de 2% ao mês, "pagaveis em separado [e] em moeda corrente, e não pagando este premio por trés meses concecutivos (sic) será capitalisado essa quantia (o juro de trés meses) e vencerá com o principal o mesmo juro, e assim por diante athé real embolço (sic) do credor...".[76] Como garantia da dívida, o sítio foi hipotecado em favor de Pires no dia 9 de agosto de 1866. Antes do prazo estipulado pelo credor, no dia 29 de julho de 1867, o nagô Francisco já tinha conseguido quitar não só os juros, mas também o valor principal de sua dívida, evitando assim perder sua propriedade. Mas não retornou à estabilidade financeira de outrora.

Pouco após o casal ter quitado a dívida com Pires, no dia 3 de agosto de 1867, a mina Joaquina faleceu, aos 50 anos de idade.[77] Sem filhos, parentes ou aderentes, fez do marido seu único herdeiro. Porém, o processo de inventário reduziu ainda mais os bens do viúvo, que ficou apenas com a

75 Cf. FREYRE. *Sobrados & mocambos*, op. cit., p. 386.

76 Inventário de Joaquina da Conceição Araujo, doc. cit., fl. 24v.

77 AMSSBV, LO 1864-1870, Registro de óbito de Joaquina da Conceição Araujo, 03.08.1867, fl. 57.

casa na qual morava. Quase três anos depois da morte de Joaquina, no dia 9 de março de 1870, o nagô Francisco Afonso contraiu segundas núpcias com Maria Joaquina de Jesus. Ele estava gravemente enfermo quando decidiu casar, elaborando no mesmo dia seu testamento. No dia 13 de março de 1870, exatamente quatro dias após seu casamento, faleceu.[78]

Segundo a viúva do nagô Francisco Afonso, dos bens havia apenas a "casa estragada", avaliada em 700$000 réis, valor que não dava para prosseguir com o inventário. Ao longo desta narrativa, já foi comentado as razões que levavam os africanos libertos sem descendentes ou ascendentes a realizar um segundo casamento. Um dos motivos para o nagô Francisco se casar novamente seria tornar Maria Joaquina herdeira de seus bens ou de suas dívidas. Mas não foi isto que aconteceu. Ele instituiu como seu herdeiro o seu primeiro testamenteiro, Jacob Antônio Vieira, que também era africano mina e morador da rua Imperial. Ciente de que não teria nenhum bem a receber, este arcou com todas as despesas de sepultamento e de conclusão do processo de inventário deixado pelo espólio. Ao instituir o mina Jacob Antônio Vieira como seu herdeiro, o nagô Francisco Afonso estrategicamente deixava sua mulher amparada, sem precisar se desfazer da casa onde morava. Garantiu, assim, seu sepultamento segundo seus anseios, além da quitação de seus débitos.

Tudo indica que, entre os pequenos negociantes, os que viviam de rendas de seus poucos imóveis e cativos tiveram menos prejuízos que os taberneiros. O africano de nação costa Domingos José Machado, comerciante que morava na rua da Guia, é um exemplo. Entre os modestos comerciantes da comunidade, ele foi um dos poucos que conseguiu viver até os últimos dias de sua existência sem comprometer seus bens ou recorrer a vultosos empréstimos para as suas necessidades cotidianas.[79]

À primeira vista, o africano da Costa Domingos não passava de um mero liberto com apenas um teto para morar, sustentando-se do aluguel

78 Arquivos do Cemitério Público Bom Jesus da Redenção (ACPBJR), Registro de óbito de Francisco Afonço Martins Carneiro, cx. 1853-1870, fl. 122-123.

79 IAHGP, Testamento e Inventário de Domingos José Machado, 1890, cx. 335.

do sobradinho de dois andares que possuía na rua do Apolo, por trás da rua onde residia. Os fragmentos de sua trajetória revelam, porém, que ao longo de sua vida, além do aluguel da casa, ele viveu das rendas de seus cativos e foi um negociante bem relacionado para além da comunidade negra. Entre as décadas de 1840 a 1860, ele possuiu pelo menos quatro escravizados: uma cativa adulta e três crias.[80] É relevante dizer que as crias do africano da Costa Domingos eram frutos de sua cativa Benedita. Talvez, a preferência dele por cativos do sexo feminino residisse na possibilidade de lucrar com os rebentos das mulheres, vendendo ou acrescentando seus braços para o trabalho. Creio que Benedita não foi a única cativa do africano da Costa Domingos ao longo de sua existência. Quando elaborou seu testamento, em 1890, Domingos informou apenas um patrimônio de 5:942$000 réis. Seu legado estava constituído por bens móveis e imóveis no valor de 3:942$000 réis, mais dois contos de réis em dinheiro guardado na Caixa Econômica. Embora não fosse uma quantia vultosa para a época, o dinheiro deixado por ele deu para a viúva Maria Francisca Machado, casada ao longo de 47 anos com o africano, arcar com as despesas de inventário e ficar amparada com um teto para morar.[81]

O avançar do século, contudo, acirrou ainda mais a concorrência no mercado com imigrantes europeus – portugueses no comércio a retalhos e ingleses nos negócios de grosso trato – e as chances dos libertos foram se restringindo. Além do mais, após 1835 procurou-se cada vez mais limitar o fluxo do comércio protagonizado por africanos que transitavam entre o Brasil e a África, negociando produtos que atraíam muita gente, em

80 ACMRO, Registro de batismo da parda Josefa, filha natural de Benedicta, escravas de Domingos José Machado, LB 27 (1855-1862), 13/06/1858, fl. 76v; Registro de batismo do crioulo Luiz, filho natural de Benedicta, escravos de Domingos José Machado, LB 27 (1855-1862), 09/12/1860, fl. 159; Registro de batismo de Feliciano, crioulo, filho natural de Benedicta, escravos de Domingos José Machado com Maria Francisca da Conceição, LB 26 (1851-1855), 03/09/1854, fl. 79v.

81 Cf. COSTA, Valéria Gomes. "Herdei e deixei de herança! Africanos e crioulos no Recife pós-abolição". *Revista do Instituto Arqueológico, Histórico e Geográfico Pernambucano*, Recife, n. 64, p. 165-193, p. 187-188, 2011. Domingos se casou com Maria Francisca em 14/10/1843. ACMRO, LC 5 (1836-1856), fl. 129.

especial africanos e crioulos. Além disso, na década de 1880, os códigos racializadores foram se sedimentando e as limitações na área do trabalho assalariado e no comércio aumentaram substancialmente para a gente negra. Daí a queda nos negócios, que se refletiu no empobrecimento dos negros brasileiros e, sobretudo, africanos. Volto ao assunto mais adiante.

Patrimônio e *status*

Embora seja lugar comum atribuir pobreza aos libertos, ou no máximo pequenas posses, houve aqueles que atingiram um padrão elevado, em particular africanos. A historiografia mais recente vem reavaliando a ideia de precariedade da liberdade de mulheres e homens forros, mas ainda são parcos os estudos. Sheila Faria tem feito considerações sobre as possibilidades de enriquecimento das mulheres africanas da Costa da Mina. Para ela, esse grupo social atingiu um patamar econômico tão elevado que chegou a ser o segundo em índice de riqueza na São João Del Rei setecentista, perdendo apenas para os homens brancos.[82] Mesmo discordando em parte da afirmativa generalizante de Faria, há de se considerar que as mulheres minas agenciaram estratégias de acúmulo de pecúlio. Viajantes europeus do século XIX já registravam a existência de libertos buscando distanciamento das marcas do cativeiro através do enriquecimento. Maria Graham observou, no Recife da década de 1820, a riqueza de alguns deles. Ela considerava o comércio e a agricultura como os principais meios de mobilidade social da população negra. Segundo a inglesa:

> Um negro livre, quando sua loja ou sua roça corresponde ao seu esforço, vestindo-o e a sua mulher com um belo fato preto, um colar e pulseiras para a senhora, e fivelas nos joelhos e sapatos para adornar as meias de seda, raramente se esforça muito mais, e contenta-se com sua alimentação diária.[83]

82 Cf. FARIA. *Mulheres forras...*, op. cit.

83 GRAHAM, *Diário de uma viagem ao Brasil*, op. cit., p. 157.

Talvez Graham tenha se precipitado ao afirmar que os libertos contentavam-se apenas com suas necessidades diárias após o enriquecimento. Eles continuavam, mesmo depois de aumentar suas perspectivas financeiras, nas atividades exercidas quando cativos ou em novas ocupações na liberdade.

Perscrutando o patrimônio dos indivíduos, encontro outra forma para avaliar os sentidos e os significados de mobilidade socioeconômica e até que ponto os africanos libertos tiveram melhores perspectivas de vida. Explorei treze inventários *post-mortem* deixados por africanos do grupo.

Quadro 2 - A fortuna dos africanos, Recife 1861-1890

Nome do espólio	Ano de abertura	Avaliação dos bens
Lauriana Maria da Conceição	1861	993$85 réis
Monica da Costa Ferreira	1864	2:913$300 réis
Antônio Francisco Gomes	1865	2:360$280 réis
Joaquina da Conceição Araujo e Francisco Afonso Martins Carneiro[a]	1867	2:500$000 réis
Joaquina Roza de Carvalho	1868	450$000 réis
João Joaquim José de Sant'Anna	1868	3:722$670 réis
Rufina Maira da Conceição	1869	3:320$000 réis
Thereza de Jesus de Souza	1873	30:487$000 réis
Maria Antônia de Souza e José Francisco da Costa[a]	1872	16:240$760 réis
Gertrudes Joana Florinda	1877	952$100 réis
Alexandre Rodrigues d'Almeida	1880	36:705$840 réis
Maria Thereza dos Passos	1888	259$000 réis
Domingos José Machado	1890	5:942$000 réis

Fonte: IAHGP, Inventários *post-mortem*, 1861-1890.

[a] Inventário que foi aberto depois da morte do primeiro cônjuge e antes de terminar o viúvo faleceu.

Os bens eram constituídos por casas, sítios, joias, móveis usados, algum dinheiro e cativos. Friso que os escravizados multiplicaram a riqueza, prontos para utilizá-la em momentos de crises econômicas. Não obstante, o montante do espólio muitas vezes não dava para cobrir as despesas com a partilha, sendo referido processo apenas *pro forma*. O caso da africana Maria Thereza dos Passos é esclarecedor da questão. Seu patrimônio, avaliado em 259$000 réis em 1888, resumia-se a um cordão de ouro pesando três oitavas e meia. No caso da preta da Costa da África Gertrudes (1877), os bens eram muito poucos e seus herdeiros não tiveram condições de arcar com os custos do inventário. Utilizaram o reduzido patrimônio, constituído por uma casa e poucas joias, para bancar as despesas com a partilha. Acabaram ficando sem nada, pois os custos foram mais elevados que o valor do patrimônio.[84] Estas africanas não foram os únicos casos de precariedade financeira; outras pessoas, embora tivessem patrimônio considerável, chegaram ao fim de suas vidas em difícil situação, sobretudo os *pequenos negociantes*.

Apresento na tabela 15 os bens mais comuns entre os libertos, com o intuito de avaliar o que poderia significar investimentos mais seguros para eles.

Tabela 15 - Bens arrolados nos inventários, 1846-1890

Tipo	Número de libertos
Propriedades urbanas[a]	20
Propriedades rurais	2
Joias	7
Dinheiro	2
Escravos[b]	17

Fonte: inventários *post-mortem*, testamentos e registros de batismos.

[a] 12 pessoas mais 4 casais, na contagem dos casais separamos por indivíduos.

[b] 13 pessoas mais 2 casais.

84 IAHGP, Inventário de Maria Thereza, 1888, cx. 328, fl. 2; Inventário de Gertrudes Florinda, 1877, cx. 250, fl. 14-20v e 24.

O reduzido número de donos de sítios localizados fora da cidade sugere que os africanos da área urbana, quando aquinhoados, preferiam investir em imóveis e, sobretudo, escravos. Por outro lado, quase sempre as propriedades rurais eram compradas a comendadores, grandes negociantes, militares de alta patente, mulheres e homens brancos, uma rede na qual nem sempre era possível se inserir. Quanto ao baixo índice de pessoas com dinheiro corrente, no momento do inventário, um indicador de que os indivíduos estavam sempre investindo seu cabedal. Todavia, a segurança econômica estava realmente nos escravizados e nas propriedades urbanas.

Identifico libertos cujo patrimônio lhes garantiu não só desfrutar de prestígio socioeconômico, mas assegurar para seus descendentes, até a terceira geração, padrão de vida elevado. São aqueles que considero *negociantes de médio porte*, como o casal de pretos minas Alexandre Rodrigues d'Almeida e Thereza de Jesus de Souza; e a calabar Maria Antônia de Souza e seu esposo José Francisco da Costa, de nação Costa.[85]

Já foi comentado, anteriormente, sobre o prestígio do casal mina Alexandre Rodrigues e Thereza de Jesus, dando ideia de sua fortuna, cujo significativo patrimônio nem sempre era atingindo pelos negociantes brancos. Ele tinha atividades diversificadas: alugava imóveis; empregava cativos ao ganho, como a preta de nação Maria, de 44 anos de idade, que era quitandeira; e possuía uma taberna na rua do Riachuelo e um açougue na rua da Senzala Nova. Suponho também que mercadejassem tecidos, roupas ou pequenos objetos, pois foram arrolados entre seus bens seis baús, sendo dois de flandres e quatro de couro. Porém, sua principal fonte de renda eram os aluguéis de seus imóveis espalhados pelos quatro bairros centrais. Só na rua em que moravam (a rua da Conquista) havia três casas e os dois portões, espécies de conjuntos residenciais, que comportavam quatro casas meias-águas e seis pequenos quartos com apenas uma porta e sem janelas; mais cinco outras residências na mesma vizinhança. Nos bairros gêmeos Santo Antônio e São José, compraram sete prédios, inclusive as casas de

85 IAHGP, Inventários de Alexandre Rodrigues d'Almeida, 1880, cx. 269; Thereza de Jesus de Souza, 1873, cx. 229; Maria Antônia de Souza e José Francisco da Costa, 1872, cx. 214.

números 14 e 16 da rua de Santa Rita, onde sua patrícia Mônica da Costa Ferreira também tinha um domicílio de aluguel. No bairro do Recife possuíam três casas, na rua de São Jorge.[86]

Quando ficou viúvo, a meação do mina Alexandre Rodrigues já alcançava 12:499$937 réis, contudo, seus negócios continuaram crescendo. Aumentou não só o número de imóveis para 25, como ampliou o valor de seu patrimônio para 36:705$840 réis. Naquela época ingressou no ramo de tabernas e realizou diversas reformas nos imóveis, que de meias-águas passaram a ser uma espécie de pensionato com vários quartos de locação, ampliando o número de inquilinos.

Embora o quinhão do casal mina Maria Antônia e José Francisco não se equiparasse ao dos minas Alexandre Rodrigues e Thereza de Jesus, eles também atingiram um bom patamar socioeconômico e, assim como seus patrícios, viviam dos aluguéis de seus imóveis e das rendas de seus cativos. Eram proprietários de um sítio em Água Fria (Olinda) e de seis casas (quatro avaliadas em 3:000$000 réis), sendo quatro na rua Marquês do Herval, em Santo Antônio, uma na travessa do Prata e uma no beco do Dique, ambas em São José. Possuíam também seis cativos, sendo duas cozinheiras, dois para o serviço doméstico, uma que estava fugida, cuja ocupação não foi identificada, e um velho africano de 80 anos que não dava mais para qualquer serviço. Entre os bens arrolados constaram também três banquinhas amarelas velhas utilizadas pelas cativas para mercadejar os quitutes preparados na casa de seus senhores.[87]

Ressalto que ao classificar estas pessoas como *médios negociantes* levo em consideração não só o patrimônio, mas também se eram devedoras e se os débitos não comprometiam seu legado. Os minas Maria Antônia e José Francisco, ao contrário do mina Alexandre Rodrigues, morreram

86 Cf. COSTA, Valéria Gomes. "Mônica da Costa e Thereza de Jesus: africanas libertas, *status* e redes sociais no Recife oitocentista". In: XAVIER, Giovana; FARIAS, Juliana B.; GOMES, Flávio. *Mulheres negras no Brasil escravista e do pós-emancipação*. São Paulo: Selo Negro, 2012, p. 98-111; IAHGP, Inventário de Thereza de Jesus de Souza; Inventário de Alexandre, fl. 122v.

87 Inventário de Maria Antônia de Souza, fl. 15-17v.

sem deixar dívidas para serem quitadas. Além do mais, o casal estava dentro de uma teia social com comerciantes de grosso trato, como Manoel Alves Guerra, um dos mais bem aquinhoados do Recife. Guerra era casado e morava na rua Sete de Setembro, comercializava fazendas no atacado. Seu estabelecimento, inicialmente fixara-se na rua da Aurora, mas transferiu-se em 1851 para a rua da Cruz. No mesmo ano, deixou o comando do armazém sob a responsabilidade do filho Manoel Alves Guerra Júnior. Além do ramo de fazendas, Guerra (pai) envolveu-se também nos negócios Atlânticos. Ele foi proprietário do cutter *Conceição Minerva* e da escuna *Borboleta*, negreiros que estiveram na mercancia ilegal de cativos na Costa Ocidental da África, na década de 1820. Parte significativa de sua fortuna, inclusive seu armazém de tecidos, decorreu, enfim, do infame trato de viventes.[88] Ou seja, Guerra era um traficante e proprietário de diversos escravizados. Quem sabe Maria Antônia e José Francisco tenham vindo entre as mais de trezentas pessoas embarcadas em seus tumbeiros? Todavia, não descarto a ideia dessa relação entre o casal de africanos minas e o traficante vendedor de fazendas e gente ter estabelecido-se depois da conquista da alforria por Maria Antônia e José Francisco. É possível que a ligação entre esse casal e Guerra fosse pautada nos negócios, especialmente com a mina Maria Antônia. Talvez ela fosse uma cliente de Guerra. Uma das atividades de comércio das mulheres da Costa da Mina, em Salvador e no Rio de Janeiro, foi o estabelecimento de relações com negociantes de grosso trato que as tinham como suas freguesas, fato que estendo ao Recife.[89]

---

88 O nome de Manoel Alves Guerra está na lista dos proprietários de navios negreiros, cujas viagens foram realizadas entre 1827 a 1831, publicada pelo Diário de Pernambuco. O Cutter Conceição Minerva entrou no porto do Recife, em 1827, com 102 pessoas e a escuna Borboleta, em 1829, com 218 mulheres e homens cativos. cf. CARVALHO, Marcus J. M. de. "A rápida viagem dos 'Berçários Infernais' e os desembarques nos engenhos do litoral de Pernambuco depois de 1831". In: OSÓRIO, Helen e XAVIER, Regina Célia Lima (orgs.). *Do tráfico ao pós-abolição: trabalho compulsório e livre e a luta por direitos sociais no Brasil.* São Leopoldo: Oikos, E-book, 2018, p. 126-164.

89 APEJE - *Folhinha de Algibeira*, 1848, fl. 198; 1849, fl. 179; 1851, fl. 209; 1852, fl. 252 e 263; cf. SOARES; GOMES. *Negras minas no Rio de Janeiro*, op. cit., p. 197.

Vale destacar que a rede tecida com negociantes de grosso trato, profissionais liberais, entre outros grupos sociais, não foi uma peculiaridade do casal mina Maria Antônia e José Francisco. Era característica desse grupo de africanos minas tecer malhas sociais, políticas e econômicas com pessoas de prestígio na sociedade recifense. Afora comerciantes de grosso trato, mantiveram relações com caixeiros, grandes proprietários, funcionários públicos (oficiais de justiça, amanuenses e escrivães), militares; e também com prestadores de serviços especializados, como alfaiates, carapinas, artistas, trabalhadores portuários (armador, tráfico do porto e piloto de barca), soldadores, pedreiros. Mulheres e Homens pretos, brancos, pardos, africanos, brasileiros e portugueses. O sucesso ou fracasso dos negócios dependia, de certo modo, de tais redes construídas. Ou seja, embora o espaço fosse urbano, organizou-se um verdadeiro *campo negro* – expressão cunhada por Flávio Gomes – a partir das articulações dos indivíduos para se distanciarem dos estigmas da escravidão. Ser bem aquinhoado, relacionar-se com outros grupos sociais era um caminho seguro, inclusive para livrar-se dos estigmas que os diminuíam naquela sociedade em função do passado cativo.

Assim, experiências bem sucedidas como as dos minas Alexandre Rodrigues, Thereza de Jesus, Maria Antônia e José Francisco sugerem que, mesmo em uma sociedade hierarquizada (e racializada), com mecanismos de sucessão de papéis e *status* sociais amplamente predeterminados, havia espaços, embora raros, para personalidades empreendedoras como as da comunidade africana.[90]

Ex-escravos proprietários de escravos: a posse cativa entre os africanos

Já enfatizei que, embora a propriedade escrava fosse ansiada pela grande maioria dos libertos, poucos foram aqueles que conseguiram ser donos de cativos. Pelas informações contidas na tabela 15, esse era o segundo investimento mais procurado pelas pessoas, fossem elas brancas ou negras. No grupo estudado, 17 indivíduos (56,6%) foram alguma vez, ao

90 Cf. LEVI. A *herança imaterial*, op. cit., p. 176.

longo da vida, proprietários de escravizados, mas a maioria chegou a ter no máximo dois cativos, corroborando a historiografia, que afirma o quanto era alto o custo dessa propriedade. Tendo em vista que a posse cativa era um indicativo do nível de riqueza ou de pobreza, como destacou Oliveira, abrindo possibilidades de aquisição de outros bens, não se pode considerar os africanos como pessoas que atingiram níveis elevados de distinção social como alguns socialmente brancos. No grupo de *africanos em liberdade* que perquiri, os homens representavam 52,9% dos proprietários de cativos, o que se opõe às afirmativas de que, no Brasil, eram as mulheres que mais se preocupavam em adquirir escravos. A historiografia atribui às mulheres maior facilidade para adquirir cativos, seja pelo fato de, ao serem manumitidas, receberem de seus ex-senhores cativos para iniciar a vida em liberdade; seja pelo trabalho, como meretrizes ou comerciantes, inclusive as quitandeiras. Isto é, as chances de acúmulo de pecúlio seriam mais amplas para os libertos do sexo feminino.[91] Devido ao fato de minha amostragem ser muito pequena (um grupo de 17 indivíduos), não descarto que, no Recife, as africanas libertas também fossem, como em outras regiões brasileiras, as maiores proprietárias de cativos. Mas só investigações mais sistemáticas poderão confirmar tal premissa.

Na minha amostra, as mulheres alforriaram mais do que os homens. Elas representaram 55,5% dos donos de escravizados que concederam alforria em testamento, inclusive sob prestação de serviços por tempo determinado ou após a sua morte. Tal vantagem feminina na concessão da manumissão significa que as mulheres utilizavam-se desse mecanismo, mais do que os homens, para extrair melhores serviços de seus cativos. Era também uma forma de valer-se de autoridade para "domar" os sujeitos escravizados, inclusive para as mulheres solteiras e viúvas, que precisavam controlar sozinhas seus cativos.[92] Já foi dito que as solteiras e as viúvas se

91 Cf. OLIVEIRA. O *liberto*, op. cit., p. 43; FARIA. *Sinhás pretas, damas mercadoras*, op. cit., p. 160-161.

92 Cf. OLIVEIRA. O *liberto*, op. cit. p. 46.

destacavam como donas de cativos, devido à ausência da rede de parentesco e à idade avançada.

A escravidão faz parte da história da humanidade e suas transformações, ao longo do tempo, não se restringiram ao Continente Africano. Portanto, numa sociedade escravista, um dos pressupostos para se afirmar como livre e economicamente bem aquinhoado era ser "senhor de escravos". Patterson, por sua vez, ao tratar da África, evidencia que para os forros, sempre considerados sem honra, a propriedade cativa era uma maneira de exercer poder e possuir *status*. Na região do Sudão Central, em particular, a posse de escravizados representava distinção social. Os cativos raramente eram utilizados como meio de produção, seu uso como agentes para o comércio externo, como nas Américas, comumente era acompanhado pela ascensão de uma classe mercantil ou guerreira. Em regiões muito pobres, constituía uma mercadoria para a viabilização de riqueza. Era também o único bem que os mais pobres poderiam oferecer aos mais ricos, daí sua aquisição para conquistar mobilidade social.[93] No Brasil, os libertos de origem africana passaram a utilizar a mão de obra escravizada como indicativo de distanciamento do cativeiro. Destaco, no entanto, que as pessoas nascidas livres se sobressaíram mais do que as forras como proprietárias de cativos.

Há de se considerar algumas diferenças entre a posse cativa pelos africanos na própria África e nas Américas. Nas sociedades africanas, devido ao fato de a propriedade da terra ser coletiva, a posse de pessoas para serem utilizadas como mão de obra era a base legal de enriquecimento. Embora a escravidão fosse amplamente difundida, seu desenvolvimento foi independente do comércio atlântico. Todavia, a intensificação deste, com os seus vultosos lucros, estimulou o comércio cativo interno e os seus desdobramentos, ocasionando uma escravização mais intensa.[94]

Outra questão a ser observada é que, além de o escravizado ser o caminho mais seguro para a geração de riqueza, ele era também utilizado pelos funcionários do Estado na África como um grupo dependente, tanto

---

93 Cf. PATTERSON. *Escravidão e morte social*, op. cit., p. 220.

94 Cf. THORNTON. *A África e os africanos...*, op.cit., p. 124-125.

na geração de renda como na administração e no serviço militar, nas lutas entre reis e dirigentes ansiosos pela centralização de seus Estados, e outras elites preocupadas em estabelecer o poder real. Contudo, o escravizado como meio de viabilização de acúmulo de riqueza e transmissão de herança tornou-se, sem dúvida, a forma mais notável da utilização de mão de obra na África. Os julas são um exemplo, entre os diversos grupos islâmicos do Sudão Central e da Senegâmbia, que se destacaram como promotores desse tipo de escravização.[95]

No entanto, ao avaliar no Brasil a posse de cativos por libertos de origem africana, outras questões devem ser consideradas, como a etnicidade e o sexo. Oliveira apontou que comumente os africanos davam preferência aos escravizados de sua mesma origem de nascimento. Os minas, em particular, na hora da aquisição cativa privilegiavam os escravizados de sua mesma procedência. Ou seja, poderia ocorrer o fato de nagô ter cativo nagô, mina adquirir escravo mina savalu ou mina calabar e assim por diante. Várias questões levavam um africano liberto a adquirir cativos entre os de sua própria "nação". Escolhas pessoais, fatores culturais como a língua e laços de solidariedade permeavam tais seleções.[96] Dos proprietários de cativos no grupo que sigo, apenas três pessoas e dois casais possuíram escravizados de sua mesma procedência. Luzia, preta da Costa da Mina, de nação savalu, possuiu três cativos, sendo dois da Costa da Mina; o calabar José Antônio Lopes teve dois escravizados de sua mesma nação; Lauriana, que era da Costa d'África, foi "senhora" de uma preta de nação Costa; e o casal mina Alexandre Rodrigues e Thereza de Jesus possuiu quatro pretas de nação Costa. O cassange João Joaquim teve um cativo de nação congo, ou seja, do mesmo eixo no qual foi traficado.

A maioria dos escravizados de africanos era crioula, conforme mostra a tabela 16. Um dado, porém, merece ser considerado nesta questão da "seleção étnica" da posse cativa. O controle sobre o comércio de importação, cada vez mais acirrado, sobretudo após a Lei de 1831, pode ter

95 Cf. Ibidem, p. 138-144.

96 Cf. OLIVEIRA. "Viver e morrer no meio dos seus", op. cit., p. 188.

incidido na escolha do escravizado que se pretendia adquirir. Uma das escravizadas do casal mina savalu Luzia Muniz e Manoel Maxado (sic) era de nação Quissamã. Isto é, da região Centro-Ocidental ou *interland* Angola/Congo.[97]

Tabela 16 - Procedência/Nação dos cativos dos africanos libertos, 1846-1890

Procedência/Nação	Número de escravos
Total	51
Africanos	17
Costa da Mina	2
Nação Costa/Pretos de Nação	5
Calabar	2
Quisamã	1
Congo	1
Angola	1
Rebolo	1
"Africano"	1
Crioulos	34

Fonte: IAHGPE, Inventários *post-mortem*; MJPE, testamentos; ACMRO, AMSSSA, AMSJ, AMSSBV, registros de batismos.

Os cativos nascidos na África representavam 33,3% dos sujeitos escravizados do grupo aqui considerado. Duas hipóteses podem ser elaboradas. A primeira é que o fato de terem sido utilizados os testamentos e inventários *post-mortem* como principal fonte para estudar a propriedade cativa só tornou possível tomar conhecimento dos cativos em posse do indivíduo nos últimos momentos de sua vida, encobrindo sua trajetória, durante a qual, talvez, tivesse sido possuidor de mais cativos africanos. O volume da documentação

97 AMSSBV, LB 7 (1837-1848), Assento de batismo de Manoel, forro, filho natural de Maria, de nação Quisaman (sic), escrava de Manoel Machado, 18/03/1847, fl. 108v.

eclesiástica me forçou a utilizar a metodologia de trabalho por amostragens, oferecendo também reduzido número da propriedade escrava desses africanos. A segunda é que, como a maioria das aquisições desses escravizados ocorreu nos anos de repressão ao tráfico atlântico, o valor do indivíduo escravizado ficou bastante alto. O elevado número de crioulos cativos (66,6%) deve-se ao fato de serem filhos das escravizadas dos africanos libertos.

Quanto ao sexo, os cativos do sexo feminino constituíam 66,6% dos sujeitos escravizados dos africanos. Conjecturo que elas eram preferidas não só em razão do menor custo no mercado e de outras vantagens já comentadas, mas sobretudo pela possibilidade do aumento da posse cativa através da reprodução. No dia 3 de julho de 1877, nascia a cativa Paula, filha de Maria, uma das escravizadas do mina Alexandre Rodrigues.[98] Segundo Thornton, na África, as mulheres capturadas nas emboscadas eram vendidas no mercado interno aos homens, pois o comércio atlântico solicitava com mais frequência cativos do sexo masculino. Porém, algumas experiências da escravização de mulheres foram reproduzidas nas Américas. Por exemplo, o que ocorria nas ilhas Bissagos, Guiné-Bissau, onde o contingente de escravizadas foi tão significativo que elas passaram a fazer parte de todo o processo produtivo, replicou-se no Continente Americano.[99]

Não é menos importante ressaltar que a posse cativa, além de conferir *status* e possibilidades de enriquecimento, ampliava e fortalecia os negócios entre os próprios africanos, através das redes sociais. Na comunidade, foi comum não só comprar cativos a parentes de nação, a exemplo das negociações entre o marinheiro traficante Duarte e Luzia Muniz, ambos savalu. Mas, sobretudo, confiar o apadrinhamento dos escravizados a patrícios. O calabar João Antônio Lopes sempre priorizava como padrinhos de seus cativos outros africanos. Uma de suas escravas, a crioula Galdina, foi batizada por José Nicolao, africano do gentio da Costa que morava na rua do Fagundes, em São José. O africano da Costa José Nicolao era casado,

98 AMSSBV, Assento de batismo de Paula, preta, filha natural de Maria, escrava de Alexandre Rodrigues d'Almeida, 14/04/1878, LB, 13, fl. 35v.

99 Cf. OLIVEIRA. "Viver e morrer no meio dos seus", op. cit, p. 164.

mas não tinha filhos nem filhas. Vivia de seus negócios, tinha uma extensa relação de comércio e amizades com pardos e brancos, negociantes, ganhadores, além de funcionários públicos. Estiveram entre as testemunhas de seu testamento os pardos Marcolino Joaquim da Paixão, armador; Domingos Francisco da Costa, ganhador; Francisco Gomes de Santa Anna, alfaiate; e o escrevente de cartório Thomaz Correia Peres. Os que viviam de sua propriedade e do comércio de grosso trato eram José Veríssimo dos Anjos e Francisco Xavier Carneiro, homens brancos. Todos, assim como os libertos africanos que conseguiram alguma distinção econômica, também possuíam cativos. O africano da Costa José Nicolao, quando elaborou seu testamento, era dono apenas de duas cativas, a crioulinha Martinha e sua mãe. Martinha ficou *coartada* na metade de seu valor para ser libertada após a morte de José Nicolao.[100]

A posse de escravizados por africanos libertos, a exemplo do africano da Costa José Nicolao e todos os demais analisados neste capítulo, leva à reflexão mais uma vez sobre o *senhorio de escravos* e a precariedade da liberdade. Embora a propriedade de pelo menos um escravizado já fosse por si só um indício de diferenciação social entre as pessoas negras, isto não significava levar uma vida distante das dificuldades passadas pela população pobre e sem posses, inclusive cativa. Além de serem aproveitados como auxiliares de trabalho de seus donos, os escravizados de africanos eram negociados em momentos de privação financeira. Na metade do século XIX, tais privações passaram a ser quase uma constante. As transformações urbanas e o advento da modernidade (monopolização do comércio por estrangeiros, sobretudo portugueses, a queda no valor de seus imóveis, entre outros) foram outros motivos para a desvalorização do patrimônio dos libertos. Daí sempre recorrerem à venda de seus cativos para arcar com os custos de sua manutenção cotidiana. Por isto, ao analisar testamentos e

100 ACMRO, LB 25 (1848-1851), Registro de batismo da crioula Galdina, filha natural de ..., escravas de João Antonio Lopes e Ignacia Maria da Conceição, 02/06/1850, fl. 99v; MJPE, LRT 8 (14/11/1850 a 31/03/1853), mapoteca 12, gaveta G, Registro de Testamento de José Nicolao, fl. 109v-112v.

inventários *post-mortem*, esbarra-se na ausência desse bem ou com o seu comprometimento para arcar com despesas de partilha.

Oliveira também alertou sobre as estratégias dos libertos e como agiam para proteger seus bens, omitindo o patrimônio ou parte dele. Para os africanos, este mecanismo de defesa era imprescindível, para não serem usurpados pelas leis imperiais, sobretudo quando não tinham ascendentes ou descendentes. Wlamyra Albuquerque apontou que na Bahia muitos testamentos de africanos eram forjados após a morte deles, por políticos e autoridades locais que se apropriavam dos seus bens. Daí surgirem tantos ex-senhores como herdeiros, prejudicando, muitas vezes, as pessoas instituídas como legatárias do espólio, levando ao empobrecimento dos parentes.[101] Como estratégia para proteger seus bens e seus herdeiros de fato, os indivíduos, embora nomeassem como testamenteiros e testemunhas pessoas fora da comunidade africana, davam preferência aos libertos, cujos laços de amizade remetiam ao cativeiro ou à sua ligação com a própria África. Delegavam-se aos líderes comunitários ou religiosos os cuidados com a divisão do patrimônio.

101 Cf. OLIVEIRA. *O liberto*, op. cit., p. 71; ALBUQUERQUE. *O jogo da dissimulação*, op. cit., p. 55.

5. Fé em que vivo e pretendo morrer: redes entre religiosos e religiões

"Òrìsànlà be mi koko/ ko ja àlà ode/
ko ja àlà ode ô ô ô!"[1]

Ao longo desse trabalho aponto possibilidades de redes de sociabilidades tecidas pelos africanos libertos, em particular os minas com base na procedência, nação, vizinhança, no trabalho e nos negócios. Dando sequência a tais malhas, o presente capítulo avalia essa *cartografia negra* também por meio das práticas religiosas dos indivíduos.

Contudo, não pretendo fazer uma análise das práticas religiosas e da religiosidade *em si ou por si* mesmas. Privilegio esmiuçar as articulações sociopolíticas e culturais dos africanos, dentro e fora das instituições, para a garantia de seus espaços na cidade. Isto é, os nexos tecidos entre os re-

1 Toada para *Orixalá* cantada no Ilê Axé Ogum Maatá (Tejipió-Recife/PE). Em tradução livre, o canto significa: "*Oxalá(Orixalá)*, com sua roupa branca, vem firmemente no caminho". O branco representa a cor da paz, da redenção e da morte; simbolizando ainda higiene, limpeza, pureza para o Cristianismo, o Islamismo e o Candomblé/Xangô. Outra relação entre o Islã e o Candomblé/Xangô está na utilização do *alá* (pano branco). Este é colocado sob os neófitos, do candomblé/xangô, em transe com *Orixalá* e também serve para os adeptos se ajoelharem em cima nos momentos das louvações, lembrando o tapete que os muçulmanos colocam no chão de suas mesquitas para fazer a prosternação. O traje litúrgico de *Orixalá* ("senhor da roupa branca") remete, além disso, a uma herança muçulmana: o uso da túnica (típico do Sudão muçulmano), gorro branco (o "*filá*" islâmico) e a faixa branca pendente ao pescoço. Sobre as relações entre o candomblé/xangô e o islamismo, Cf. LIMA, Claúdia M. de A. Rocha. "Heranças muçulmanas no nagô de Pernambuco: construindo mitos fundadores da religião de matriz africana no Brasil". *Revista Brasileira de História das Religiões*, ano I, n. 3, p. 283-300, jan./2009. Agradeço ao Babalorixá Ronei Prado Lima a transcrição e tradução do canto para *Orixalá*.

ligiosos e suas negociações para conviver com a religião hegemônica e as práticas dos cultos de origem africana que tiveram alguma continuidade no Brasil, ainda que adaptadas localmente.

Antes de avançar no objetivo principal do capítulo, vislumbro as práticas religiosas dos indivíduos e de algumas instituições religiosas, como as irmandades católicas e as atividades reunidas em torno das religiões afro-brasileiras. Junto com as *nações*, as irmandades católicas se constituíram como um dos espaços políticos primordiais dos africanos no lado de cá do Atlântico. Tais agremiações tiveram atuação na vida da cidade, através de suas festas, procissões, cortejos fúnebres, disputas. Desempenharam, como os demais vínculos comunitários, relevante função na reconstrução dos laços esgarçados pelo tráfico negreiro. Já as religiões originárias da África exerceram destacado papel não só na manutenção da religiosidade dos africanos, mas também no âmbito econômico, gerando um mercado para os produtos daquele continente no Brasil. Fortaleciam, assim, o trânsito entre os libertos de cidades como Salvador, Rio de Janeiro, Recife e os *retornados* à Costa d'África. Além do mais, com o fim do tráfico transatlântico, as *nações* enquanto identidades coletivas passaram a ser ressignificadas nos espaços sagrados elaborados pelos africanos no Brasil. Cito os terreiros de culto aos orixás como importantes lugares de memória dessas reconstruções na passagem do século XIX ao XX.[2]

Práticas religiosas dos africanos em solo americano

Os testamentos dos libertos são terreno fértil para apreensão de suas experiências religiosas nas Américas. Referida documentação já foi sugerida por alguns autores como ferramenta de aproximação das estratégias cotidianas dos africanos para a continuidade de suas práticas religiosas em meio aos

2 O pioneiro nesse estudo foi LIMA, Vivaldo da Costa. *A família de santo nos candomblés jejes-nagôs da Bahia: um estudo de relações intragrupais*. 2. ed. Salvador: Corrupio, 2003 (ver especialmente o capítulo introdutório). Posteriormente Luís Nicolau Parés trouxe também importantes contribuições acerca da atuação dos terreiros de candomblés como espaços de reconstrução da memória africana a partir da ideia de nação. Cf. PARÉS. *A formação do candomblé*, op. cit.

valores da ordem vigente, por meio de seus pedidos de sufrágios, devoções aos santos católicos, rituais de enterramento e vínculos às irmandades.[3] Parte importante da vida social e cultural dos africanos, sobretudo em Angola e na Costa da Mina, sedimentava-se nos rituais funerários. Era nesses momentos que se estabelecia a conexão com o mundo dos espíritos e os ancestrais. Desse modo, os indivíduos encontravam nas práticas mortuárias lugar para continuar com antigos costumes. No Brasil, as celebrações fúnebres dos africanos se transformaram em reuniões de *nações*, além de se constituir como ocasião para os escravizados e libertos relembrarem suas religiões tradicionais. Percebo, ainda, nos pedidos de enterramento dos indivíduos especificados nos testamentos e, principalmente, na escolha dos testamenteiros, suas estratégias na manutenção das práticas religiosas de suas terras.

De modo geral, os africanos primavam por nomear como testamenteiros seus patrícios – e sempre que possível, indivíduos de sua *nação*. No grupo que acompanho, 18 pessoas nomearam como seus testamenteiros outros africanos, sendo oito indivíduos da mesma *nação* dos testadores. Nesta mesma amostra, seis pessoas deixaram indícios de práticas de sepultamento dentro de padrões africanos. O africano Sírio Manoel Ribeiro Taques, a quem me reporto no terceiro capítulo, embora tivesse afirmado ser católico, não revelou nenhuma devoção a santos, nem vínculo a confrarias, e deixou que seu enterro fosse feito "à vontade de seus testamenteiros". O primeiro deles, o mina Alexandre Rodrigues, como apontei, era seu patrício. Por sua vez, a nagô Antônia Monteiro, que era viúva e morava no beco de João Francisco, na Soledade, instituiu como primeiro e terceiro testamenteiros indivíduos de sua mesma *nação*. Um deles, inclusive, era ex-cativo de outro nagô que mantinha relações de amizade com ela. Solicitou ainda que lhe vestissem o corpo com um hábito branco para ser sepultada. Já a preta Rita de Souza, africana solteira, cega, residente no bairro de São José, não só seguiu esse padrão de nomear patrícios como testamenteiros, mas pediu-lhes "que do dia de seo fallecimento té (sic) ao

3 São expoentes nesta discussão: MATTOSO, *Testamentos de escravos libertos na Bahia no século XIX*, op. cit.; e OLIVEIRA. Maria Inês. *O liberto*, op. cit.

setimo se lhe mandem celebrar as missas que se poderem com a esmolla de dois mil reis cada huma, e alem d'estas mais huma capella com a mesma esmolla".[4] Outros africanos, embora não tenham deixado indícios da *nação* de seus testamenteiros, não se furtaram aos pedidos fúnebres de acordo com suas raízes étnicas. O calabar José Rodrigues Chaves, cuja trajetória aludo no segundo capítulo, não só pediu que seu corpo fosse conduzido pelos membros das irmandades de que participava como também que seu cadáver fosse "envolto em pano branco".[5]

Tendo em vista a imposição das regras católicas no trato com o funeral, muitos africanos utilizavam como tática o silêncio quanto aos anseios religiosos mortuários, com o objetivo de ter o sepultamento conforme sua cultura original. Por isso, os pedidos de que os rituais de sepultamento ficassem por conta dos testamenteiros foram os mais comuns entre os africanos desejosos de ter sua partida para o "outro mundo" realizada nos moldes de sua terra natal. Segundo Oliveira, os libertos africanos na Bahia (predominantemente da região africana ocidental), sobretudo de nação nagô, foram os mais cônscios quanto às estratégias para a manutenção de sua identidade cultural. Daí a omissão dos detalhes de seus sepultamentos e, em última instância, a maior necessidade de elaborar testamentos, comparativamente aos crioulos, como constatou a autora em seu trabalho. Cabe registrar, porém, que essa necessidade devia-se também ao fato de serem os africanos desprovidos de familiares e parentes consanguíneos em territórios americanos.[6]

Quanto aos trajes mortuários, no grupo em análise, foi possível saber os especificados por 17 indivíduos, sendo dois deles cônjuges dos africanos que encabeçam as redes aqui observadas. Entre esses libertos, os mais

4 MJPE, mapoteca 13, gaveta F, LRT (29.11.1862 a 18.07.1865), Registro de testamento de Rita de Souza, fl. 28v-30.

5 MJPE, mapoteca 13, Gaveta F, LRT (1871-1873), Registro de testamento de Sírio Manoel Ribeiro Taques, fl. 3-3v; Registro de testamento de Antônia Monteiro, fl. 39-41v; Gaveta E, LRT (3.11.1854 a 18.04.1856), Registro de testamento de José Rodrigues Chaves, fl. 89-91. Embora os católicos também usassem o branco como cor mortuária – como elucidarei mais adiante –, essa cor foi muito usada pelos africanos, como apontam Maria Inês Oliveira e João Reis.

6 Cf. OLIVEIRA. O *liberto*, op. cit., p. 89.

comuns foram: o hábito carmelita (41,1%), o lençol ou camisão branco (23,5%), o hábito beneditino (também 23,5%) e o confeccionado pelos franciscanos (11,5%). As mulheres, mais do que os homens, se preocuparam em determinar em seus testamentos a roupa com a qual queriam ser sepultadas, todavia, houve um equilíbrio entre os sexos nas escolhas pelos hábitos branco e beneditino.

Para a escolha da cor de suas mortalhas tenho duas hipóteses. A primeira é que alguns indivíduos, por não terem condições de comprar o hábito franciscano, carmelita, beneditino ou qualquer outro comumente utilizado pelas pessoas, escolhiam a mortalha branca. Mas esse não era o caso da nagô Antônia Monteiro ou do calabar José Rodrigues Chaves, pois ambos eram membros de irmandades que ficavam encarregadas deste tipo de despesa, como exponho mais adiante. A nagô Antônia Monteiro, em particular, era bem aquinhoada e deixou legados não só para seus afilhados como para a sua confraria. A segunda é que o branco representa para os africanos, tanto ocidentais quanto centro-ocidentais, a cor da morte. Para os primeiros, inclusive os nagôs, a morte era encarada como o retorno à ancestralidade, sendo o branco a cor dessa representação. Aliás, várias nações africanas na Bahia – e decerto também em Pernambuco – faziam do branco uma cor mortuária. Não há como esquecer de mencionar o caso dos *malês* na Bahia, que também eram levados à sepultura com seus corpos envoltos em mortalhas brancas (*agbada*) – descritas pelo cônsul francês A. Marcescheau como as melhores roupas com as quais os negros islamizados eram vestidos quando faleciam. Já entre os africanos da região Centro-Ocidental, chamados também de bantus, *kalunga* adquiriu o sentido de linha divisória entre os vivos e os mortos, sendo simbolizada pelo mar. A travessia atlântica – e o (des)encontro com europeus, ou seja, os *brancos*, sobretudo os portugueses – era considerada a chegada ao reino dos mortos. Porém, não eram apenas os africanos que associavam a cor branca à morte. Para os cristãos, ela simbolizava a alegria da vida eterna, prometida através da ressurreição, sendo também a cor da bem-aventurança.[7]

7 Cf. OLIVEIRA. O *liberto*, op. cit., p. 96; COSTA, Valéria. Os libertos no Recife: os 'mundos de João Joaquim José de Santa Anna'. In: COSTA, Robson; CABRAL, Flavio

A predominância da escolha do hábito carmelita para enterramento chamou-me a atenção. A cidade tinha como patrono Santo Antônio, santo pouco citado pelos africanos libertos que perscruto, mas a devoção a Nossa Senhora do Carmo pareceu bastante popularizada, especialmente entre as mulheres. Talvez isso se devesse ao fato da Ordem do Carmo ser bastante procurada pelas pessoas de afluência econômica na cidade; mas também é possível que fosse influenciado pela hagiografia da Santa. Desde o século XII, a devoção à Senhora do Carmelo estava ligada à fertilidade, simbolizando a maternidade e a fecundidade. Metade das africanas que se enterraram com o hábito, embora não tivessem concebido filhos, foram madrinhas de várias crianças, sobretudo do sexo feminino, a exemplo da mina Thereza de Jesus de Souza, a africana mais aquinhoada da comunidade em análise, a quem tanto refiro-me ao longo desse estudo.

A mortalha também refletia as condições socioeconômicas dos indivíduos. A branca não só era um símbolo da tradição cultural-religiosa, como ainda um indicador de sua situação financeira. Entre todas as roupas fúnebres, a branca, especialmente a de algodãozinho, era a mais barata. Na Bahia, Reis avaliou que 84,2% dos indivíduos enterrados de branco eram escravizados e libertos da África. No caso dos integrantes do grupo que acompanho, sugiro – como fizeram Oliveira e Reis – que a opção por esta cor mortuária talvez estivesse relacionada às tradições religiosas, visto que suas situações econômicas eram privilegiadas em comparação à grande maioria dos libertos.

Ainda sobre os rituais de enterramento dos africanos no Recife, alegou Vanessa de Castro ser possível que as irmandades encenassem algo dos cerimoniais fúnebres de tradição da África.[8] Mesmo não estando fora dos padrões cristãos, nos pedidos de sepultamento no Cemitério Público há indícios que podem ser lidos como comportamento diante da morte segundo costumes africanos. Assim, João Joaquim fez a seguinte solicitação: "quero

J. Gomes (orgs.). *História da escravidão em Pernambuco*. Recife: Editora Universitária UFPE, 2012, p. 241-265, p. 263; REIS. *A morte é uma festa*, op. cit., p. 118, 124.

8 Cf. CASTRO, Vanessa. *Das igrejas ao cemitério*, op. cit., p. 187.

que meo corpo seja sepultado no chão em aquelle cimiterio (sic) [Santo Amaro]"; e Alexandre Rodrigues pediu para "ser sepultado em uma sepultura rasa com o mesmo caixão".[9] João Joaquim era cassange, conforme menções no terceiro capítulo; mas Alexandre era da Costa da Mina, possivelmente nagô. Pedidos semelhantes aos desses africanos, especialmente ao do mina Alexandre Rodrigues, ocorriam na África Ocidental.

Na mitologia nagô/iorubá, o orixá Nanã ou Nanã Buruku – a mais velha, avó dos demais orixás – conecta-se ao princípio da vida e da morte. Essa última seria, então, nada mais é que um cumprimento do ciclo vital, pois o defunto retorna à lama (ao barro), domínios de Nanã. Em Tchetti, cidade de Ifé, na Nigéria, nas homenagens a esse Orixá, as pessoas dançam com seus corpos ornamentados por tinta na testa, as têmporas com manchas brancas de *efun* (giz) e carregam nas mãos um cajado salpicado de vermelho. O cajado é um sinal diacrítico que representa a expressão idosa de Nanã, enquanto o branco e o vermelho simbolizam as cores desse orixá.[10]

Quanto aos pedidos de missas, a preta africana Rita de Souza foi a única a solicitar celebrações do primeiro até o sétimo dia de seu falecimento, como apresentado anteriormente. Semelhante menção fora descrita por Oliveira e Verger em relação à ialorixá Marcelina da Silva (*Obatossí*), do candomblé baiano da Casa Branca. Marcelina também deixou testado o desejo de ser sua filha sanguínea a encarregada de todo esse ritual. Segundo os autores, sufrágios como estes eram raros – Oliveira coletou apenas três – e podiam estar ligados aos rituais africanos de encomendação do morto, ou seja, ao *axexê*. Esse era um ritual pelo qual os defuntos passavam para se desprender da vida terrena em definitivo e se transformar em *egum*, ou ancestral. Isto permitia aos indivíduos adaptar-se à ausência física de um membro da comunidade religiosa e restabelecer a normalidade. Dessa forma, ao longo de sete dias seguidos às celebrações públicas do enterro, todo o grupo reunia os objetos do morto para serem destruídos em

9 Registros de testamentos de João Joaquim José de Sant'Anna, fl. 5v; e Alexandre Rodrigues d'Almeida, fl. 3.

10 Cf. COSTA, Valéria. *Os libertos no Recife*, op. cit., p. 263.

ritual e em seguida levados pelos sacerdotes ao local determinado pelos oráculos para que Exu – orixá da comunicação – os levasse. Após serem eliminadas todas as formas de existência individual, restava ao morto sua existência genérica, que permitiria a continuidade da comunidade e propiciaria o eterno renascer. Embora não haja indícios do pertencimento da preta africana Rita de Souza aos cultos de orixás no Recife, considero possível ela ter maquiado, como tantos outros africanos, suas práticas religiosas pretéritas à escravização atlântica.[11]

Vale ressaltar que, mesmo havendo pistas de continuidades das práticas religiosas tradicionais africanas nos pedidos de sufrágios dos indivíduos, o catolicismo se fazia presente, a invocação aos santos protetores, até certo ponto, tinha algum sentido quanto ao significado que construíram em torno da morte. Entre os africanos que analiso, seis pessoas manifestaram essa inquietação, revelando o hibridismo religioso cunhado na negociação entre as culturas africana e europeia.[12]

Os santos de devoção, todavia, sempre mencionados nos testamentos, sugerem outras características desse cristianismo negro. No Brasil, vários foram os santos invocados pelos fiéis. Entre os africanos, os mais populares eram São Benedito e Nossa Senhora do Rosário. No grupo sob escrutínio, afora São Benedito (53,3%) e Nossa Senhora do Rosário (43,3%), outras devoções foram citadas, como a Virgem Maria (36,6%), Jesus Cristo (30%), a Santíssima Trindade (20%), Nossa Senhora da Conceição (6,6%) e outros com pequenas participações: Santo Onofre, São Francisco, Santo Antônio, São João, São Sebastião, São João Batista, Santa Luzia e a Sagrada Família.

---

11 Cf. OLIVEIRA. *O liberto*, op. cit., p. 71-72; VERGER. *Os libertos: sete caminhos na liberdade de escravos da Bahia*, op. cit., p. 86-94; Registro de testamento de Rita de Souza, fl. 29.

12 Cf. THORNTON. *A África e os africanos no Novo Mundo*, op. cit., p. 312-317. Daniela Calainho, estudando as práticas religiosas dos africanos escravizados em Portugal entre os séculos XV e fins do XVIII, argumentou que ocorreu uma incorporação livre de elementos religiosos de outras culturas no panteão, cosmogonia e ritualística africanos. Fenômeno que se deu também nas "principais" religiões universais como o cristianismo, o judaísmo e o islamismo. Cf. CALAINHO, Daniela B. *Metrópole das mandingas: religiosidade negra e inquisição portuguesa no Antigo Regime*. Rio de Janeiro: Garamond, 2008, p. 17

Embora na minha amostra São Benedito tivesse mais devotos, a padroeira dos negros, a Senhora do Rosário, era a principal devoção em meio à população negra desde o século XVI, como ver-se-á adiante. O seu culto estava ligado à vitória contra os hereges em Portugal e ao movimento de conversão dos "gentis" divulgado por todas as ordens religiosas missionárias. A Nossa Senhora do Rosário foram erguidos os primeiros e principais oragos de irmandades negras no Brasil escravista.[13]

Irmandades negras: espaços de sociabilidades e conflitos

As irmandades e as ordens terceiras eram agremiações católicas que vinham desde o século XIII em Portugal, dedicando-se a obras de caridade voltadas para seus membros e muitas vezes para pessoas carentes não associadas. De maneira geral, tanto as irmandades como as ordens terceiras eram formadas por leigos, sendo estas vinculadas aos conventos religiosos (franciscanos, carmelitas, dominicanos), devendo-se a isto seu maior prestígio e, consequentemente, uma seleção mais rígida em termos da hierarquia social de seus associados. As irmandades, entretanto, foram mais numerosas e se espalharam por todo o império ultramarino português.[14]

Essas instituições, até a primeira metade do Oitocentos, funcionaram como associações corporativas cujos laços de solidariedade eram tecidos nas hierarquias sociais. Atuavam por meio das procissões, festas de padroeiros, mas, sobretudo, no auxílio e promoção de exíguas de seus membros, organizando sepultamentos, missas e cortejos fúnebres. Tudo isto de

13 Cf. REGINALDO, Lucilene. *O rosário dos angolas: irmandades negras, experiências escravas e identidades africanas na Bahia setecentista.* Tese (Doutorado em História) - Instituto de Filosofia e Ciências Humanas, Universidade Estadual de Campinas, Campinas, 2005, p. 54-55.

14 Entre os diversos trabalhos, consultar: REGINALDO. *O rosário dos angolas*, op. cit.; MAC CORD, Marcelo. *O rosário de D. Antonio: irmandades negras, alianças e conflitos na história social do Recife*, 1848-1872. Recife: Editora Universitária UFPE, 2008; QUINTÃO, Antônia Aparecida. *Lá vem meu parente*: as irmandades de pretos e pardos no Rio de Janeiro e em Pernambuco (século XVIII). São Paulo: Annablume, 2002; REIS, João. I*dentidade e diversidade étnica nas irmandades negras no tempo da escravidão. Tempo*, Niterói, v. 2, n. 3, p. 199-242, 1997.

acordo com a hierarquia da agremiação. Desse modo, muitas confrarias chegaram a agregar a mesma profissão, posição social ou filiação étnica. No Recife, cito a Irmandade de São José do Ribamar, que aglutinava carpinteiros; a de São Cristovão, que agregava os canoeiros; e as irmandades sob a invocação do Rosário, que reuniam africanos e crioulos.[15]

Por meio de suas festas, procissões, sufrágios e cerimônias fúnebres de seus membros, elas se tornaram a principal via de promoção do catolicismo popular. Eram bastante procuradas pelas pessoas, inclusive escravizados e libertos, não só como garantia dos auxílios mútuos e rituais mortuários, mas principalmente como possibilidade de ter local adequado para a morada eterna.[16]

As irmandades, todavia, não se restringiram ao auxílio mútuo, aos cuidados com o sufrágio e sepultamento de seus membros, ou ao zelo com a devoção a seus santos patronos. Além de simbolizar *status* para quem a elas estivesse vinculado, revelavam outros objetivos para além da prática religiosa.[17] Menciono o interesse que estas instituições tinham nos testamentos de seus membros, porque beneficiavam-se como legatárias. Algumas pessoas associadas, como a nagô Antônia Monteiro e a calabar Rufina Maria da Conceição, deixaram suas casas para as irmandades do Rosário dos Pretos da Boa Vista e de São Benedito, respectivamente.[18] Ou seja, interesses materiais permeavam os espaços dessas agremiações católicas.

Vale destacar, como aludido por Mariza Soares, as irmandades eram instituições cuja organização interna estava baseada nos mesmos princípios que regiam as sociedades do Antigo Regime. Isto é, elas reproduziam padrões de distinção e hierarquias vigentes na sociedade da época. As pro-

15 Cf. MAC CORD. *Andaimes, casacas, tijolos e livros*, op. cit.

16 Cf. REIS. *A morte é uma festa*, op. cit. p. 171-172.

17 O *status* conferido aos indivíduos pode ser medido por meio dos pagamentos que cada agremiação estipulava aos seus confrades. Por exemplo, para ingressar na irmandade do Rosário de Santo Antônio, a pessoa precisava da bagatela de 20 mil réis; seus filhos menores de 12 anos, 5 mil. Os maiores de 50 anos pagavam 30 mil e os enfermos com perigo de morte 40 mil réis. Cf. APEJE – AE, Compromisso do Rosário dos Pretos de Santo Antônio, 1870, 'Cap. 5 – Da entrada dos irmãos', fl. 563v.

18 Registros de testamento de Antonia Monteiro, fl. 91v e de Rufina Maria da Conceição, fl. 27v.

cissões eram um exemplo dessa hierarquia religiosa, pois, mesmo relegadas aos últimos lugares, as irmandades de negros se faziam presentes. Tal hierarquia também estava presente nas disputas internas das irmandades negras pela precedência nas procissões e festejos dos santos padroeiros de cada instituição. Além do mais, como salientou Marcelo Mac Cord, dentro das irmandades negras havia profundas distinções sociais, étnicas e/ou profissionais, refletindo as diferenças na sociedade envolvente. Ou seja, seu caráter associativo não omitia seu potencial conflituoso.[19]

Na cidade do Recife, além das irmandades de Nossa Senhora do Rosário nos bairros de Santo Antônio e da Boa Vista, existiam várias outras confrarias, sendo as de maior destaque as ordens terceiras de Nossa Senhora do Carmo e de São Francisco, aquela mais prestigiada entre as elites econômicas (e brancas) e esta pelas pessoas de posses modestas. Porém, era às irmandades que a maior parte da população recifense estava vinculada, fosse rica ou pobre, dos mais variados matizes de cor de pele. No meio da população negra, contudo, além das irmandades de Nossa Senhora do Rosário, as mais populares, sobretudo no século XIX, foram as de São Benedito, Jesus Maria José, Nossa Senhora da Saúde, do Senhor Bom Jesus dos Martírios e Nossa Senhora do Livramento.[20]

Entre os trinta libertos investigados, 23 pertenciam a alguma agremiação católica, sendo que nove faziam parte de duas ou mais.[21] Ser filiado

---

19 Cf. SOARES. *Devotos da Cor*, op. cit., p. 165-166; MAC CORD. *O Rosário dos Homens Pretos de Santo Antônio: alianças e conflitos na história social do Recife, 1848-1872*. Dissertação (Mestrado em História) - Instituto de Filosofia e Ciências Humanas, Universidade Estadual de Campinas, Campinas, 2001, p. 34.

20 Cf. ARAÚJO. *Governadores das nações e das corporações*, op. cit., p. 49. As irmandades e ordens terceiras começaram a ser propagadas no Brasil no século XVII. Ver também MAC CORD. *O rosário de D. Antônio*, op. cit.; BEZERRA. Janaína dos Santos. *Pardos na cor & impuros no sangue: etnia, sociabilidades e lutas por inclusão social no espaço urbano pernambucano do XVIII*. Dissertação (Mestrado em História) - Departamento de Letras e Ciências Humanas, Universidade Federal Rural de Pernambuco, Recife, 2010.

21 Embora tenha examinado um número maior de testamentos (setenta de mulheres e homens negros entre africanos e crioulos), selecionei apenas 31 pessoas, cujas trajetórias estavam entrelaçadas, para conduzir a narrativa desse trabalho. O número máximo de irmandades às quais os africanos libertos estavam vinculados era três, mas a historiografia já demonstrou que

a mais de uma irmandade era sinônimo de prestigio social e poder aquisitivo. Encontro, entre os trinta testadores, seis filiados a até três irmandades. Embora fossem os homens os detentores de poder político na hierarquia dessas agremiações, eram as mulheres quem mais delas participavam. João Reis, citando Patrícia Mulvey, enfatizou que no século XVIII o número de mulheres era pequeno em relação ao de homens nas confrarias, não chegando a 10%. Mas elas também podiam ocupar cargos. Ao lado dos reis, podiam ser rainhas nas festas anuais, juízas, mordomas responsáveis pela organização das festas, coletoras de esmolas e procuradoras encarregadas da caridade aos irmãos necessitados. Nas irmandades negras, via de regra, havia uma mesa para homens e outra para mulheres, mas os cargos das mesárias não passavam de honoríficos.[22]

A partir do ano de 1834, juízas, escrivãs e demais mulheres vogais estavam sendo eleitas também,[23] em paralelo aos mesários masculinos, no Rosário de Santo Antônio. Nas eleições de 1839, foram eleitas juíza, escrivã, protetoras e mordomas integrantes do grupo que apuro ao longo deste livro. Todas as mesárias eram esposas de irmãos que também chegaram a ocupar cargos na hierarquia da confraria. No século XIX, as mulheres passaram a ser as maiores contribuidoras de joias e as que mais deixavam bens em testamento para estas instituições, o que lhes possibilitava, em vida, assegurar alguma influência dentro das agremiações. Embora todos tivessem acesso ao sepultamento cristão, foram elas que mais conseguiram comprar catacumbas nas igrejas, o que denota a conquista de maior poder aquisitivo em comparação aos homens.[24]

havia pessoas que chegavam a ser membros até de cinco agremiações católicas.

22 Cf. REIS. *A morte é uma festa*, op. cit., p. 58.

23 Vogal é aquele que tem voto nas comunidades, juntas, etc. No caso das agremiações católicas, eram aqueles ocupantes de cargos na mesa diretora. Cf. SILVA, A. M. *Diccionario da Lingua Portugueza*, op. cit.

24 IPHAN-PE, Livro de Registro de Eleições (1833-1858), cx. 21, fl. 9v; SOARES, *Devotos da cor*, op. cit., p. 150-53. Com o alvorecer da década de 1840, formou-se também mesa para brancos na irmandade de N. Sra. do Rosário dos Pretos. Em 1843, elegeram-se vogais homens e mulheres para suas respectivas mesas regedoras.

Tabela 17 - Irmandades citadas pelos testadores (1846-1890)

Irmandades	Número de citações		
	Homens	Mulheres	Total
Rosário dos Pretos de Santo Antônio	4	4	8
Rosário dos Pretos da Boa Vista	-	4	4
São Benedito	5	10	15
Jesus Maria José	3	5	8
São Christovão	1	-	1
Santa Agonia	-	1	1
Total	13	24	37

Fonte: MJPE, Testamentos; IPHAN-PE, Livro de Registro de Eleições (1833-1858) da Irmandade do Rosário dos Pretos de Santo Antônio, cx. 21; ACBJR, Livro de Óbitos, 1890-1891.

A tabela 17 apresenta as irmandades citadas pelos testadores do grupo analisado. A de São Benedito apareceu como a mais popular entre os indivíduos, com 15 membros. O número de mulheres, inclusive, representou o dobro do de homens, mas é relevante destacar que a maioria delas entrava acompanhada de seus respectivos maridos. Por outro lado, essa superioridade numérica feminina, não só em São Benedito, mas também nas demais confrarias, deveu-se em parte ao fato de serem as mulheres maioria no grupo de testadores. Sua participação entre os testadores era de 60%, enquanto representavam 65% dos que eram membros de confrarias católicas. Além do fato de que as mulheres eram mais devotas do que os homens, outra hipótese que levanto é a de que, na segunda metade do século XIX, elas passaram a ocupar com mais ênfase os espaços religiosos públicos, inclusive nos cargos da mesa regedora, conforme evidenciado na figura 12.

São Benedito começou a ser objeto de devoção em Portugal, tendo ocorrido em 1609 a colocação da primeira imagem do santo no Mosteiro de Santa Joana, em Lisboa. Ele se popularizou entre os lusos devido aos seus poderes taumatúrgicos, não sendo de exclusividade devocional dos negros. Há lendas do século XVIII que o apontam como natural de Angola, da cidade de Quissamã.[25] Embora entre os testadores o percentual de minas nesta irmandade fosse de 66,6%, encontro todos os oriundos da região Angola-Congo (aqui em rede) filiados a São Benedito. Talvez a hagiografia do santo tivesse influenciado na hora da escolha da confraria pelos indivíduos centro-ocidentais.

Não obtive informações de quando se iniciou o culto ao santo negro em Pernambuco, mas em 1817 os irmãos já se reuniam no Convento de Santo Antônio do Recife, onde a Ordem Terceira de São Francisco estava estabelecida. A referida ordem exerceu destacado papel na propagação da devoção a são Benedito, pois ele era franciscano.[26] Segundo Sidney Chalhoub, na Corte, quando a cidade estava febril (acometida por febre amarela e varíola), são Benedito era tido pela população como detentor de poder tanto de punir os indivíduos incrédulos com epidemias, como de curá-los. Wlamyra Albuquerque constatou a ligação entre indivíduos revoltosos às vésperas do Treze de Maio e a devoção ao santo. Em vilas baianas como Amargosa e Viçosa estavam ocorrendo tensões e revoltas de libertos e escravizados comandadas por certo padre Geraldo, republicano e liberal, bem informado sobre os encaminhamentos em torno da questão servil na Corte. Em suas ações, o padre e a gente negra invocavam são Benedito como seu protetor.[27]

Segundo Albuquerque, nos relatos de João da Silva Campos, em Salvador, os festejos mais pomposos ao santo foram justamente os de 1888 e 1889. A devoção a São Benedito também era mais popular entre os crioulos, pois os africanos eram mais afeitos a Santa Bárbara, São Jorge e Santo Antônio.[28] Na pesquisa que deu subsídios a esse livro, a Irmandade de São

25 Cf. REGINALDO. *O rosário dos angolas*, op. cit., p. 77-80.

26 Arquivo Histórico Franciscano (doravante AHF), Livro de notícias que devem ser presentes ao Rde Pe guardiães deste Convento de Santo Antonio da Cidade do Recife – Arranjadas por Fr. Manoel de S. Filippe, 1827, fl. 01; Cf. REGINALDO. *O rosário dos angolas*, op. cit., p. 80.

27 ALBUQUERQUE, *O jogo da dissimulação*, op. cit., p. 134-137; CHALHOUB. Sidney. *Cidade febril: cortiços e epidemias na corte imperial.* São Paulo: Companhia das Letras, 2001, p. 138.

28 Cf. ALBUQUERQUE. *O jogo da dissimulação*, op. cit., p. 137.

Benedito foi a confraria mais procurada pelas pessoas de origem africana, inclusive da Costa da Mina. Ao que parece, porém, elas privilegiaram estreitar laços políticos com vogais da Irmandade do Rosário dos Pretos de Santo Antônio. Esta confraria, juntamente com a de Jesus Maria José, foi a segunda mais indicada pelos testadores africanos. Outras irmandades menos populares entre os libertos, como as de São Christovão e Santa Agonia, também foram citadas pelos africanos em seus testamentos.

Embora na minha amostragem fosse a segunda mais procurada, a Irmandade de Nossa Senhora do Rosário dos Pretos era a mais popular entre os africanos nas Américas.[29] A história de sua devoção, porém, remete ao século XV, quando o culto foi instituído por homens brancos em Portugal. Todavia, a partir do século XVI, os negros foram paulatinamente ocupando o espaço devocional. As cisões raciais começaram em 1551, quando a confraria do Rosário do Convento de São Domingos de Lisboa separou-se em duas: uma de brancos e outra de pretos forros e escravizados. A partir desta segunda, a invocação do Rosário foi se popularizando entre os negros, que a associavam à sua proteção e defesa. Em Pernambuco, a irmandade foi fundada em 1654, provavelmente na Igreja de São Frei Pedro Mártir, no bairro do Recife. A igreja no bairro de Santo Antônio foi construída na segunda metade do século XVII, pois em 1686 o culto religioso já estava em funcionamento. Na província de Pernambuco, era a mais imponente das confrarias negras. Mac Cord, citando Patrícia Mulvey, informa que, das vinte irmandades de negros criadas no período colonial pernambucano, 12 eram do Rosário.[30]

Tendo em vista serem as irmandades sob a invocação de Nossa Senhora do Rosário as mais imponentes entre as agremiações negras de Pernambuco, deduzo que seu espaço se tornou cenário de grandes tensões e conflitos entre africanos de diversas etnias e crioulos. Por meio de seus

29 Considero como uma única irmandade a de Santo Antônio e a da Boa Vista, visto que ambas eram consagradas à mesma padroeira (N. Sra. do Rosário dos Pretos).

30 Cf. REGINALDO. *O rosário dos angolas*, op. cit., p. 47-54; MAC CORD. *O Rosário dos Homens Pretos de Santo Antônio*, op. cit., p. 37.

compromissos, vislumbro como se organizavam internamente; como seus membros deveriam se portar dentro e fora dela; e as tensões, as associações e os conflitos entre os confrades, em particular angolas e minas. Os *compromissos* de 1758 e 1870 do Rosário de Santo Antônio e o de 1862 do Rosário da Boa Vista servem como guias. Esses estatutos revelam, além das alianças, os conflitos que permeavam estas instituições, a partir das discussões sobre legalidade, fiscalização e obediência da regra confraternal.[31]

Numa primeira leitura dos compromissos, tanto do século XVIII como do XIX, observo que não havia, quanto à entrada de confrades, restrições étnicas. Entretanto, embora o ingresso fosse aberto também a brancos e pardos, os angolas e minas tinham a precedência e predileção nas hierarquias da agremiação. Aliás, como enfatizou Clara Araújo, muitas irmandades sob o "título de preto" estabeleceram políticas de vantagens para alguns grupos em detrimento de outros. No compromisso de 1758 do Rosário de Santo Antônio, a regra básica para a composição da mesa diretora era ser formada por angolas e minas, sendo os primeiros ocupantes dos cargos mais importantes, como o de juiz. Havia ainda a figura do rei de congo, que deveria ser sempre um indivíduo de nação angola, casado, livre ou liberto, com posses, generoso com as esmolas e temente a Deus. Para Mac Cord, no compromisso de 1870, essas regras ficaram implícitas, inclusive a coroação do rei de congo, que não é nele mencionada. A figura do rei vigorou até 1872, ano da morte do ocupante do cargo.[32]

No novo compromisso de 1870 do Rosário de Santo Antônio, ficaram visíveis as restrições socioeconômicas, enquanto desapareceu a ordem de privilégios entre africanos e brasileiros: "será indispensável na mesa regedora a mistura de africanos e nacionais sob pena de nullidade da mesa".[33] Porém, através do compromisso de 1862 do Rosário da Boa Vista, é possível perceber as disputas no seio da agremiação por meio da composição

31 Cf. MAC CORD. *O Rosário dos Homens Pretos de Santo Antônio*, op. cit., p. 75.

32 Cf. ARAÚJO. *Governadores das nações e das corporações*, op. cit., p. 7; MAC CORD. *O Rosário dos Homens Pretos de Santo Antônio*, p. 53-75, 128.

33 APEJE – AE, Compromisso do Rosário dos Pretos de Santo Antônio, Cap. 6, art. 50, fl. 567v.

da mesa: "haveraô (sic) duas juisas pretas, a saber uma por eleição e outra por devoção, e da mesma forma duas escrivaes e mais doze mordomas";[34] "tambem haverá juises (sic) e escrivaaô (sic) brancos de ambos os sexos na forma do artigo antecedente".[35] De equitativos, os espaços entre africanos e brasileiros passaram a ser arenas de disputas raciais, observando-se conflitos no interior da própria comunidade negra. Avulto, contudo, que a ausência dos cargos de rei de congo e de governadores de pretos não significou sua extinção. Eles continuaram sendo fundamentais na organização da vida social da população negra vinculada à cultura afrocatólica.

A supremacia numérica dos angolas na província refletia-se na irmandade do Rosário. Os crioulos, filhos dos africanos, associaram-se aos angolas. Outras nações, inclusive as da Costa da Mina, subordinaram-se aos angolas e crioulos. Porém, os minas também procuravam outras irmandades onde o acesso às esferas de poder fosse mais factível, mesmo que tivessem de se associar com os crioulos, como os angolas faziam nas irmandades do Rosário. Nas eleições para a mesa da Irmandade do Patriarca São Domingos dos Homens Pretos, eram escolhidos 12 mordomos, sendo oito minas e quatro crioulos. A irmandade de São Benedito, como destaquei, era mais procurada pelos minas do que pelos angolas. Não tive acesso aos compromissos das agremiações, mas foi possível verificar que, na hierarquia da mesa, os pretos minas estabeleceram estratégias semelhantes às dos angolas no Rosário dos Pretos de Santo Antônio no século XVIII. Para Araújo, o fato de serem cerceados aos minas a precedência e os postos mais altos nas hierarquias do Rosário fez com que eles criassem estratégias de organização não só em outras irmandades, mas também nas esferas civis, como nas governanças de pretos (organizações das corporações de ofícios no século XVII). Menciono, neste aspecto, as patentes de governadores dos

34 APEJE – AE, Compromisso do Rosário da Boa Vista, Cap. 12: 'Das disposições gerais', art. 53, fl. 318v.

35 Ibidem, art. 54, fl. 318v.

canoeiros e das pretas boceteiras,[36] outorgadas pelo governo colonial aos indivíduos da Costa da Mina.[37]

Porém, no Rosário de Santo Antônio, mesmo tendo os angolas a precedência hierárquica de acordo com o compromisso de 1758, alguns minas chegaram a conquistar postos mais altos na hierarquia da mesa da irmandade. Como evidenciou João Reis, "nem tudo o que dizia o compromisso era para ser seguido".[38] Isto significa ter sido possível que, em disputas pelo cargo de juiz entre minas e angolas, a gangorra pesasse em certos momentos para o lado dos primeiros, sobretudo quando estava em questão a capacidade de articulação social e o poder econômico dos indivíduos em pauta, como elucido mais adiante com alguns vogais.

Afora as divergências entre minas e angolas na hierarquia da mesa regedora, outros conflitos entre nações ocorreram dentro das irmandades do Rosário. Mac Cord discutiu os conflitos, na década de 1840, entre os minas e d. Antônio de Oliveira Guimarães, rei do congo, de nação angola, instituído como representante de todas as nações reunidas na irmandade

---

36 Mulheres negras que comercializavam com *boceta*. A palavra significa caixa pequena de papelão, madeira, redonda, oblonga, oval. Trazer alguma coisa em *boceta*, empapelada, guardada com cuidado e mimo. Cf. MORAES E SILVA, Antonio de. *Diccionario da Lingua Portuguesa composto pelo Padre Raphael de Bluteau, reformado, accrescentado, por Antonio de Moraes e Silva*. Disponível em: https://digital.bbm.usp.br/view/?45000008422&bbm/5412#page/202/mode/2up. Acesso em: 20/01/2020.

37 Cf. ARAÚJO. *Governadores das nações e das corporações*, p. 93, 111. Mac Cord afirma ser o maracatu, na esfera extramuros da irmandade, um instrumento de criação mina para fazer frente aos cortejos angolas nas irmandades. Cf. MAC CORD. *O Rosário dos Homens Pretos de Santo Antônio*, op. cit., p. 135. Desde o alvorecer do século XX que os maracatus são divididos em dois grupos. O primeiro, chamado de *nação*, caracteriza-se pelos cortejos urbanos ao som de alfaias, gonguês e caixas de guerra. O segundo, denominado de *rural*, diferencia-se dos primeiros pela indumentária e composição dos personagens, sobretudo com a presença do caboclo de lança (homenagem ao trabalhador canavieiro). Sua orquestra é composta por instrumentos de sopro. Para maiores informações, consultar GUERRA PEIXE, C. *Maracatus do Recife*. Recife: Prefeitura da Cidade do Recife, 1980. Mariza Soares argumentou que os africanos da Costa da Mina, excluídos das esferas da irmandade do Rosário, buscaram criar suas próprias agremiações. Cf. SOARES apud MAC CORD, op. cit., p. 135.

38 REIS. *A morte é uma festa*, op. cit., p. 64.

do Rosário de Santo Antônio. Em 1848, às vésperas da Revolução Praieira, os minas associaram-se aos liberais do partido praieiro, indo de encontro às determinações de d. Antônio, que apoiou os conservadores.[39] Ou seja, a figura de d. Antônio enquanto liderança de todas as nações era contestada pelos próprios africanos que estavam sob sua regência.

Por outro lado, as reuniões dos mesários comumente eram regadas a grandes discussões, achincalhamentos e discórdias. Dissidências e conflitos eram constantes, em particular nos momentos de implementação de políticas confraternais. As disputas políticas entre os vogais ficaram tão explicitadas na sociedade da época que até uma expressão foi criada para denominar balbúrdias, brigas e desentendimentos de grupo: "mesa do Rosário". Pensando em uma nova fórmula de equacionar as discórdias entre os vogais de diferentes nações, foi instalada, em 3 de novembro de 1869, uma Comissão de Administração, que gerou um novo compromisso (o de 1870). No entanto, as tensões e conflitos persistiram.[40]

Alguns autores, como Caio Boschi e Virgínea Assis, interpretaram essas instituições como espaços acomodativos e de instrumentos de controle sobre os cativos. Nos anos 1990, porém, os estudos da história social evidenciaram uma outra perspectiva, apontando a existência de negociações com a ordem estabelecida, esperançosa de moldar um comportamento ideal para a população negra escravizada e liberta. Antônia Quintão avaliou a posição contestatória dessas agremiações, que denunciavam as incongruências da ordem vigente e as injustiças.[41] Segundo Soares, "as irmandades eram uma das poucas vias de acesso à experiência da liberdade, ao reconhecimento e à autogestão dentro do universo escravista".[42] Para Clara Araújo, a nova historiografia não só trouxe à luz dos debates as tensões e conflitos no interior dessas agremiações leigas, mas também as relações entre elas e as autoridades civis e eclesiásticas. Ou seja, as irmandades

39 Cf. MAC CORD, op. cit., p. 130-135.

40 Cf. Ibidem, p. 77-92.

41 Cf. QUINTÃO apud ARAÚJO. *Governadores das nações e corporações*, op. cit., p. 6.

42 SOARES apud ARAÚJO, op. cit., p. 6.

negras como produto da sociedade escravista reproduziam tensões características dessa sociedade, sobretudo por agregar indivíduos que dentro delas buscavam melhores lugares na hierarquia e fora delas o acesso a melhores condições sociais.[43] Em suma, essas instituições funcionaram como espaços de negociação e conflitos.

O Rosário dos Pretos de Santo Antônio: uma endogamia africana

Existiam extensas redes de sociabilidade e política no seio da população escrava e liberta, em particular africana, promovida pelas irmandades do Rosário dos Pretos na cidade do Recife. Analisando os livros da confraria do bairro de Santo Antônio, deparei-me com alguns indivíduos que cotejo exercendo cargos na mesa regedora. O preto da Costa José Francisco da Costa, esposo da mina Maria Antônia de Souza, foi tesoureiro e definidor. Nas eleições de 1852 ele concorreu ao cargo de juiz com Benedito Joaquim de Souza e José Vicente, ficando em segundo lugar. Outro africano a integrar a mesa foi o savalu Manoel Maxado, marido daquela savalu Luzia Muniz, descrito nas atas de eleições da irmandade como ex-tesoureiro em 1839. As mulheres também estiveram à frente da irmandade. As referidas Maria Antônia de Souza e Luzia Muniz foram eleitas mordomas no mesmo ano em que Maxado entregou seu posto. A africana Alexandrina Maria Ferreira, mulher do africano Luís de Milibú, um dos vogais que mais cargos ocupou na mesa, foi eleita juíza da devoção no ano de 1858. Lembro que todas essas mulheres eram da mesma região que seus cônjuges, ou seja, da Costa da Mina.[44]

---

43 Cf. BOSCHI, Caio César. *Os leigos e o poder: irmandades leigas e política colonizadora em Minas Gerais*. São Paulo: Ática, 1986; ASSIS, Virgínea M. Almoêdo de. *Pretos e brancos: a serviço de uma identidade de dominação (o caso das Irmandades do Recife)*. Dissertação (Mestrado em História) - Universidade Federal de Pernambuco, Recife, 1998; ARAÚJO, op. cit., p. 6-7.

44 IPHAN-PE, Arquivo Geral da 5ª Superintendência, Livros de Atas – Termos da Irmandade (1850-1871), séc. XIX - Cx. 30, fl. 4v, 32v, 33, 33v, 34, 35, 35v, 37 e 37v; Livro de Registro das Eleições da Irmandade do Rosário de Nossa Senhora do Rosário (1833-1858) – “Eleição das irmãs pretas que ham (sic) de festejar a Santíssima Virgem do Rosário do Bairro de Santo Antônio para o ano de 1858”, Cx. 21, fl. 9v e 25v.

Embora o compromisso de 1870 ofusque as origens dos seus membros, ao cruzar esse documento com os registros paroquias e testamentos, deparo-me com esses minas nas hierarquias da mesa, inclusive na disputa por cargos de juiz, como o preto da Costa José Francisco da Costa. A participação do preto da Costa José Francisco, do savalu Manoel Maxado e dos demais minas mencionados mostra o desuso, com o tempo, das regras contidas nos compromissos quanto à precedência e privilégios dos angolas. Contrariando a afirmativa de Mac Cord, os pretos da Costa da Mina também alcançavam as posições mais altas da instituição, sendo necessário reavaliar a precedência angola na mesa do Rosário, pelo menos no período aqui estudado. O poder de articulação dos minas dentro e fora da irmandade era tamanho, que alguns chegaram a circular na hierarquia da mesa, exercendo os cargos mais importantes.

Além dos mesários citados, outros indivíduos da comunidade africana também compuseram a mesa da Irmandade do Rosário do bairro de Santo Antônio, chegando a fazer carreira.[45] A carreira de um membro na mesa, contudo, dependia de vários fatores – não só étnicos –, como articulação política, condição econômica, jogos de interesses que perpassavam as alianças e/ou cisões entre os indivíduos. Assim, exerceram diversos cargos, inclusive o de juiz: Estevão José das Chagas, Felipe Nery, Felipe das Chagas Ferreira, Jacob Joaquim da Silva e Luís de Milibú. Rastreando estes vogais em diversos documentos, consegui não só construir o perfil de cada um deles, mas também suas redes dentro e fora da irmandade.

Porém, antes de apresentar os perfis desses mesários, é preciso fazer algumas considerações acerca da estrutura de funcionamento do Rosário. De modo geral, uma mesa era formada por um juiz, um secretário, um tesoureiro, um procurador geral, um zelador, três procuradores particulares e doze definidores, além de um vice-juiz. As eleições ocorriam a cada dois anos e os eleitos ocupavam os cargos durante um ano, podendo continuar

45 Era comum os membros das irmandades transitarem por diversos cargos na mesa. Alguns, entretanto, nunca passaram de definidores. Outro ponto importante é que nem todos conseguiram ser secretários ou tesoureiros, pois para ocupar os cargos tinham que saber ler e escrever.

no ano seguinte, desde que em diferente cargo. Daí a ocorrência de circularidade de mesários em diversas funções.

Para ser juiz, o irmão deveria ser distinto, de reconhecida probidade e nada dever à irmandade, cabendo-lhe pagar uma joia no valor de 25$000. Entre suas atribuições, deveria ser o primeiro a dar o exemplo de devoção e zelo para com a instituição; vigiar o bom andamento da relação com a Igreja; obrigar os funcionários a prestar contas uma vez por mês aos cofres da instituição. Em caso de impedimento, seria substituído no cargo pelo vice-juiz, que assumiria todas as obrigações e penas do juiz, cabendo-lhe doar uma joia de 20$000. O secretário teria de ser alfabetizado e sem débitos com a irmandade no momento da posse, competindo-lhe fazer todas as escriturações, ter todos os livros e papéis da confraria em dia, tais como livros de registro de irmãos, despesas, óbitos e tudo mais que dissesse respeito à irmandade, organizando-os em arquivos. Sua joia era de 15$000. O procurador-geral, cuja joia estava estipulada no valor de 12$000, seria um indivíduo com habilidades para fiscalizar todas as escriturações e negócios geridos pela irmandade, e uma de suas atribuições era dar pareceres acerca das receitas e despesas da confraria. Ao tesoureiro competiam os livros de certidão de missas, recibos, socorros dos membros e tudo quanto julgasse necessário e dissesse respeito às contas da irmandade. Entre os três procuradores particulares, ao procurador de patrimônio cabia a cobrança mensal dos aluguéis, tratando os inquilinos com muita consideração e passando-lhes o competente recibo. Ele devia ter a instrução primária e reconhecida probidade e moderação, pagando uma joia de 6$000. Os doze definidores eram irmãos escolhidos pelo juiz, que vivessem em harmonia, e tinham por obrigação comparecer a todas as reuniões da irmandade, votando cada um no que acreditava, sem se afastar da letra do compromisso. Entre suas obrigações estava a de tirar esmolas para a festa da padroeira e para todas as demais funções. A joia de um definidor era de 5$000. Por fim, o zelador tinha a função que o próprio nome indica: zelava pela fé dos irmãos.[46]

46 IPHAN-PE, Compromisso da Irmandade de N. S. do Rosário do bairro de Santo Antonio desta cidade, Capítulo 4 'Dos vogaes de Mesa Regedora', Cx. 32, fls. 2-5v. Não foi possível saber qual o valor das contribuições do tesoureiro e do zelador.

A importância dos vogais do Rosário não estava apenas na sua participação na composição da mesa administrativa da irmandade, mas, em particular, nas suas competências no plano social. Prestígio social e poder econômico, saber ler e escrever, ter articulações na comunidade eram os atributos mais requisitados.[47]

Passo então ao perfil dos mesários africanos que acompanhei. Começando pelo preto forro Estevão José das Chagas, mina, provavelmente nagô, casado com a também preta forra Rita Maria Pinto – que foi ex-mulher de Alexandre Rodrigues d'Almeida – morava no bairro de Santo Antônio. Na documentação da irmandade, encontrei Estevão pela primeira vez no ano de 1839, no cargo de definidor. Em 1861, apareceu como ex-procurador do Recife e estava concorrendo às eleições para juiz da Mesa, mas obteve apenas 18 votos, ficando em segundo lugar. Teve de esperar as eleições de 1867-68 para se tornar finalmente juiz da irmandade, sendo reeleito em 1868-69. Não foi possível saber o período no qual ele ocupou a vaga de procurador do patrimônio. Ele presidiu também a Comissão de Administração de 3 de novembro de 1869, formada para criar estratégias equalizadoras das divergências no seio da hierarquia da irmandade. Sua atuação na instituição foi ímpar, principalmente durante a Comissão, mas acabou falecendo em 24 de fevereiro de 1870, às vésperas da aprovação do compromisso. Sua morte foi bastante lamentada pelos confrades.[48]

Tudo indica que o preto mina Estevão também era dotado de certo prestígio social e afluência econômica, pois foi convidado para apadrinhar crianças, filhas de seus patrícios. No dia 7 de setembro de 1834, ele levou à pia batismal dois rebentos de pretos forros: o primeiro de nome Bernardina, cujos pais, Francisco Lourenço e Joaquina Maria da Conceição Teixeira eram naturais da Costa da Mina; o segundo chamado Luiz, filho dos africa-

47 Ibidem, fl. 01.

48 IPHAN-PE, Livros de Atas – Termos da Irmandade (1850-1871), séc. XIX – Cx. 30, fl. 16-18v, 20, 22-22v, 30-30v, 42v-74-74v; Livro de Registros de Eleições (1833-1858), cx.21, fl. 10. Mac Cord também traz informações sobre a vida de Estevão José das Chagas, porém, por se restringir ao universo das atas da Irmandade, não cruzando suas informações com outros documentos – como o fiz aqui –, não conseguiu traçar seu perfil étnico e social. Cf. MAC CORD. *O Rosário dos Homens Pretos de Santo Antônio*, op. cit., p. 79-80.

nos libertos José Barreto e Benedita de Castro. Afora os apadrinhamentos, figurou como testamenteiro de outros minas, como Duarte José Martins da Costa, de nação savalu (o marinheiro traficante de cativos), a preta Rita de Souza, que era cega, e Joaquina da Conceição Araújo (a mina que foi a primeira esposa do nagô Francisco Afonso Martins). Esse prestígio do preto mina Estevão na comunidade africana foi provavelmente responsável pela sua projeção entre os irmãos do Rosário, fazendo-o ocupar todos aqueles cargos, inclusive o de juiz.[49]

Por sua vez, o vogal Felipe Nery era casado e morava no pátio do Livramento, em Santo Antônio. Associou-se ao Rosário dos Pretos do bairro em que morava no dia 6 de janeiro de 1838. Também não consegui saber a nação de Nery, no entanto, ele mantinha relações estreitas com pretos minas, a ponto de figurar como testamenteiro de alguns deles, a exemplo do savalu Duarte e da preta Rita de Souza. Ressalto, contudo, que não pretendo aproximar os mesários do Rosário, aqui em rede, da nação mina. Já discuti como os indivíduos reorganizavam constantemente suas identificações étnicas e de nações. Por outro lado, os minas foram conquistando espaços nas esferas civis, o que acabava se refletindo no interior desses espaços religiosos. Tê-los em cargos importantes na mesa regedora era relevante para formar alianças na hora de disputas políticas entre os vogais e nas mediações entre a mesa e os demais confrades. Nery iniciou sua trajetória como mesário na gestão de 1851-52, no cargo de definidor. Na ata da eleição de 1857, apareceu como ex-escrivão, concorrendo à vaga de tesoureiro, que obteve com 25 votos, ocupando o cargo no período de 1858-59. Na gestão de 1860-61 voltou a ser definidor, último cargo de que tive notícias de ter ele ocupado.[50]

O liberto Felipe das Chagas Ferreira, definidor durante a gestão do preto mina Estevão, morava no bairro do Recife e era casado com a também

49 AMSSBV, LB 5 (18.01.1829 a 21.04.1832), Batizados da crioula Bernardina e do crioulo Luiz, 07.09.1834, fl. 17v-18; MJPE, Registros de Testamentos de: Duarte José Martins da Costa, Rita de Souza e Joaquina da Conceição Araújo.

50 IPHAN-PE, Livro de Registros de Eleições (1833-1858), cx. 21, fls. 3v, 4-4v, 5, 15-22v, 24, 28 e 29.

africana liberta Catharina Francisca da Silva. Assim como os outros irmãos do Rosário, ocupou alguns cargos a partir de 1861. Foi definidor, procurador do Recife, procurador do patrimônio e chegou a concorrer às eleições para juiz na gestão de 1862-63, ficando em segundo lugar com 12 votos; mas assumiu a procuradoria geral do Recife. Assim como os demais vogais, também foi chamado para apadrinhar crianças e figurar como testamenteiro de outros *africanos em liberdade*. No dia 8 de maio de 1859, batizou na matriz do Corpo Santo o crioulo Justino, filho de africanos libertos. Em 1868 foi instituído como segundo testamenteiro de João Joaquim José de Sant'Anna, aquele cassange que emprestava dinheiro as pessoas da comunidade negra do Recife, do qual também era compadre.[51]

Por outro lado, o irmão Jacob Joaquim da Silva – segundo testamenteiro do preto da Costa José Francisco da Costa, ex-mesário – iniciou sua carreira na gestão de 1847-48, como procurador. Na década de 1850 foi definidor e ocupou ainda os cargos de tesoureiro, procurador do patrimônio e juiz. Embora tenha atingindo o posto mais alto na mesa regedora, o de juiz, apresentava dificuldades para assegurar até sua própria moradia. Na década de 1860, os problemas financeiros comprometeram o pagamento do aluguel da casa em que morava, propriedade da irmandade na rua das Águas Verdes, tendo de entregá-la, pois, além de não poder quitar as mensalidades, ficou sem condições de realizar os reparos necessários na alvenaria. Decerto, este era mais um entre tantos casos de descensão social, processo pelo qual passaram vários homens e mulheres libertos. Por outro lado, suas habilidades de "ler e escrever", como mostro adiante, garantiam-lhe certo prestígio dentro e fora da Irmandade.[52]

O africano Luís de Milibú e sua esposa, Alexandrina Maria Ferreira, eram naturais da Costa d'África. Assim como o preto mina Estevão, ele

51 ACMRO, LB 27 (1855-1862), Registro de batismo do crioulo Justino, 08.05.1859, fl. 100; IPHAN-PE, Livros de Atas – Termos da Irmandade (1850-1871), séc. XIX – Cx. 30, fl. 27-27v, 29-35v, 37-44v, 55v; MJPE, Testamento de João Joaquim José de Sant'Anna.

52 IPHAN-PE, Livros de Atas (1850-1871), fl. 3-5v, 8-19, 26; Livros de Eleição (1830-1858), fl. 17v; Mac Cord registra também a participação deste vogal, cf. MAC CORD. *O Rosário dos homens pretos de Santo Antônio*, op. cit., p. 92.

também se destacou como mesário da Irmandade do Rosário. Foi definidor na década de 1830, e a partir de 1857 começou a ocupar cargos mais altos, como o de procurador do Recife. Concorreu às eleições para juiz na gestão de 1858-59, mas só conseguiu ocupar a função no ano de 1861, quando venceu a disputa com Felipe das Chagas Ferreira. Foi ainda tesoureiro por dois mandatos, sendo o último o de 1866-67, quando deixou a tesouraria para se tornar zelador. Fora dos negócios da irmandade, Milibú foi testamenteiro do cassange João Joaquim, junto com Chagas Ferreira. Tudo indica que o africano tinha familiares, parentes ou negócios fora da província. Em seu matrimônio teve os proclamas dispensados, pois seguiria imediatamente viagem para a Bahia junto com sua mulher.[53]

É importante evidenciar ainda que os homens e as mulheres, na qualidade de mesários, cuidavam não só do funcionamento da irmandade, organizando festas de padroeiros, procissões, enterramentos, sufrágios e pedidos de acompanhamento pela irmandade feitos pelos associados em seus testamentos; acima de tudo, eles asseguravam que o patrimônio de seus membros não caísse em mãos indevidas, como, por exemplo, as de ex-senhores desejosos de tirar vantagens de seus ex-cativos. Procuravam também evitar que os bens de seus associados sem familiares ou parentes fossem a leilão público. Promoviam, enfim, intensas conexões para além do espaço das confrarias, dialogando com os africanos alheios a elas, possibilitando a ampliação das redes entre as pessoas.

Pode-se compreender, contudo, que as ligações entre os mesários do Rosário e os personagens, para além da prática religiosa, representavam uma forte "endogamia de classe", expressão cunhada por Geovani Levi, para caracterizar as alianças construídas ou reiteradas entre famílias de uma mesma localidade.[54] No caso aqui exposto, tais alianças eram feitas entre indivíduos, parentes e familiares cujas experiências remetiam à origem africana e à passagem do cativeiro à liberdade. Alguns mesários abrigavam-se sob o guar-

53 IPHAN-PE, Livros de Atas (1850-1871), fl. 17-42; ACMRO, Assento de casamento de Luiz de Milibú e Alexandrina Maria Ferreira, 23.06.1852, fl. 227v. Cf. COSTA, Valéria. "Os libertos no Recife...", op. cit., p. 260.

54 Cf. LEVI. A *herança imaterial*, op. cit., p. 105-106.

da-chuva étnico mina, e os indivíduos com quem eles mantinham estreitos laços de amizades eram oriundos da região da Costa da Mina. A nação, contudo, aparece como um referencial pertinente, mas nem sempre decisivo. Havia a possibilidade de que indivíduos de diferentes nações estabelecessem vínculos de amizade, negócios, etc., dentro e fora do Rosário. Sugiro, ainda, que essa "endogamia de classe" também era permeada por rivalidades. As disputas já analisadas no seio da Irmandade do Rosário e em outros espaços religiosos negros deixam transparecer não só solidariedades como também divergências e conflitos nas relações entre os indivíduos.

Negros islamizados no Recife: reelaborando práticas e saberes[55]

Para os africanos e crioulos do grupo aqui apreciado, pertencer a mais de uma comunidade religiosa era algo pertinente para garantir seus arranjos políticos e sociais, ou mesmo assegurar a manutenção de sua cultura. Até o momento, mostrei algumas redes entre os associados à Irmandade do Rosário e os africanos libertos afluentes na cidade, sobretudo de nação mina. Agora, passo a outras articulações, negociações – e tensões – entre os membros de agremiações católicas e outros segmentos religiosos.

Observe-se o caso de um dos vogais do Rosário dos Pretos de Santo Antônio que mantinha estreitas relações de amizade com negros islamizados da capital pernambucana. Policarpo Ramos de Jesus, definidor e tesoureiro do Rosário,[56] foi nomeado terceiro testamenteiro do mina Alexandre Rodrigues d'Almeida, o negro mais rico do grupo que perscruto, a quem tanto referi-me ao longo deste estudo. Os rituais de enterramento de Alexandre foram comandados por Ramos de Jesus e o africano Jovino Lopes Ferreira, seu segundo testamenteiro, a quem Alexandre costumava

55 Publiquei um artigo contendo maiores discussões acerca do trânsito dos muçulmanos na Irmandade do Rosário dos Pretos de Santo Antônio do Recife, no qual incorporei novos documentos e análises de personagens que não foram contemplados na tese. Cf. COSTA, Valéria Gomes. "Irmãos do Rosário e sectários da religião maometana: sociabilidades entre africanos no Recife oitocentista". *Topoi*, Revista de História, Rio de Janeiro, v. 19, n. 37, p. 33-56, jan/ab. 2018. Disponível em: www.revistatopoi.org

56 Policarpo também exerceu o cargo de tesoureiro na gestão de 1871-72; cf. MAC CORD, *O Rosário dos Homens Pretos de Santo Antônio*, op. cit., p. 92.

chamar de "meu patrício" e que era praticante do islamismo, como exposto no terceiro capítulo.[57] Para ter-se ideia de como foi preparado o funeral de Alexandre, transcrevo o seu pedido, feito em testamento no ano de 1878:

> Declaro que fallecendo *o meo corpo sera envolto em um lençol branco e encerrado em um caixão forrado de prêto, que o meu testamenteiro mandará preparar e conduzi-lo da casa de minha residencia para o cemiterio publico no dia seguinte ao do meo fallecimento, para ser sepultado em uma sepultura rasa com o mesmo caixão*, e mandará o mesmo meo testamenteiro construir sobre a minha sepultura um mausoleo de tijollo e cal tendo em uma das faces ou frente uma pequena pedra marmore que não tenha menos de tres palmos de comprimento e com o meo nome gravado.[58]

A preparação do corpo do mina Alexandre Rodrigues sugere que, embora seus testamenteiros organizassem um ritual cristão para o seu sepultamento, havia indícios também de práticas africanas. Corpo envolto em lençol branco, ausência do padre para a encomendação do morto, caixão fechado – decerto para não ser visto como fora inumado – e conduzido de casa até o cemitério depois do falecimento. Por outro lado, a rede de amizade entre católicos e muçulmanos levou-me à seguinte pergunta: teria o corpo de Alexandre passado por duas cerimônias fúnebres – uma católica sob a responsabilidade de Policarpo, e outra muçulmana conduzida pelo africano Jovino? Talvez este fosse mais um fato comum nas comunidades africanas.[59]

57 Alexandre teve como seus testamenteiros: primeiro, Felisarda Maria da Conceição; segundo, Jovino Lopes Ferreira; e terceiro, Policarpo Ramos de Jesus. Cf. Testamento/Inventário de Alexandre Rodrigues d'Almeida, fl. 7, IAHGP. O nome de Jovino é grafado erroneamente como Sovino em dois manifestos dos maometanos publicados no *Diário de Pernambuco*, nos dias 28 de agosto e 04 de setembro de 1877.

58 Testamento de Alexandre, fl. 3v-4, grifos meus.

59 IPHAN-PE – Irmandade de Nossa Senhora do Rosário dos Homens Pretos, Compromissos da Irmandade, documentos para mudança do hábito (1870-1911), Cx. 32; APEJE – Arquivos Eclesiásticos (doravante AE), Compromisso da Irmandade do Rosário do bairro de Santo Antônio do Recife, 30 abr. 1870, fl. 573.

Outras conexões entre católicos e muçulmanos precederam o sepultamento do mina Alexandre Rodrigues. Em 1873, africanos libertos islamizados entraram com um pedido de licença na chefatura de polícia,

> [...] para se reunirem em casas particulares, sem forma exterior de templo, para exercerem os ofícios de sua religião, o que lhes parece ser facultado pelas leis do país, nestes termos pedem a V. S. deferimento e esperam receber mercê. Recife, 3 de dezembro de 1873. *Sabino Antônio da Costa,* a rogo de Joaquim Eugênio Maia. *Anacleto Manuel dos Santos. S. Manoel Ribeiro Taques.*[60]

Já foi comentando no terceiro capítulo a participação do africano Sírio Manoel Ribeiro Taques no esforço dos muçulmanos para conquistar seu espaço de liberdade de culto no ano de 1873. O africano Jovino Lopes Ferreira assumiu, junto com outros indivíduos, a autoria dos manifestos publicados no *Diário de Pernambuco* entre os meses de agosto a dezembro de 1877 contra um grupo que denominaram de "supostos maometanos", pois não eram conhecedores da doutrina islâmica, como o era a comunidade da qual Jovino fazia parte. Jovino juntamente com Sabino Antônio da Costa e Antônio José Vieira foram os autores das cartas trocadas nas páginas do jornal com outro grupo de africanos que também rogava o direito da prática de sua religião, a qual aparentemente era o xangô. Sobre estes africanos, além de Jovino, consegui saber apenas que Sabino era morador do bairro de São José – vizinho dos demais muçulmanos – e costumava presenciar batizados dos rebentos de suas cativas na Matriz do referido bairro. No dia 2 de abril, ele acompanhou o recebimento do primeiro sacramento por Paulina, filha de sua cativa Margarida.[61] Antônio, assim como Sabino, era liderado pelo africano Joaquim Vieira da Silva – a quem já referi-me anteriormente – e incluíam Roberto Henriques e Frederico Inácio de Oliveira.

60 PROTESTO contra o suposto culto maometano, *Diário de Pernambuco*, 28 ago. 1877 apud MELLO, J. A. G. de. *Diário de Pernambuco*, op. cit., p. 95, grifos meus.

61 AMSJ, LB 14 (1872-1890), Assento de batismo de Paulina, parda livre, filha natural de Margarida, escrava de Sabino Antônio do Costa, 02/04/1890, fl. 11.

Chamou-me a atenção, contudo, a referência feita ao africano Anacleto Manuel dos Santos. Garimpei o nome de Santos em diversos documentos, mas não fui agraciada pela sorte até o momento em que debrucei-me, mais uma vez, nas páginas dos livros da Irmandade do Rosário dos Pretos de Santo Antônio. Nas atas e compromissos da confraria, encontrei um africano de nome Anacleto Manuel dos Santos, que exerceu, assim como outros aqui mencionados, cargos na mesa. Esteve junto com o mina Estevão José das Chagas na Comissão Administrativa de 1869, e no dia 30 de abril de 1870 constava como tesoureiro. Na mesma ocasião, Policarpo Ramos de Jesus já assinava a aprovação do novo compromisso como ex-definidor. Anacleto também chegou a ser procurador do patrimônio na gestão de 1871-72, foi nomeado juiz em 1879, exerceu a função de tesoureiro por dois mandatos e encerrou sua carreira na irmandade no cargo de definidor, em 1882.[62] Apresento, então, um muçulmano profundamente envolvido numa instituição católica!

Que o africano Anacleto e tantos outros indivíduos transitassem em duas culturas religiosas não era incomum. Viajantes europeus no século XIX já registravam conexões do islamismo com o catolicismo entre os africanos. O viajante suíço Louis Agassiz observou que no Brasil os homens minas, além de maometanos, conservavam a crença no Profeta (Maomé) em meio a práticas da Igreja Católica. No século XX, Pierre Verger foi o primeiro a mostrar as boas relações de convivência entre muçulmanos e católicos nas comunidades de *retornados* em Uidá. O catolicismo serviu como elo entre os diferentes grupos de libertos que regressavam às cidades do golfo do Benin. Os muçulmanos que haviam retornado do Brasil, principalmente da Bahia, formavam um grupo à parte, encontrando-se muito mais próximos – pelos hábitos e modo de vida – dos católicos brasileiros do que de seus próprios correligionários que permaneceram na África.[63]

62 IPHAN-PE, Livro de Atas (1879-1884), Cx. 35, fls. 2-13, 14-19v, 23v, 44-45, 47, 59v e 87; Compromisso da Irmandade de N. S. do Rosário dos Pretos do Bairro de Santo Antônio, Cx. 32, fl. 18v (página de assinaturas dos associados presentes à reunião).

63 Cf. AGASSIZ. *Viagem ao Brasil*, op. cit., p. 102; VERGER. *Fluxo e refluxo*, op. cit., p. 634-635. O pioneirismo nas investigações sobre os africanos islamizados no Brasil deve-se a

Para João Reis, ainda, é provável que essa circularidade ritual e simbólica entre o islamismo e outros universos religiosos já estivesse desde a primeira metade do século XIX presente entre os africanos, em particular os iorubas/nagôs, na Bahia. Aqui o autor chama a atenção para as conexões entre os cultos de orixás e o maometanismo. Para ele, os amuletos representariam superficialmente um processo mais profundo, que se tornaria mais evidente num período posterior, no momento em que os adeptos do culto de orixás reservariam um espaço especial para o islamismo em sua mitologia.[64]

Não obstante, apropriações e reelaborações de práticas e saberes muçulmanos, tais e quais Reis identificou na Bahia oitocentista, foram vivenciadas também por africanos no Recife. Disputas políticas entre dois grupos de libertos da África pela representatividade maometana perante as autoridades policiais da província, na década de 1870, forneceram vislumbres de conexões do Islã com outras religiões, inclusive a católica e o xangô, na capital pernambucana.

Tudo começou com uma publicação no *Diário de Pernambuco* no dia 21 de agosto de 1877 – assinada por um grupo de nove africanos libertos, entre os quais Joaquim Vieira da Silva –, que tratava de um convite feito aos demais africanos residentes na cidade para a reunião de seu culto. No mesmo anúncio, pediam uma licença ao delegado da capital para praticar em suas casas, sem ofensas à moral pública, sua religião, dita por eles ser a maometana, pois tinham sido perturbados em São José pelo subdelegado da respectiva freguesia, que os confundira com fetichistas e feiticeiros. Sete dias

---

Nina Rodrigues. Ele narrou, a partir de sua convivência com os últimos africanos na Bahia (na virada do século XIX para o século XX), as experiências desses indivíduos enquanto comunidade. Avaliando as revoltas escravas do início do século XIX, traçou seu perfil étnico e religioso, atribuindo aos africanos haussás, tapas e iorubás, bem como ao islamismo, os fundamentos daquelas insurreições. Para Rodrigues, todavia, existiu uma ortodoxia quanto à orientação religiosa das revoltas, sobretudo a de 1835. Cf. RODRIGUES, Raymundo Nina. *Os africanos no Brasil*, op. cit. Consultar também: CUNHA. *Negros, estrangeiros*, op. cit.; REIS. *Rebelião escrava no Brasil*, op. cit. É significativo destacar que as pesquisas impingidas por estudiosos como Agassis e Rodrigues estavam elencadas com o racismo científico institucionalizado a partir do período oitocentista.

64 Cf. REIS. *Rebelião escrava no Brasil*, op. cit., p. 240.

após o anúncio, no dia 28 de agosto, um segundo grupo protestou contra aquele pedido de licença para a prática islâmica. Este grupo, liderado pelo africano Jovino Lopes Ferreira, embora reconhecesse a diversidade dos africanos e as diferentes correntes do Islã, acusava o primeiro de ser composto de falsos maometanos, pois já existia desde 1873 a licença policial para a prática daquela religião, não sendo necessária uma nova.[65]

Após essas publicações, deu-se início a uma troca de farpas entre os dois grupos, que rendeu mais seis notas no *Diário de Pernambuco*, sendo o cerne da questão a legitimidade da prática islâmica para a manutenção da liberdade de culto no Recife. A partir de seus entendimentos sobre a doutrina islâmica, os africanos liderados por Joaquim Vieira da Silva – apreensivos quanto à repressão policial às comunidades negras na cidade, acusadas de fetichismos e feitiçaria – argumentaram contra a acusação feita pelo grupo de Jovino Lopes Ferreira, dizendo que, além do islamismo ser a religião mais predominante na África, os muçulmanos se dividiam em seitas, cujo número não era pequeno, havendo "[...] uns falsos, como os keferifes, outros verdadeiros como os Malês, em cujo nome se fez o protesto [...]".[66] Este grupo, além de defender seu culto também como maometano, disse avizinhar-se da religião cristã e rejeitar a poligamia praticada pelos malês.

Como réplica, os africanos do grupo de Jovino – chamados pelos seus opositores de malês, que significa especificamente nagôs islamizados –, embora reconhecessem os vários ramos do Islã, estranharam a ideia de aproximação com a religião católica e as críticas feitas à poligamia.

---

65 AO PÚBLICO, 21 ago. 1877; PROTESTO contra os supostos do culto maometano, 28 ago. 1877, *Diário de Pernambuco* apud MELLO, J. A. G. de. Diário de Pernambuco, op. cit., p. 93-95. Os africanos que assinaram a nota do dia 21 de agosto eram: Roberto Henrique Silvestre Machado, Frederico Inácio de Oliveira, Joaquim Vieira da Silva, Gregório Pereira da Cunha, Cassiano Antônio Vieira, Rufino Inácio de Oliveira, Pedro Salustiano Meuron e Jacinto Afonso da Costa. Os outros que protestaram no dia 28 de agosto foram: Sabino Antônio da Costa, Jovino (erroneamente grafado como Sovino) Lopes Ferreira, Guilherme Manuel Pedro do Bom-fim, Pedro Joaquim Teixeira, Antônio Vieira, Sabino Patrício, José Victor de Oliveira, Daniel Rodrigues, José de Oliveira, João Estanisláu, Bento Moncorvo e Luís Husque.

66 EXPLICAÇÃO necessária, Publicações a Pedido, *Diário de Pernambuco*, 29 ago. 1877, apud MELLO, J. A. G. de. *Diário de Pernambuco*, op. cit., p. 96.

Segundo eles, a monogamia só teria se desenvolvido com o cristianismo, pois tanto os monoteístas árabes e hebreus quanto os politeístas africanos e asiáticos praticavam a poligamia. Ou seja, argumento um tanto hipócrita para desqualificá-los. Alegaram ainda que o islamismo se dividia apenas em dois ramos, o dos sunitas (seguidores de Omar) e o dos xiitas (seguidores de Alí), e que em qualquer um desses ramos "[...] se observam os preceitos da religião, sobretudo nos principais dogmas que os unificam, bem como a proibição de bebidas alcoólicas, o jejum no mês do Ramadã, o banimento do culto de imagens, etc. etc.".[67] Os africanos do grupo de Joaquim Vieira, portanto, não poderiam ser islâmicos – eram keferifes –, pois adoravam imagens e faziam libações com bebidas alcoólicas. Por fim, criticaram seus opositores, que haviam utilizado indevidamente o Islã, dizendo: "A razão, porém, que vos levou a escolher para a vossa segurança o maometismo, foi por ser esta religião, segundo confessais em vossa explicação, a mais predominante na África".[68] Isto é, a mais respeitada entre os próprios africanos.

Reis, Gomes e Carvalho analisaram essas fontes para avaliar não só o islamismo praticado pelos africanos no Recife, mas em particular a atuação de um preto mina na cidade, Rufino José Maria (o *alufá* Rufino), que se envolvera com o tráfico negreiro e estava a bordo da barca *Ermelinda*, tema sobre o qual fiz algumas considerações anteriormente. Segundo os historiadores, *keferife*, termo utilizado pelo grupo de Joaquim Vieira para se referir a um ramo maometano, seria a expressão usada pelos iorubás para *kefir* (plural *kafirai*), nomenclatura árabe para designar o pagão, descrente, infiel. Já *malês*, outra denominação usada por Joaquim Vieira, desde o início do século XVIII vinha sendo utilizada para descrever os muçulmanos.[69] Enfim, de um lado, temos um grupo que se definia como autênticos maometanos; e de outro, praticantes do xangô e do catolicismo. Porém,

67 AOS SUPOSTOS do maometismo, Publicações a Pedido, *Diário de Pernambuco*, 04 set. 1877, apud Ibidem, p. 98.

68 AOS SUPOSTOS do maometismo, Publicações a Pedido, *Diário de Pernambuco*, 04 set. 1877, apud Ibidem, p. 99.

69 Cf. REIS; GOMES; CARVALHO. *O alufá Rufino*, op. cit., p. 346; REIS. *Rebelião escrava no Brasil*, op. cit., p. 176.

ambos rogavam o pertencimento ao maometanismo, porque esta religião alcançara legitimidade na sociedade recifense, enquanto os demais cultos africanos, em particular o de orixás, eram rechaçados. Daí a estratégia de aproximação àquela religião por parte dos que assinaram a primeira nota do *Diário de Pernambuco*.

Mas não foi apenas na década de 1870 que apareceram notícias dos grupos islâmicos na cidade. Anteriormente, em 1865, o imã Abd al-Raman al-Baghdádi visitou as cidades do Rio de Janeiro, Salvador e Recife. Nesses locais, conheceu as comunidades muçulmanas, pregou para seus adeptos, deu conselhos. Notou o imã, contudo, que os muçulmanos dessas capitais viviam a experiência religiosa um tanto rudimentarmente. Não sabiam recitar o Livro Sagrado, não obedeciam aos horários certos das orações diárias, nem acatavam o calendário islâmico, em particular o tempo exato para a celebração do Ramadã. Afora isto, tinham apego excessivo a amuletos, à adivinhação e a outras práticas consideradas pelo imã como supersticiosas e inapropriadas. Porém, o que mais lhe chamou a atenção no Recife foi o fato de que aí não só os maometanos eram mais aceitos do que nas outras cidades, mas havia uma grande popularidade dos métodos de adivinhação entre as pessoas. Os muçulmanos utilizavam a "geomancia", a "numerologia", os "quadrados mágicos" e faziam magia com as letras árabes. Todas estas técnicas eram disseminadas entre os maometanos do oeste da África, em particular entre os iorubás. Segundo o imã, os muçulmanos utilizavam seus métodos de adivinhação para ganhar a vida, tornando-se muito procurados inclusive pela população branca e mestiça, que buscavam seus serviços. O comportamento dos muçulmanos no Recife, segundo o imã, seria a chave para explicar a existência de certa tolerância à religião na cidade. Tal tolerância pode ser avaliada a partir do cenário das publicações das notas trocadas entre os dois grupos que se rivalizavam.[70]

70 Cf. REIS; GOMES; CARVALHO, op. cit., p. 337 et seq. Para maiores informações sobre a visita do imã e análise mais detalhada das publicações do *Diário de Pernambuco* acerca das disputas dos dois grupos de africanos libertos islamizados no Recife, consultar o capítulo 24 dessa obra citada.

Não foi possível saber a respeito das experiências de todos os africanos muçulmanos que vieram a público manifestar sua crença e "brigar" por seus espaços de culto, mas alguns se tornaram conhecidos ao longo deste trabalho. Jovino Lopes Ferreira talvez não estivesse envolvido com o culto de orixás ou com o catolicismo. Difícil saber! Porém, não deixou de estabelecer laços de amizades com seus patrícios católicos, nem tampouco impediu sua família de participar de rituais católicos. No dia 26 de dezembro de 1873 (mesmo ano em que os muçulmanos conquistaram licença para a prática de sua religião), Jovino levou à pia batismal da matriz de São José seu filho Hilário, para receber o primeiro sacramento. Foi padrinho o africano Sírio Manoel Ribeiro Taques, o muçulmano que esteve entre os líderes para pedir licença de prática de culto à chefatura de polícia em 1873, a quem também já me referi no terceiro capítulo. Hilário era filho natural de Jovino com a africana liberta Rosa Germana.[71] O limite das fontes impediu-me de saber se os pais de Hilário se casaram na Igreja Católica, mas a atitude tomada pelo casal de batizar o filho, pode ser lida como uma dessa intersecção religiosa entre africanos muçulmanos e católicos no Brasil.

Verger mencionou sua convivência com descendentes de africanos islamizados que eram membros da Confraria de Nossa Senhora do Rosário do Pelourinho. Para ele, embora fossem o catolicismo e o islamismo religiões intransigentes e exclusivas, os indivíduos transitavam em ambos os universos religiosos com equitativa sinceridade. Como ele vislumbrou, esse foi um fenômeno erroneamente conceituado de sincretismo. Por outro lado, Verger encontrou, a partir de testamentos, relatos de descendentes de velhos africanos islamizados como membros do Rosário do Pelourinho, semelhante ao que ocorreu no Recife. Vale ressaltar que, ao trazer os malês irmãos do Rosário para a discussão sobre as relações entre o catolicismo e o islamismo, o autor pretendeu colocar a questão como um fenômeno tipicamente baiano.[72] No entanto, as trajetórias dos africanos Anacleto e Jovino Lopes mostram que as intersecções entre a Igreja Católica e o Islã

71 AMSJ, LB 6 (1868-1874), Assento de batismo do crioulo Hilário, fl. 147v.

72 Cf. VERGER. *Os libertos*, op. cit., p. 40.

perpassaram também as experiências dos africanos em liberdade, em particular, os minas, no Recife.

Enfim, as experiências aqui relatadas sinalizam trânsitos, conexões, negociações e disputas por espaços mais político-sociais do que religiosos. Transcendem, muitas vezes, as vivências dos africanos contra os estigmas do cativeiro e na busca pela afirmação de sua cultura. Não obstante, mais relevante, para os grupos aqui analisados, foi perceber as redes de sociabilidades criadas pelos indivíduos para lutar não só por liberdade religiosa, mas por garantia de seus espaços sociais, políticos, de trabalho, entre outros. Para não esquecer, essa agenda de trânsitos religiosos que acabo de vislumbrar podem ser lidas como marcas impingidas pelos "pretos minas" que marcaram suas organizações sociais e políticas na luta pela concretização de suas autonomias.

Fig. 12 - Diagrama da Rede entre os irmãos do Rosário e os muçulmanos – 1846 a 1890

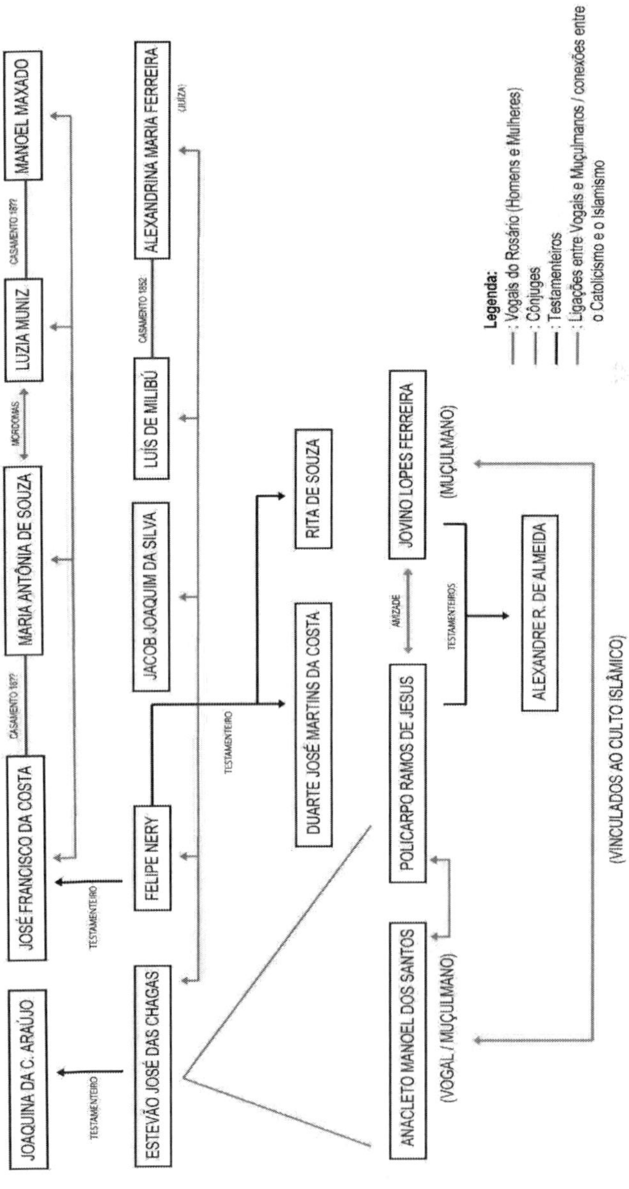

Os últimos africanos do Recife e o legado diaspórico (Considerações finais)

Ao longo desse estudo, procurei discutir as experiências de africanos que depois da alforria escolheram continuar lutando por seus espaços, quiçá cidadania, neste lado de cá do Atlântico. Focalizei, em particular, aqueles de procedência da Costa da Mina, especialmente por suas estratégias de articulação de trabalho, arranjos de parentesco, vida em comunidade. Ambicionava trazer para o debate as perspectivas e expectativas de família, meios econômicos de ganhar a vida, vizinhança, moradia desses indivíduos no Recife. Ou seja, como os africanos da Costa d'África e seus descendentes reconstruíram suas vidas após a conquista da liberdade nas áreas urbanas na diáspora da América. Um dos meus anseios era, porém, na historiografia da escravidão, dar visibilidade a Pernambuco também como uma província de população africana expressiva no Brasil Império, assim como o Rio de Janeiro e a Bahia. Através de pesquisa empírica detalhada, busquei novos caminhos de análise sobre a população negra, particularmente a africana, enquanto grupo social.

Os libertos minas, sujeitos históricos principais desse trabalho, formaram comunidades peculiares na cidade, destacando-se entre os demais ex-cativos nos âmbitos socioeconômico, cultural e político. Construíram redes de sociabilidades, não excludentes de tensões, conflitos e disputas pelo poder dentro e fora da comunidade escravizada e africana. Recriaram identidades, ora pautadas no passado africano, ora na experiência do cativeiro, ora ainda a partir dos novos projetos de parcerias depois da manumissão. Para denominar esse processo, criei o conceito de *cartografia negra*, elaborado como ferramenta, para dizer que as escolhas individuais e coletivas dos libertos não se pautavam apenas na procedência ou nação, mas também nas negociações e conflitos cotidianos entre os diversos segmentos sociais: livres, forros e escravizados – fossem africanos, crioulos, mestiços, brancos; trabalhadores e trabalhadoras dos mundos rural e urbano; elites econômicas, proprietários, senhores de cativos, que se emaranhavam nas trajetórias das mulheres e dos homens libertos.

Alguns desses *pretos minas* – a exemplo do casal mina Alexandre Rodrigues d'Almeida e Thereza de Jesus de Souza, do bairro da Boa Vista, que cotejei ao longo de todo o estudo – chegaram a fazer fortunas, muitas vezes inalcançáveis até para as pessoas brancas, mas continuaram excluídos do processo de cidadania. Com o avançar do século, o contingente africano foi minguando, por diversas razões: mortes, precariedade da liberdade, saudades da terra natal. Uns encontravam no regresso à África a melhor alternativa. Foi assim que desde a década de 1840 navios a vapor saíam do Recife para a costa daquele continente, sobretudo para os portos de Luanda e Lagos. Em 1856, o *Diário de Pernambuco* noticiou que mais de trezentos africanos libertos, que havia muitos anos viviam por aqui negociando e teriam juntado um bom cabedal, voltaram para o lado de lá do Atlântico.[1] Entretanto, os que ficaram continuaram sendo alvo de preconceitos, sobretudo o racial, que se consolidava na segunda metade do Oitocentos. Enfrentavam dificuldades para a manutenção de seus recursos materiais em face das muitas transformações – urbanas, econômicas, sociais, políticas – que redesenhavam a cidade. Esta, cada vez mais excludente, teimava em empurrar para os seus arrabaldes a população negra. Mas o sonho desta gente continuava a existir, ainda que aos pedaços.

Embora tenha sido Pernambuco, depois do Rio de Janeiro, a região onde desembarcou o maior número de africanos procedentes de Angola e do Congo, há de se admitir que africanos ocidentais, em particular o reduzido número de minas, também deixaram suas marcas e falares evidenciados na região. Acompanhei a consolidação dos pretos minas enquanto

---

1 Cf. PÁGINA avulsa, *Diário de Pernambuco*, 13 jun. 1856 apud MELLO, J. A. G. de. *Diário de Pernambuco*, op. cit., p. 73.

comunidade, em meados do Oitocentos. Por vezes, colheram vitórias nas disputas de poder em certos espaços, como as mesas regedoras de algumas confrarias; entraram, e em algumas ocasiões obtiveram vantagens, em conflitos com grupos de outras procedências africanas dentro das irmandades negras. Na virada do século XIX para o XX, práticas e costumes da região Ocidental, particularmente dos identificados como de nação nagô, foram forjados como parte da história e da memória de comunidades de descendentes de africanos ex-escravizados, em especial nos terreiros de culto aos orixás, localmente denominados de *xangôs*, para se diferenciar das práticas mais próximas ao amálgama religioso indígena-cristão-bantu. Nessas áreas, as diversas nações africanas foram (re)inventadas, inclusive com a reorganização de novas conexões atlânticas. A cultura congo-angola passava a dividir espaço com a identidade nagô. As narrativas de uma descendente de africanos da Costa da Mina,[2] cujos familiares dividiam-se religiosamente entre o islamismo, o catolicismo e o culto de orixás, podem resumidamente servir de ponte para avaliar o Recife na perspectiva do *Atlântico negro*, isto é, em conexões transatlânticas e transnacionais.

Marcolina da Silva Marques, a *Dudu Obaytó* – filha de santo do Ilê Axé Obá Oguntê, que até hoje é invocada nas cerimônias privadas e públicas do terreiro –, é a personagem que sigo para conectar Recife em suas dimensões transatlânticas, transnacionais e transétnicas. Marcolina nasceu em 1879, filha e neta de escravizados de ganho que lutaram para barganhar o preço de suas alforrias. Herdou de seus familiares e parentes o culto aos ancestrais africanos. Seus avós maternos, o barbeiro Luiz e a costureira Merinda, eram católicos. Sobre seu avô paterno, lembrava apenas que o nome era *Aínan*. Quanto à sua avó, com quem fora morar ainda muito criança, contou que se chamava *Oimbó-lolá* (batizada como Maria Helena da Costa) e que fora traficada ainda pequena de Bomina (igbomina, etnia do reino iorubá) para Pernambuco, onde se tornou cativa de quitanda de

2 Anotações de René Ribeiro, abr./maio, 1954 [Dudú Obaytó]. Manuscrito inédito, cedido por Celina Ribeiro ao historiador inglês Daniel Stone (King's College London) em 2004. Agradeço ao Daniel por ter cedido-me uma cópia desse documento.

um casal de comerciantes portugueses moradores na rua Augusta. A tia-avó Feliciana (*Faladê*) era de nação bona (igbomina) e teria sido embarcada em Onin (Lagos). Entre outros "parentes" seus,[3] estavam tia Gertrudes (filha de Xangô), casada com o malê Antônio Mulema (ou seja, islamizado); tias Generosa e Rita, tio Cassiano, tio Pedro Salustiano da Costa (*Oluoxô*), tio Jacó (que era haussá), tio Cosmo, tia Jumbi, Sinhá, Yayá e Eugênia. Todos moradores da rua Imperial, africanos e crioulos. O tio Pedro Salustiano – um africano livre que trabalhava no Arsenal da Marinha – era também seu padrinho e foi quem trouxe o jogo de Ifá pronto da África.

Dudu Obaytó contou sobre a presença não só do culto aos orixás como também do islamismo entre seus parentes, em particular como o xangô fora utilizado como um mecanismo de busca pela liberdade. Segundo suas recordações, a avó Maria Helena passara por percalços para conseguir a alforria, e atribuía essas dificuldades à falta de zelo com os orixás, além dos infortúnios advindos da feitiçaria de uma preta africana interessada em Pedro Salustiano. Depois de viúva, Maria Helena tivera dois amásios, um de nação ijexá, cujo nome sua neta não recordava; e o próprio Pedro Salustiano, que juntava aqui e acolá algum pecúlio para auxiliar na manumissão de sua amante. Maria Helena, por sua vez, ao mesmo tempo em que tentava convencer seus senhores a negociar seu valor, ao lado da neta ainda criança e junto com outras companheiras de escravidão e liberdade, lavava as escadarias da Igreja dos Prazeres para juntar o dinheiro da alforria.

Não posso esquecer-me de mencionar, mesmo que rapidamente, as recordações dessa personagem acerca das viagens que sua parentela fizera de retorno à África, uns para rever amigos e parentes, outros para conhecer o lugar de seus pais e familiares e atualizar seus conhecimentos religiosos. Contou Dudu Obaytó que, com a doença de tio Cassiano, tia Rita pediu ao orixá Iansã que permitisse que o marido morresse na África. Para custear esse desejo, ela vendeu suas joias. Nessa viagem, além de tio Cassiano e tia

3 O termo "parente" aqui é utilizado como alusão às redes familiares de consideração que são tecidas dentro dos terreiros de xangôs. Nesses espaços, os mais velhos são chamados de "tios" e "tias".

Rita, foram também tia Abianê, tia Cariba, tia Eva e Adamaci – conhecido como Pai Adão,[4] personagem sobre o qual comentei no terceiro capítulo. Chegando ao destino, todavia, ocorreram desentendimentos entre Adão e o filho de tio Cassiano que já morava em Lagos, levando Adão a deixar a casa que o acolhera e rumar para a região central do Continente.

Os relatos de Dudu Obaytó, enfim, não só trazem à tona mitos e histórias de fundação de uma cultura africana reinventada, mas, sobretudo, abrem um leque de questões para avaliar esse movimento transatlântico, transétnico e transnacional entre o Recife e várias partes da África: as experiências de escravidão e liberdade vivenciadas pelos africanos e seus descendentes nas Américas; a aquisição da alforria como projeto familiar – conforme elenquei no terceiro capítulo –, entendendo-se família como grupo reorganizado dentro das necessidades cotidianas das pessoas, cujos laços eram os mais diversificados possíveis; a crença de que a feitiçaria ou os infortúnios, como descreveu Peter Geschiere,[5] eram os causadores dos males da escravização de seus ancestrais. E mesmo o islamismo não sendo tão explicitado, ao fazer emergir de suas lembranças histórias dos haussás, iorubás e mestres do ifá como tio Pedro Salustiano, ela revelou fios que teciam o passado dos maometanos oitocentistas, alguns discutidos por mim no último capítulo.

Em suma, a narrativa de Dudu Obaytó conecta-se com os registros sobre os arranjos religiosos e familiares que se transformaram nas bases da reinvenção de uma África no Recife e das reconstruções de uma tradição nagô (ou da iorubanização) – leia-se legado dos pretos minas – da cidade, herança consolidada no século XX e constantemente ressignificada. Sugere, ainda, novas possibilidades de pesquisas e análises sobre as experiências africanas na perspectiva do *Atlântico negro*.

4 O nome de batismo de Pai Adão era Felipe Sabino da Costa, sendo *Adamaci* seu nome islâmico.

5 Cf. GESCHIERE, P. Feitiçaria e modernidade nos Camarões: alguns pensamentos sobre uma estranha cumplicidade. *Afro-Asia*, Salvador, n. 34, p. 9-38, 2006.

Fontes e referências

1 Fontes

1.1 Fontes manuscritas

1.1.1 Arquivo Público Estadual João Emerenciano (APEJE)

a) Arquivo Eclesiástico (AE)

Compromissos da Irmandade de N. S. do Rosário da Boa Vista, 16 maio 1862, fl. 306-320v.

Compromissos da Irmandade de N. S. do Rosário do Bairro de Santo Antônio – 30 abr. 1870, fl. 561-573.

b) Fundo da Secretaria de Segurança Pública (FSSP) – Delegacias de Polícia: Códices 422, 426, 427, 428, 429, 430.

c) FSSP – Casa de Detenção do Recife (CDR) – Livros de Entrada e Saída de presos. Códices: anos 1862 e 1863.

d) Mapoteca

Planta do Bairro do Recife, 1865 – Law e Blound Civil Engineers, set. 1865.

Planta da Cidade do Recife, 1906 – Douglas Fox e Sócios & H. Michel Whitlley, 1906.

1.1.2 Arquivos do Cemitério do Bom Jesus da Redenção, Santo Amaro (ACBJR)

a) Câmara Municipal do Recife – Registros de óbitos

Cx. 1861-1865/1878-1875; Cx. 1853-1870/1871-1886/1888.

b) Livro de Óbito (1890-1891).

1.1.3 Arquivos da Cúria Metropolitana do Recife e Olinda (ACMRO)

Matriz do Corpo Santo/ Igreja da Madre de Deus – Recife:

a) Livros de Batismos (LB):

LB 24 (1846-1848); LB 25 (1848-1851); LB 26 (1851-1855); LB 27 (1855-1862); LB 28 (1862-1872); LB 30 (1884-1891).

b) Livros de Casamentos (LC):

LC 8 (1836-1856); LC 9 (1856-1867).

c) Livros de Óbitos (LO):

LO 32 (1850-1854); LO 33 (1855-1862); LO 34 (1862-1874); LO 35 (1874-19...) [livro danificado].

1.1.4 Arquivos da Matriz do Santíssimo Sacramento da Boa Vista (AMSSBV)

a) Livros de Batismos (LB):

LB 5 (18 jan.1829 a 21 abr.1832); LB 7 (04 out.1837 a 12 set.1848) [danificado]; LB 9 (1854-1857); LB 10 (06 dez.1858 a 10 nov.1863); LB 11 (dez.1863 a abr.1870); LB 12 (25 abr.1870 a 26 maio.1877); LB 13 (08 dez.1876 a 20 mar.1881); LB 14 (20 mar.1881 a jul.1884); LB 16 (5 abr.1889 a maio.1894).

b) Livros de Óbitos (LO):

LO 8 (08 mar.1849 a 16 out.1852); LO 13 (18 fev.1872 a 25 mar.1878); LO 15 (set.1879 a out.1882); LO 22 (1870-1876).

1.1.5 Arquivos da Matriz do Santíssimo Sacramento de Santo Antônio do Recife (AMSSSAR)

a) Livros de Batismos (LB):

LB 16 (1845-1847); LB 19 (1853-1860); LB 21 (1863-1868); LB 22 (25 abr.1868 a 04 nov.1871); LB 23 (1871-1880) [danificado]; LB 24 (1880-1886); LB 26 (1887-1888) [danificado].

b) Livros de Casamentos (LC):

LC 5 (1828-1840); LC 6 (1840-1855).

c) Livros de Óbitos (LO):

LO 15 (1849-1856).

d) Processos de Banho (Proclamas): Pasta 1841.

1.1.6 Arquivos da Matriz de São José (AMSJ)

a) Livros de Batismos (LB):

LB 2 (1846-1851); LB 3 (1851-1858); LB 4 (1858-1863); LB 5 (1863-1868); LB 6 (1868-1874); LB 8 (1878-1879); LB 9 (1879-1881); LB 14 (1872-1890).

b) Livros de Casamentos (LC):

LC 2 (1850-1867); LC 3 (1867-1878); LC 4 (1878-1885).

c) Livros de Óbitos (LO):

LO s/n (1864-1870).

1.1.7 Arquivo Histórico do Itamaraty/RJ

a) Comissão Mista, lata 13, maço 3, pasta 1.

1.1.8 Arquivo Histórico Franciscano (Convento de Santo Antônio do Recife)

a) Livros de Notícias que devem ser presentes ao R[de] P[e] guardiães deste Convento de Santo Antônio da Cidade do Recife – Arranjadas por Fr. Manoel de S. Filippe, 1827.

1.1.9 Memorial de Justiça de Pernambuco (MJPE)

a) Processos Cíveis – Livros de Registro de Testamento (LRT):

Mapoteca 13, Gavetas E, F e G

Lv. (out.1849 a nov.1850); Lv. (nov.1850 a mar.1853); Lv. (1853); Lv. (nov.1854 a mar.1856); Lv. (jul. a set.1860); Lv. (set. a nov.1860); Lv. (nov.1862 a jul.1865); Lv. (set.1865 a nov.1866); Lv. (jul.1866 a dez.1868); Lv. (1867 a 1869); Lv (dez.1868 a jan.1871); Lv. (1871 a 1873); Lv. (1873 a 1874); Lv. (1873 a 1875); Lv. (1875 a 1877); Lv. (1877).

1.1.10 Instituto Arqueológico, Histórico e Geográfico Pernambucano (IAHGP)

a) Inventários:

Cx. 146, Cx. 158, Cx. 159, Cx. 172, Cx. 179, Cx. 180, Cx. 190, Cx. 214, Cx. 229, Cx. 250, Cx. 269, Cx. 328, Cx. 335.

b) Livros de Notas:

Livro do Tabelião Guilherme Patrício Bezerra Cavalcanti, 1844-1845;

Livros do Tabelião Francisco de Almeida, 1854; 1856-1857.

1.1.11 Instituto do Patrimônio Histórico e Artístico Nacional - Seção PE (IPHAN-PE)

a) Irmandade de Nª Sª do Rosário dos Homens Pretos de Santo Antônio:

Livro de Termos da Irmandade (1829-1853), cx. 20;

Livro de Registros das Eleições (1833-1858), cx. 21;

Livro de Registro de Irmãos, cx. 23 (1835-1853), cx. 31 (1866);

Livro de Matrícula (1849-1888), cx. 29;

Livro de Atas, cx. 30 (1850-1871), cx. 35 (1879-1884);

Compromisso – documentos para mudança de hábito (1870-1911), cx. 32;

Livro de Pagamento e Recebimento de Aluguéis das casas pertencentes ao Patrimônio da Irmandade do Rosário (1840-1845), cx. 36;

Livro de Óbitos dos Irmãos (1880), cx. 37.

1.1.12 Outras fontes manuscritas

Anotações de René Ribeiro, abr./maio, 1954 [Dudu Obaytó].

1.2 Fontes impressas

1.2.1 APEJE

Folhinha de Algibeira ou *Diário Eclesiástico* – Pernambuco, Typographia de M. F. de Faria. Códices: 1848, 1849, 1850, 1851 (vols. 1 e 2) e 1852 e 1859.

SILVA, João Joaquim da. Índice alphabetico de materias às quais tem applicação a legislação patria – promulgada até o fim do ano de 1850. Bahia: Typographia de Carlos Poggetti, 1852.

MARQUES, Joaquim Candido de Azevedo. *Legislação geral – índice alphabetico explicativo das disposições dos annos de 1871-1873*. 2. ed. São Paulo: Jorge Seckler & Comp., 1886.

MARQUES, Joaquim Candido de Azevedo. *Legislação geral - índice alphabetico explicativo das disposições dos annos de 1874-1878*. Rio de Janeiro: Typographia Nacional, 1880.

NASCIMENTO E SILVA, Manoel Joaquim. *Sinopse da Assembleia Legislativa Brasileira – Ministério da Guerra (Brasil – Portugal)*. Rio de Janeiro: Typographia J. D. de Oliveira. Vol. I: A-F 1879, A-H 1874, A-V 1874-1884; vol. II: G-R 1879, I-Z 1875.

1.2.2 Fontes literárias, de viajantes e eclesiásticas

AGASSIZ, Jean Louis; AGASSIZ, Elizabeth Cary. *Viagem ao Brasil, 1865-1866.* Brasília: Senado Federal, 2000.

GRAHAM, Maria. *Diário de uma viagem ao Brasil.* Belo Horizonte: Itatiaia; São Paulo: Edusp, 1990.

KOSTER, Henry. *Viagens ao Nordeste do Brasil.* 11. ed. atual. Recife: Massangana, 2002. 2 v.

MELLO, Jeronymo Martiniano Figueira de. *Ensaio sobre a estatística civil e política da província de Pernambuco.* Recife: Conselho Estadual de Cultura, 1979. (Reedição da publicação de 1852).

MELLO, José Antônio Gonsalves de. *Diário de Pernambuco: economia e sociedade no II Reinado*. Recife: Editora Universitária UFPE, 1996.

MELLO, José Antônio Gonsalves de. *O Diário de Pernambuco e a história social do Nordeste, 1840-1889.* Rio de Janeiro: O Cruzeiro, 1975. v. 2. (Edição comemorativa do Sesquicentenário do Diário de Pernambuco).

SETTE, Mário. *Arruar: história pitoresca do Recife antigo.* Rio de Janeiro: CEB, 1948.

SETTE, Mário. *Maxambombas e maracatus.* Recife: Fundação de Cultura Cidade do Recife, 1981.

VIDE, Sebastião Monteiro da. *Constituições Primeiras do Arcebispado da Bahia: festas e ordenanças pelo ilustríssimo reverendíssimo D. Sebastião Monteiro da Vide*. Brasília: Senado Federal, 2007. (São Paulo: Typographia Dois de Dezembro, 1853).

1.3 Disponíveis em sites de pesquisas

<http://www.crl.edu/brazil/provincial> (Relatórios de Presidentes da província). Acesso em: 25 out. 2011.

<http://www.camara.gov.br> (Legislação Imperial). Acesso em: 20 maio 2013.

<http://www.slavesvoyages.org> (The Trans-Atlantic Slave Trade Database). Acesso em: 30 nov. 2011.

<http://www.ieb.usp.br/catalogo_eletronico/> (Dicionários de Morais e Silva e Raphael Bluteau). Acesso em: 17 maio 2012.

<http://www.ci.uc.pt/ihti/proj/filipinas/ordenacoes.htm> (Ordenações Filipinas e Manuelinas). Acesso em: 15 fev. 2011.

<http://www.ermakoff.com.br> (Arquivo de Imagens – J. Rugendas). Acesso em: 20 mar. 2012.

<http://www.es.123rf.com> (Arquivo de Imagens atuais da África). Acesso em: 20 mar. 2012.

<http://www.centroedelstein.org.br> (Biblioteca Virtual de Ciências Sociais - Centro de Edelstein de Pesquisas Sociais). Acesso em: 10 abr. 2012.

<http://www.bndigital.bn.gov.br> (Hemeroteca da Biblioteca Nacional) Acesso em: 20 jan. 2021.

1.4 Outras

GIL, Gilberto. Álbum Refavela, 1997.

2. Referências

ACCIOLI, Gustavo; MENZ, Maximiliano Mac. "Resgate e mercadorias: uma análise comparada do tráfico luso-brasileiro de escravos em Angola e na Costa da Mina (século XVIII)". *Afro-Ásia*, Salvador, vol. 37, n. 37, p. 43-73, 2008. Disponível em: ‹www.afroasia.ufba.br›. Acesso em: 20 maio 2010.

AKYEAMPONG, Emmanuel. "Africans in the Diaspora: The Diaspora and Africa". *Africa Affairs*, n. 99, p. 183-215, 2000.

ALADRÉN, Gabriel. "Ascensão social e inserção econômica de ex-escravos: o caso do liberto Pedro Gonçalves (Rio Grande do Sul, século XIX)". *Nuevo mundo mundos nuevos*, [*Em ligne*], Debats, mis em ligne le 18 maio, 2009. Disponível em: ‹journals.openedition.org/nuevomundo/5603›. Acesso em: 05 jun. 2009.

ALADRÉN, Gabriel. "Alforria, paternalismo e etnicidade em Porto Alegre", 1800-1835. *Anos 90*, Porto Alegre, v. 15, n. 27, p. 125-160, jul. 2008.

ALADRÉN, Gabriel. *Liberdades negras nas paragens do sul: alforria e inserção social de libertos em Porto Alegre, 1800-1835*. Dissertação (Mestrado em História) – Instituto de Ciências Humanas e Filosofia, Universidade Federal Fluminense, Niterói, 2008.

ALBUQUERQUE, Wlamyra Ribeiro de. *O jogo da dissimulação: abolição e cidadania negra no Brasil*. São Paulo: Companhia das Letras, 2009.

ALBUQUERQUE NETO, Flávio de Sá Cavalcanti de. *A reforma prisional no Recife oitocentista: da cadeia à casa de detenção (1830-1874)*. Dissertação (Mestrado em História) – Centro de Filosofia e Ciências Humanas, Universidade Federal de Pernambuco, Recife, 2008.

ALENCASTRO, Luiz Felipe de. *O trato dos viventes: formação do Brasil no Atlântico Sul*. São Paulo: Companhia das Letras, 2000.

ALGANTRI, Leila. *Honradas e devotas: mulheres na Colônia*. Rio de Janeiro: José Olympio, 1993.

ALMEIDA, Kátia Lorena Novais de. *Escravos e libertos nas minas do Rio de Contas: Bahia, século XVIII*. Salvador: EDUFBA, 2018.

ALMEIDA, Kátia Lorena Novais de. *As alforrias em Rio de Contas, século XIX*. Dissertação (Mestrado em História) – Faculdade de Filosofia e Ciências Humanas, Universidade Federal da Bahia, Salvador, 2006.

ALMEIDA, Suely Creusa Cordeiro de. *O sexo devoto: normatização e resistência feminina no Império português, XVI-XVIII*. Recife: Editora Universitária UFPE, 2005.

ALMEIDA, Suely Creusa Cordeiro de; SILVA, Gian Carlo de Melo. "Famílias brasílicas: Pernambuco e a mestiçagem, séculos XVI-XVIII". *Clio*, Recife, vol. 1, n. 25, p. 61-82, jan./jun. 2007. Disponível em: ‹https://periodicos.ufpe.br/revistas/revistaclio/index›. Acesso em: 15 ago. 2010.

ALVES, Adriana Dantas Reis. *As mulheres negras por cima, o caso de Luzia jeje: escravidão, família e mobilidade social – Bahia, c.1780-c.1830*. Tese (Doutorado em História) – Instituto de Ciências Humanas e Filosofia, Universidade Federal Fluminense, Niterói, 2010.

AMARAL, Sharyse Piroupo do. *Escravidão, liberdade e resistência em Sergipe: Cotinguiba, 1860-1888*. Tese (Doutorado em História) – Faculdade de Filosofia e Ciências Humanas, Universidade Federal da Bahia, Salvador, 2007.

ARAÚJO, Clara Maria Farias de. *Governadores das nações e corporações: cultura política e hierarquias de cor em Pernambuco (1776-1817)*. Dissertação (Mestrado em História) – Instituto de Ciências Humanas e Filosofia, Universidade Federal Fluminense, Niterói, 2007.

ARRAIS, Raimundo. *O pântano e o riacho: a formação do espaço público no Recife do século XIX*. São Paulo: Humanitas, 2004.

ASSIS, Virgínea Maria. Almoêdo de. *Pretos e brancos: a serviço de uma identidade de dominação (o caso das Irmandades do Recife)*. Dissertação (Mestrado em História) – Centro de Filosofia e Ciências Humanas, Universidade Federal de Pernambuco, Recife, 1998.

ATAÍDE, Maria das Graças Andrade de. *A construção da verdade autoritária*. São Paulo: Humanitas, 2001.

AZEVEDO, Aluísio. *O mulato*. São Paulo: Moderna, 1993 [1881].

BELLINI, Ligia. "Por amor e por interesse: a relação senhor-escravo em cartas de alforria". In: REIS, João José (org.). *Escravidão e invenção da liberdade: estudos sobre o negro no Brasil*. São Paulo: Brasiliense, 1988. p. 73-86.

BETHELL, Leslie. *A abolição do tráfico de escravos para o Brasil: a Grã-Bretanha, o Brasil e a questão do comércio de escravos, 1807-1869*. São Paulo: Edusp, 1976.

BEZERRA, Janaína dos Santos. *Pardos na cor & impuros no sangue: etnia, sociabilidades e lutas por inclusão social no espaço urbano pernambucano do XVIII*. Dissertação (Mestrado em História) – Departamento de Letras e Ciência Humanas, Universidade Federal Rural de Pernambuco, Recife, 2010.

BOSCHI, Caio César. *Os leigos e o poder: irmandades leigas e política colonizadora em Minas Gerais*. São Paulo: Ática, 1986.

BOTELHO, Tarcisio Rodrigues. "Censos e construção nacional no Brasil Imperial". *Tempo Social – Revista de Sociologia da USP*, São Paulo, vol. 17, n. 1, p. 321-341, 2005. Disponível em: ‹www.revistas.usp.br/ts›. Acesso em: 20 jul. 2011.

CALAINHO, Daniela Buono. *Metrópole das mandingas: religiosidade negra e inquisição portuguesa no Antigo Regime*. Rio de Janeiro: Garamond, 2008.

CARDOSO, Fernando Henrique. *Capitalismo e escravidão no Brasil meridional: o negro na sociedade escravocrata do Rio Grande do Sul*. 5. ed. rev. Rio de Janeiro: Civilização Brasileira, 2003.

CARNEIRO, Edson. *Candomblés da Bahia*. 9. ed. Rio de Janeiro: Civilização Brasileira, 2002.

CARVALHO, Marcus Joaquim Maciel de. "A rápida viagem dos 'Berçários Infernais' e os desembarques nos engenhos do litoral de Pernambuco depois de 1831". In: OSÓRIO, Helen; XAVIER, Regina Célia Lima (orgs.). *Do tráfico ao pós-abolição: trabalho compulsório e livre e a luta por direitos sociais no Brasil*. São Leopoldo: Oikos, E-book, 2018, p. 126-164.

CARVALHO, Marcus Joaquim Maciel de. "A repressão do tráfico atlântico de escravos e a disputa partidária nas províncias: os ataques aos desembarques em Pernambuco durante o governo praieiro, 1845-1848". *Tempo*, Niterói, v. 14, n. 27, p. 133-149, jun. 2009. Disponível em: www.scielo.br. Acesso em: 20 fev. 2010.

CARVALHO, Marcus Joaquim Maciel de. "De portas adentro e de portas afora: trabalho doméstico e escravidão no Recife, 1822-1850". *Afro-Ásia*, Salvador, n. 29/30, p. 41-78, 2003. Disponível em: ‹www.afroasia.ufba.br›. Acesso em: 20 jan. 2009.

CARVALHO, Marcus Joaquim Maciel de. *Liberdade: rotinas e rupturas do escravismo. Recife (1822-1850)*. Recife: Editora Universitária UFPE, 1998.

CARVALHO, Marcus Joaquim Maciel de. "Os caminhos do rio: negros canoeiros no Recife na primeira metade do século XIX". *Afro-Ásia*, Salvador, n. 19/20, p. 75-93, 1997. Disponível em: ‹www.afroasia.ufba.br›. Acesso em: 04 maio 2010.

CASTELLUCCI JUNIOR, Wellington. "Pescadores e baleeiros: a atividade da pesca da baleia nas últimas décadas dos oitocentos, Itaparica: 1860-1888". *Afro-Ásia*, Salvador, n. 33, p. 133-168, 2005. Disponível em: ‹www.afroasia.ufba.br›. Acesso em: 25 maio 2010.

CASTILHO, Lisa Earl. "Vida e viagens de Bamboxé Obiticô". In: *Seminário Nacional escravidão no Atlântico sul e a construção africana no processo civilizador brasileiro*, 2010, Recife.

Castro, Hebe Maria Mattos de. *Das cores do silêncio: os significados da liberdade no sudeste escravista, Brasil, século XIX*. 2. ed. Rio de Janeiro: Nova Fronteira, 1998.

CASTRO, Vanessa Sial de. *Das igrejas aos cemitérios: políticas públicas sobre a morte no Recife no século XIX*. Recife: Fundação de Cultura Cidade do Recife, 2007.

CASTRO, Yeda Pessoa de. *Falares africanos na Bahia: um vocábulo afro-brasileiro*. Rio de Janeiro: Topbooks, 2001.

CAVALCANTI, Vanildo Bezerra. *Recife do Corpo Santo*. Recife: PMR/Secretaria de Educação e Cultura, 1977.

CERTEAU, Michel de. *A escrita da história*. Trad. de Maria de Lourdes Menezes. 2. ed. Rio de Janeiro: Forense Universitária, 2002.

CERTEAU, Michel de. *A invenção do cotidiano 1*: artes de fazer. Trad. de Ephraim F. Alves. 9. ed. Petrópolis: Vozes, 1999.

CERTEAU, Michel de; GIARD, Luce; MAYOL, Pierre. *A invenção do cotidiano 2*: morar, cozinhar. Trad. de Ephraim F. Alves. 5. ed. Petrópolis: Vozes, 1996.

CHALHOUB, Sidney. "Precariedade estrutural: o problema da liberdade no Brasil escravista (século XIX)". *História Social*, Campinas, n. 19, p. 33-62, 2. sem. 2010. Disponível em: ‹https://www.ifch.unicamp.br/ojs/index.php/rhs/issue/view/104›. Acesso em: 05 jan. 2011.

CHALHOUB, Sidney. *Machado de Assis: historiador*. São Paulo: Companhia das Letras, 2003.

CHALHOUB, Sidney. *Trabalho, lar e botequim: o cotidiano dos trabalhadores no Rio de Janeiro da belle époque*. 2. ed. Campinas: Editora da Unicamp, 2001.

CHALHOUB, Sidney. *Cidade febril: cortiços e epidemias na corte imperial*. São Paulo: Companhia das Letras, 2001.

CHALHOUB, Sidney. *Visões da liberdade: as últimas décadas da escravidão na Corte*. São Paulo: Companhia das Letras, 1990.

CHARTIER, Roger. "Textos, impressões, leituras". In: HUNT, J. *A nova história cultural*. Trad. Jefferson Luis Camargo. São Paulo: Martins Fontes, 1992. p. 211-238.

CONGRESSO AFRO-BRASILEIRO, 1, 1934, Recife. *Anais*... Recife: Massangana, 1988. (fac-símile de Rio de Janeiro: Ariel, 1935, v. 1; fac-símile de Rio de Janeiro: Civilização Brasileira, 1937, v. 2).

CONRAD, Robert. *Tumbeiros: o tráfico escravista para o Brasil*. São Paulo: Brasiliense, 1985.

COSTA, Robson Pedrosa da. *A Ordem de São Bento e os escravos do Santo, Pernambuco, séculos XVIII e XIX*. Tese (Doutorado em História) – Centro de Filosofia e Ciências Humanas, Universidade Federal de Pernambuco, Recife, 2013.

COSTA, Robson Pedrosa da. *Vozes na senzala: cotidiano e resistência nas últimas décadas da escravidão, Olinda, 1871-1888*. Recife: Editora Universitária UFPE, 2008.

COSTA, Valéria Gomes. "Irmãos do Rosário e sectários da religião maometana: sociabilidades entre africanos no Recife oitocentista". *Topoi. Revista de*

História, Rio de Janeiro, v. 19, n. 37, p. 33-56, jan./abr. 2018. Disponível em: ‹www.revistatopoi.org›. Acesso em: 10 jan. 2020.

COSTA, Valéria Gomes. "Mônica da Costa e Thereza de Jesus: africanas libertas, status e redes sociais no Recife oitocentista". In: XAVIER, Giovana; FARIAS, Juliana B.; GOMES, Flávio. *Mulheres negras no Brasil escravista e do pós-emancipação*. São Paulo: Selo Negro, 2012a. p. 98-111.

COSTA, Valéria Gomes. "Os libertos no Recife: os mundos de João Joaquim José de Santa Anna". In: COSTA, Robson; CABRAL, Flavio J. Gomes (orgs.). *História da escravidão em Pernambuco*. Recife: Editora Universitária UFPE, 2012b. p. 241-265.

COSTA, Valéria Gomes. "Herdei e deixei de herança! Africanos e crioulos no Recife pós-abolição". *Revista do Instituto Arqueológico, Histórico e Geográfico Pernambucano*, Recife, n. 64, p. 165-193, 2011.

COSTA, Valéria Gomes. *É do dendê! História e memórias urbanas da nação Xambá no Recife (1950-1992)*. São Paulo: Annablume, 2009.

COSTA E SILVA, Alberto Vasconcellos. da. *Um rio chamado Atlântico: a África no Brasil e o Brasil na África*. Rio de Janeiro: Nova Fronteira, 2003.

CRUZ, Maria Cecília Velasco e. "Tradições negras na formação de um sindicato: sociedade de resistência dos trabalhadores em trapiche e café, Rio de Janeiro, 1905-1930". *Afro-Ásia*, Salvador, n. 24, p. 243-290, 2000. Disponível em: ‹www.afroasia.ufba.br›. Acesso em: 10 fev. 2009.

CUNHA, Manuela Carneiro da. *Negros, estrangeiros: os escravos libertos e sua volta à África*. São Paulo: Brasiliense, 1985.

DAVIS, David Brion. *O problema da escravidão na cultura ocidental*. Trad. Wanda Caldeira Brant. Rio de Janeiro: Civilização Brasileira, 2001.

DAVIS, Natali Zemon. *Nas margens: três mulheres do século XVII*. Trad. Hildegard Feist. São Paulo: Companhia das Letras, 1997.

DEL PRIORE, Mary. *Histórias íntimas: sexualidade e erotismo na história do Brasil*. São Paulo: Planeta do Brasil, 2001.

DIAS, Maria Odila Leite da Silva. *Quotidiano e poder em São Paulo no século XIX*. São Paulo: Brasiliense, 1984.

DOMINGUES DA SILVA, Daniel Barros; ELTIS, David. "The slave trade to Pernambuco, 1561-1851". In: ELTIS, David; RICHARDSON, David (eds.).

Extending the frontiers: essays on the new transatlantic slave trade database. New Haven: Yale University Press, 2008. p. 95-129.

DUBBY, Georges. *Guilherme Marechal ou o melhor cavaleiro do mundo*. Trad. Renato Janine Ribeiro. Rio de Janeiro: Graal, 1987.

EISENBERG, Peter Ludwing. *Modernização sem mudanças: a indústria açucareira em Pernambuco, 1840-1910*. Trad. João Maia. Apresentação de Manuel Correia de Andrade. Rio de Janeiro: Paz e Terra, 1977.

EISENBERG, Peter Ludwing. "Ficando livre: as alforrias em Campinas no século XIX". *Estudos Econômicos*, São Paulo, vol. 17, n. 2, p. 175-216, maio/ago. 1987. Disponível em: ‹http://www.revistas.usp.br/ee›. Acesso em: 15 jul. 2009.

ELTIS, David. *Economic Growth and the ending of the transatlantic slave trade*. New York: Oxford University Press, 1987.

FARIA, Sheila de Castro. *Sinhás pretas, damas mercadoras: as pretas minas nas cidades do Rio de Janeiro e de São João Del Rey (1700-1850)*. Tese (Professor Titular em História do Brasil) – Departamento de História, Universidade Federal Fluminense, Niterói, 2004.

FARIA, Sheila de Castro. "Mulheres forras: riqueza e estigma social". *Tempo*, Rio de Janeiro, vol. 5, n. 9, p. 65-92, jul. 2000. Disponível em: ‹www.scielo.br›. Acesso em: 20 set. 2009.

FARIA, Sheila de Castro. *A colônia em movimento: fortuna e família no cotidiano colonial*. Rio de Janeiro: Nova Fronteira, 1998.

FARIAS, Juliana Barreto. et al. *Cidades negras: africanos, crioulos e espaços urbanos no Brasil escravista do século XIX*. São Paulo: Alameda, 2006.

FERNANDES, Cyra Luciana Ribeiro de Oliveira. *Os africanos livres em Pernambuco, 1831-1864*. Dissertação (Mestrado em História) – Centro de Filosofia e Ciências Humanas, Universidade Federal Fluminense, Recife, 2010.

FERNANDES, Florestan. *A integração do negro na sociedade de classes: o legado da "raça branca"*. 5. ed. São Paulo: Globo, 2008. v. 1.

FERREIRA, Marieta de Morais; AMADO, Janaína (orgs.). *Usos & abusos da história oral*. 6. ed. Rio de Janeiro: Editora da FGV, 2005.

FERRETI, Sérgio. *Repensando o sincretismo*. São Paulo: Edusp, 1995.

FIGUEREDO, Luciano. *O avesso da memória: cotidiano e trabalho da mulher nas Minas Gerais no século XVIII*. Rio de Janeiro: José Olympio, 1993.

FLORENTINO, Manolo. *Em costas negras: histórias do tráfico atlântico de escravos entre a África e o Rio de Janeiro, séculos XVIII e XIX*. Rio de Janeiro: Arquivo Nacional, 1995.

FLORENTINO, Manolo; GÓES, José Ricardo. *A paz das senzalas: famílias escravas e tráfico atlântico, Rio de Janeiro, c.1790-c.1850*. Rio de Janeiro: Civilização Brasileira, 1997.

FRAGA FILHO, Walter. *Encruzilhada da liberdade: histórias de escravos e libertos na Bahia (1870-1910)*. Campinas: Editora da Unicamp, 2006.

FRAGOSO, João. "Efigênia Angola, Francisca Muniz forra parda, seus parceiros e senhores: freguesias rurais do Rio de Janeiro, século XVIII. Uma contribuição metodológica para a história colonial". *Topoi*, Rio de Janeiro, v. 11, n. 21, p. 74-106, jul./dez. 2010. Disponível em: ‹www.revistatopoi.org›. Acesso em: 10 jan. 2011.

FREIRE, Regina Célia Lima Xavier. *A conquista da liberdade: libertos em Campinas na segunda metade do século XIX*. Campinas: Centro de Memória; Editora da Unicamp, 1996.

FREIRE, Regina Célia Lima Xavier. *Histórias e vidas de libertos em Campinas na segunda metade do século XIX*. Dissertação (Mestrado em História) – Instituto de Filosofia e Ciências Humanas, Universidade Estadual de Campinas, Campinas, 1993.

FREYRE, Gilberto. *O escravo nos anúncios de jornais brasileiros do século XIX: uma tentativa de interpretação antropológica, através de anúncios de jornais brasileiros do século XIX, de características de personalidade e de formas de corpo de negros ou mestiços, fugidos ou expostos à venda, como escravos, no Brasil do século passado*. 4. ed. São Paulo: Global, 2010.

FREYRE, Gilberto. *Sobrados & mocambos: decadência do patriarcado rural e desenvolvimento do urbano*. 15. ed. rev. São Paulo: Global, 2004.

FREYRE, Gilberto. *Casa grande & senzala: formação da família brasileira sob o regime da economia patriarcal*. 20. ed. São Paulo: Círculo do Livro, 1980 [1933].

FURTADO, Júnia. *Chica da Silva e o contratador de diamantes: o outro lado do mito*. São Paulo: Companhia das Letras, 2003.

GESCHIERE, Peter. "Feitiçaria e modernidade nos Camarões: alguns pensamentos sobre uma estranha cumplicidade". *Afro-Asia*, Salvador, n. 34, p. 9-38, 2006. Disponível em: ‹www.afroasia.ufba.br›. Acesso em: 11 nov. 2008.

GINZBURG, Carlo. *O fio e os rastros: verdadeiro, falso, fictício*. Trad. Rosa Freire d'Aguiar e Eduardo Brandão. São Paulo: Companhia das Letras, 2007.

GINZBURG, Carlo. A *micro-história e outros ensaios*. São Paulo: Difel, 1991.

GINZBURG, Carlo. *Mitos, emblemas e sinais: morfologia e história*. Trad. Frederico Carroti. 2. ed. São Paulo: Companhia das Letras, 1989.

GINZBURG, Carlo. *O queijo e os vermes: o cotidiano de um moleiro perseguido pela Inquisição*. Trad. Maria Betania Amoroso. 3. ed. São Paulo: Companhia das Letras, 1987.

GOLDSCHMIDT, Eliana Rea. "As cartas de alforria na conquista da liberdade". *Ide*, São Paulo, vol. 33, vol. 33, n. 50, p. 114-125, jul. 2010. Disponível em: ‹http://pepsic.bvsalud.org/scielo›. Acesso em: 05 ago. 2010.

GOMES, Flávio dos Santos. *História de quilombolas: mocambos e comunidades de senzalas no Rio de Janeiro, século XIX*. Ed. rev. e ampl. São Paulo: Companhia das Letras, 2006.

GOMES, Flávio dos Santos. A *hidra e os pântanos: mocambos, quilombos e comunidades de fugitivos no Brasil (séculos XVIII-XIX)*. São Paulo: Editora Unesp, 2005.

GOMES, Flávio dos Santos; SOARES, Carlos Eugênio Líbano. "Dizem as quitandeiras... Ocupações urbanas e identidades étnicas em uma cidade escravista: Rio de Janeiro, século XIX". *Acervo*, Rio de Janeiro, vol. 15, n. 2, p. 3-16, jul./dez. 2002. Disponível em: <http://hdl.handle.net/20.500.11959/brapci/107623>. Acesso em: 05 fev. 2011.

GOMINHO, Zélia de Oliveira. *Veneza americana X mucambópolis: o Estado Novo na cidade do Recife*. Recife: CEPE, 1998.

GRAHAM, Sandra Lauderdale. *Ser mina no Rio de Janeiro do século XIX*. *Afro-Ásia*, Salvador, n. 45, p. 25-65, 2012.

GRAHAM, Sandra Lauderdale. *Caetana diz não: história de mulheres da sociedade escravista brasileira*. Trad. Pedro Maia Soares. São Paulo: Companhia das Letras, 2005.

GRINBERG, Keila. *Liberata, a lei da ambiguidade: as ações de liberdade da Corte de Apelação do Rio de Janeiro no século XIX*. Rio de Janeiro: Relume-Dumará, 1994.

GUEDES, Roberto. *Egressos do cativeiro: trabalho, família, aliança e mobilidade social (Porto Feliz, São Paulo, c.1798-c.1850)*. Rio de Janeiro: Mauad, 2008.

GUERRA-PEIXE, César. *Maracatus do Recife*. Recife: Prefeitura da Cidade do Recife; Irmãos Vitale, 1980 (Coleção Recife, v. 14).

GUIMARÃES, Carlos Gabriel. "O Banco comercial e agrícola no Império do Brasil: o estudo de caso de um banco comercial e emissor (1858-1862)". *Saeculum – Revista de História*, João Pessoa, n. 29, p. 231- 259, jul./dez. 2013. Disponível em: ‹https://periodicos.ufpb.br/ojs2/index.php/srh/article/view/19823›. Acesso em: 07 jan. 2020.

GURAN, Milton. *Agudás: os "brasileiros" do Benin*. Rio de Janeiro: Nova Fronteira, 2000.

HEYWOOD, Linda Marinda. (org.). *Diáspora negra no Brasil*. Trad. Ingrid Castro V. Fregonez, Thaís C. Casson, Vera Lúcia Benedito. São Paulo: Contexto, 2008.

HOBSBAWM, Eric John Ernest. *Nações e nacionalismos desde 1780: programa, mito e realidade*. Trad. Maria Celia Paoli, Anna Maria Quirino. Rio de Janeiro: Paz e Terra, 1990.

HOOANET, Eduardo. *Formação do catolicismo brasileiro (1550-1800)*. Petrópolis: Vozes, 1974.

JONHSON, Samuel. *The history of yorubas*. Rotledge: Kegan Paul, 1921.

LARA, Silvia Hunold. *Fragmentos setecentistas: escravidão, cultura e poder na América portuguesa*. São Paulo: Companhia das Letras, 2007.

LARA, Silvia Hunold. Apresentação. "Biografia de Mahommah G. Baquaqua". *Revista Brasileira de História*, São Paulo, vol. 8, n. 16, p. 269-284, 1988. Disponível em: ‹www.scielo.br›. Acesso em: 06 jul. 2008.

LARA, Silvia Hunold. "Blowin' in the wind: Thompson e a experiência negra no Brasil." *Projeto História*, São Paulo, vol. 12, p. 43-56, jul./dez. 1995. Disponível em: https://revistas.pucsp.br/revph/issue/view/792/showToc. Acesso em: 20 mar. 2008.

LARA, Silvia Hunold; MENDONÇA, Joseli Maria Nunes. *Direitos e justiças no Brasil: ensaios de história social*. Campinas: Editora da Unicamp, 2006.

LEVI, Geovani. *A herança imaterial: trajetória de um exorcista no Piemonte do século XVII*. Prefácio de Jacques Ravel. Trad. Cynthia Marques de Oliveira. Rio de Janeiro: Civilização Brasileira, 2000 [1985].

LIMA, Claúdia Maria de Assis Rocha. "Heranças muçulmanas no nagô de Pernambuco: construindo mitos fundadores da religião de matriz africana no Brasil". *Revista Brasileira de História das Religiões*, vol. 1, n. 3, p. 283-300, jan. 2009. Disponível em: ‹http://periodicos.uem.br/ojs/index.php/RbhrAnpuh/issue/view/986›. Acesso em: 15 jan. 2020.

LIMA, Ivana Stolze. *Cores, marcas e falas: sentido da mestiçagem no Império do Brasil*. Rio de Janeiro: Arquivo Nacional, 2003.

LIMA, Tatiana Silva de. *Os nós que alforriam:* relações sociais na construção da liberdade, Recife, décadas de 1840 e 1850. Dissertação (Mestrado em História) – Centro de Filosofia e Ciências Humanas, Universidade Federal de Pernambuco, Recife, 2004.

LIMA FILHO, Henrique Espada Rodrigues. Arranjos de vida e moradia de ex-escravos no Desterro no século XIX a partir das fontes cartoriais. In: ENCONTRO ESCRAVIDÃO E INVENÇÃO DA LIBERDADE NO BRASIL MERIDIONAL, 4, 2009, Curitiba. *Anais*... [online].

LIMA FILHO, Henrique Espada Rodrigues. "Trabalho e lei para os libertos na Ilha de Santa Catarina no século XIX: arranjos e contratos entre a autonomia e a domesticidade". *Cadernos AEL*, Campinas, vol. 14, n. 26, p. 136-176, 1° sem. 2009. Disponível em: ‹https://www.ifch.unicamp.br/ojs/index.php/ael/article/view/2557/1967›. Acesso em: 10 abr. 2010.

LOPES, Gustavo Accioli. *Negócio da Costa da Mina e comércio atlântico: tabaco, açúcar, ouro e tráfico de escravos – Capitania de Pernambuco (1645-1760)*. Tese (Doutorado em História Econômica) – Faculdade de Filosofia e Ciências Humanas, Universidade de São Paulo, São Paulo, 2008.

LOVEJOY, Paul; LAW, Robin. *The biography of Mahommah Gardo Baquaqua:* his passage from slavery to freedom in Africa and America. Princeton: Markus Wiener, 2001.

MAC CORD, Marcelo. *Andaimes, casacas, tijolos e livros:* uma associação de artífices no Recife, 1836-1880. 384f. Tese (Doutorado em História) – Instituto de Filosofia e Ciências Humanas, Universidade Estadual de Campinas, Campinas, 2009.

MAC CORD, Marcelo. *O Rosário de D. Antonio: irmandades negras, alianças e conflitos na história social do Recife, 1848-1872*. Recife: Editora Universitária UFPE, 2008.

MAC CORD, Marcelo. *O Rosário dos Homens Pretos de Santo Antônio: alianças e conflitos na história social do Recife, 1848-1872*. Dissertação (Mestrado em História), Instituto de Filosofia e Ciências Humanas, Universidade Estadual de Campinas, Campinas, 2001.

MACHADO, Cacilda. Casamento & compadrio: estudo sobre as relações sociais entre livres, libertos e escravos na passagem do século XVIII para o século XIX (São José dos Pinhais - PR). In: ENCONTRO BRASILEIRO DE ESTUDOS POPULACIONAIS, 4, 2004, Caxambu.

MACHADO, Maria Helena. *O plano e o pânico: os movimentos sociais na década da Abolição*. Rio de Janeiro: Editora da UFRJ, 1994.

MAIA, Clarissa Nunes et al. (orgs.). *História das prisões no Brasil*. Rio de Janeiro: Rocco, 2009. v. 2.

MAIA, Clarissa Nunes. *Sambas, batuques, vozerias e farsas públicas: o controle social sobre os escravos em Pernambuco no século XIX (1850-1888)*. São Paulo: Annablume, 2008.

MAIA, Moacir Rodrigo de Castro. "O apadrinhamento de africanos em Minas colonial: o (re)encontro na América (Mariana, 1715-1750)". *Afro-Ásia*, Salvador, n. 36, p. 39-79, 2007. Disponível em: ‹www.afroasia.ufba.br›. Acesso em: 10 jul. 2011.

MAMIGONIAN, Beatriz Gallotti. "José Majojo e Francisco Moçambique, marinheiros das rotas atlânticas: notas sobre a reconstrução de trajetórias da era da abolição". *Topoi, Revista de História*, Rio de Janeiro, vol. 11, n. 20, p. 75- 91, jan./jun. 2010. Disponível em: ‹www.revistatopoi.org›. Acesso em: 20 abr. 2009.

MAMIGONIAN, Beatriz Gallotti. *To be a liberated African in Brazil: labour and citizenship in the nineteenth century*. Ph.D. thesis (History) - University of Waterloo, Waterloo (Canada), 2002.

MAMIGONIAN, Beatriz Gallotti. "Do que 'o preto mina' é capaz: etnia e resistência entre africanos livres". *Afro-Ásia*, Salvador, n. 24, p. 71-95, 2000. Disponível em: ‹www.afroasia.ufba.br›. Acesso em: 15 fev. 2009.

MATTOSO, Kátia Maria de Queiróz. *Ser escravo no Brasil*. Trad. James Amado. 3. ed. São Paulo: Brasiliense, 2003.

MATTOSO, Kátia Maria de Queiróz. *Testamentos de escravos libertos na Bahia no século XIX: uma fonte para o estudo de mentalidades*. Salvador: Centro de Estudos Baianos/UFB, 1979.

MATTOSO, Kátia Maria de Queiróz. "A propósito das cartas de alforria – Bahia, 1779-1850". *Anais de História*, Assis, n. 4, p. 23-52, 1972.

MINTZ, Sidney; PRICE, Richard. *O nascimento da cultura afro-americana: uma experiência antropológica*. Trad. Vera Ribeiro. Rio de Janeiro: Pallas, 2003.

MOLET, Cláudia Daiane Garcia. "Entre o trabalho e a correção: escravas e forras na cidade do Rio Grande, segunda metade do século XIX". *Aedos*, Porto Alegre, vol. 2, n. 4, p. 355-365, nov. 2009. Disponível em: ‹https://seer.ufrgs.br/aedos/issue/view/884›. Acesso em: 25 out. 2010.

MORAIS, Grasiela Florêncio. *O "belo sexo" sob vigilância: controle social das práticas cotidianas e formas de resistência das mulheres pobres livres, libertas e escravas no Recife oitocentista (1830-1850)*. Dissertação (Mestrado em História Social da Cultura Regional) – Departamento de Letras e Ciências Humanas, Universidade Federal Rural de Pernambuco, Recife, 2011.

MOREIRA, Paulo Roberto Staudt. *Os cativos e os homens de bem: experiências negras no espaço urbano, Porto Alegre (1858-1888)*. Porto Alegre: EST Edições, 2003.

MOREIRA, Paulo Roberto Staudt. *Faces da liberdade, máscaras do cativeiro: experiências de liberdade e escravidão percebidas através das cartas de alforria*. Porto Alegre: Arquivo Público do Estado; EDIPUCRS, 1996.

MUNANGA, Kabenguele. *Rediscutindo a mestiçagem no Brasil: identidade nacional versus identidade negra*. Belo Horizonte: Autêntica, 2004.

NISHIDA, Mieko. *Slavery and identity: ethnicity, gender and race in Salvador, Brazil, 1808-1888*. Bloomington: Indiana University Press, 2003.

NIZZA DA SILVA, Maria Beatriz. *História da família no Brasil colonial*. Rio de Janeiro: Nova Fronteira, 1998.

OLIVEIRA. Maria Inês Côrtes de. "Quem eram os 'negros da Guiné'? A origem dos africanos na Bahia". *Afro-Ásia*, Salvador, n. 19/20, p. 37-73, 1997. Disponível em: ‹www.afroasia.ufba.br›. Acesso em: 20 mar. 2009.

OLIVEIRA. Maria Inês Côrtes de. "Viver e morrer no meio dos seus: nações e comunidades africanas na Bahia do século XIX". *Revista da USP*, São Paulo, n. 28, p. 174-193, dez./fev. 1996. Disponível em: ‹www.revistas.usp.br› Acesso em: 26 mar. 2009.

OLIVEIRA. Maria Inês Côrtes de. *O liberto: seu mundo e os outros (1790-1890)*. São Paulo: Corrupio, 1988.

OLIVEIRA. Roberto Cardoso de. *Caminhos da identidade: ensaios sobre etnicidade e multiculturalismo*. São Paulo: Editora Unesp; Brasília: Paralelo 15, 2006.

PARÉS, Luis Nicolau. *A formação do candomblé: história e ritual da nação jeje na Bahia*. Campinas: Editora da Unicamp, 2006.

PATERSON, Orlando. *Escravidão e morte social: um estudo comparativo*. Trad. Fábio Duarte Joly. São Paulo: Edusp, 2008.

QUINTÃO, Antônia Aparecida. *Lá vem meu parente: as irmandades de pretos e pardos no Rio de Janeiro e em Pernambuco (século XVIII)*. São Paulo: Annablume, 2002.

RAMOS, Arthur. *O negro brasileiro: etnografia religiosa*. Rio de Janeiro: Graphia, 2001. v. 1.

REGINALDO, Lucilene. *O rosário dos angolas: irmandades negras, experiências escravas e identidades africanas na Bahia setecentista*. Tese (Doutorado em História) – Instituto de Filosofia e Ciências Humanas, Universidade Estadual de Campinas, Campinas, 2005.

REIS, Isabel Cristina Ferreira dos. *A família negra no tempo da escravidão, Bahia 1850-1888*. Tese (Doutorado em História) – IFCH, UNICAMP, Campinas, 2007.

REIS, João José. *Domingos Sodré, um sacerdote africano: escravidão, liberdade e candomblé na Bahia do século XIX*. São Paulo: Companhia das Letras, 2008.

REIS, João José. *Rebelião escrava no Brasil: a história do levante dos malês em 1835*. Ed. rev. e ampl. São Paulo: Companhia das Letras, 2003.

REIS, João José. "De olho no canto: trabalho de rua na Bahia na véspera da Abolição". *Afro-Ásia*, Salvador, n. 24, p. 199-242, 2000. Disponível em: ‹www.afroasia.ufba.br›. Acesso: 27 abr. 2009.

REIS, João José. Identidade e diversidade étnica nas irmandades negras no tempo da escravidão. *Tempo*, Niterói, v. 2, n. 3, p. 199-242, 1997.

REIS, João José. *A morte é uma festa: ritos fúnebres e revolta popular no Brasil no século XIX*. São Paulo: Companhia das Letras, 1991.

REIS, João José. (org.). *Escravidão e invenção da liberdade: estudos sobre o negro no Brasil*. São Paulo: Brasiliense, 1988.

REIS, João José; GOMES, Flávio dos Santos; CARVALHO, Marcus J. M. de. *O alufá Rufino: escravidão, tráfico e liberdade no atlântico negro (1822 a 1853)*. São Paulo: Companhia das Letras, 2010.

REIS, João José; SILVA, Eduardo. *Negociação e conflito: a resistência negra no Brasil escravista*. Reimpressão. São Paulo: Companhia das Letras, 2009 [1989].

REVEL, Jacques (org.). *Jogos de escalas: a experiência da microanálise*. Trad. Dora Rocha. Rio de Janeiro: Editora FGV, 1998.

ROCHA, Solange Pereira da. *Gente negra na Paraíba oitocentista: população, família e parentesco espiritual*. São Paulo: Editora Unesp, 2009.

RODRIGUES, Cláudia. *Lugares dos mortos na cidade dos vivos: tradições e transformações fúnebres no Rio de Janeiro*. Rio de Janeiro: Secretaria Municipal de Cultura, 1999.

RODRIGUES, Jaime. *De costa a costa: escravos, marinheiros e intermediários do tráfico negreiro de Angola ao Rio de Janeiro (1780-1860)*. São Paulo: Companhia das Letras, 2005.

RODRIGUES, Jaime. *O infame comércio: propostas e experiências no final do tráfico de africanos para o Brasil (1800-1850)*. Campinas: Editora da Unicamp, 2000.

RODRIGUES, Raymundo Nina. *Os africanos no Brasil*. (1933). Disponível na Biblioteca Virtual de Ciências Humanas do Centro Edelstein de Pesquisas Sociais: <http://www.bvce.org/LivrosBrasileirosDetalhes.asp?IdRegistro=77>. Acesso em: 26 nov. 2010.

RUSSEL-WOOD, Antony John. *Escravos e libertos no Brasil colonial*. Trad. Maria Beatriz de Medina. 5. ed. Rio de Janeiro: Civilização Brasileira, 2005.

SAMARA, Eni de Mesquista. "A família negra no Brasil." *Revista de História*, São Paulo, p. 27-44, jan./jul. 1989. Disponível em: ‹www.revistas.usp.br/revhistoria›. Acesso em: 26 mar. 2009.

SAMPAIO, Gabriela dos Reis. *Juca Rosa: um pai-de-santo na corte imperial do Rio de Janeiro*. Rio de Janeiro: Arquivo Nacional, 2009.

SCHANTZ, Ana Paula Dornelles. *Libertos no Rio Grande de São Pedro: Porto Alegre e Viamão no final do século XVIII e início do XIX*. Dissertação (Mestrado em História) – Faculdade de Filosofia e Ciências Humanas, Universidade Federal da Bahia, Salvador, 2009.

SCHWARTZ, Stuart. "A manumissão de escravos no Brasil colonial – Bahia, 1684-1745". *Anais de História*, Assis, n. 6, p. 71-114, 1974.

SILVA, Eduardo. *Dom Obá II d'África, o príncipe do povo: vida, tempo e pensamento de um homem livre de cor*. São Paulo: Companhia da Letras, 1997.

SILVA, Gian Carlo de Melo. *Um só corpo, uma só carne: casamento, cotidiano e mestiçagem no Recife colonial (1790-1800)*. Recife: Editora Universitária UFPE, 2010.

SILVA, Maciel Henrique Carneiro da. *Nem mãe preta, nem negra fulô: histórias de trabalhadoras domésticas em Recife e Salvador (1870-1910)*. Jundiaí: Paço Editorial, 2016.

SILVA, Maciel Henrique Carneiro da. *Domésticas criadas entre textos e práticas sociais: Recife e Salvador (1870-1910)*. Tese (Doutorado em História) – Faculdade de Filosofia e Ciências Humanas, Universidade Federal da Bahia, Salvador, 2011.

SILVA, Maciel Henrique Carneiro da. *Pretas de honra: vida e trabalho de domésticas e vendedoras no Recife do século XIX (1840-1870)*. Recife: Editora Universitária UFPE, 2011.

SILVA, Maciel Henrique Carneiro da. *Pretas de Honra: trabalho, cotidiano e representações de vendeiras e criadas no Recife do século XIX (1840-1870)*. Dissertação (Mestrado em História) – CFCH, UFPE, Recife, 2004.

SILVA, Vagner Gonçalves da (org.). *Caminhos da alma*. São Paulo: Summus, 2002.

SILVEIRA, Renato. "Nação africana no Brasil escravista: problemas teóricos e metodológicos". *Afro-Ásia*, Salvador, n. 38, p. 245-301, 2008. Disponível em: ‹www.afroasia.ufba.br›. Acesso em: 20 mar. 2010.

SLENES, Robert Wayne Andrew. *Na senzala uma flor: esperanças e recordações na formação da família escrava, Brasil, Sudeste, séc. XIX*. Rio de Janeiro: Nova Fronteira, 1999.

SLENES, Robert Wayne Andrew. "'Malungu, ngoma vem!': África coberta e descoberta no Brasil". *Revista da USP*, São Paulo, n. 12, p. 48-67, dez.-fev. 1992. Disponível em: ‹www.revistas.usp.br/revusp›. Acesso em: 20 maio 2008.

SOARES, Carlos Eugênio Líbano. *Zungú: rumor de muitas vozes*. Rio de Janeiro: Arquivo Público do Estado do Rio de Janeiro, 1998.

SOARES, Carlos Eugênio Líbano; GOMES, Flávio dos Santos; FARIAS, Juliana Barreto. *No labirinto das nações: africanos e identidades no Rio de Janeiro*. Rio de Janeiro: Arquivo Nacional, 2005.

SOARES, Márcio de Sousa. *A remissão do cativeiro: a dádiva da alforria e o governo dos escravos nos Campos de Goitacases, c.1750-c.1830*. Rio de Janeiro: Apicuri, 2009.

SOARES, Mariza de Carvalho (org). *Rotas atlânticas da diáspora africana: da baía do Benin ao Rio de Janeiro*. Niterói: EdUFF, 2007.

SOARES, Mariza de Carvalho. *Devotos da cor: identidade étnica, religiosidade e escravidão no Rio de Janeiro, século XVIII*. Rio de Janeiro: Civilização Brasileira, 2000a.

SOARES, Mariza de Carvalho. "Descobrindo a Guiné no Brasil colonial". *Revista do Instituto Histórico Geográfico Brasileiro*, Rio de Janeiro, ano 161, n. 407, p. 71-94, abr./jun. 2000b. Disponível em: ‹www.ihgb.org.br/publicações/revista-ihgb›. Acesso em: 15 jun. 2010.

SOUZA, Marina de Mello e. *Reis negros no Brasil escravista: história da festa da coroação de rei Congo*. Belo Horizonte: Editora da UFMG, 2002.

SOUZA, Mônica Lima e. *Entre margens: o retorno à África de libertos no Brasil, 1830-1870*. Tese (Doutorado em História), Departamento de História – UFF, Niterói, 2008.

THOMPSON, Edward Palmer. *A formação da classe operária inglesa: a árvore da liberdade*. Trad. Denise Bottmann. Rio de Janeiro: Paz e Terra, 1987.

THOMPSON, Edward Palmer. *A miséria da teoria ou um planetário de erros: uma crítica ao pensamento de Althusser*. Trad. Waltensir Dutra. Rio de Janeiro: Zahar, 1981.

THORNTON, John. *A África e os africanos na formação do mundo atlântico, 1400-1800*. Trad. Marisa Rocha Motta. Rio de Janeiro: Elsevier, 2004.

VALENTE, Waldemar. *Sincretismo religioso afro-brasileiro*. 2. ed. São Paulo: Brasiliense, 1976.

VERGER, Pierre. *Fluxo e refluxo: do tráfico de escravos entre o golfo do Benin e a Bahia de Todos os Santos, dos séculos XVII a XIX*. 4. ed. rev. Salvador: Corrupio, 2002a.

VERGER, Pierre. *Orixás: deuses iorubás na África e no Novo Mundo*. 6. ed. Salvador: Corrupio, 2002b.

VERGER, Pierre. *Os libertos: sete caminhos na liberdade de escravos da Bahia, no século XIX*. Salvador: Corrupio, 1992.

VIOTTI DA COSTA, Emília. *Da monarquia à república: momentos decisivos*. 7. ed. São Paulo: Editora Unesp, 1999.

WISSENBACH, Maria Cristina Cortez. *Sonhos africanos, vivências ladinas: escravos e forros em São Paulo (1840-1880)*. São Paulo: Hucitec, 1998.

XAVIER, Regina Célia Lima. *Religiosidade e escravidão no século XIX: mestre Tito*. Porto Alegre: Editora da UFRGS, 2008.

Agradecimentos

E é tão bonito quando a gente entende
Que a gente é tanta gente onde quer que a gente vá
E é tão bonito quando a gente sente
Que nunca está sozinho por mais que pense estar.[1]

O presente livro é, como sinalizei na introdução dessa obra, uma versão revisada de minha tese de doutorado *Trajetória negras: os libertos da Costa d'África no Recife (1846-1890)*. Retomando o texto para as modificações necessárias à publicação, povoaram minha memória momentos de sofrimento e dor, alegria e prazer, tensões e conflitos e, sobretudo, "gente"... Embora, um trabalho como esse exija dedicação, disciplina e por vezes isolamento, tanta "gente" auxiliou-me, levando-me a crer que eu nunca estive sozinha – durante aquela árdua jornada – por mais que pensasse estar. Agora, aproveito o ensejo para renovar meus agradecimentos às pessoas e às instituições que possibilitaram a realização dessa faina.

Ao Prof. Dr. Flávio Gomes, minha gratidão vai para além dos muros acadêmicos. Durante aquela labuta, suas observações críticas e construtivas – permeadas de leveza e muitas vezes recheadas de ótimo humor –, seu incentivo, seu apoio e o respeito às minhas escolhas propiciaram-me momentos de leveza em meio às adversidades do doutoramento. Findado aquele ciclo, Flávio passou a ser um amigo, pessoa que mais vem apoiando-me nas questões acadêmicas e sobre a vida. Seu incansável incentivo me impul-

1 GONZAGUINHA. "Caminhos do Coração". IN: *Caminhos do coração*, 1982.

sionou na criação de estratégias para a publicação desse trabalho. Quero manifestar publicamente minha profunda admiração, respeito e confiança em sua pessoa – referência e fonte de inspiração para as várias gerações de historiadores negros e brancos. Pelo ser humano que é, transmite força e energia aos(as) seus(suas) neófitos(as); parceiro, camarada.

Agradeço aos professores que aceitaram participar de minha banca de qualificação e defesa: Dr. João José Reis, Dr. Marcus Joaquim Maciel de Carvalho, Dr. Antônio Liberac Simões Pires e Dr. Carlos Eugênio Líbano Soares, cujas leituras argutas e observações feitas ao meu texto se tornaram essenciais para o amadurecimento de minhas ideias. Procurei, na medida do possível, agregá-las à versão final da tese. O Prof. Marcus Carvalho acompanha meu caminhar desde o período que fui sua aluna de graduação. Agradeço seu incentivo nesta minha produção histórica e em outros momentos. Ao Prof. João Reis, que desde o anteprojeto fez críticas, apontou caminhos, sugeriu bibliografia, tirou dúvidas e atendeu aos meus pedidos por mensagens sempre com a maior presteza. Agradeço-lhe ainda a leitura metódica e os comentários – os quais procurei seguir à risca – ao último capítulo desse estudo.

No Arquivo Público Estadual Jordão Emereciano contei com o profissionalismo, a amizade, o carinho, o auxílio de exímios e queridos servidores, como Hildo Leal Rosa, Márcio Mourato e Elzenita Guedes Costa. Com Hildo, tenho uma gratidão especial pelas horas de assistência personalizada, sempre dando dicas de como caminhar no labirinto da documentação daquele arquivo, tirando dúvidas, colocando sua biblioteca particular ao meu dispor e oferecendo-me sua amizade. No Memorial de Justiça de Pernambuco contei com a generosidade de Ricardo Rezende e de seus estagiários. As pesquisas no Instituto Arqueológico Histórico Geográfico Pernambucano não teriam sido bem sucedidas sem o auxílio dos sempre solícitos Tácito Galvão e Prof. Dr. George Cabral, e o trabalho de seu Cabral e seu Severiano (*in memorian*), dando-me todo o suporte no transporte das caixas de documentos. No Arquivo da Cúria Metropolitana do Recife e Olinda, agradeço a Walderez (Wal); na Matriz de Santo Antônio, a Suely e aos sacristãos seu Cláudio e seu Zito; na Igreja de São

José, a Cássia, Wilde e ao sacristão seu Zezinho; na Matriz do Santíssimo Sacramento da Boa Vista, a Mônica; no Arquivo do Cemitério de Santo Amaro, a dona Nete e seu Pedro; no Arquivo dos Franciscanos, aos freis Marcos Almeida e Roberto S. de Oliveira.

Ao CNPq, pela concessão da bolsa de estudo, sem a qual as dificuldades para a realização do doutorado teriam sido bem maiores.

Não poderia deixar de agradecer aos colegas e amigos que colaboraram direta e indiretamente para a realização dessa empreitada. Em Salvador, agradeço particularmente a Daniele Souza, por me representar na Universidade Federal da Bahia, resolvendo meus assuntos burocráticos no Programa de Pós-graduação em História, na época do doutoramento. Hoje Dani é uma querida e leal amiga e agradeço também ao seu companheiro Alex Ivo, parceiro de risadas, bons momentos de lazer e trabalho. A Kátia Lorena Novais, pelo carinho e amizade. A Urano Andrade, pela pesquisa no Arquivo Público do Estado da Bahia.. A Lisa Castilho, pela troca de ideias. Ao Robério Souza, querido amigo, que vem ao longo de todos esses anos oferecendo-me seu carinho e incentivando-me para a publicação. Aos membros da Linha de Pesquisa Escravidão e Invenção da Liberdade, com quem muito aprendi nos debates calorosos no período do doutorado. À família de Nilcéia e seu Roberto, minha eterna gratidão pelo carinho, generosidade e amizade.

Registro também meu reconhecimento ao coleguismo dos conterrâneos na labuta dos arquivos ao longo daqueles anos: Gian Carlo Silva, Maciel Silva, Maria Emília Vasconcelos, Sandro Vasconcelos, Tadeu Sales. O amigo Robson Costa leu e releu planos de tese, sugeriu caminhos metodológicos, ouviu minhas inquietações; faço das suas minhas palavras: fomos companheiros de infortúnios e alegrias.

A Raphael Lisboa e Jacilene Santos, que colaboraram na coleta de dados; A Israel Ferraz que tratou com esmero as tabelas e estatísticas presentes em todos os capítulos; e a queridíssima amiga Gabriela Pinho, pelo trabalho cuidadoso das ilustrações.

Agradeço também a João Monteiro pela interlocução de sempre, chamando-me à atenção para as continuidades e descontinuidades entre o lado de lá e o lado de cá da calunga (África-Brasil). Ao Babalorixá Paulo Brás (*Ifatogun*), *in memorian*, por ter dispensado um pouco de seu tempo para dialogar comigo sobre personagens da tradição nagô pernambucana cujas conexões atlânticas entrelaçam-se às trajetórias de sujeitos sociais biografados nesse livro. Ao Babalorixá Ronei Prado Lima, pela transcrição e tradução da toada de *Orixalá*, que abre o último capítulo deste estudo.

Ao Prof. Jean Carlos Alencar, ex-diretor do *campus Ouricuri*, Instituto Federal de Educação, Ciência e Tecnologia do Sertão Pernambucano (IF Sertão PE), pelo apoio institucional e viabilização de minha ida, em 2015, ao IV Congresso Internacional Ciencias, Tecnologías y Culturas - diálogo entre las disciplinas del conocimiento. Hacia el futuro de América Latina y el Caribe, na Universidade de Santiago, no Chile, para apresentação de parte das discussões que compõem essa pesquisa.

A publicação desse livro só foi possível graças ao apoio institucional do IF Sertão PE. Agradeço às pessoas da Reitora Profa. Dra. Leopoldina Veras e ao Prof. Jean Carlos Alencar, Pró-Reitor de Administração e Orçamento.

A Profa. Dra. Solange Rocha, da Universidade Federal da Paraíba, que – ao longo do tempo – tornou-se uma interlocutora acerca da sociedade oitocentista, mas também uma querida amiga e parceira para discutir temas relacionados, por exemplo, às relações raciais, contexto político e democratização das pesquisas históricas no Brasil. Acompanhou-me na revisão da tese e no processo de preparação do material para publicação.

Finalmente, à minha família sanguínea: à minha amada mãe, Joventina Gomes da Silva Costa, e ao meu pai, José de Oliveira Costa (*in memorian*), agradeço ao apoio, o incentivo; e ao imensurável, inenarrável e incondicional amor. A minha mãe, em especial, fica aqui a minha dívida por tanta compreensão e parceria. Ela, coitada, até para arquivos chegou a ir comigo. E se existe alguém responsável por esse caminho que escolhi para seguir, esse alguém é o meu idolatrado pai, que hoje vive na "terra da verdade", no *orun*. Seu Costa foi a primeira pessoa que me falou acerca do mundo acadêmico: do que era graduação, mestrado, doutorado... e dizia-me que eu precisava passar por tudo isso para construir a minha autonomia. Projetou em mim seus sonhos e desejos que se misturam aos meus, de forma tal que cresci sem saber os limites entre o "meu ser" e o "ser dele", se dedicava-me aos estudos porque gostava ou se era para ver meu Amado feliz. Na terra, foi meu grande parceiro, amigo, crítico, mobilizador. Esteve comigo em todas as minhas alegrias, tristezas, conquistas, derrotas, risos e choros. Hoje, sua ausência atravessa meu peito como uma lança afiada, mas meu coração preenche-se de felicidade, pois sei da força emanada desse meu ancestral... AMOR MAIOR!

Alameda nas redes sociais:

Site: www.alamedaeditorial.com.br
Facebook.com/alamedaeditorial/
Twitter.com/editoraalameda
Instagram.com/editora_alameda/

Esta obra foi impressa em São Paulo no
verão de 2021. No texto foi utilizada
a fonte Electra LH em corpo 10,8 e
entrelinha de 16 pontos.